心 理 学

主 编 杨 宁

副主编 陈 曦 邹 君

p s y c h o l o g y

广东高等教育出版社
Guangdong Higher Education Press

·广州·

图书在版编目（CIP）数据

心理学/杨宁主编．—广州：广东高等教育出版社，2022.12
ISBN 978－7－5361－7419－1

Ⅰ．①心…　Ⅱ．①杨…　Ⅲ．①心理学－高等学校－教材　Ⅳ．①B84

中国版本图书馆 CIP 数据核字（2022）第 243604 号

心理学
XINLIXUE

出版发行	广东高等教育出版社 社址：广州市天河区林和西横路 邮编：510500　营销电话：（020）87554152　87553735 http://www.gdgjs.com.cn
印　　刷	广州市友盛彩印有限公司
开　　本	787 毫米×1 092 毫米　1/16
印　　张	19.75
字　　数	619 千
版　　次	2022 年 12 月第 1 版
印　　次	2022 年 12 月第 1 次印刷
定　　价	49.00 元

前 言

《心理学》教材面向全日制高校本科生和函授本科生。为更好地服务于学前教育教学改革，服务于高质量学前教育本科生培养，《心理学》的编写依据教学大纲和学前教育本科生的学习需要，强调教材编写尽量贯彻针对性强、有一定理论深度且具有一定操作性的原则，帮助学前教育专业学生系统了解心理学的基本知识。同时，考虑到学生在学习期间还要学习“发展心理学”“教育心理学”等相关课程，本教材编写没有涵盖儿童发展、学习心理、心理健康等内容，同时也舍弃了一些拓展性的内容，如网络心理、心理咨询、性心理等，以期学生聚焦心理学原理的学习。

《心理学》共十一章，分别是：

第一章　心理学导论（华南师范大学教育科学学院杨宁教授、博士）

第二章　心理和行为的生物学基础（华南师范大学教育科学学院杨宁教授、博士）

第三章　感觉和知觉（华南师范大学心理学院陈曦副教授、博士）

第四章　意识与注意（广西科技师范学院周静娴讲师）

第五章　记忆（华南师范大学教育科学学院杨宁教授、博士）

第六章　语言和言语（广州幼儿师范高等专科学校罗丽红老师）

第七章　思维（东莞职业技术学院洪恬博士）

第八章　情绪（深圳职业技术大学邹君博士）

第九章　动机（深圳职业技术大学邹君博士）

第十章　能力（华南师范大学心理学院陈曦副教授、博士）

第十一章　人格（江西豫章师范学院刘雪倩讲师）

本教材使用建议：

教材第一章（心理学导论）是全书导引，同学们做一般性了解即可。第二章（心理和行为的生物学基础）主要用于学习者拓展阅读，不列入考试内容。

本教材的编写要特别感谢华南师范大学教育科学学院继续教育办公室颜飞龙主任的大力支持。广东高等教育出版社编辑庞小娟老师为教材的审校、编辑做了大量工作，在此特别表示感谢。

在本教材编写过程中，我们参考吸收了国内外心理学研究的大量成果，在此致以诚挚的感谢。由于水平所限，书中肯定存在疏漏错误之处，请各位同行和读者不吝批评指正。

杨　宁

目 录

第一章 心理学导论 …… 1
第一节 心理学的基本含义 …… 2
一、心理学的概念 …… 2
二、心理学的研究领域 …… 2
三、心理学的学科性质 …… 4
第二节 心理学的研究对象 …… 4
一、从个体角度看 …… 4
二、从社会角度看 …… 5
第三节 心理学的目的和任务 …… 6
一、描述 …… 6
二、解释 …… 6
三、预测 …… 6
四、控制 …… 7
第四节 心理学的过去与现在 …… 7
一、现代心理学产生的历史背景 …… 7
二、19 世纪末 20 世纪初的重要心理学派别 …… 10
三、当代心理学的研究取向 …… 13
第五节 心理学的研究方法 …… 15
一、观察法 …… 15
二、测验法 …… 17
三、相关法 …… 18
四、实验法 …… 18
五、个案法 …… 19
第六节 心理学研究中的伦理 …… 20

第二章 心理和行为的生物学基础 …… 22
第一节 进化、基因和行为 …… 23
一、进化与自然选择 …… 23
二、基因和遗传 …… 24
三、遗传、环境和经验 …… 27
第二节 神经元 …… 28
一、神经系统的基本单元 …… 28
二、神经冲动 …… 29
三、神经联结 …… 30
第三节 神经系统的结构与功能 …… 33
一、外周神经系统 …… 33
二、中枢神经系统 …… 35
三、大脑皮层的结构和功能 …… 38
四、神经可塑性 …… 40

第三章 感觉和知觉 …… 45
第一节 感觉 …… 46
一、感觉的概念 …… 46
二、感觉的种类 …… 47
三、感觉的生理机制 …… 48
四、感受性与感觉阈限 …… 48
五、感觉的相互作用 …… 50
第二节 知觉 …… 52
一、知觉的概念 …… 52
二、知觉的生理机制 …… 53
三、知觉的信息加工 …… 53
四、模式识别 …… 55
五、知觉的类型 …… 56
六、知觉的基本特性 …… 60
第三节 观察及观察能力培养 …… 63
一、观察和观察力 …… 63

二、学前儿童、小学生、中学生感知的特点 …… 64
三、观察力的培养 …… 67

第四章 意识与注意 …… 71
第一节 意识的概述 …… 72
一、意识的含义与特性 …… 72
二、自我意识 …… 75
三、意识的层次 …… 75
四、意识的功能 …… 77
五、意识的状态 …… 78
第二节 睡眠与梦 …… 79
一、睡眠 …… 79
二、梦 …… 82
第三节 注意的概述 …… 84
一、注意的含义与特征 …… 84
二、注意的品质 …… 85
三、注意的分类 …… 89
四、注意的主要影响因素 …… 91
五、注意的功能 …… 93
第四节 注意的认知理论 …… 94
一、过滤器模型 …… 94
二、资源限制理论 …… 95
三、特征整合理论 …… 96

第五章 记忆 …… 99
第一节 记忆的概念 …… 100
一、记忆的三个阶段 …… 100
二、记忆的三种储存方式 …… 101
三、不同种类的信息记忆方式 …… 102
第二节 感觉记忆 …… 102
一、感觉记忆的定义 …… 102

二、斯佩林的部分报告法 …… 103
三、视觉保持：时间整合实验 …… 104
第三节　短时记忆 …… 105
一、编码 …… 106
二、工作记忆的概念 …… 106
三、工作记忆和思维 …… 110
四、短时记忆的遗忘进程——干扰还是消退 …… 111
第四节　长时记忆 …… 112
一、长时记忆的编码 …… 113
二、长时记忆的信息存储 …… 114
三、长时记忆的提取 …… 116
四、长时记忆的遗忘 …… 118
五、长时记忆的类型 …… 120

第六章　语言和言语 …… 128
第一节　语言和言语的概述 …… 129
一、语言和言语的含义及功能 …… 129
二、语言的特征 …… 130
三、语言和言语的关系 …… 132
四、语言的构成 …… 133
五、言语的类型 …… 135
第二节　言语产生的生理机制 …… 136
一、言语活动的发音机制 …… 136
二、言语活动的中枢机制 …… 137
第三节　语言和言语的产生 …… 139
一、语言获得理论 …… 139
二、言语产生的心理机制 …… 140
三、言语发展的阶段 …… 141
四、语言理解 …… 143

第七章 思维 …… 148
第一节 思维的含义与分类 …… 149
一、思维的含义及特征 …… 149
二、思维的种类 …… 150
第二节 想象 …… 152
一、想象的含义及功能 …… 152
二、想象的综合过程 …… 153
三、想象的种类 …… 154
第三节 概念 …… 154
一、概念的含义和种类 …… 154
二、概念结构的理论 …… 156
三、概念形成的过程 …… 158
第四节 推理 …… 160
一、推理的含义和种类 …… 160
二、影响推理的因素 …… 162
第五节 问题解决 …… 162
一、问题解决的含义 …… 163
二、问题解决的策略 …… 164
三、影响问题解决的因素 …… 165
第六节 创造性思维 …… 166
一、创造性思维及其过程 …… 166
二、创造者的思维特点 …… 168
三、创造性思维的测量 …… 169

第八章 情绪 …… 172
第一节 情绪概述 …… 173
一、情绪的含义与功能 …… 173
二、情绪的分类 …… 179
三、情绪的外在表现 …… 181
四、情绪的生理机制 …… 183

第二节 经典的情绪理论 …… 192
一、情绪的早期理论 …… 192
二、情绪的认知理论 …… 193
三、情绪的功能理论 …… 195
四、情绪的社会建构理论 …… 197
第三节 情绪和人类生活 …… 198
一、情绪与日常行为 …… 198
二、情绪调节的策略 …… 199
三、生活中的幸福感 …… 202

第九章 动机 …… 209
第一节 动机的概念 …… 210
一、动机的含义与功能 …… 210
二、动机的种类 …… 211
第二节 需要的概念 …… 215
一、需要概述 …… 215
二、需要的种类 …… 215
三、需要理论 …… 216
第三节 动机的理论 …… 221
一、本能论 …… 221
二、驱力论 …… 223
三、成就动机理论 …… 224
四、自我效能论 …… 228
五、归因理论 …… 229
六、逆转理论 …… 231
第四节 动机与人类生活 …… 232
一、动机与学习行为 …… 232
二、动机与组织行为 …… 233

第十章 能力 …… 237
第一节 能力概述 …… 238

一、能力概念 …… 238
二、能力与智力 …… 238
三、能力与知识、技能的关系 …… 239
四、能力、才能和天才 …… 240
第二节 能力的种类 …… 241
一、一般能力和特殊能力 …… 241
二、液态能力和晶态能力 …… 241
三、认知能力、操作能力和社交能力 …… 242
四、情绪理解、控制和利用的能力 …… 242
第三节 能力理论 …… 242
一、二因素论 …… 243
二、群因素论 …… 243
三、三维结构模型 …… 243
四、多元智力理论 …… 244
五、三元智力理论 …… 245
第四节 能力的测量 …… 246
一、智力测验的种类 …… 246
二、一般能力测量 …… 247
三、特殊能力测验和创造力测验 …… 248
第五节 能力的发展与影响因素 …… 251
一、智力发展的一般趋势 …… 251
二、影响智力形成和发展的因素 …… 251

第十一章 人格 …… 256
第一节 人格概述 …… 257
一、人格的定义 …… 257
二、人格的基本特点 …… 258
三、人格的结构 …… 259
第二节 人格理论 …… 263
一、人格特质理论 …… 263
二、心理动力学理论 …… 271

三、学习理论 …… 278
四、人本主义理论 …… 282
五、认知理论 …… 285
第三节　人格成因 …… 286
一、生物遗传因素 …… 287
二、家庭环境因素 …… 288
三、学校教育的影响 …… 289
四、自然物理因素 …… 290
五、社会文化因素 …… 290
六、早期童年经验 …… 291
七、自我调控 …… 291
第四节　人格测验 …… 292
一、自陈量表 …… 293
二、投射测验 …… 297
三、情境测验 …… 299
四、自我概念测验 …… 299
五、其他人格测评方法 …… 300

第一章　心理学导论

学习目标

1. 了解心理学的基本概念；
2. 了解现代心理学产生的历史背景；
3. 熟悉心理学的主要流派和基本取向；
4. 了解心理学的研究方法。

章节提要

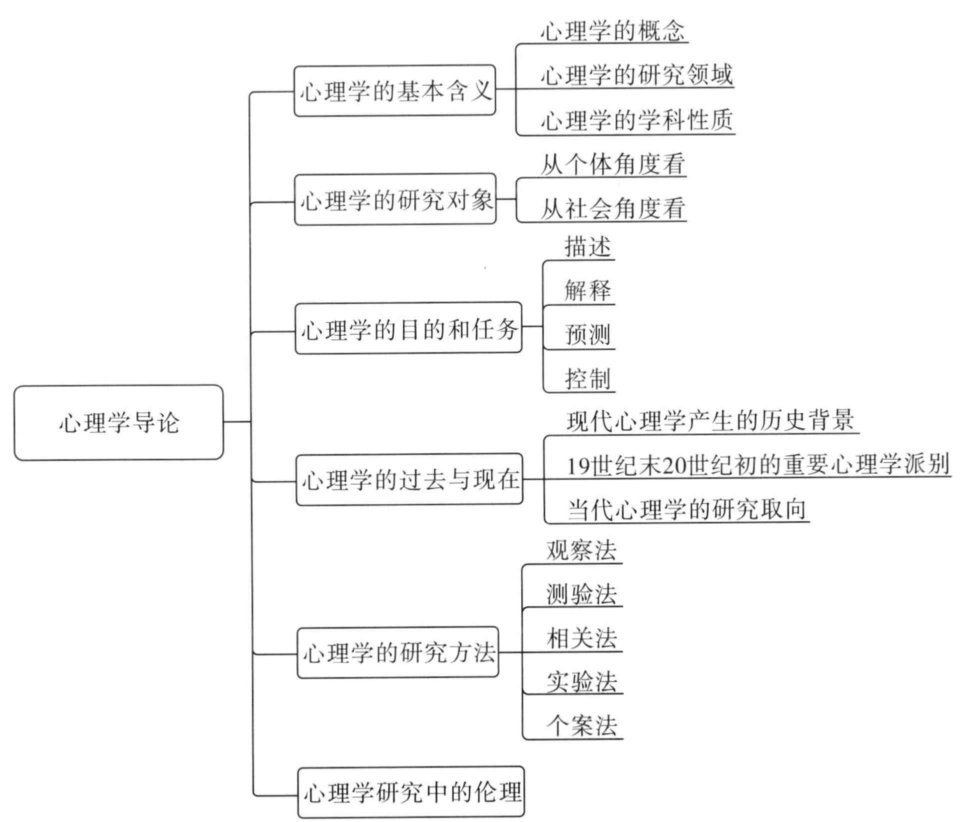

第一节 心理学的基本含义

一、心理学的概念

心理学（psychology）是研究行为或心理现象及其规律的科学。从英文“心理学”一词的结构上来看，“psychology”是由 psycho- 加后缀 -ology 组合而成。追根溯源，psychology中的构词成分 psycho 是由 psyche 演变而来的，是“灵魂或精神”的意思，后缀“logos”是“知识或规律”的意思。因此，从字面上解释，心理学是关于灵魂或心灵的知识或规律。

汉语“心理学”一词译自“psychology”，由日本哲学家西周首译（赵莉如，1983，1991）①。“心理学”中的“心”泛指一般的心理活动，此时，中国人所讲的“心”既不在胸部，也不在头部，而是指全身生活之和合会通处，是一个抽象名词（国学大师钱穆先生语）②。“理”是一个带名词词性的字，其含义是指“道理法则”。“心”和“理”组合在一起成为“心理”。在构词法上，心理学与数学、物理学、文学等相似，是由“研究内容”加上“学”字组合而成，最通俗的解释是：心理学是研究心理的学问③。可见，用“心理学”一词来指称一门新兴的研究心理的学问，既言简意赅，又合乎中国文化传统和中式思维方式（钟年，2008）。

二、心理学的研究领域

许多刚刚接触心理学的学生会简单化地认为心理学主要是关于心理障碍和心理治疗的研究，或者心理学与算命有几分相似，但事实上，心理学不仅是一门严谨的实验科学，其涉及的领域远比许多人想象的要宽泛。下面我们简单介绍几个主要的研究领域。

（一）生理心理学

生物心理学家（也被称为生理心理学家）试图根据生物学原理来解释心理过程，寻找生物过程和行为之间的关系。生理心理学（physiological psychology）主要研究行为和心理现象的生理机制，包括各种感官的机制、神经系统特别是脑的机制、内分泌系统的调节机制、遗传在行为中的作用等。

（二）认知心理学

认知心理学（cognitive psychology）是20世纪50年代中期在西方兴起的一种心理

---

① 汪凤炎. 汉语“心理学”一词是如何确立的［J］. 心理学探新，2015，35（3）：195－201.

② 钱穆. 现代中国学术论衡［M］. 北京：生活・读书・新知三联书店，2001：71.

③ 钟年. 中文语境下的“心理”和“心理学”［J］. 心理学报，2008，40（6）：748－756.

学思潮和研究方向。广义指采用信息加工观点和科学实验的方法来研究人类的高级心理过程，主要是认识过程，如注意、知觉、表象、记忆、创造性、问题解决、言语和思维等。狭义相当于当代的信息加工心理学，即采用信息加工观点研究人类认知过程。

（三）人格心理学

人格心理学（personality psychology）研究个体独特而稳定的心理品质，即那些确定个体与环境互动的个人风格的思维、情绪和行为。人格心理学家关注个体差异，并且，他们还试图将个体所有心理过程整合起来，形成一个完整的解释。

（四）发展心理学

发展心理学（developmental psychology）研究个体从出生到老年的发展全过程，以及影响发展的各种因素，涉及有机体的身体、认知、情绪情感、社会性和个性等方面随年龄和经验的变化而产生的改变。发展心理学可能研究具体的某种能力，如儿童的语言发展，或生命的一个特定时期，如婴儿期。

（五）社会心理学

社会心理学（social psychology）研究人们怎样感知和理解社会世界以及他们的信念、情感和行为如何受真实或想象的他人影响。同时，社会心理学还关注群体的行为以及群体之间的社会关系。社会心理学家的研究涉及社会知觉、态度、说服、顺从、人际吸引、人际关系、攻击行为、助人行为等多个方面。

（六）临床心理学

临床心理学（clinical psychology）是对心理和行为障碍的评估、诊断、治疗和预防的科学研究。临床心理学家是心理学家中最大的群体，他们将心理学原理应用于诊断和治疗情绪和行为问题，包括精神疾病、药物成瘾、婚姻和家庭冲突。

（七）学校和教育心理学

学校心理学（school psychology）是儿童发展、教育和临床心理学的结合。学校心理学家多在中小学工作，主要是评估学生的学习和情感问题，提出相应的干预措施。教育心理学（educational psychology）则主要关注教育教学过程中所包含的各种心理现象，特别是学习与教学的研究。

（八）工业/组织心理学

工业/组织心理学（industrial and organizational psychology）研究工作环境下的人的行为并提出改进措施。组织心理学家（有时称为工业心理学家）通常为公司工作，他们的工作内容是为组织挑选最适合特定工作的人或设计促进合作和团队工作的项目。工程心理学家（有时被称为人类因素工程师）试图努力改善人机互动关系。例如，他们通过设计具有最有效仪表和控制位置的机器，提高机器的可操作性、安全性和舒适性，改善人机交互。

三、心理学的学科性质

（一）心理学是一门交叉学科

心理学是在自然科学、社会科学乃至人文科学基础上形成的一门具有综合性的边缘学科和交叉学科。

从本质上讲，心理是脑的机能。因此，一方面，心理学家要像自然科学家那样，借助各种仪器和测量工具，采用实证方法研究心理的神经生物基础，探讨心理活动的生理机能，像心理学分支中的实验心理学、生理心理学、神经心理学等就具有明显的自然科学性质。另一方面，正如马克思曾经指出的那样，人就其本质而言是一切社会关系的总和。心理学研究的人不是孤立的人，而是在社会关系中的人的心理和行为，因此心理学也属于社会科学，心理学分支中的社会心理学、管理心理学、教育心理学、发展心理学、语言心理学等更具有社会科学乃至人文科学的性质。

（二）心理学是认知科学的主干学科

认知科学（cognitive science）是研究人类认知和思维的本质和规律的科学。其研究范围为包括知觉、注意、记忆、动作、语言、推理、决策、思维、意识乃至情感、动机在内的各个层次和方面的人类认知和思维活动，这些研究的主要内容都涉及心理学。此外，认知科学的一个重要特点是具有高度的跨学科性，是在心理科学、计算机科学和信息科学、神经科学和脑科学、语言学、人类学和进化相关科学、其他多门基础科学和数学、科学哲学乃至其他多门社会科学的交界面上涌现出来的新兴科学。

第二节　心理学的研究对象

心理学的研究对象是心理现象。心理学既研究人的一般的心理现象（如普通心理学对记忆的研究），又研究动物的心理现象（如比较心理学研究灵长类动物的行为起源）；既研究个体的心理现象（如发展心理学研究婴儿的依恋），又研究群体的心理现象（如社会心理学研究）。当然，一般而言，心理学研究的最普遍的基本上是人的一般的心理现象。下面我们对心理学的研究对象分类进行阐述。

一、从个体角度看

一般来讲，个体的心理可以分为认知过程、动机和情绪、能力及人格三个主要方面。

（一）认知或认知过程

认知（cognition）一词来自拉丁语，它的意思是“认识”（know），即人获得知识、存储或提取知识的过程，也是指个体最基本的心理过程，包括感觉、知觉、记忆、思维和语言等。20 世纪五六十年代认知心理学产生以后，心理学家采用信息加工隐喻来理解认知过程，他们认为认知是感觉输入、编码、加工、存储、提取和使用的全过程，其中信息由外界输入和编码就是感知觉，储存并在需要时提取涉及记忆，利用这些信息进行判断、推理、决策就是思维。

（二）动机和情绪

人类的认知和行为是在动机的支配下进行的，受情绪的影响很大。动机（motivation）是一个概括性的术语，是对所有引起、指向和维持生理和心理活动的过程的统称。动机这个词语来源于拉丁语“movere”，意思是“趋向于”（to move）。所有的生物有机体都会趋向于某些刺激和活动而远离其他的刺激和活动，这由它们的喜好和厌恶而决定。动机理论不仅解释了每个物种（包括人类）普遍的“运动”模式，而且也解释了每个物种中不同个体的喜好和行为。

情绪（emotion）则是一种复杂的身体和心理变化模式，包括生理唤醒、感觉认知过程、外显的表达（包括表情和手势）以及特殊的行为反应，这些反应都是针对个体认为具有个人意义的情境做出的。

（三）能力和人格

心理学中通常把个体稳固而持久的心理特性称为个性心理特性或个性。心理特性包括能力（ability）和人格（personality）两个方面。能力是顺利有效地完成某种活动所必需的心理条件，是个体的一种心理特征。人格是指个体在对人、对事、对己等方面的社会适应中行为上的内部倾向性和心理特征。表现为能力、气质、性格、需要、动机、兴趣、理想、价值观和体质等方面的整合，是具有动力一致性和连续性的自我，是个体在社会化过程中形成的独特的心身组织。整体性、稳定性、独特性和社会性是人格的基本特征。正是这两大基本心理特征，构成了个体差异的重要基础，使一个个体的心理活动与另一个个体的心理活动彼此区别开来。

总之，认知过程、动机和情绪、能力和人格是个体心理现象的三个重要方面，是心理学的主要研究对象。这三个方面不是割裂的，而是互相联系、互相依存的。

二、从社会角度看

前面我们是从个体角度谈的认知过程、动机和情绪、能力和人格，因此也称为个体心理。但是，人是社会关系的总和，任何个体都不是孤立存在的，必定生活在各种社会群体和社会关系中，从而产生各种社会心理和行为。不同的社会群体既存在共同的社会心理和行为，也存在不同的社会心理和行为，这些也是心理学研究的重要对象和内容。

第三节 心理学的目的和任务

从根本上讲，科学的目的和任务是理解我们所生活的世界，所有科学莫不如此。科学理解需要四个特定的目标：描述、解释、预测和控制。总的来说，心理学研究的目标和任务是描述心理现象或行为、解释心理现象或行为、预测和控制行为。描述、解释、预测和控制之间是递进的关系：正确的描述是合理解释变量间关系的基础，只有合理地解释才能产生正确的预测，根据正确的解释和预测才能进行有效的控制。

一、描述

科学知识往往从描述开始。对研究对象进行精准的描述是心理学研究最基本的目的。回答一个心理学问题，首先要对观察到的现象或者变量进行准确而细致的识别。例如，皮亚杰的儿童发展理论就来自他对自己孩子的详细观察和描述。心理学家之所以要从描述过程开始，是因为描述能帮助我们对相关变量进行澄清。只有我们对研究的变量有所了解后，我们才开始能够解释这些变量存在的原因。例如，如果我们没有首先识别焦虑这种行为，我们就无法解释分离焦虑（当母亲离开时婴儿的哭泣和视觉搜索行为）的存在。

二、解释

对所观察到的行为或现象进行解释是心理学研究的第二个目标。解释需要我们了解行为或现象背后的机制。我们必须能够识别导致现象发生的先决条件。假设当婴儿由除父母以外的成年人照管时存在分离焦虑行为，而当婴儿由除父母以外的许多成年人照管并留在家中时不存在分离焦虑行为。我们可以得出结论，分离焦虑行为的前提条件之一是婴儿以前由父母以外的成年人照料的频率。注意，频率只是一个先行项。科学家是谨慎的，他们认识到大多数现象是由多种因素决定的，新的证据可能需要用更好的解释取代旧的解释。随着研究过程的进行，我们获得了越来越多关于现象原因的知识。随着这些知识的增长，我们有能力预测并可能控制所发生的事情。

三、预测

心理学的第三个目标是对行为进行预测。预测指的是在事件实际发生之前判断事件发生的能力。例如，我们可以非常准确地预测日食发生的时间。要做出这种准确的预测，需要了解产生这种现象的先决条件。它需要了解月球和地球的运动，以及地球、月球和太阳必须处于一种特殊关系才会发生日食的事实。心理学中，预测是根据研究建立的某一假设或理论，通过一系列的逻辑推理，对研究对象日后在特定情境中的反应做出推断的过程。比如，如果我们知道哪些因素是影响学生学业成功的变量组合，我们就可以准确预测谁会在学术上取得成功。在某种程度上，我们不能准确地预测某个现象，是因为我们在对它的理解上存在差距。

四、控制

心理学研究的第四个目标，也是最终目标，是控制。它指的是对决定一种现象的条件的操纵。所谓控制，意味着根据科学理论操纵某一研究变量或创设一定的情境，使研究对象产生理论预期的行为改变效果——引发并维持行为、停止行为、改变行为发生的频率或强度等。因此，心理学家通过直接控制反过来影响行为的变量，间接地影响行为。

一旦心理学家理解了产生一种行为的条件，这种行为就可以通过允许或不允许条件的存在来加以控制。考虑到挫折导致攻击性的假设，如果我们知道这个假设是完全正确的，我们就可以通过允许或不允许一个人变得沮丧来控制攻击行为。因此，控制指的是对产生现象的条件的操纵，而不是对现象本身的操纵。

在这一点上，似乎应该提供一些关于控制概念的额外见解。到目前为止，对控制的讨论有两种略有不同的方式。在讨论科学方法的特点时，控制是指在实验中保持恒定或消除无关变量的影响。在目前的讨论中，控制是指决定一种行为的先决条件。波林（Boring，1954）注意到控制（control）这个词有三个意思。第一，控制是指从比较的角度进行检查或验证。第二，它指的是一种约束——保持条件不变或消除实验中外来条件的影响。第三，控制指的是产生确切变化或具体行为的指导或方向。本书使用的是波林所确定的第二和第三个意思。

第四节　心理学的过去与现在

一、现代心理学产生的历史背景

艾宾浩斯（Hermann Ebbinghaus）说过："心理学有长期的过去，但只有一个短期的历史"。无论是中国古代的哲人，如孔子、孟子、庄子、朱熹等，还是西方的哲学家，如柏拉图、苏格拉底、亚里士多德、笛卡尔、康德等，都提出过各种各样的心理学思想，他们试图回答诸如"知识的来源""心灵或意识""思维与实在""灵魂与肉体""情感与动机"等人性最基本的问题，这些问题在很大程度上也是心理学问题。从这个意义上讲，心理学有着漫长的过去。但作为一门独立的实证科学，从威廉·冯特（Wilhelm Wundt）1879 年在德国莱比锡大学创立世界上第一个心理学实验室算起，心理学的历史不过 140 余年而已。

现代心理学的诞生发展有两个重要的历史渊源。一个渊源可以追溯到古希腊的伟大哲学家，特别是苏格拉底、柏拉图和亚里士多德，他们提出了关于思维和意识的基本问题：什么是意识？人的认识是理性的还是非理性的？存在自由意志吗？这些问题以及许多类似的问题今天依然是哲学和心理学的重要问题。

心理学问题的另一个渊源涉及古代医学家对身体的本质和人类行为的认识，也有着同样悠久的历史。代表人物是古希腊“医学之父”希波克拉底，他对生理学深感兴趣，对大脑如何控制身体的各种器官做了许多重要的观察。这些观察为心理学中的生物学观点奠定了最初的基础。

（一）近代西方哲学的影响

近代西方哲学主要指欧洲大陆的唯理论和英国的经验论。以17世纪法国著名哲学家笛卡尔（Descartes），德国哲学家、数学家莱布尼茨（Wilhelm Leibniz）为代表的大陆唯理主义者相信“天赋观念”，即人的观念不是由经验产生的，而是先天所赋予的。只有理性才是真理的唯一尺度，主体把握客体的途径在于思想、概念，试图通过思想、概念来把握对象。笛卡尔关于身心关系的思想推动了近代解剖学和生理学的研究，对现代心理学的诞生有着直接的影响。

以培根（Francis Bacon）、洛克（John Locke）为代表的经验论者反对笛卡尔的“天赋观念”说，认为人的心灵最初像一张白纸，没有任何观念，一切知识都来源于后天的感觉经验，试图通过感觉、知觉把主体与客体结合起来。洛克还把经验分成外部经验与内部经验两种。外部经验叫感觉，它的源泉是客观的物质世界。物质世界的属性或特性作用于外部感官，因而产生外部经验。内部经验叫反省，它是人们对自己的内部活动的观察。18—19世纪，英国经验论演变形成了联想主义（associationism）的思潮，该学说把联想的原则看作全部心理活动的解释原则，人的一切复杂的观念是由简单观念借助联想逐渐形成的，联想主义极大影响了心理学特别是学习理论。

（二）近代物理学的影响

心理学最开始的理想是希望像物理学解释物质世界那样解释心理世界，所以心理学最初叫作心理物理学。近代物理学家韦伯（Weber）和费希纳（Fechner）都对心理世界和物理世界的关系倍感兴趣，他们设计了一系列周密的实验探索物理强度和主观感觉强度之间的关系。例如，假定我们使一个声音的强度增加一倍，那么，这在我们听起来是否比原来的声音响一倍呢？并不如此简单。事实上，声音强度需要增加近八倍，听起来才能觉得响度提高了一倍。物理强度和接收强度的这种关系随刺激的不同而变化。但是，应当注意，这些关系在刺激的物理强度非常大或非常小时，会变得格外复杂。“尽管存在这些复杂性，韦伯和费希纳清晰地表明，科学实验在心理学发展中具有非凡的价值。正是这一巨大贡献一直影响着心理学，直至今日。”[①] 确定无疑的是，近代物理学和接下来要讲的实验生理学为作为一门实证科学的心理学的诞生提供

① 艾森克．心理学：一条整合的途径：上、下册［M］．阎巩固，译．上海：华东师范大学出版社，2000：7.

了最切实的条件。

（三）实验生理学的影响

现代心理学的实验方法直接来源于实验生理学。19世纪中叶，生理学已成为一门独立的实验科学。生理学的发展，特别是神经系统生理学和感官生理学的发展，对心理学走上独立发展的道路产生了重要的影响。1811年，英国生理学家柏尔（C. Bell）和法国生理学家马戎第（F. Magendie）首次发现了脊髓运动神经与感觉神经的区别。1840年德国人雷蒙得发现了神经冲动的电现象。1850年，德国著名科学家赫尔姆霍兹（H. von Helmholtz）用青蛙的运动神经测量了神经的传导速度，这项研究为在生理学和心理学中应用反应时的测量方法奠定了基础。1861年，法国医生布洛卡（Paul Broca）确定了语言运动区（布洛卡区）的位置。1869年，英国神经学家杰克逊提出了大脑皮层的基本机能界线：中央沟前负责运动，中央沟后负责感觉。1870年，德国生理学家弗里茨与希兹用电刺激法研究大脑功能，发现动物的运动性行为是由大脑额叶的某些区域支配的。这些研究不仅加深了人们对大脑机能分区的认识，而且为研究心理现象和行为的生理机制开辟了广阔的前景。这个时期生理学家和物理学家在感官生理学方面的一系列重要发现，也为心理学用实验方法研究感知觉问题奠定了基础。

赫尔姆霍兹认为，研究知觉很重要，因为它代表了生理学与心理学的交会点。“感官生理学是一个广阔的领域，是人类知识的两大分支，是自然科学与心理科学相互渗透的接壤地；提出的问题对两者都是重要的，也只能通过两方面的联合研究才能解决。”①

（四）生物学的影响

生物学对心理学的发展具有同样重要的作用，这里我们特别要提及的是达尔文的贡献。达尔文的《物种起源》这部著作对心理学具有深远意义，表现在以下几个方面。首先，人和其他物种（如猿）之间存在着相似性，这意味着许许多多心理学的问题可以通过研究其他物种的行为加以了解，这也是动物心理学和比较心理学的思想基础。其次，达尔文强调遗传的作用，如果人类的遗传和其他物种的遗传一样重要，那么，遗传学的研究将对预测和理解人类行为具有重要意义。最后，达尔文的进化论与个体差异紧密相连。他提出了适者生存的思想，即一个物种中的某些成员比其他成员能够更好地应对生存环境的要求。这种思想路线引导了其表弟高尔顿（Galton）从事智力的个体差异研究，发展出最早的智力测验。实际上，20世纪末期，进化心理学的出现也是生物学对现代心理学影响的佐证。

具体来讲，生物学对心理学的一个影响是，发展心理学对天性与教养（nature-nurture）问题的重视。高尔顿强烈主张将智力的个体差异主要归因于遗传，而华生等人则强烈主张环境因素更重要。天性与教养的争论一直持续至今，它在心理学的各种领域都极为重要。

---

① 艾森克. 心理学：一条整合的途径：上、下册［M］. 阎巩固，译. 上海：华东师范大学出版社，2000：8.

二、19 世纪末 20 世纪初的重要心理学派别

尽管历史上许多哲学家、思想家一直对人的心理问题感兴趣，但直到 19 世纪晚期，冯特在德国莱比锡大学建立了世界上第一个心理学实验室，科学心理学的研究才真正开始，也标志着心理学成为一门独立学科。由于心理学研究的哲学、取向和方法的不同，一百多年来，心理学出现了形形色色的各种流派。

（一）天性与教养的争论

心理学最古老的争论之一是天性与教养或者遗传与环境的争论，这一争论今天依然非常热烈。天性与教养争论的核心是人的能力是先天的还是通过经验习得的。天性观主张婴儿来到世界上是带着先天的知识和对现实的理解的。古代希腊哲学家（如柏拉图）认为，这种知识和理解可以通过仔细地推理和内省获得。17 世纪，笛卡尔支持天性观，认为某些观念（如上帝、自我、几何公理、完美和无限）是天生的。今天的心理学乃至教育学中依然到处都充斥着天性与教养或者遗传与环境的争论。

（二）构造主义

19 世纪，化学和物理学研究者成功将复杂的化合物（分子）分解成元素（原子），这鼓励着心理学家寻找那些结合起来的更为复杂的心理因素。化学家将水分解成氢和氧，心理学家是否可以将柠檬水的味道分解成甜、苦、冷等各种感觉元素？于是，构造主义（structuralism）就应运而生了。构造主义的奠基人为德国心理学家冯特，著名代表人物是美国心理学家铁钦纳（E. B. Titchener），构造主义这一术语就是他提出的。

构造主义心理学家认为，心理学应该研究人们的直接经验即意识，心理学的任务是把心理分解为基本的元素：感觉、表象和情感。所有复杂的心理现象都是由这些元素构成的。感觉是知觉的元素，表象是观念的元素，而情感是情绪的元素。在研究方法上，构造主义重视内省法，即对自己的感知、想法和感觉的过程进行自我观察和记录。同时，构造主义又主张应将内省与实验的方法结合起来，要了解人们的意识经验，还需依赖于实验过程中被试对自己经验的观察和描述。

（三）机能主义

构造主义的主张从一开始就引起了各方的批评，一些心理学家反对构造主义的纯粹分析性质。其中，杰出的美国心理学家威廉·詹姆斯（William James）认为，分析意识的要素不如理解其流动的、个人的本质重要，他的这一思想被称为机能主义（functionalism），机能主义研究大脑如何工作以使有机体适应其环境并发挥作用。

詹姆斯的机能主义思想源于 19 世纪达尔文的进化论。机能主义也主张研究意识，但认为心理学应该研究意识的功能，而不是意识的结构。他提出了意识流的概念，认为意识是川流不息的过程，而不是静止的点。意识的作用就是使有机体适应环境，为了找出有机体是如何适应环境的，心理学家必须观察个体实际的行为。

在 20 世纪初期的心理学发展中构造主义和机能主义都起了重要作用。然而，在

20 世纪 20 年代，它们就被三个新的心理学学派所取代，分别是行为主义、精神分析和格式塔心理学。

（四）行为主义

行为主义（behaviorism）的主要代表人物是约翰·华生（John B. Watson）。华生强烈反对意识体验属于心理学范畴的观点，主张心理学研究外显行为。在华生看来，意识是看不见、摸不着的，因而无法对它进行客观的研究。心理学的研究对象不应该是意识，而应该是可以观察的事件，即行为。因此，行为主义主张心理学研究应采用实验，而不是内省的方法。

行为主义者倾向于从刺激（S）和反应（R）的角度来讨论心理现象。华生认为，在对行为的研究中，只需观察和研究刺激（在特定环境中发生的事件）和有机体的反应（肌肉动作或其他行为）之间的联系。同时，行为主义认为，几乎所有的行为都是条件作用的结果，环境通过强化特定的习惯来塑造行为。例如，给孩子饼干来阻止他们发牢骚会强化（奖励）他们发牢骚的习惯。

行为主义主张“环境决定论”，认为个体的行为完全是由环境控制和决定的。华生曾说：“给我一打健康的婴儿，允许我按我的方式进行抚养，我可以把他们变成任何人，无论是医生、律师、艺术家，还是小偷或乞丐。”这一观念在 20 世纪上半叶对心理学和教育产生了较大的影响。

（五）格式塔心理学

大约在 1912 年，行为主义在美国流行的同时，格式塔心理学（gestalt psychology），也叫完形心理学，在德国出现。格式塔（gestalt）是一个德语单词，意为“形式”或“结构”，指的是韦特海默（Max Wertheimer）、考夫卡（Kurt Koffka）和科勒（Wolfgang Köhler）所采用的方法。

格式塔心理学强调将思维、学习和知觉作为整体进行研究，反对把意识分解开来。我们实际看到的与物体出现的背景有关，也与刺激整体模式的其他方面有关。整体不同于各部分的总和，部分相加也不等于整体，因为整体取决于各部分之间的关系。例如，当我们看图 1－1 时，我们认为它是一个单一的大三角形——一个单一的形式或完形——而不是三个小三角形。

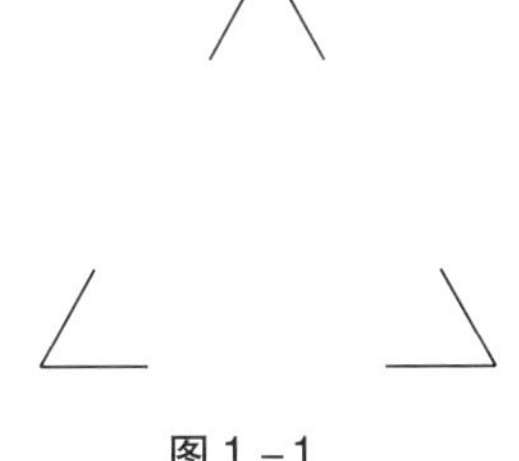

图 1－1

格式塔心理学家的主要兴趣是运动知觉，人们如何判断大小，以及在光照变化下颜色的外观。这些兴趣使他们对学习、记忆、思维和问题解决做出了许多以感知为中心的解释，为后来的认知心理学研究奠定了基础，同时也影响了现代社会心理学。

（六）精神分析学派

行为主义在美国发展的同时，奥地利精神病医生弗洛伊德（Sigmund Freud）于 19 世纪末至 20 世纪初在欧洲发展了人类行为的精神分析概念。在某些方面，精神分析融合了 19 世纪认知和生理学的观点。特别是弗洛伊德将意识、感知和记忆的认知概念与基于生物学的本能相结合，构建了一种新的人格理论，也是一种心理治疗方法。

精神分析理论强调，人的精神生活包括两个主要部分：意识部分和无意识部分。意识部分小而不重要，只代表整个人格结构的外表方面，是心理同外界接触的通道，遵循“现实原则”，主要功能是从人的心理能量活动中把那些先天的、兽性的本能或欲望排除掉。无意识部分包含着隐藏的个人的原始冲动、各种本能和被压抑的欲望，具有强烈的心理能量与负荷，但却为社会的道德和法律所不容。无意识部分的活动遵循“快乐原则”，无时无刻不在追求得到满足。弗洛伊德特别重视无意识，将其看成人类行为背后的内驱力。在意识和无意识之间，还有充当“检查者”的前意识，前意识中也存在着无意识的冲动、欲望和感情等，但它们可以比较容易地转移到意识系统中去。前意识的作用是防止充满强烈心理能量的本能渗透到意识中去。晚期，弗洛伊德在此基础上进一步提出人格由本我、自我和超我三部分构成。本我是弗洛伊德人格结构中最重要、最基本的部分，它由先天的本能和基本的欲望所组成，是心理能量的贮藏所，为各种心理机能提供动力。本我的内容与过程完全是无意识的，它的活动受快乐原则和原发过程的控制。人的基本的心理能量里比多（libido）被围困在本我中，并且是通过减少紧张状态的意向表现出来的。里比多能量的增加导致紧张状态的梯度的增加，而有机体则力求把这种紧张状态减少到比较能够忍受的水平。一个个体为了满足自己的需要并维持一种令其舒适的紧张水平，他就必须和真实的世界交互作用。因此，在本我的需要和现实环境之间必须实行有效和适当的联络。为了促进这种相互作用，自我便从本我中发展出来，自我充当了自身和外部世界的仲裁者。它的作用就是要满足本我的本能需要，同时又要控制和压抑本我的冲动，使本我只能获得为现实所许可的那种快乐，从而也保护了个体不致因本我的盲目冲动而遭受外界的损害。因而，自我是有意识的、理智的，它遵循“现实原则”，但是自我不能脱离本我而单独存在，自我的力量是从本我那里得到的。超我是自我的一部分，与具有执行功能的自我相对，是一种监督的自我。超我包括良心和自我理想两部分，它代表着社会伦理道德，代表着人类生活的高级方向。超我是在童年早期通过自居作用将父母对儿童的约束、奖惩和规则等内化而成的。与自我不同，超我不仅力图使本我的欲望延迟得到满足，甚至使它完全不能得到满足。在弗洛伊德看来，人格的这三个部分之间相互作用，相互影响，处于动态平衡状态之中，共同构成整体人格，一旦这种平衡关系遭到破坏，便会产生精神病或心理变态。

弗洛伊德还是本能决定论者，他认为人格发展的基本动力是本能，尤其是性本能。他所说的“性”，与狭义理解的性有所不同，除了与生殖活动有关之外，还包括吸吮、排便、触摸等直接或间接引起机体快感的一切活动。因此，弗洛伊德所说的性的含义是极为广泛的，正是在这个意义上人们把他看成是泛性论者。

三、当代心理学的研究取向

第二次世界大战后，心理学得到了迅速的发展，某些占统治地位的传统观念逐渐受到抨击，产生了许多新的心理学思想。这些新的心理学思想主要可以区分为五种特别重要的观点和视角。但应明确的是，理解许多心理学主题需要一种跨越多个视角的折中方法，它们并不是相互排斥的。

（一）生物学的研究取向

人类大脑包含超过100亿个神经细胞以及它们之间几乎无限的相互连接，它可能是宇宙中最复杂的结构。原则上，所有的心理事件都可以与大脑和神经系统的活动有关。研究人类和其他物种的生物学方法试图将明显的行为与体内发生的电和化学事件联系起来。从生物学角度进行的研究旨在明确行为和心理过程背后的神经生物学过程。例如，抑郁症的生物学方法试图从神经递质水平的异常变化来理解这种疾病。神经递质是大脑中产生的化学物质，使神经细胞之间的交流成为可能。

生物学的研究取向关注心理与行为的生物学基础，试图将明显的行为与体内发生的电和化学事件联系起来，寻求通过大脑活动、神经系统和内分泌系统等的研究用生物学的观点和方法研究心理现象和行为。从生物学角度进行的研究旨在明确行为和心理过程背后的神经生物学过程，例如，抑郁症的生物学方法试图从神经递质水平的异常变化来理解这种疾病。

（二）行为取向

以华生为代表的行为主义统治心理学达半个世纪之久，这也是行为取向的历史来源。行为取向关注可观察的刺激和反应，把所有行为都看作条件反射和强化的结果。例如，对社会生活的行为分析可能会关注你与哪些人互动（社会刺激），你对他们做出的反应类型（奖励、惩罚或中性），他们继而对你做出的反应类型（奖励、惩罚或中性），以及这些反应如何维持或破坏互动。

20世纪三四十年代，行为取向在以斯金纳（B. F. Skinner）和托尔曼（E. C. Tolman）等为代表的新行为主义者身上继续发扬光大，不过与历史上严格的行为取向完全不考虑个体的心理过程不同的是，他们在传统的“刺激—反应”之间，增加了“中介变量”。

（三）精神分析取向

前面提到，当行为主义在美国发展的同时，弗洛伊德在欧洲发展了人类行为的精神分析概念。精神分析融合了19世纪认知和生理学的观点。特别是，弗洛伊德将意识、感知和记忆的认知概念与基于生物学的本能相结合，构建了一个人类行为的新理论①。

精神分析取向的基本假设是，个体行为源于无意识的过程，即一个人没有意识到但仍然影响其行为的信念、恐惧和欲望。弗洛伊德认为，童年时期被父母和社会禁止

① NOLEN-HOEKSEMA S, FREDRICKSON B L, LOFTUS G R, et al. Atkinson & Hilgard's introduction to psychology [M]. 15th ed. Hampshire: Cengage Learning EMEA, 2009: 14.

或惩罚的许多冲动都源于天生的本能。因为我们每个人生来都有这些冲动，它们产生了广泛的影响，必须以某种方式加以解决。禁止它们只会迫使它们脱离意识进入无意识。然而，它们并没有消失。它们可能表现为情绪问题和精神疾病的症状，或者表现为社会认可的行为，如艺术和文学活动。例如，如果你对自己的父亲感到非常愤怒，但你又不能疏远他，你的愤怒可能会变成无意识的，也许会在一个关于他在可怕的事故中受伤的梦里表达出来。

弗洛伊德的理论在后来的安娜·弗洛伊德、埃里克森、克莱因等新精神分析学者手里得到了进一步的发扬光大。在 20 世纪大部分时间乃至今天的心理学中，精神分析学派依然是一股强大的力量。

（四）认知取向

心理学的认知取向一方面是对心理学认知根源的回归，另一方面是对行为主义偏狭的反应，因为传统行为主义否认像推理、计划、决策等复杂的人类心理活动。当代认知取向关注知觉、记忆、推理、决策和问题解决等心理过程。不过，与 19 世纪心理学不同的是，当代认知取向的方法不是基于内省，而是采用反应时记录法、口语报告法、计算机模拟等等。更为关键的是，认知心理学家采用信息加工隐喻来看待有机体的认知过程。

（五）人本主义取向

人本主义心理学（humanistic psychology）和精神分析学派的传统观念截然不同。人本主义心理学是美国心理学内部的一场运动，大约从 20 世纪 40 年代到 70 年代初，它得到蓬勃发展。今天，它是一个广泛使用的侧重心理治疗和咨询方法的基本取向。作为一种心理学取向和一种心理疗法。人本主义心理学家提出了基于四个关于心理生活的核心假设：①从婴儿到老年，人类在致力于实现作为独特自我的最高潜能的同时，与他人建立并保持密切的相互联系。②当这种驱力受到不利的外部环境阻碍时，人们会试图通过适应过程来实现自我和关系潜力，从而产生苦恼，并最终形成次优的人格模式。③人们，包括那些有严重心理问题的人，拥有巨大的自我调节和自我康复的内在资源，这些资源可以用于康复、成长和自我超越。④治愈、自我实现和个人与集体的解放是通过参与以几个关键人际条件为特征的关系来实现的，这些关系有：相互尊重、温暖、接受、真诚和同理心。

人本主义心理学被认为是精神分析和行为主义之外的“第三种力量或思潮”并提供了许多关于人性和心理成长的观点，这些观点从 20 世纪 60 年代至今一直推动着“人类潜能运动”和公众心理学。人本主义心理学家不仅建议围绕体验着的个体或自我的共同主题整合心理学，而且还承诺在西方大学的体系内发起科学与人文之间前所未有的新对话。1941 年，临床心理学家卡尔·罗杰斯（Carl Rogers）引入了以来访者为中心或非定向治疗的技术，这是对维也纳精神分析的第一次成功和独特的美国挑战，当时维也纳精神分析主导着临床心理学和精神病学。1954 年，亚伯拉罕·马斯洛提出了自我实现人格的概念，即我们对正常的定义应该基于人性最好的代表，而不是基于与精神病理学的比较或仅仅是统计平均数的定义。

（六）进化心理学取向

20 世纪 80 年代后期和 90 年代早期，一种全新的心理学范式——进化心理学（evolutionary psychology）在认知心理学、发育生物学、动物行为学、社会生物学、遗传学、人类学等学科的交互汇聚和影响中"涌现"出来。与传统行为主义和人工智能把人类心智看作通用的问题解决者不同，进化心理学家认为，"现代人进化出了领域特殊的认知能力和行为策略以解决我们祖先所处环境中各种问题"①，这些领域特殊的认知能力和行为策略是我们的狩猎—采集者（hunter-gatherer）祖先在解决他们面临的适应问题过程中逐渐形成的。人类的心智是一组独立的、与特定任务相关的认知机制，一组为解决进化上反复出现的重大问题形成的本能，也是一组独立的模块。人类的心智被组织成模块和心理器官，每一个都有专门化的"设计"，擅长在某一领域与环境相互作用。也就是说，心理机制是由大量特定的但功能上整合设计的处理有机体面临的某种适应问题的机制或模块构成的。

总之，进化心理学是"认知科学的一种取向，该取向将进化生物学与认知、神经和行为科学整合起来，以指导对动物，也包括人类的物种典型的计算和神经结构的系统探索"②。进化心理学研究的目的是发现和理解人类心智的模式或者说人类行为背后的共同本质与特性。进化心理学涉及许多学科和研究的整合，如在知觉和乔姆斯基心理语言学中进行的功能特化研究，狩猎—采集者和原始人研究，进化生物学研究，等等。在某种意义上，进化心理学取向也可以看作是生物学取向的一个例子。

第五节　心理学的研究方法

科学发展的历史证明，科学方法的重要性是不言而喻的，心理学也同样如此。正如冯特（1856）所说，"科学的进展是和研究方法上的进展密切相关的。近年来，整个自然科学的起源都来自方法学上的革命，而在取得了巨大成果的地方，我们可以确信，它们都是以先进方法上的改进或者以新的方法的发现为前提的"③。

一、观察法

（一）观察法的界定

观察法（observation method）或自然观察法，是指在自然条件下对心理现象或行

① WILSON R A，KEIL F C. MIT 认知科学百科全书：英文版［M］. 上海：上海外语教育出版社，2000：xxxiv.

② 同上书。295.

③ 彭聃龄. 普通心理学［M］. 5 版. 北京：北京师范大学出版社，2019：17.

为进行系统的、有计划的观察，从中发现心理现象或行为产生和发展的规律的方法。例如，观察婴儿的言语活动，可以了解个体言语发生和发展的一般规律。

（二）观察法的种类

观察一般包括三种类型：自然观察（naturalistic observation）、参与式观察（participant observation）和策划性观察（contrived observation）。

自然观察或非参与观察是指研究者在自然状态下尽可能不引起被观察者注意而进行行为观察的方法。自然观察可用于描述任何行为。自然状态不仅指其中的行为是正常出现的，而且这些行为没有因为研究的目的而做任何形式的刻意安排。在观察过程中，研究者仅仅记录出现的现象，尽量做到小心谨慎，不引起被观察者的注意。例如，简·古道尔（Jane Goodall）对于黑猩猩群体的经典研究就使用了自然观察这种方法。儿童心理研究者观察幼儿的游戏活动或同伴互动也是采用这种方法。

在研究的早期阶段，取得解释进展的最有效的方法可能是直接观察——简单地观察自然发生的被研究的现象。对动物和人类行为的仔细观察是大量心理学研究的起点。例如，对灵长类动物的原生环境的观察可能会告诉我们它们的社会组织，这将有助于以后的实验室研究。新生儿的录像揭示了他们出生后不久的活动细节。然而，观察自然发生的行为的研究人员必须被训练来准确地观察和记录事件，这样他们自己的偏见就不会影响他们所报告的内容。

自然观察法存在一定的局限，一方面，被观察者可能由于意识到自己被观察而引起行为上的改变，即出现观察者效应。另一方面，自然观察中可能存在观察者偏差，即观察者只看他们希望看见的东西，有选择地记录观察内容。

参与式观察是指研究者参与到被观察者的活动当中去，以便观察和记录他们行为的方法。参与式观察包括完全参与（complete participant）的观察，被观察者不知道观察者的身份和观察目的，观察者参与所有他感兴趣的活动，和被观察者自然地进行交往。被观察者不知道他是一个观察者，还是一个参与者。这种观察方法的好处是能够以参与者的身份获得亲身感受，但参与活动本身往往会影响所要观察的社会过程。另一种是作为观察者参与（participant-as-observer）的观察，参与所观察的全部活动，但让人们知道你是在进行观察研究。这种观察方法的问题在于被观察者可能把注意力转移到你的研究项目，而忽略了社会活动的自然性，使你所观察的活动缺乏典型性。还有一种是作为参与者的观察者（observer-as-participant）的观察，观察者的身份是明白的，他也参与被观察者的社会过程，而且并不假装他是真正的参与者。

最后一种观察法是策划性观察，也称为结构性观察。这种观察不是在自然情境下进行，而是由观察者创设一定的情境，这样就不必等待行为的自然出现也能对其进行观察。结构性观察的目的是促使那些存在的但不经常出现的行为发生以便对其进行更及时的观察。

（三）观察性研究设计的优缺点

表 1－1 总结了三种观察法的优点和缺点。观察法的一个主要优点在于研究者观察

和记录的是真实行为：观察法研究的结果通常具有较高的外部效度。除了策划性观察可在实验室进行之外，大多数观察研究都在现场背景下进行，现场研究通常具有较高的外部效度。观察法的另一个优点在于它的系统性：研究者可以对行为以及行为的先兆和后果进行全面观察，而其他研究考察的是单一的行为片段。

观察法的主要缺陷是：①在自然条件下，事件很难严格按相同的方式重复出现，因此，对某种现象难以进行重复观察，而对观察的结果也难以进行检验和证实；②在自然条件下，影响某种心理活动的因素是多方面的，因此，用观察法得到的结果，往往难以进行精确的分析；③由于对条件未加控制，观察时可能出现不需要研究的现象，而要研究的现象却没有出现；④观察容易"各取所需"，即观察的结果容易受到观察者本人的兴趣、愿望、知识经验和观察技能的影响。

表 1－1　观察性研究设计的优缺点

方法	优点	缺点
自然观察法	在现实世界中观察行为 对不加控制的行为较为有用 观察和记录真实的行为	耗费时间 可能存在观察者影响 可能存在主观解释
参与式观察法	在不宜采用自然观察法时使用 获得其他方法获得不了的信息 被试有独特的视角	耗费时间 可能会降低客观性 增加了观察者影响的可能性
策划性观察法	不必等待行为的自然发生	行为表现可能不太自然

二、测验法

（一）测验法的界定

测验法（measurement method）是指根据一定的法则，采用一套经过标准化的问题（量表）对某种心理品质进行定量描述的方法。任何测验都包括三要素：测验的对象，即事物的属性和特征，如能力、性格、兴趣等。测验的结果，即描述事物属性的数字，如智商分数、记忆测验分数等。最后是测验的法则，即测验的规则或方法，也即测验时给事物的属性和特征指派数字的依据，包括量表的编制、实施、记分以及分数的解释等等。

（二）测验法的分类

测验按测验对象不同可分为智力测验、学业成就测验、态度测验和人格测验；按编制测验的材料不同可分为文字测验和非文字测验；按测验人数多少可分为个别测验和团体测验；按编制的要求不同可分为标准化测验和非标准化测验；等等。

(三) 测验的信度和效度

任何测验都有两个基本要求：测验的信度（reliability）和效度（validity）。信度指测量结果的稳定性程度，也叫测量的可靠性，即测量过程中随机误差造成的测定值的变异程度的大小。效度是指一个测验或量表实际能测出其所要测的心理特质的程度，即测定值与目标真实值的偏差大小。

三、相关法

相关（correlation）是事物间的一种关系。相关研究法（correlational research strategy）是心理学研究的另一种重要方法，指的是对个体的两个变量进行测量以评估这两个变量间的相关性，目的在于说明两个变量间的相关性及其强度。心理学的许多研究实际上都是寻找相关关系，例如，个体的社会经济地位和心理发展的关系，学生的自尊和学业成绩之间的关系；儿童家庭的社会经济地位与其心理发展的关系；青少年的自我效能感、自尊和父母养育方式的关系；等等。

相关的强度和方向用相关系数表示，它是介于 -1.00 和 +1.00 之间的一个数值。如果相关系数是 0 或接近 0，说明两个变量之间存在联系或联系很弱；如果相关系数为 +1.00，说明存在着完全的正相关；如果相关系数为 -1.00，则说明是完全的负相关。心理学中很少有完全的相关，但是，相关系数越接近 +1.00 或 -1.00，说明相关程度越高。例如，有研究发现，同卵双生子的智商相关程度高，相关系数达到 0.86；而父母与子女的智商只是一般相关，相关系数是 0.35。

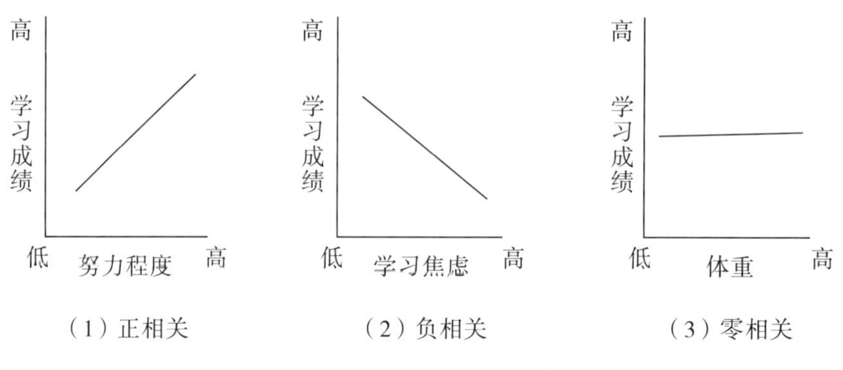

图 1-2　三种类型的相关

四、实验法

实验法（experimental method）是心理学家在控制条件下对事件（变量）之间的因果关系进行探查的方法，是所有心理学研究方法中最精密、应用最广泛而且成效最显著的一种研究方法。

从事一项实验研究等于是运用科学方法去解决一个问题。从遇到需要解决的问题开始到获得结果为止，实验研究者须遵循一定的程序或步骤。一般来讲，要完成任何一项完整的实验研究，都离不开以下 8 个步骤[①]：

（1）确定研究问题：对问题的性质、研究价值、事实限制与研究可能性等，经通盘考虑后决定。

（2）陈述研究假设：对问题中有关因素的因果关系，先提出一个暂时性的、假设性的陈述，作为以后进行实验的指引。

（3）设计实验进程：假设既定，接着要进行实验设计，即考虑采用什么方法和如何进行实验以验证所提假设是否成立。

（4）确定研究对象：社会及行为科学的研究以人为对象。选取什么样的人作为代表参加实验研究，以及如何选取研究对象等，均应在进行实验之前确定。

（5）选择研究工具：实验时所需要的实验设备、测量工具等，均应在实验前准备妥当，而后实验进行方能按部就班，得心应手。

（6）进行实验观察：实验进行时，实验者一方面按照预定计划安排并控制情境，另一方面必须对预期的结果仔细观察测量。观察测量所得的记录，乃是对实验结果分析解释的主要根据。

（7）整理分析资料：实验结束后，通常多采用统计学的方法整理分析资料，并根据原提假设研判资料所显示的意义。

（8）撰写研究报告：实验结果经整理分析后，通常以文字的方式撰写报告。报告的内容要包含问题的性质、实验方法、所得结果的意义等，以增加同类问题处理的知识。

五、个案法

个案法或案例研究法（case method）是一种较古老的方法。个案法要求对某一个体或对象进行深入而详尽的观察与研究，以便发现影响某种行为和心理现象的原因。例如，在临床研究中，医生发现某些失语病人，只丧失了对词的命名能力，而其他语言能力是正常的；有的儿童智力发展基本正常，而语言能力有明显的缺陷；或者语言发展正常，而智力明显低下或者智力正常，交往能力低下，而词汇阅读能力超常等。通过对这些个案进行研究可以为揭示个体的心理活动提供必要的证据。在研究正常儿童的智力和语言发展时，个案研究也是一条重要的研究途径，如幼儿教育家、儿童心理学家陈鹤琴的研究。个案法有时和其他方法（如观察法、传记法、测验法等）配合使用，这样可以收集到更丰富的个人资料。

个案法往往只关注某些个体，有时甚至只有一个研究对象。研究人员经常使用这种方法对那些才华出众、不同凡响的人进行深入研究。比如，霍华德·加德纳（Howard Gardner）在其撰写的《创造大师》（*Creating Minds*）一书中就使用了案例分析这

① 杨国枢，文崇一，吴聪贤，等. 社会及行为科学研究法：上册［M］. 13 版. 重庆：重庆大学出版社，2006：130－131.

一方法对七位极具创新能力的个人的思维过程进行了探索，这些天才包括爱因斯坦、毕加索和弗洛伊德等。精神分析学家把个案法叫作临床方法。他们使用这种方法从病人那里收集信息，并据此发展有关精神障碍的理论。个案法的缺点在于其主观性以及过小的样本量。这些限制使得研究人员很难有信心做出同样适用于其他人的结论。然而，个案研究法有时可以让我们得到非常有价值的信息，而这些信息往往是其他方法不能得到的。

第六节 心理学研究中的伦理

心理学的研究对象比较特殊，主要是以人类为被试或样本，且每个研究呈现的研究报告也会对人造成影响。如果一项研究的设计不完善，那么参加这项研究的人就有可能受到身心伤害。没有研究人员希望伤害真正发生，但是问题并没有那么清晰简单。比如，在实验中让被试解决一个根本不可能解决的问题，从而让他们遭受严重的心理挫折，这样做符合道德吗？或在一个有关攻击行为的实验中，采用侮辱被试的方式来激怒被试是可以接受的吗？为了得到知识，被试要经历多少不快，付出多少代价才不为过呢？这些问题非常重要，但却很难回答。而且不同的心理学家往往会得出不同的答案。第二次世界大战结束后，心理学家逐渐建立起研究中的伦理标准和人类被试的保护措施。研究者必须符合伦理地对待那些可能受到研究影响的个体，在儿童心理研究中这一点尤其重要。美国心理协会于 2002 年公布了《心理学家的伦理原则和行为准则》（*Ethical Principles of Psychologists and Code of Conduct*）。这一声明建议心理学家担负起相应的责任来保护被试免受有害研究过程的伤害。不仅如此，该声明还告诫研究者要对在研究过程中所获得的有关被试的个人信息保守秘密，而且绝不能以威胁被试个人隐私的方式发表此类信息。

在进行心理学研究的过程中，要充分考虑伦理上的问题，对研究中的人类和非人类被试负责。在人类被试的心理学研究中，第一个原则是风险最小原则，即在大多数情况下，研究中预期的风险不应大于日常生活中通常遇到的风险。第二个原则是知情同意。研究者要保证被试有充分的知情权并签署知情同意书，被试必须提前被告知研究的任何可能影响他们合作意愿的方面，在披露后，他们必须自愿进入研究，并被允许在任何时候退出研究。尤其对于未成年被试来说，应保证研究对其身心发展不会造成有害影响。

心理学研究中的另一类被试是非人类被试，即动物。动物实验中也有许多伦理要求。近年来，心理学家日益关注研究中动物的使用，特别是当研究过程会给动物造成痛苦和损害的情况，比如，电极植入以及恒河猴隔离研究。他们认为，对所有使用动物的心理学研究都应该加以限制。

思考与实践

1. 在你看来，心理学是研究什么的科学？
2. 心理学是怎样产生的？它的产生有什么样的历史条件？
3. 近代有哪些主要的心理学流派？哪些重要的心理学家？
4. 有哪些主要的心理学研究取向？

参考文献

[1] 克里斯腾森. 心理学研究方法：第9版［M］. 影印本. 北京：北京大学出版社，2005.

[2] 杨国枢，文崇一，吴聪贤，等. 社会及行为科学研究法：上册［M］. 13版. 重庆：重庆大学出版社，2006.

[3] 彭聃龄. 普通心理学［M］. 5版. 北京：北京师范大学出版社，2019.

[4] 艾森克. 心理学：一条整合的途径：上、下册［M］. 阎巩固，译. 上海：华东师范大学出版社，2000.

[5] 格里格，津巴多. 心理学与生活：第19版［M］. 王垒，等译. 北京：人民邮电出版社，2016.

[6] WILSON R A，KEIL F C. MIT认知科学百科全书：英文版［M］. 上海：上海外语教育出版社，2000.

[7] PINKER S. How the mind works［M］. New York：W. W. Norton & Company，Inc.，1997.

[8] NOLEN-HOEKSEMA S，FREDRICKSON B L，LOFTUS G R，et al. Atkinson & Hilgard's introduction to psychology［M］. 15th ed. Hampshire：Cengage Learning EMBA，2009.

第二章　心理和行为的生物学基础

学习目标

1. 了解进化、基因和遗传的基本概念；
2. 了解什么是神经元、神经传导；
3. 了解神经系统的结构与功能；
4. 了解大脑的基本结构与功能。

章节提要

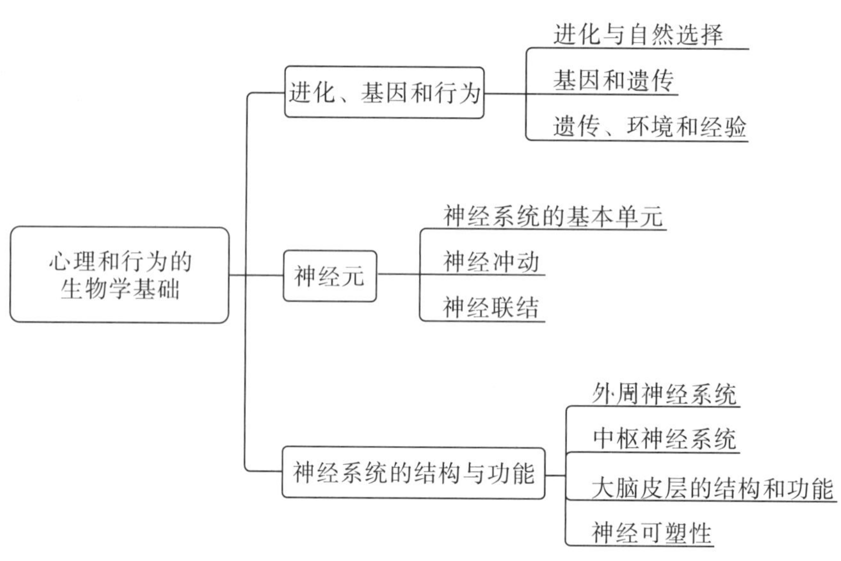

第一节　进化、基因和行为

一、进化与自然选择

为了充分理解心理和行为的生物学基础，我们需要了解关于进化（evolution）和遗传的问题。地球上所有的生物体都进化了亿万年之久，而环境因素在塑造它们的神经系统的组织和功能方面发挥了重要作用。达尔文（Charles Robert Darwin）提出的自然选择是解释进化改变的机制，在塑造行为和大脑中起着重要的作用。

最早给“进化”一词提出现代定义的是英国哲学家斯宾塞（Spencer）。在1862年出版的《第一原理》一书中，斯宾塞写道：“进化乃是物质的整合和与之相伴随的运动的耗散，在此过程中物质由不定的、支离破碎的同质状态转变为确定的有条理的异质状态。”斯宾塞所说的进化是一切物质的发展规律，是指物质从无序到有序，从同质到异质，从简单到复杂的变化过程。因此，在最广泛的意义上，进化仅仅是一种变化，并且随处可见，宇宙星系、语言和社会概莫能外。

生物进化（biological evolution）与非生物系统的演化截然不同。生物进化是自然界中的一种特殊现象，它是通过传代即遗传过程中的变化而实现的，生物进化的结果导致生物对环境的适应，而非生物系统的演化不存在传代，也不存在适应（沈银柱等，2008）。具体而言，生物进化就是：生物种群在与其生存环境相互作用过程中，其遗传系统随时间而发生一系列不可逆的改变，并导致相应的表型改变（张昀，1998），在大多数情况下这种改变导致生物种群对其生存环境的相对适应，这种变化超出了单一个体的寿命。个体发生不是进化，孤立的生命体不进化。

对生物进化的研究——进化论是研究生物界进化发展的规律的科学，它的主要研究对象是生物界的系统发展，包括某一物种或某一完整的生物类群的发展。其重点是研究生物如何由简单到复杂，由低等到高等的发展过程。进化论提出以前，创世说占统治地位，当时人们相信世界是上帝有目的地设计和创造的，由上帝制定法则主宰，是合理安排、和谐有序并且是永恒不变的。进化论替代创世说是一场思想革命，这场革命起源于达尔文的思想，1859年出版的《物种起源》是达尔文思想的代表作，恩格斯曾经指出，达尔文的生物进化论是19世纪自然科学的三大发现之一。

1831年，达尔文刚刚从神学院毕业就登上“贝格尔号”军舰，进行为期五年的航行，考察南美洲以及加拉帕戈斯群岛的动物，特别是鸟类、昆虫、植物、土壤、贝壳等。这段考察经历使达尔文的思想产生了巨大变化，从一个相信神学的人转变为进化论者。环球航行后，达尔文又从事了20余年的生物学研究，并反复思考在航行过程中遇到的物种形态，建立了他的进化理论。

我们提到的加拉帕戈斯群岛是位于南美洲西海岸的一系列火山群岛，这些岛屿是许多野生动物的天堂，包括13种地雀，现在称为达尔文地雀。令达尔文感到十分惊奇的是，为什么不同岛屿上会有不同种类的地雀？他推测环境的影响使物种产生分化，地雀的变异是自然过程作用的结果，他将这个过程称为自然选择（natural selection）。

达尔文进化论的基本主张是：第一，物种每一代中刚出生的成员数量比生存下来的要多得多，这种情况称为过度繁殖。第二，物种所有成员（至少在有性生殖种系中）拥有不同的遗传特征的结合，即身体和行为特征的变化存在于物种中的不同个体之间。第三，这种变化是可以遗传的。第四，导致个体生存和繁殖的特征趋向于作为个体与环境交互的结果而被选择出来，并且这种特征通过基因遗传给后代，而没有生存下来的个体的特征却没有遗传下来。就是说，建立在个体身体和心理特征与环境交互的遗传基础上，经过许多代之后，这些特征变化比较频繁，最终导致所有物种成员都拥有这种特征。因此，通过自然选择的过程，个体的适应性变化最终在物种中出现了。

尽管科学家不可能直接目睹通过自然选择而产生新的物种，但在物种的种系发生中存在很多自然选择产生变化的例子（比如微观进化）。例如，英国科学家已经研究桦尺蛾（pepper moth）约150年了。这种飞蛾只有两种基本的自然色：白色和黑色。在工业革命之前，大约99%的桦尺蛾的翅面多为白色，当它们停歇在桦树白色的树皮或者树干附生的地衣上时，与环境几乎融为一体，可以伪装自己逃过鸟的追踪。这里很少出现黑色的飞蛾，因为很容易被鸟发现并吃掉。工业革命开始后，大量工厂排放的煤烟熏黑了树干，杀死了树干上附生的地衣，白色的桦尺蛾在这种环境下就变得非常显眼，而黑色的飞蛾能更好地伪装以便躲过鸟的攻击，所以黑色的飞蛾变得越来越多。到了19世纪末期，黑色桦尺蛾占了98%的比例，剩余的是很小部分白色和中间色型的蛾子。仅仅40年时间，这种蛾子的色型就随着环境产生了巨大的变化。到了1950年英国反污染法颁布以后，环境变得清洁，自然选择再一次偏爱于白色的飞蛾。因此，经过较短的时间，环境的变化能产生一些个体，这些个体比起其他成员能更好地适应环境，经过几代之后，这些个体的遗传特征在数量上快速地多起来。

二、基因和遗传

在过去的一百年中，达尔文的理论经历了一些重要的修正，最显著的是将现代基因理论引入到进化论的论述中，由此我们知道，自然选择作用于基因，在有性繁殖的情况下，后代基因组是父系基因组和母系基因组的结合，确保了后代（的基因）和父母绝不相同，并且除了同卵的兄弟姐妹，彼此之间各不相同。有性繁殖从上一代借用了信息，但在创造一个新个体的时候重组了基因。

基因是形成基本遗传单位的脱氧核糖核酸（DNA）分子的片段。我们从父母那里接收并传递给后代的基因是由染色体携带的，即体内每个细胞的细胞核结构。大多数体细胞包含46条染色体。在怀孕时，人类从父亲的精子接收23条染色体，从母亲的卵子接收23条染色体。这46条染色体形成23对，每次细胞分裂时都被复制［见图2-1（a）］。DNA分子看起来像一个扭曲的阶梯或一个双链螺旋［见图2-1（b）］。

每个基因给细胞提供编码指令，指导它执行特定的功能（通常是制造特定的蛋白质）。虽然体内所有的细胞都携带相同的基因，但每个细胞都是专门化的，因为在任何给定的细胞中，只有5%到10%的基因是活跃的。在受精卵发育的过程中每个细胞都会打开一些基因，并关闭所有其他基因。例如，当“神经基因”活跃时，一个细胞就会发育成神经元，因为基因引导细胞制造能够执行神经功能的产品。

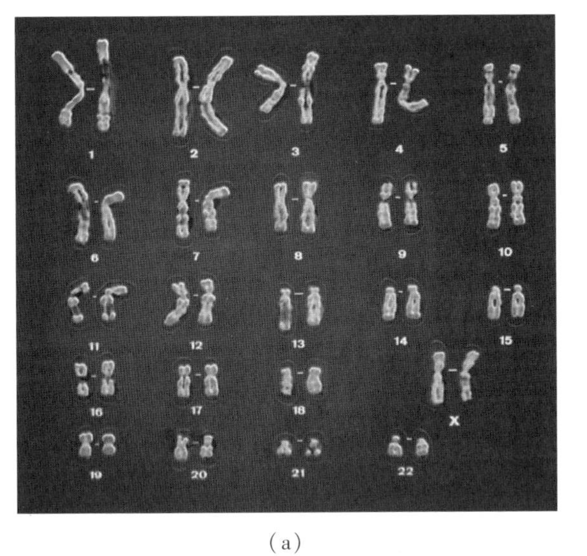

(a)

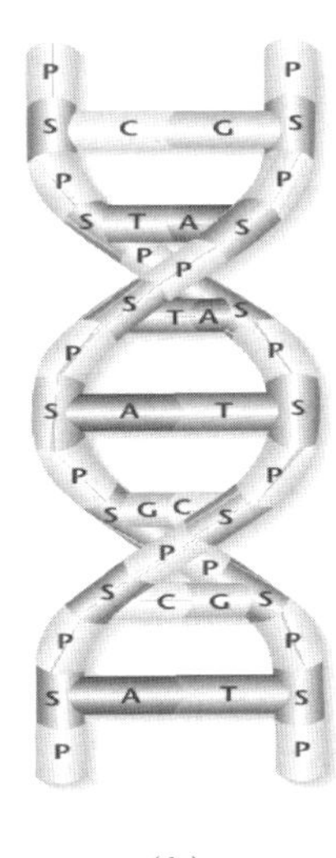

(b)

图2－1　染色体和DNA分子的结构

今天，行为遗传学领域结合了遗传学和心理学的方法来研究行为特征的遗传。我们知道，许多身体特征——身高、骨骼结构、头发和眼睛的颜色等——都是遗传的。当然，行为遗传学家最感兴趣的是心理特征，包括心理能力、气质和情绪稳定性的程度如何从父母传递给后代。

基因和染色体一样，成对存在。每一对基因中有一个基因来自精子染色体，还有一个基因来自卵子染色体。因此，一个孩子只得到父母双方总基因的一半。人类每条染色体上的基因总数大约有1 000个。因为基因的数量如此之多，即使兄弟姐妹也都不太可能继承完全相同的同一组基因。唯一的例外是同卵双胞胎，因为他们是由同一个受精卵发育而来的，所以他们拥有完全相同的基因。

一个基因对中的任何一个基因都可以是显性的，也可以是隐性的。当一个基因对的两个成员都是显性时，个体表现出这些显性基因指定的性状形式。当一个基因是显性的，而另一个基因是隐性的时，显性基因再次决定了该性状的形式。只有当父母双方贡献的基因都是隐性的，性状的隐性形式才会表达。例如，在决定眼睛颜色的基因中，蓝色是隐性的，棕色是显性的。因此，一个蓝色眼睛的孩子，他的父母可能两个都是蓝色眼睛，或者一个蓝色眼睛和一个棕色眼睛（携带一个蓝色眼睛的隐性基因），又或者两个都是棕色眼睛（父母双方各携带一个蓝色眼睛的隐性基因）。相应的，一个棕色眼睛的孩子，其父母不可能两个都是蓝色眼睛。隐性基因所携带的其他一些特征是秃顶、白化病、血友病等。

大多数人类的特征不是由单个基因对的行为决定的，但也有一些显著的例外，即单个基因具有巨大的重要性。从心理学的角度来看，特别有趣的是苯丙酮尿症（PKU）和亨廷顿氏病（HD）等疾病，这两种疾病都涉及神经系统的恶化以及相关的行为和认知问题。遗传学家已经确定了导致这两种疾病的基因。

拓展阅读

达尔文的伟大思想①

达尔文从许多角度来看都堪称天才。他在人类起源问题上给人类提出了一个关键的概念：自然选择。达尔文是汇集了广泛的数据而提出自然选择的第一人，自然选择对于认识我们人类的起源问题有着恒久的价值。正如丹尼尔·丹尼特（Daniel Dennett）在他的著作《达尔文的危险思想》（*Darwin's Dangerous Idea*，1995）中所叙述的那样，达尔文用两句很长的话概述了他的思想。以下就是达尔文的概述：

图 2-2　达尔文

“在经历了漫长的年代和各式各样的生存条件后，有机体会在一些身体部位上表现出各种差异，而且我认为这是无须争辩的，又由于每个物种的成几何级数增长的能力，使得在某个时期，某个季节或某年，它们会面临着严重的生存困难，这也是无须争辩的；然而，考虑到所有物种相互之间关系的无限复杂性和它们的生存条件，引起了有利于它们的在结构、体质、习性上的无限分化，我想如果没有发生对它们每个物种有利的变异那将是最不可思议的事实；同样的，很多有用的变异会发生在人类身上。但是如果有用的变异确实在每个物种上发生了，那么那些具备了某些特性的个体在生存的斗争中就一定会拥有最好的保存和维持下去的机会，按照强大的遗传原理，它们将繁衍出同样具有某种类似特征的后代。这种保存的原理，为了简洁起见，我把它称为自然选择。”

虽然达尔文原本可以让某位编辑来阐述他的思想，但他还是把生物学上最有力的思想浓缩成了两个句子。不过，正如丹尼特在他的书中所指出的，

---

① GAZZANIGA M S，IVRY R B，MANGUN G R. 认知神经科学：关于心智的生物学：第 3 版［M］. 周晓林，高定国，等译. 北京：中国轻工业出版社，2011：558.

达尔文的天才思想并不是凭空想象出来的。在《论宗教》一书中，伟大的哲学家休谟（Hume）在关于世界是否由于设计而存在的一场虚构辩论中曾提出三个字母，那就是任何复杂的存在都必须有一个设计者，既然这样，那么这个设计者就是 God（上帝）。希腊哲学家克里安西斯（Cleanthes）曾这样为设计论辩护：

“看看这个世界，仔细打量它和它的每个部分。你会发现除了一个伟大的机器之外它什么也不是，这部机器又细分成无数个稍小的机器，这种细分最终超出人类的感官和能力所能追溯和解释的范围。所有这些不同的机器，即使是最微小的部分，都能彼此调整至让人惊叹的精度，令所有曾经试图设想它的人们都感到钦佩。这种贯穿整个大自然的，对采用手段到目的的奇特适应，远远超过了人类的发明产品，人类的思维、智慧和理解力。既然结果彼此类似，我们可以通过各种类比的规则来推断出其起因也是相似的。这么说来，大自然的作者也会有点类似于人类的大脑，尽管它拥有更大的、能制作出如此壮丽的作品相应的能力。通过这个后验的观点，并仅仅通过它我们自己即可以马上证明上帝的存在，而且上帝还有着与人类相似的大脑和心智。”

天才的达尔文用“自然选择”替代了“上帝”，从而一个有形的机制被清晰有力地表达了出来。但是他的思想直到 80 年以后才得以广泛传播。

三、遗传、环境和经验

尽管遗传为特定生物有机体结构的发育提供了基础，但环境经验在指导它们的正常发育方面可以发挥重要作用。环境经验被广泛地解释为不仅包括外部社会和心理事件，还包括内部事件，例如，心理创伤、虐待或伤害的影响，激素的作用以及发展和老龄化的后果。

婴儿的面部识别就是一个很好的例子。婴儿不可能在他们的神经网络中有一个内在的“脸”概念。然而，已有研究表明，婴儿对线条和其他几何特征的反应确实具有先天的偏好，这些几何特征与面部的大致特征非常接近（例如，眉毛、鼻子和嘴巴都可以用直线来模拟）。一旦这些几何特征被婴儿“锁定”，面部识别就会发生。在连接主义（或并行分布式处理）术语中，进化会选择特定的神经网络来捕捉环境的特定方面。一旦兴奋起来，特定神经网络就会很快地学习，最初的偏好会迅速得到强化。

正如基因表达会改变社会行为一样，环境经验也会通过反馈来改变基因表达和大脑结构、功能和组织，从而对大脑产生作用。与此相关的是，大脑的变化可能会直接对心理功能产生影响。相反，心理加工的改变会对大脑功能产生因果影响。

第二节 神经元

一、神经系统的基本单元

（一）神经元

神经系统存在两类细胞：神经元和神经胶质细胞。神经元（neuron）是神经系统的基本单元，它是一种特殊的具有细长突起的细胞，它由胞体（cell body）、树突（dendrite）和轴突（axon）三部分组成（见图 2－3）。大脑中神经元的数量大约在 100 亿个以上，在一生中基本保持不变。童年和成年之间的大脑生长几乎完全是由于神经元之间新连接的形成（突触发生）。此外，神经元胞体的形态和大小有很大的差别，有圆形、锤体形、梭形和星形等几种。

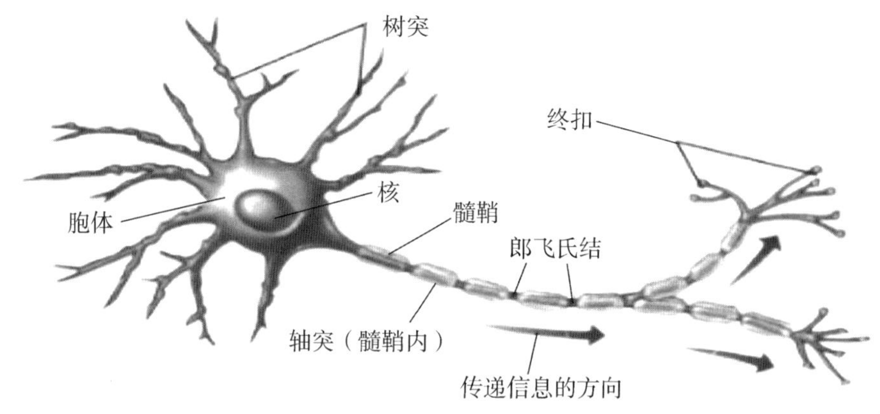

图 2－3 神经元

神经元负责将神经冲动或信息传递给其他神经元、腺体和肌肉。神经元包含有大脑如何工作的秘密，科学家们已经了解它们在神经冲动传递中所起的作用，也了解一些神经回路是如何工作的，但就揭示神经元在记忆、情感和思维方面更为复杂的功能来讲，研究才刚刚开始。

神经系统中许多类型的神经元在大小和外观上存在显著差异，但它们都有一定的共同特征。从细胞体延伸至胞体外的特异性突起是一些叫作树突和轴突的短分支。前者接收来自其他神经元的神经脉冲，后者为细长突起，其将这些信息传递给其他神经元。在它的末端，轴突分裂成许多小的分支，末端为小的凸起，称为突触末梢。在凸起与接收神经元的细胞体或树突之间有一个轻微的间隙，这个连接点被称为突触，而这个间隙本身被称为突触间隙。关于突触和突触传递，我们在本节突触传递部分将详细介绍。

神经元根据其一般功能可分为三类。感觉神经元将受体接收到的冲动传递到中枢神经系统。这些受体是感觉器官、肌肉、皮肤和关节中的特殊细胞，它们可以检测物理或化学变化，并将这些事件转化为沿着感觉神经元传递的冲动。运动神经元将输出的信号从中枢神经系统传递到肌肉和腺体。中间神经元连接感觉（传入神经）和运动（传出神经）神经元。

（二）神经胶质细胞

除了神经元，神经系统还有大量的非神经细胞，称为胶质细胞（glial cells），它们散布在神经元之间，通常围绕在神经元周围。神经胶质细胞数量比神经元数量多得多，大约为9：1，前者占大脑体积的一半以上。神经胶质细胞自身并不传递信息，主要作用是隔离、支持神经元以及为神经元提供营养因子，从而维持神经元的信号传递能力。

胶质细胞对神经元的沟通有重要作用。首先它为神经元的生长提供了支架，就像葡萄架引导着葡萄藤的生长一样，并在神经细胞受到损伤时，帮助其恢复。

胶质细胞的另一作用是在神经元周围形成绝缘层，使神经冲动得以快速传递。这种绝缘层叫髓鞘（myelin sheath），由某些特异化的胶质细胞组成。这些细胞在个体出生后不久，就在具有长轴突的神经元周围覆盖起来。髓鞘有绝缘的作用，能防止神经冲动从一根轴突扩散到另一根轴突。在个体发育的过程中，神经纤维的髓鞘化是行为分化的重要条件。

二、神经冲动

信息在神经元内通过动作电位的方式进行传导，在神经元之间则主要以突触传递的方式进行传导，包括大量神经递质的释放以及神经递质与受体的作用。同时，神经元之间复杂的联系构成了复杂的神经网络，也产生了神经系统复杂的功能。

迄今为止尚未解释的一个重要术语是神经冲动。冲动性是神经和其他兴奋组织（如肌肉、腺体）的重要特性。当任何一种刺激（机械的、热的、化学的或电的）作用于神经时，神经元就会从比较静息的状态转化为比较活跃的状态，这就是神经冲动（nerve impulse），其实质是沿着神经纤维传导的兴奋或动作电位（action potential）。

信息以动作电位的神经脉冲的形式沿着神经元移动——这是一种从细胞体向下移动到轴突末端的电化学脉冲。每个动作电位都是带电分子，即离子进出神经元运动的结果。如果某一神经元受到其他神经元的刺激，那么该神经元细胞膜上的电位就会发生变化。这种刺激是由突触前神经元释放的神经递质的作用引起的，并由突触后神经元接收。膜内电位必须超过阈值，才能产生动作电位，如果电位的变化很小，就不会发生任何变化。对于大多数神经元来说，−55 mV 构成了激发阈值：如果电位超过这个值，细胞膜就会暂时不稳定，从而产生动作电位。换句话说，由外部刺激引起的初始去极化使电位提高到阈值以上，这导致了一系列事件，导致跨膜的电位暂时逆转（称为去极化）。首先，位于轴突上的电压感应 Na + 通道突然打开，因此 Na + 离子现在可以穿过细胞膜进入细胞。这些带正电荷的钠离子会涌入细胞，因为相反的电荷相互吸引，而细胞内部则带负电荷。现在轴突区域的内部相对于外部呈正分布，上升到 +40 mV 左右。接下来，一些其他带正电荷的离子（特别是钾离子，K +）被排出，离子泵开始恢复细胞膜的电平衡到最初状态。整个过程只需要几毫秒，由此产生的电位峰值称为动作电位（见图 2 - 4）。

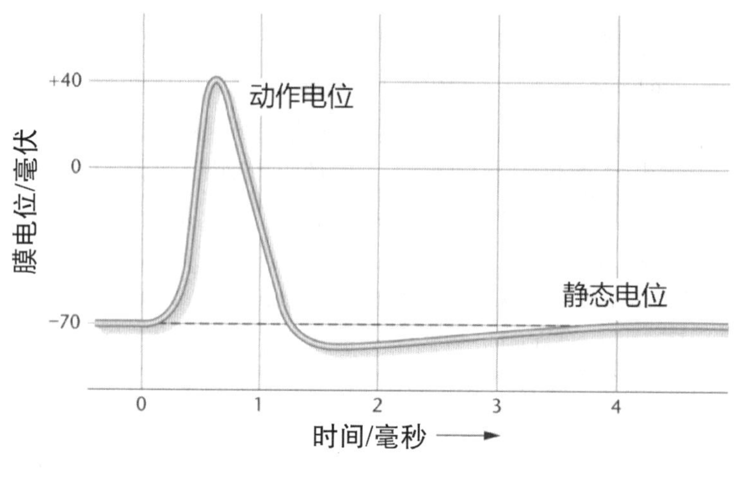

图 2 - 4 动作电位

三、神经联结

单个神经元是不可能执行和实现神经系统功能的，神经元必须互相联系，构成简单或复杂的神经回路，才能传导信息，完成各个水平的神经系统功能。值得注意的是，神经元之间在结构上没有细胞质相连，只是互相接触。一个神经元与另一神经元彼此接触的部位，叫突触（synapse）。

（一）神经元间信息的传递

在神经系统中，神经元之间的信息传递主要通过突触传递（synaptic transmission）进行。前面我们已经谈到，突触是神经元之间相互连接的部位，在电子显微镜下可以观察到突触的特殊微细结构。一个神经元的轴突末梢膨大呈球状，称为突触末梢（synaptic terminal）或终扣（terminal button），也称为突触小体（synaptosome）。突触小体的膜是特化的细胞膜，称为突触前膜，其相对应的另一神经元的膜称为突触后膜，突触后膜上含有大量的可以与神经递质相互结合的受体（receptor）。突触前膜与突触后膜之间的缝隙称为突触间隙，宽约 200 埃（Å）[①]。突触小体的轴浆内含较多的线粒体和大量的小泡，称为突触小泡（synaptic vesicle），这是一种包含神经递质（neurotransmitter）的小球形结构。当它们受到刺激时，它们将神经递质释放到突触中。神经

① 埃（Å）：公制长度单位，1 埃等于一亿分之一厘米或 0.1 纳米，常用以表示光波的波长及其他微小长度。这个单位名称是为纪念瑞典物理学家埃斯特朗而定的。

递质从突触前神经元通过突触间隙扩散并与受体结合，这些受体是位于突触后神经元树突状膜中的蛋白质。突触小泡内含有大量的神经递质（见图 2－5）。

神经递质和受体部位像拼图—拼图或钥匙和锁一样结合在一起，这种锁定和钥匙的作用导致接收神经元中离子通道的通透性产生变化。这种变化的影响可能是兴奋性的，也可能是抑制性的。兴奋效应允许带正电荷的离子（如 Na＋）进入突触后神经元，从而去极化（使其内部比以前带更多的正电荷）。这使得突触后神经元更有可能达到其兴奋阈值，从而更有可能产生动作电位。接收神经元中离子通道通透性的变化也可以具有抑制作用。在这种情况下，带正电荷的离子（如 K＋）离开神经元，或带负电荷的离子（如 Cl－）进入神经元。

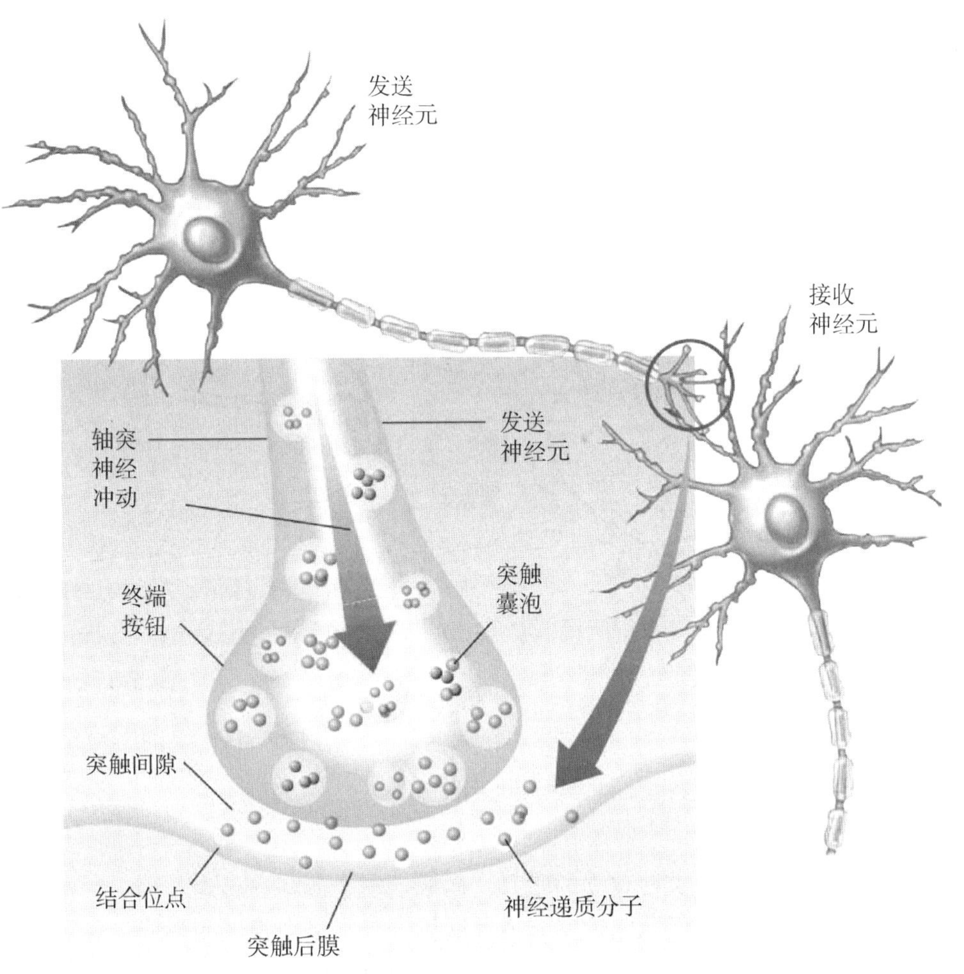

图 2－5　神经递质进入突触间隙的释放

突触传递主要以化学物质为介导，化学性信号是神经元间信息传递的主要形式。当突触前神经元产生神经冲动后，动作电位沿神经轴突传导到神经末梢的突触前膜，可引起突触小泡中神经递质的释放。神经递质释放后，经过扩散到达突触后膜并与突触后膜上的相应受体结合，与神经递质结合后的受体被激活，引起某些离子通道的通透性发生改变，离子产生跨膜的流动，从而使突触后神经元细胞膜电位发生改变，至此完成了神经信息由一个神经元向另一个神经元的传递。这种突触传递过程是一个电—化学—电的过程，突触前神经元的神经冲动经过化学递质的释放与结合后传递给了突触后神经元。

突触可根据不同特点进行分类。根据突触的神经元接触部位，主要分为轴突—树突型突触、轴突—胞体型突触、轴突—轴突型突触和树突—树突型突触四种形式，前两种形式最为多见（见图 2－6），树突—树突型突触较少。根据突触对下一个神经元机能活动的影响，可分为兴奋性突触和抑制性突触。前者的突触小体内含有兴奋性神经递质，对下一个神经元产生兴奋效应；后者的突触小体内含有抑制性神经递质，对下一个神经元产生抑制性影响。

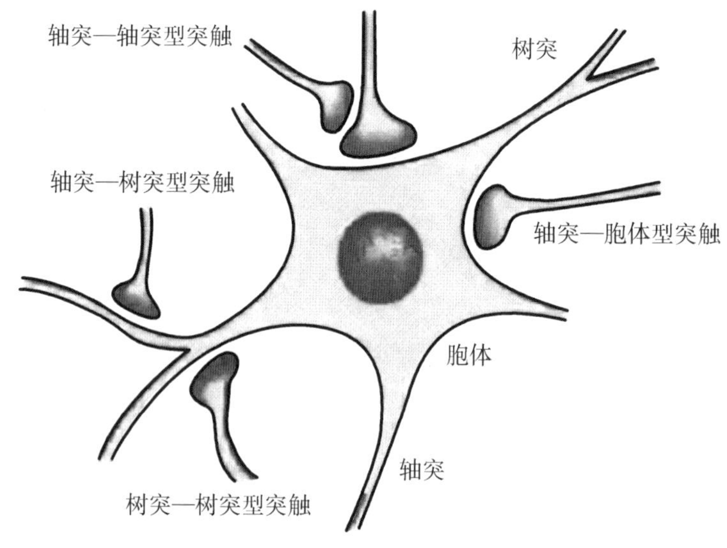

图 2－6　突触的类型

（二）神经回路

神经元与神经元通过突触建立的联系，构成了复杂的信息传递与加工的神经回路（nerve circuitry）。一个神经元的轴突末梢可反复分支与多个神经元形成突触联系，从而影响其他神经元的活动。同时，一个神经元也可与许多传入纤维形成突触联系，从而受到其他神经元的影响。据估计，一个脊髓前角的运动神经元的胞体可有 2000 个突触，大脑皮层每个神经细胞可有 3 万个突触。芝加哥大学神经学家赫里克（J. Herrick）计算，100 万个皮层细胞两两组合，就可得 102 783 000 种组合。由此可见神经回路的复杂程度。单个神经元只有在极少数的情况下才单独地执行某种功能，神经回路才是脑内信息处理的基本单位。

单线式连接是最简单的一种连接方式，指一个神经元的突触末梢直接与另一个神经元发生突触联系，信息直接经由突触前神经元传递至突触后神经元。最简单的一种神经回路就是反射弧（reflex arc）。反射弧一般由感受器、传入神经、神经系统的中枢部位、传出神经和效应器五个基本部分组成。从图2－7可以看到，一定刺激作用于相应的感受器，使感受器产生兴奋。兴奋以神经冲动的方式经传入神经传向中枢，经过中枢的加工，又沿着传出神经到达效应器，并支配效应器的活动。感受器→内导神经→中枢→外导神经→效应器构成一个反射弧。反射弧是反射所依据的神经结构；反射是反射弧的机能。一般来讲，反射弧包括三类神经元：传入、传出和联络。

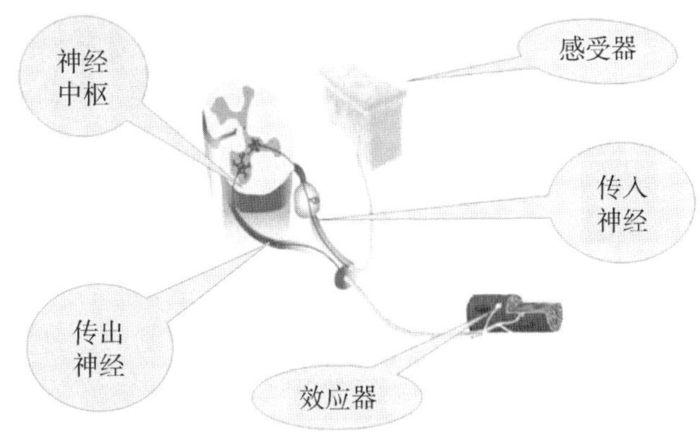

图2－7　反射弧

第三节　神经系统的结构与功能

所有的心理和行为都与大脑和神经系统的活动有关。神经系统一词是指所有的神经组织，包括中枢神经系统（central nervous system，CNS）和外周神经系统（peripheral nervous system，PNS）两部分（见图2－8）。中枢神经系统位于颅腔和椎管内，包括大脑和脊髓，主要由神经元及神经胶质细胞构成。外周神经系统包括身体其他部分的其余神经组织，主要由神经干和神经节组成。传入的感觉神经将来自皮肤、肌肉和关节的信息传递到中枢神经系统，而传出的运动神经将信号从中枢神经系统传递到肌肉。

一、外周神经系统

外周神经系统由两部分组成：躯体神经系统（somatic nervous system）和自主神经系统（autonomic nervous system）。躯体神经系统分成脊神经和脑神经。脊神经主要分布于躯干和四肢，脑神经主要分布于头面部，自主神经则分布于内脏。

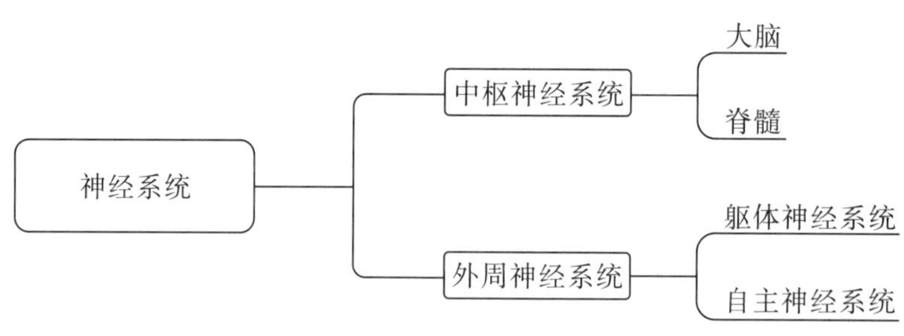

图2-8　神经系统示意图

（一）躯体神经系统

躯体神经系统分成脊神经和脑神经。脊神经属于混合性神经，脊髓前根的纤维属于运动性，后根的纤维属于感觉性。因此，混合后的脊神经是运动兼感觉的。其中感觉纤维成分又可以进一步分为躯体感觉纤维和内脏感觉纤维，运动纤维成分又可以分为躯体运动纤维和内脏运动纤维。

躯体系统的感觉神经将来自皮肤、肌肉和关节的外部刺激信息传递到中枢神经系统。这就是我们如何意识到疼痛、压力和温度变化的方式。躯体系统的运动神经将脉冲从中枢神经系统传递到肌肉，并在肌肉中开始行动。我们在随意运动中使用的所有肌肉，以及姿势和平衡的不自主调整，都是由这些神经控制的。自主神经系统的神经进出内部器官，调节诸如呼吸、心率和消化等过程。

（二）自主神经系统

自主神经支配心肌、平滑肌和腺体（消化腺、汗腺、部分内分泌腺）等内脏器官，功能是调节内脏活动，所以也称为内脏神经。因其活动在一定程度上不受意识支配，所以被称为自主神经。自主神经包括传入神经和传出神经，但习惯上仅指支配内脏器官的传出神经，并分为交感神经（sympathetic nerve）和副交感神经（parasympathetic nerve）两部分。交感系统的神经递质是去甲肾上腺素，而副交感系统则使用乙酰胆碱作为递质。交感和副交感神经不受或很少受到中枢神经系统的支配，表现为人不能随意地控制内脏活动。自主神经系统又被称为“植物性神经系统”。

交感神经和副交感神经的活动具有很多特点。第一，多数器官接受交感神经和副交感神经的双重支配。在接受双重支配的器官中，交感神经和副交感神经的功能通常以拮抗的形式共同作用。例如，交感系统的激活使心跳加快，使血液从消化器官流向躯体肌肉，通过刺激肾上腺分泌肾上腺素来使身体为应付紧急情况做好准备（战斗或逃跑）。与此相反，副交感系统的激活则会抑制体内器官的过度兴奋。如在心脏，迷走神经（含有副交感神经纤维）抑制心脏的活动，减慢心率，刺激消化，从总体上促进与维持身体有关的正常功能。第二，自主神经对效应器的支配一般具有紧张性作用。如心迷走神经和心交感神经都对心脏具有紧张性作用，切断心迷走神经，心率会加快；切断心交感神经，心率则减慢。第三，交感神经对整体生理功能的调节作用更具有广泛性，其生理意义在于动员机体许多器官功能的潜在力量，增加储备能量的消耗，提高机体的应激能力，以适应内、外环境的急骤变化，维持机体内环境的相对稳定。副交感神经的活动相对比较局限，其功能主要是促进消化以积蓄能量、促进机体休整恢复、保护机体以及生殖功能等。交感神经系统在兴奋时很活跃，副交感神经系统在静止时占主导地位。这两个系统之间的平衡维持了身体的正常（稳态）状态。

二、中枢神经系统

中枢神经系统包括位于颅腔内的脑和椎管内的脊髓，脑又包括脑干（延髓、脑桥、中脑）、小脑、间脑和端脑等结构。

（一）脊髓

脊髓（spinal cord）是中枢神经系统的低级部位，位于脊椎管内。脊髓表面以前后两条纵沟分成对半。从脊髓的横截面上看，脊髓中央是呈“H”形的灰质，内有各种大小的神经元胞体，可以分为前角、后角和中间带。脊髓前角内含有运动神经元。脊髓后角多为感觉神经元，接受脊神经后根的感觉传入并将感觉信息上传至大脑。白质由神经纤维束组成，在脑与脊髓之间传递各种感觉和运动冲动（见图2-9）。

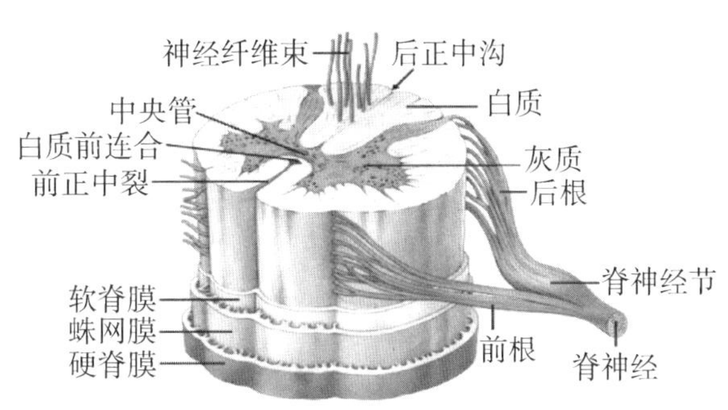

图2-9 脊髓

脊髓是脑和周围神经的桥梁。来自躯干和四肢的各种刺激，只有经过脊髓才能传导到脑，受到脑的更高级的分析与综合；而由脑发出的指令，也必须通过脊髓，才能支配效应器官的活动。脊髓可以完成一些简单的反射活动，如膝跳反射、肘反射、跟腱反射等。在正常情况下，这些反射可以不受脑的支配。

（二）脑干

脑干（brainstem）是脑的中轴部分，由延髓、脑桥、中脑组成。这三个部分组成间脑和脊髓之间的中枢神经系统（见图2-10）。与前脑的巨大体积相比，脑干的体积是相当小的，其中包括运动及感觉核团，分布广泛的调节性神经递质系统核团以及负责传送上行感觉信息和下行运动信号的白质神经束。

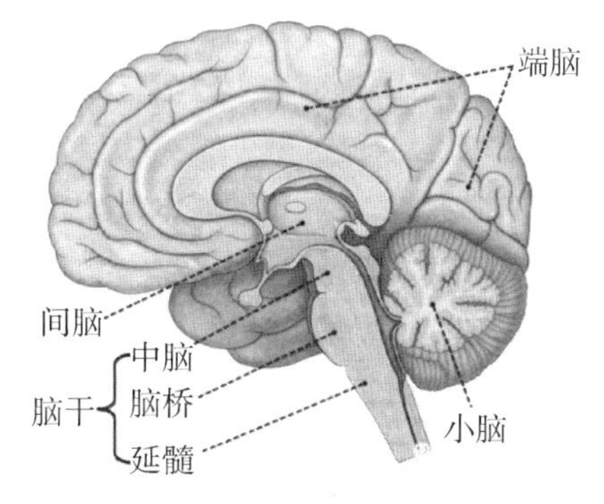

图2-10 脑

延髓（medulla oblongata）在脊髓上方，是一个狭长的结构，全长4厘米左右。延髓和有机体的基本生命活动有密切关系，它支配呼吸、排泄、吞咽、肠胃蠕动等活动，因而又叫“生命中枢”。

脑桥（pons）位于延髓与中脑之间，主体由大量的神经束以及其中散布的脑桥核团组成，是中枢神经与周围神经之间传递信息的必经之地。它对睡眠具有调节和控制的作用。

中脑（midbrain）位于丘脑底部小脑和脑桥之间，连接脑桥、间脑与小脑，大部分都由中脑网状结构占据。

在延髓、脑桥和中脑的被盖区内，神经纤维相互交织成神经回路网络，这种灰质和白质交织的结构称为网状结构（reticular formation）。网状结构按功能可分为上行网状结构和下行网状结构两部分。上行网状结构也叫上行激活系统，它控制着机体的觉醒或意识状态，与保持大脑皮层的兴奋性、维持注意状态有密切的关系。如果上行网状结构受到破坏，动物将陷入持续的昏迷状态，不能对刺激做出反应。下行网状结构也叫下行激活系统，它对肌肉紧张有易化和抑制两种作用，即加强或减弱肌肉的活动状态。

（三）间脑

间脑（diencephalon）位于脑干的头端、中脑的前上方。根据位置与功能，间脑可以划分为五个区域：背侧丘脑（又称丘脑）、后丘脑、上丘脑、下丘脑和底丘脑。其中最主要部分是丘脑（thalamus）和下丘脑（hypothalamus），也可以说两者共同构成间脑。

丘脑是间脑的主要组成部分，呈卵圆形，分布于脑干的上方。丘脑是感觉传导的换元接替站，对感觉进行初步的分析与综合。丘脑后部的内侧膝状体和外侧膝状体分别传递听觉和视觉传入纤维。按其功能特点可将细胞群大体分为三群。其一，感觉接替核，接受特异性感觉（除嗅觉外）的传入神经纤维，是机体特异感觉冲动传向大脑皮层的换元站，对特异性感觉的形成起重要作用。其二，联络核，不直接接受感觉投射纤维，而是接受丘脑接替核群和其他皮层下中枢的纤维，经过换元后，发出纤维投射到大脑皮层的某一特定区域，参与各种感觉的联系功能，不参与各种感觉在丘脑和大脑皮层的整合分析。其三，非特异性核群，没有直接投射到大脑皮层的纤维，但可以接受脑干网状结构上行激活系统的纤维投射，经多突触换元后发出纤维弥散地投射到大脑皮层广泛区域，维持大脑皮层兴奋状态，与睡眠和注意维持有关。

根据丘脑各部分向大脑皮层的投射特征的不同，可把丘脑分成两大系统：一是特异投射系统，指的是上述第一、二类细胞群向大脑皮层特异部位投射，传递特异性感觉信息；二是非特异投射系统，指的是第三类细胞群向大脑皮层弥散性投射，维持皮层的兴奋状态。

下丘脑是一个很小的神经结构，位于丘脑的腹侧，包括位于第三脑室底部的一些神经核团及神经束。下丘脑是调节交感神经和副交感神经的主要皮下中枢，负责维持身体内部平衡或内稳态（homeostasis），还参与到一些情绪过程。下丘脑可通过与高位中枢、脑干和脊髓等结构上的广泛联系，把内脏功能活动和躯体运动功能以及内分泌腺活动联系起来，完成对体温、摄食、水平衡、内分泌、情绪反应等许多重要生理过程的控制和调节。例如，如果太热，我们就会出汗；如果太冷，我们就会颤抖。这两个过程都倾向于恢复正常的温度，并由下丘脑控制。下丘脑在情绪调节和对压力的反应中也起着重要的作用。

（四）小脑

小脑（cerebellum）（字面意思是"小的大脑"或是"小的脑部"），实际上是覆盖于脑干结构背面，处于脑桥水平位置的很大一块神经结构，分左、右两半球。小脑表面的灰质叫小脑皮层，内面的白质叫髓质。小脑与延髓、脑桥、中脑均有复杂的纤维联系。小脑分为三个部分：前叶、后叶和绒球小结叶。

小脑在维持姿态、行走以及协调运动过程中都至关重要。小脑并不直接控制运动，而是整合有关身体和运动指令的信息并调整运动，使其变得流畅而协调。此外，小脑和大脑额叶部分之间的直接神经连接涉及语言、计划和推理等。

（五）边缘系统

边缘系统（limbic system）包括扣带回、海马回、海马沟、附近的大脑皮层（如额叶眶部、岛叶、颞根、海马及齿状回），以及丘脑、丘脑下部、中脑内侧被盖等（见图 2－11）。

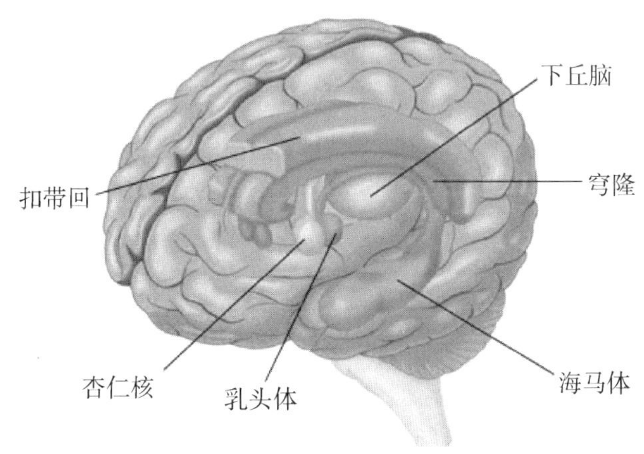

图 2－11 边缘系统

边缘系统与动物的本能活动有着密切关系。动物获取食物、攻击、逃避天敌、寻找配偶等都与边缘系统密切相关。只有基本边缘系统的动物，如鱼类和爬行动物，通过刻板的行为来进行进食、攻击、逃跑和交配等活动。在哺乳动物中，边缘系统似乎抑制了一些本能的模式，并使有机体更灵活，能够更好地适应环境的变化。边缘系统的一部分——海马体，在记忆中有重要作用。海马体损毁的病人，空间信息记忆和时间编码功能将受到破坏。他们不能回忆刚看过的东西的位置，也不能回忆刚学过的词的顺序。

边缘系统也与情绪行为有关。杏仁核是大脑深处的一种杏仁状结构，在恐惧等情绪中至关重要。例如，杏仁核受损的猴子表现出恐惧的明显减少。有这种损伤的人类无法识别恐惧的面部表情或学习新的恐惧反应。

三、大脑皮层的结构和功能

（一）大脑的结构

人的大脑（cerebrum）是端脑（telencephalon）的俗称，是神经系统的最高级部分，由大脑左右两个半球和胼胝体（corpus callosum）连接构成，从图 2－12 可以看到，两个半球之间有一个很深的分裂（纵向裂缝），将大脑分为对称的左右半球。每个半球分为四个叶：额叶、顶叶、枕叶和颞叶。额叶（frontal lobe）和顶叶（parietal lobe）由中央沟隔开，而外侧裂则将颞叶（temporal lobe）与额叶、顶叶分隔开来，大脑背侧的顶枕沟和腹外侧的枕前切迹则将枕叶（occipital lobe）与顶叶、颞叶分隔开来，这些是大脑皮层的大区域，执行不同的功能（见图 2－13）。

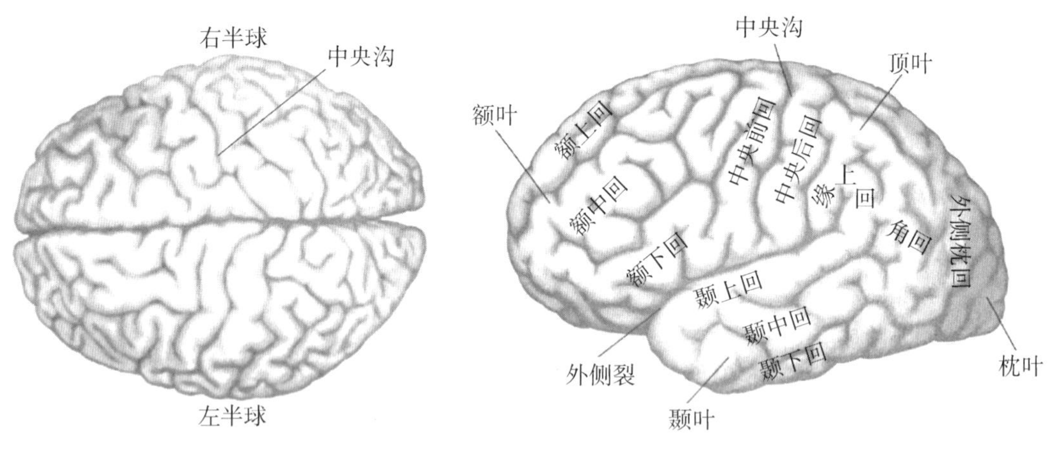

图 2－12 大脑示意图（1）　　图 2－13 大脑示意图（2）

人脑皮质（cerebral cortex）位于端脑的表面，在部分边缘系统和基底神经节等核心结构的上方，并包围着间脑。大脑皮质、基底神经节以及间脑共同组成了前脑（forebrain）。皮质的英文是“表皮”的意思，正如树皮中表皮的含义一样。人和其他高等哺乳动物的皮质有很多褶皱，那些凹陷的部分称为沟，突起的部分称为回。

人类大脑皮质上的沟回形成的褶皱有着功能上的特殊意义，可以使颅骨中装下尽可能多的皮质。如果人类的大脑皮质和大鼠的大脑皮质一样是光滑的，那么必然需要一个非常大的头颅来容纳这样的脑。皮质的褶皱使得所需空间缩小到展开时的三分之一：皮质的总面积为 2 200 cm^2，但是因为有褶皱的存在，大约有三分之二的部分被折叠到了脑的沟裂中。具有褶皱的另外一个优势是使得神经元之间形成非常紧密的三维联系，这样能够使得轴突的长度缩短，也因此使得神经传导的速度变得更快。这种高效性产生的原因在于：皮质之间进行联系的轴突是穿过白质行进的，而并非沿着曲折的皮质，这样的传导方式更加快捷。另外，皮质折叠也使得一些临近区域之间的距离变得更近，例如，脑回中各部分之间的距离明显比皮质展开时的距离小（Gazzaniga et al.，2011）。①

虽然大脑皮质是由多层细胞组成的，但是其平均厚度仅有 3 mm，在不同的区域，厚度在 1.5 mm 到 4.5 mm 不等。皮质包括神经元的胞体、树突以及部分轴突；皮质中还包括那些从其他脑区（比如皮质下的丘脑）投射到皮质的轴突以及轴突末梢；另外，一些血管也在皮质之中。由于皮质中含有大量的胞体，因此相对于皮质下的主要由轴突组成的部分而言颜色较深，因此，解剖学家用“灰质”和“白质”称呼这两个分别主要由胞体和轴突束构成的区域。组成白质的神经束则代表了那些数量庞大的联结大脑皮质和其他脑区神经元的轴突。

每个感觉系统都将信息发送到大脑皮层的特定区域。运动反应或身体各部位的运动是由大脑皮层的特定区域控制的。大脑皮层的其余部分，既不是感觉的，也不是运动的，而是由联系区域组成的。这些区域占据了人类大脑皮层的最大部分，与记忆、思维和语言有关。保存下来的大脑皮层看起来像灰色，因为它主要是神经细胞体和无髓鞘纤维，因此被称为灰质。大脑的内部，在皮层的下面，主要是相连的轴突，呈白色（也称为白质）。

（二）大脑皮层的分区与机能

1. 初级感觉区

初级感觉区（primary sensory area）包括初级视觉区、初级听觉区和机体感觉区。

初级视觉区（visual area）位于枕叶内。图 2-14 显示了从每只眼睛到视觉皮层的视神经纤维和神经通路。注意，一些来自右眼的神经进入右大脑半球，而另一些在一个叫作视交叉的交叉处进入另一个大脑半球；同样的排列也适用于左眼。具体来说，来自双眼右侧的纤维流向大脑的右半球，而来自双眼左侧的纤维流向左半球。因此，左视野表现在右半球，而右视野表现在左半球。

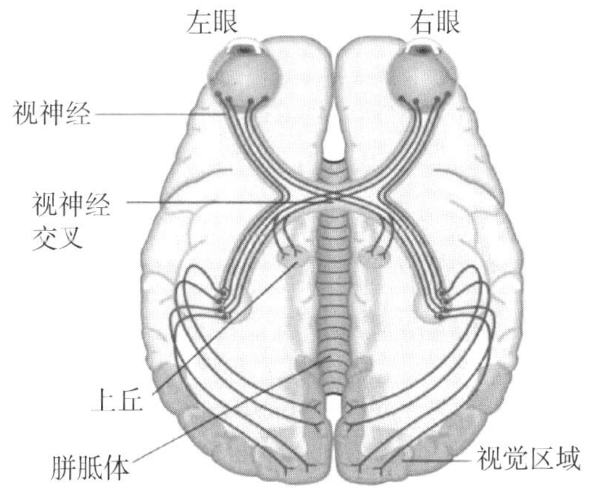

图 2-14 视觉路径

初级听觉区（auditory area）位于每个半球一侧的颞叶表面，参与复杂听觉信号的

---

① GAZZANIGA M S，IVRY R B，MANGUN G R. 认知神经科学：关于心智的生物学：第 3 版［M］. 周晓林，高定国，等译. 北京：中国轻工业出版社，2011：58-59.

分析，特别是声音的时间模式，就像人类语言一样。两只耳朵传入的声音信号都表征在大脑皮层两侧的听觉区域，但与另一边的连接更强。右耳向左右初级听觉区域发送信息，但它向左大脑左侧的听觉区域发送更多的信息。而左耳的情况则正好相反。

躯体感觉区（somato-sensory area）。顶叶皮层中央后回，由中央裂与运动区分开，有一个负责感觉体验的区域。它接受由皮肤、肌肉和内脏器官传入的感觉信号，产生触压觉、温度觉、痛觉、运动觉和内脏感觉等。躯干、四肢在体感区的投射关系是左右交叉、上下倒置的。当这个区域受到电刺激时，它会在身体的另一边产生一种感官体验。这里代表了热、冷、触觉、疼痛和身体运动感。一般来说，与身体特定部位相关的体感区的面积与它们在功能上的重要程度和使用有关。例如，在四足哺乳动物中，狗只有少量的皮质组织代表它的前爪，而浣熊——广泛利用前爪探索和操纵环境——有一个更大的皮质区域来控制它的前爪，包括不同的手指区域。手、舌、唇在人类生活中有重要作用，因而在机体感觉区的投射面积就较大。

2. *初级运动区*

初级运动区（the primary motor area）位于中央沟的前面，控制着身体的自主运动。对运动皮层的某些部位的电刺激会导致身体的特定部位移动。当运动皮层上的这些相同部位受伤时，运动就会受损。身体在运动皮层上的投射大致呈倒立的形式。例如，脚趾的运动是由靠近头顶的区域控制的，但舌头和嘴的运动是由靠近运动区域的底部控制的。身体右侧的运动由左半球的运动皮层控制，左侧的运动则由右半球的运动皮层支配。

3. *联合区*

大脑皮层中与感觉或运动过程直接无关的区域是联合区（association area）。额叶联合区（运动区前的额叶部分）似乎在解决问题所需的记忆过程中起着重要的作用。例如，在猴子身上，额叶的损伤会破坏它们解决延迟反应问题的能力。

四、神经可塑性

（一）神经可塑性的基本概念

在现代神经科学中，神经可塑性（neural plasticity）一词通常是指由于条件的某种变化（通常称为经验）而对大脑和其他中枢神经系统结构的组成部分神经基质进行的修改，并假定这种修改适合于有机体的持续生存和最佳功能。简单地说，神经可塑性就是神经系统特别是大脑根据新经验而重组神经通路的能力。神经可塑性被认为是中枢神经系统的基本功能机制之一。

数十年的实证研究表明，可塑性是中枢神经系统的一个固有属性，是哺乳动物中枢神经系统正常过程的一部分。事实上，人类大脑的可塑性是人类物种进化成功的核心定义机制之一，这种可塑性通过学习和适应在行为上得到广泛的反映，并持续终身。比如，过去的研究者认为在婴儿关键期后，大脑结构往往不发生变化，而今天的神经科学家主张，大脑神经可塑性终身存在，在任何年龄段，大脑神经都可以做出改变。

（二）神经可塑性的内涵

有证据表明，中枢神经系统的所有层次都表现出某种形式的可塑性，典型的是“自下而上”的方式，较低层次的变化支持和促进中枢神经系统较高层次的变化。神经功能的许多低水平变化被认为是高水平神经过程和神经解剖结构变化的基础，而这些变化反过来又反映在高水平组织（如神经网络、学习和记忆）短期和长期的变化中。神经基质的变化还在从毫秒到年的不同的时间尺度上发生。此外，神经可塑性的研究不仅要确定什么变化可以归类为神经可塑性（即什么构成了神经可塑性），还要确定这些变化发生的机制（即神经可塑性是如何发生的）以及这些变化的适应性、功能性和行为结果（即神经可塑性的后果是什么）在多个层次的分析。为了描述被称为神经可塑性的广泛过程，必须同时描述这些变化发生的机制。

神经可塑性不仅是发育中的大脑的特性，也是成人大脑的特性，尽管中枢神经系统在早期发育和某些敏感发育时期更有可能发生变化。此外，神经可塑性必须在有机体整体发育过程的背景下考虑，神经可塑性或多或少地可能发生在有机体发育轨迹的不同时间点。

一般来说，神经可塑性主要被认为是中枢神经系统的系统或子系统内的重组，通过解剖学、神经化学或新陈代谢的变化得到证实，最典型的研究是几种类型的事件对中枢神经系统的影响，包括神经结构的物理损伤、感觉剥夺、有机体的正常发育以及通常被称为经验的各种环境输入。神经可塑性变化通常是戏剧性的，可以包括在神经基质中可观察到的变化，这些变化可以转化为行为水平上可观察到的变化。这种可塑性的标志性变化可以发生在一个或多个分析水平上，包括分子、细胞、神经化学、神经解剖学和大脑系统水平，具体包括：单个离子通道的特征性行为；新神经回路的产生；树突状突起的生长和突触的形成；通过突触形成和突触去除过程加强和削弱某些神经回路；以及新轴突的萌发或树突表面的精细化。尽管远离行为水平，但必须认识到这些分子和细胞水平正是构成神经可塑性支架的基石，最终导致神经解剖学和神经网络的变化，并在可观察的行为水平上表现出来。

在这里我们关注的是行为水平的可塑性问题，接下来以与丰富环境相关的神经可塑性研究为例进行讨论。

几乎所有关于动物和人类神经可塑性的经典和正在进行的研究都涉及影响初级感觉过程结构和功能的神经可塑性变化，关于经验对认知能力、智力、情感和社会发展的影响，我们了解得很少。20 世纪 70 年代，马克·罗森茨维格（M. Rosenzweig）和他的同事们用高倍显微技术和神经生化监测对此做了研究。他们假设饲养在丰富环境中的动物的大脑发育和神经化学物质会显著优于在贫乏环境中的动物。所谓丰富环境（enriched conditions，简称 EC，见图 2－15），通常是指大鼠被关在比标准大的笼子里，里面有一个小的迷宫和各种各样的玩具，而对照组（贫乏环境）大鼠则单独在笼子里隔离饲养，与其他大鼠没有任何接触。

图2-15 丰富环境中的大鼠

研究表明，在丰富环境中饲养的大鼠与贫乏环境的大鼠在神经化学、神经生理、神经解剖和行为系统方面均产生了差异。EC饲养的大鼠和隔离饲养的大鼠之间最明显的大体解剖差异在于皮层的总重量。罗森茨维格等人在16个连续的实验中进行了重复，他们报告说，EC大鼠的总皮质重量平均比对照组重5%，枕（视觉）皮质平均增加7.6%，腹侧皮质（包括海马）平均增加4%，体感皮质平均增加3%。因此，在丰富环境饲养的大鼠中观察到的大脑发育结果似乎是由于来自丰富环境的多感官刺激。除其他因素外，观察到的皮质重量增加通常归因于EC大鼠大脑中胶质细胞数量增加20%至30%。EC大鼠的皮质区域也较厚，整体厚度平均增加5%，神经元胞体和细胞核始终比对照组大。

许多关于在不同环境中饲养的大鼠学习的研究都涉及各种类型的迷宫空间问题解决任务，证明EC大鼠和小鼠的学习得到了改善。这种优越的迷宫表现似乎是持久的，即从被带出复杂环境到开始测试期间有300天的延迟期。其他研究表明，怀孕时饲养在丰富环境中的雌鼠后代在迷宫中的表现比怀孕时饲养在隔离环境中的雌鼠后代更好。与对照组大鼠相比，饲养在丰富环境中的大鼠还表现出更有组织和更复杂的与物体的互动，也许反映了更高水平的探索行为。此外，在丰富环境下饲养的小鼠较少恐惧，并表现出较低的焦虑水平。

格林诺（W. Greenough）等人强调，丰富环境对大鼠行为和大脑影响的一个必要条件是动物与环境的直接身体互动。在丰富环境中饲养的动物，如果被关在笼子里，不让它们与环境进行互动，那么它们的大脑或行为效果就不会像允许它们与丰富环境进行互动的同伴一样。还有研究证据表明，与环境的直接身体互动对个体发展十分重要，自主运动产生的与环境的互动可能是儿童早期认知和情感发展的一个重要组成部分。

由于伦理原因，不可能采用人类儿童做类似于在丰富与贫乏环境下饲养动物的这种研究，但确实存在一些非常类似的非实验研究，诸如美国学前教育的“开端计划（Head Start）”① 和“初学者计划（Abecedarian）项目”②，这些项目都试图改善高风险幼儿的认知发展和社会能力。“初学者计划项目”被设计为一项干预研究，目的是检验是否可以通过提供强化的、高质量的学前教育项目来预防与不适当的环境相关的智力迟钝，这些项目从儿童出生后不久开始，至少要持续到他们进入幼儿园。

开端计划和其他类似项目的研究结果显示，参与项目儿童最初的智商提高随后下降，但对这些孩子学校适应和社会能力有积极影响。参加“初学者计划项目”的儿童除了在智商得分上有小的整体优势外，在12岁和15岁时，在各种成绩测试中的得分也明显更高，干预组在小学期间的不及格率减少了50%。该项目表明，那些项目开始时风险较大的儿童受益最大。总之，多项教育干预项目证明，儿童早期丰富的学前教育经验与他们青少年阶段大脑和心理生理功能的改善之间存在积极联系。

在一项儿童早期干预的纵向追踪研究中发现，与那些没有参加环境丰富项目（environmental enrichment program）的儿童相比，在3～5岁时参加环境丰富项目的儿童在17岁时自我报告的精神分裂型人格和反社会行为的分数较低，并且在23岁时自我报告的犯罪率也较低，这些影响在那些3岁时出现营养不良迹象的儿童中最为明显。

神经系统特别是大脑在早期迅速发展，成年之后依旧保留着巨大变化的潜力，神经可塑性是童年期乃至终身学习的基础。基因和环境的交互作用决定着神经系统的发育，早期经验在儿童发展、学习和教育中起着极为重要的作用。深入理解神经可塑性对教育工作者特别是早期教育工作者无疑有着十分重要的理论意义和现实意义。

思考与实践

1. 简述进化、遗传、基因等概念的基本含义。
2. 简述神经元的基本结构与功能。
3. 简述神经系统的结构与功能。
4. 简述大脑的基本结构与功能。

---

① 开端计划（Head Start）是美国政府对处境不利儿童进行教育补偿，以追求教育公平，改善人群代际恶性循环的一个早期儿童项目。

② 初学者计划（Abecedarian）全名为“北卡罗来纳初学者项目［the Carolina Abecedarian Project（ABC）］”，于1972年在北卡罗来纳大学教堂山分校启动，旨在研究早期儿童教育为低收入家庭儿童带来的补偿效应。

参考文献

[1] 格里格，津巴多. 心理学与生活：第 19 版［M］. 王垒，等译. 北京：人民邮电出版社，2016.

[2] 黄希庭，郑涌. 心理学导论［M］. 3 版. 北京：人民教育出版社，2015.

[3] 津巴多，约翰逊，麦卡恩. 津巴多普通心理学：第 7 版（2017 修订）［M］. 钱静，黄珏苹，译. 北京：北京联合出版公司，2017.

[4] 付建中. 普通心理学［M］. 2 版. 北京：清华大学出版社，2017.

[5] 彭聃龄. 普通心理学［M］. 5 版. 北京：北京师范大学出版社，2019.

[6] 张厚粲. 心理学［M］. 北京：高等教育出版社，2015.

[7] 艾森克. 心理学：一条整合的途径：上、下册［M］. 阎巩固，译. 上海：华东师范大学出版社，2000.

[8] GAZZANIGA M S，IVRY R B，MANGUN G R. 认知神经科学：关于心智的生物学：第 3 版［M］. 周晓林，高定国，等译. 北京：中国轻工业出版社，2011.

[9] WILSON R A，KEIL F C. MIT 认知科学百科全书：英文版［M］. 上海：上海外语教育出版社，2000.

[10] PINKER S. How the mind works［M］. New York：W. W. Norton & Company，Inc.，1997.

[11] NOLEN-HOEKSEMA S，FREDRICKSON B L，LOFTUS G R，et al. Atkinson & Hilgard's introduction to psychology［M］. 15th ed. Hampshire：Cengage Learning EMEA，2009.

第三章　感觉和知觉

学习目标

1. 掌握感觉的概念、生理机制及相互作用；
2. 掌握知觉的概念、类型、机制及基本特性；
3. 掌握观察和观察力的概念、学前儿童和中小学生的感知特点及观察力的培养。

章节提要

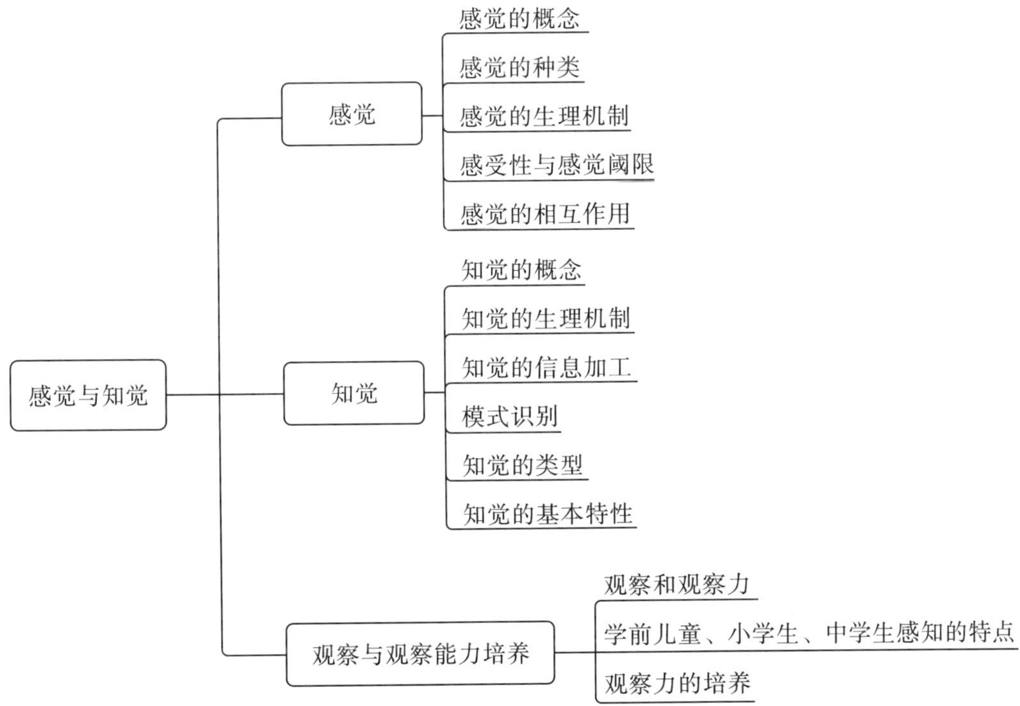

人类是怎样认识世界的？感觉是认识世界的第一步，通过感觉，我们从内外环境中获取信息，保持机体与环境的信息平衡。人们不仅要认识事物的个别属性，还要认识事物的整体，这就是知觉。通过知觉，我们根据自己的知识经验对于从环境中输入的信息加以整合与识别，从而把握刺激的意义。

第一节 感 觉

一、感觉的概念

感觉（sensation）是人脑对直接作用于感觉器官的客观事物的个别属性的反映。感觉反映的是客观事物的个别属性，而不是事物的整体。通过感觉只能知道事物的个别属性，而不能把这些属性整合起来整体地反映客观事物，也不知道事物的意义。

感觉是神经系统对外界刺激的反应，它和一切心理现象一样，具有反射的性质。感觉不仅包含了感受器的活动，而且包含了效应器的活动。以视觉为例，为了得到清晰而稳定的视觉映象，不仅需要由视觉感受器提供正确的信息，而且需要神经中枢在对输入的信息进行分析后，对感受器做出反射性的调整。当物体的距离、观察角度、照明条件发生变化时，神经中枢对感受器的自动化调节对保证正确地感觉外界事物有着重要的意义。在感觉时，感受器与效应器的活动是紧密联系在一起的。效应器不仅执行神经中枢发出的指令，产生某种应答性活动，而且参与获得信息的过程。它加强信息的输入，使感觉过程更合理、更有效。

拓展阅读 1

感觉剥夺实验①

将人置于很少刺激的环境里，叫作感觉剥夺。第一个感觉剥夺的实验是贝克斯顿（W. H. Bexton）等人于1954年在加拿大的麦克吉尔大学进行的。他们召集了一些大学生来参加这一研究，每天的报酬是20美元。由于当时的大学生打工收入很低（每小时0.5美元），所以他们都很愿意参加这个实验。大学生的工作看上去简单且惬意，只需要安静地躺在实验室舒适的床上，时间尽可能地长，尽量减少感觉输入。他们戴上半透明的可以透进光的眼镜，却看不清形状；室内非常安静，听不到一点声音；两手戴上棉手套，并将其用纸板卡住，以限制触觉；头枕在用U形泡沫橡胶做的枕头上。吃喝都在床上进行，但可以上厕所。绝大多数被试以为实验会给他们提供睡觉的机会，或者可以利用这段时间考虑一下

① 张积家．普通心理学［M］．北京：中国人民大学出版社，2015：157．

他们的学期论文（见图3－1）。

实验结果和预期相反。在开始时，他们还能够安静地睡着。一段时间以后，大学生开始失眠，感到不耐烦，急切地寻找刺激，想唱歌，吹口哨，用两只手套互相敲打，或用它们去探索房间。许多大学生报告说，他们的思维很混乱，对任何事情都很难做明晰的思考，思维似乎“跳来跳去”。大约有半数人产生了幻觉，如幻视、幻听和幻触。被试感到焦躁不安，很不舒服。因此，虽然报酬很高，也难以在实验室中坚持2～3天。在这个实验以后，一些更严格的感觉剥夺技术被发展出来，如将被试限制在一个很小的室中，使他们无法运动，或者让被试穿上有浮力的衣服浸泡在水中，模拟失重的感觉，同时也剥夺被试其他方面的感觉刺激。在这些条件下，被试往往只能够坚持几个小时。感觉剥夺的实验表明，正常经验到的各种刺激对于人的正常生活而言，是必需的。

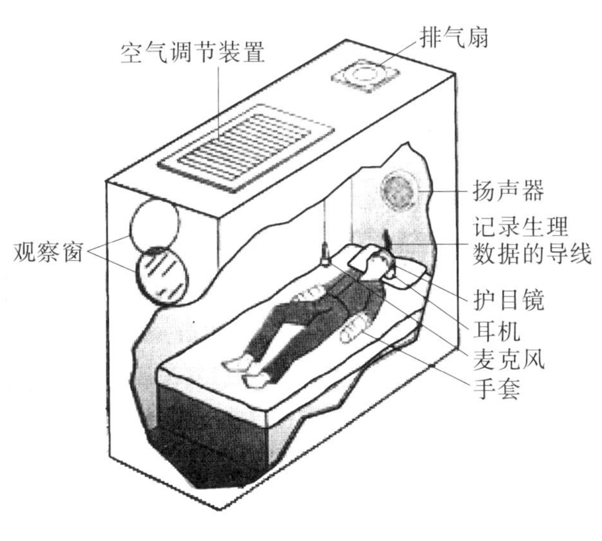

图3－1

二、感觉的种类

感觉按照刺激物的来源和承受刺激的感受器分布的位置不同可分为三大类：①外部感觉。它们是对身体外部的刺激物的感觉，感受器位于体表。视觉、听觉、味觉、触觉、皮肤的痛觉等属于外部感觉。②内部感觉。它们是对身体内部的状态的感觉，感受器位于体内。饥觉、渴觉、内脏的痛觉等属于内部感觉。③本体感觉。它们是对自身的运动和位置状态的感觉，感受器位于肌肉、韧带和关节。动觉、平衡觉属于本体感觉。几种主要感觉的刺激物、感受器和感觉现象的相互关系如表3－1所示。

表3－1　主要感觉与刺激物、感受器的相互关系

种类	适宜刺激物	感受器	感觉现象
视觉	电磁波（760～380毫微米）	视网膜的锥状、棒状细胞	色觉
听觉	声波（16～20 000赫兹）	耳蜗上柯蒂氏器的毛细胞	音响、音高、音色

续上表

种类	适宜刺激物	感受器	感觉现象
味觉	溶解物质的微粒	舌头味蕾的味细胞	甜、酸、苦、咸
嗅觉	空气中的物质微粒	鼻黏膜的神经末梢	气味
肤觉	机械能、热能	皮肤的神经末梢	压觉、温觉、冷觉、痛觉
动觉	自身运动和位置状态刺激	肌腱、关节的神经末梢	肌肉、骨骼的位置和运动感觉
平衡觉	自身位置和重力方向刺激	内耳前庭器官的毛细胞	躯体、头部的位置变化和运动感觉
机体觉	内脏中的物理、化学刺激	内脏壁邻的神经末梢	饥觉、渴觉、痛觉等

三、感觉的生理机制

感觉的生理机制是指能够引起和产生感觉的生理结构和机能。这种生理机制被称为分析器。分析器是分析刺激的器官，由感受器、传入神经和大脑的神经中枢三部分组成。分析器在内外环境影响下产生的神经过程是各种感觉产生的生理基础。

感受器是直接接受刺激产生神经冲动的装置，主要是感觉细胞或神经末梢。例如，耳朵接受外界声波刺激并产生神经冲动的是内耳柯蒂氏器上的毛细胞，因此感受器是将各种不同的刺激物能量转换成神经系统可以传导的生物电能——神经冲动。传导神经的功能就是把感受器与神经中枢连接起来。当前人们认为传导神经构成复杂的网络，可以进行信息加工，实现对输入信息的初级加工。一般外界的信息在大脑皮层及皮层下代表区进行复杂的分析与综合，相应地产生对刺激的感觉经验。

感觉的产生主要由两种因素造成：(1) 有机体内外环境中不断变化的事物形成了刺激；(2) 有机体对刺激做出反应。从神经生理学的角度分析，感觉的产生经历这样一个过程：有机体内外环境的刺激直接作用于感觉器官，将刺激能量转变为神经冲动；经由传入神经，把神经冲动传递到神经中枢；在大脑皮层的相应感觉投射中枢产生特定的感觉。

四、感受性与感觉阈限

(一) 感受性和感觉阈限

感觉是由外界物理量引起的，物理量的存在以及它的变化是感觉产生和发生变化的重要条件。总的来说，人类对周围世界的感知范围很广，从很微弱的声音到很响的霹雳声，都是通过感觉传到大脑才被认识的。然而我们对世界的认识还是有一定限度的，太强或太弱的刺激能量或刺激量的变化并不能被人觉察。研究物理量和心理量之间的关系的科学称为心理物理学（psychophysics）。

心理量与物理量之间的关系是用感受性的大小来说明的。感受性是指人对刺激物的感觉能力。不同的人对刺激的感受性是不同的。人的感受系统只对强度在一定范围内的刺激作用发生反应。为了产生感觉，刺激的强度必须达到一定的程度，随着刺激的强度增大感觉也加强，但在强度超过某种限度时，它又会破坏感觉系统的正常活动。感受性的范围可以由能够引起感觉的最小到最大的刺激强度范围来显示。检验感受性大小的基本指标称为感觉阈限（sensory threshold），它是个临界值。感觉阈限是人感到某个刺激存在或感觉到刺激发生变化所需刺激强度的临界值。感觉阈限与感受性的大小成反比例关系。比如说甲比乙的听觉感受性强，即听力好，那么甲的听觉阈限就低，即为了使他产生听觉，所需要的刺激量比较少。感觉阈限又分为绝对感觉阈限和差别感觉阈限。

（二）绝对感受性和绝对感觉阈限

要产生感觉，刺激必须达到一定的量。那种刚刚能够引起感觉的最小刺激量，叫作绝对感觉阈限（absolute sensory threshold）。人觉察最小刺激量的能力，叫绝对感受性（absolute sensitivity）。绝对感受性可以用绝对感觉阈限来度量，二者在数值上成反比：绝对感觉阈限越大，绝对感受性就越小。反之，绝对感觉阈限越小，绝对感受性就越大。如果用 E 代表绝对感受性，用 R 代表绝对感觉阈限，它们之间的关系就可以表示为：

$$E = 1/R$$

绝对感觉阈限的操作定义是：人们刚好有 50% 的机会产生感觉的最小刺激量。绝对感觉阈限不是一个固定的刺激量。它因刺激的性质不同而不同，同时也受活动性质、刺激强度和持续时间、机体状况、注意、态度、性别和年龄等因素影响。在不同的条件下，同一感觉的绝对感觉阈限可能不同。另外，某些低于绝对感觉阈限的刺激，虽然人感觉不到，却能够引起人的无意识知觉和一定的生理效应。

（三）差别感受性和差别感觉阈限

在日常生活中，人们接受的往往不是单一的刺激，而是要判断两种以上的刺激。两个同类的刺激物，差异必须达到一定的程度，才能够引起差别感觉。例如，在原有 200 克重量的基础上增加或减少 2 克重量，人们觉察不出重量的变化；必须增加或减少 4 克重量或者更多些，才能够觉察出重量上有差别。这种刚刚能够引起差别感觉的刺激物间的最小差异量，叫差别阈限（difference threshold），或者叫最小可觉差（just noticeable difference，简称 JND）。人对最小差异量的觉察能力，叫差别感受性。差别感受性与差别感觉阈限在数值上也成反比例关系，差别阈限越小，差别感受性越大。德国心理学家韦伯（E. H. Weber）1834 年发现，对刺激的差别感觉，不取决于刺激增加的绝对数量，而取决于刺激增量与原刺激量的比值。如果以 I 代表原刺激量，以 ΔI 代表引起差别感觉的刺激增量，那么在一定范围内，差别阈限是一个常数，用公式表示则有：

$$K = \Delta I / I$$

式中，K 为一常数，也叫韦伯分数，这个公式也叫韦伯定律。K 值越小感觉越敏锐。韦伯定律表明，当 I 的大小不同时 ΔI 的大小也不同，但二者的比值是个常数，例如，如果手上物体重 100 克，至少增加或减少 2 克，人才会觉出有差别，那么当手中的物体重 200 克时，必须增加或减少 4 克，人才会觉出有差别。

后来的研究表明，韦伯定律仅适用于中等强度的刺激。对于过弱或过强的刺激，韦伯分数都会发生变化。当原重量为 100 克至 400 克的范围内，韦伯分数为 0.02；当低于 100 克或超过 500 克时，韦伯分数会大大增加。

五、感觉的相互作用

同一感受器接受的其他刺激以及其他感受器的机能状态对感受性产生的影响，叫感觉的相互作用。感觉的相互作用有两种形式：同一感觉中的相互作用和不同感觉之间的相互作用。

（一）同一感觉中的相互作用

同一感受器中的其他刺激影响着对某种刺激的感受性的现象，称为同一感觉中的相互作用。同一感觉相互作用的明显情况是感觉适应和感觉对比。

1. 感觉适应

由刺激对感受器的持续作用从而使感受性发生变化的现象，称为感觉适应（sensory adaptation）。这是在同一感受器中，由刺激在时间上的持续作用，导致对后续刺激感受性发生变化的现象。适应可以引起感受性的提高，也可以引起感受性的降低。适应现象几乎表现在所有的感觉中，但是，在各种感觉中适应的表现和速度是不同的。视觉的适应可分为暗适应（dark adaptation）和明适应（bright adaptation）。暗适应是指照明停止或由亮处转入暗处时视觉感受性提高的过程。例如，从明亮的阳光下进入已关灯的电影院时，开始什么也看不清楚，隔一段时间之后，我们就能分辨出物体的轮廓了，这就是暗适应。暗适应是环境刺激由强向弱过渡时，由一系列相同的弱光刺激导致对后续的弱光刺激感受性的不断提高。

明适应也称光适应，与暗适应相反，是指照明开始或由暗处转入亮处时人眼感受性下降的过程。例如，当从黑暗的电影院走到阳光下，开始感到耀眼发眩，什么都看不清楚，只要稍过几秒钟，就能清楚地看到周围事物了，这就是明适应。明适应是环境刺激由弱向强过渡时，由一系列强光刺激导致对后续的强光刺激感受性的迅速降低。

暗适应时间较长，而明适应进行很快，时间很短暂。1 秒钟内，由明适应引起的阈限值明显上升；在 5 分钟左右，明适应就全部完成了。

其他感觉，如听觉、触压觉、温度觉、痛觉、嗅觉、味觉也同样具有适应现象。适应能力是有机体在长期进化过程中形成的。它对于我们感知外界事物、调节自己的行为，具有积极的意义。在夜晚的星光下和白天的阳光下，亮度相差达百万倍，如果没有适应能力，人就不能在不断变化的环境中精细地感知外界事物，正确地调节自己的行动。

2. 感觉对比

感觉对比（sensory contrast）是指同一感受器接受不同的刺激而使感受性发生变化的现象。这是同一感受器中不同刺激效应相互影响的表现。感觉对比分两类：同时对比和先后对比。同时对比是指几个刺激物同时作用于同一感受器而使感受性发生变化的现象。这在视觉中表现得很明显。视觉对比可分为无彩色对比和彩色对比。无彩色对比的结果是引起明度感觉的变化。例如，两个同样的灰色小方块，一个放在白色背景上，一个放在黑色背景上，结果在白色背景上的小方块看起来比在黑色背景上的小方块要明亮得多。彩色对比的结果是引起颜色感觉的变化，而且是向着背景色的补色方向变化。例如，两个同样的绿色正方形，一个放在蓝色背景上，一个放在黄色背景上，结果在黄色背景上的正方形看上去略带蓝色，在蓝色背景上的正方形看上去略带黄色。

先后对比是指刺激物先后作用于同一感受器而使感受性发生变化的现象。例如，吃了糖之后，紧接着就吃广柑，会觉得广柑很酸；吃了苦药之后，接着喝口白开水也觉得有甜味；凝视红色物体之后，再看白色物体，就会出现青绿色的后像；等等。

（二）不同感觉之间的相互作用

某种感觉器官受到刺激而对其他器官的感受性造成影响，或使其升高，或使其降低，这种现象称为不同感觉的相互作用。对某种刺激的感受性，不仅取决于对该感受器的直接刺激，而且还取决于同时受刺激的其他感受器的机能状态。在一定条件下，各种感受器的机能状态都有可能发生相互作用。

1. 不同感觉的相互影响

在现实生活中，人接受环境的信息常常是多通道同时进行的，不同感觉的相互影响时有发生。其他感觉能使视觉发生某种变化。例如，在噪声对听觉的影响下，黄昏视觉的感受性降低到受刺激前的20%。轻微的肌肉工作、凉水擦脸，可以使黄昏视觉的感受性提高。此外，听觉、味觉、嗅觉、平衡觉等都会受其他感觉的影响而发生某种变化。

不同感觉相互影响的一般趋向是：对一个感受器的微弱刺激能提高其他感受器的感受性，而强烈的刺激则会降低其他感受器的感受性。

2. 不同感觉的相互补偿

感觉的补偿是指某种感觉系统的机能丧失后由其他感觉系统的机能来弥补。例如，盲人失去了视觉机能，能学会通过声音来辨别附近的建筑物、地形等，通过触摸觉来阅读盲文。聋哑人能“以目代耳”，学会看话甚至学会“讲话”，等等。

各种感觉之所以能相互补偿，是由于各种刺激的能量是可以转换的。例如，视觉缺失，但光能可以转化为电能或机械能，这样视觉信息就可以由其他正常的感官来加以接收。

各种感觉系统的机能都能通过练习得到提高。这样，一种（或几种）感觉机能的丧失，就有可能由其他经常得到练习的、感受性提高了的感觉系统来加以弥补。

3. 联觉

当某种感官受到刺激时出现另一种感官的感觉和表象，这种现象称为联觉。一种感觉兼有另一种感觉的印象，时而近似于感觉，时而近似于表象，好像是与直接感觉一起产生的，但不是由人们自己随意想象出来的。

联觉的形式很多，最常见的联觉有三种：一是色听联觉，即听到某种声音（如某音符）时就产生生动鲜明的彩色形象。二是色味联觉。例如，有的人看见黄色会产生甜的感觉，有的人看见绿色会产生酸的感觉。三是色温联觉。色觉可以引起温度觉，所谓暖色调和冷色调即由此而来。

感觉的相互作用说明，人的感觉系统是一个整体，各种感觉是相互联系的，它们共同对客观环境刺激进行全面的反映。

第二节 知 觉

一、知觉的概念

知觉（perception）是客观事物直接作用于感官而在头脑中产生的对事物整体的认识。人们通过感官得到了外部世界的信息，这些信息经过头脑的加工（综合与解释），产生了对事物整体的反映，就形成了知觉。例如，看到一张桌子，听到一首乐曲，闻到一种菜肴的芳香，微风拂面感到丝丝凉意等，知道这些东西的意义都是知觉现象。整体性和意义性是知觉的两个重要特性。

知觉以感觉作为基础，但它不是个别感觉信息的简单总和。例如，我们看到一个正方形，它的成分是四条直线。但是，把对四条直线的感觉相加，并不等于知觉到一个正方形。知觉是按一定方式来整合个别的感觉信息，形成一定的结构，并根据个体的经验来解释由感觉提供的信息。它比个别感觉的简单相加要复杂得多。刺激物的个别属性或特性，总是作为一定事物或对象的属性或特性而存在的。我们看到的红色，是红旗的红色，或是红花或红衣的红色；我们听到的声音，是马达的声音，或是说话的声音；等等。这些属性与一定的客体相联系，并具有一定的意义。

知觉作为一种活动、过程，还依赖于人的已有经验，包含了互相联系的几种作用：觉察、分辨和确认。觉察是指发现事物的存在，而不知道它是什么。例如，我们在校园内的马路上散步，忽然发现路旁有一个闪闪发亮的东西。这时我们只是觉察到一个物体的存在，还不知道它是什么。分辨是把一个事物或其属性与另一个事物或其属性区别开来。确认是指人们利用已有的知识经验和当前获得的信息，确定知觉的对象是什么，给它命名，并把它纳入一定的范畴。例如，当我们走近路旁那个闪闪发亮的东西，经过仔细观看和摆弄之后，看清它的形状是圆的，它的光亮的表面能够映出自己面部的形象……从而把它与其他事物区分开来，并断定它是一面镜子，这就是分辨和确认。

二、知觉的生理机制

俄国生理学家巴甫洛夫认为，知觉的生理基础是条件反射，是客观事物作用于感受器时在大脑皮层上形成的暂时神经联系，而分析器的皮层对知觉刺激进行复杂的分析与综合，在此基础上完成事物的特征整合。20 世纪 50 年代以后，随着认知神经科学的兴起与发展，研究者逐渐认为知觉的分析与综合发生在神经系统的不同水平上。

在神经系统的微观水平上，存在各种特征觉察器，在对刺激进行特征觉察的同时，神经系统也在不同水平和不同层次上实现对刺激的整合，实现“特征捆绑”的过程。

在神经系统的宏观水平上，大脑的不同区域执行不同的分析与综合。例如，大脑皮层一级区主要负责对外部刺激初步的分析与综合；皮层二级区主要负责更高层次的整合，这个区域受损伤会失去对刺激的辨别能力；皮层三级区主要负责综合各种感觉，这个区域受伤会导致复杂的、同时性综合能力的损坏。

在人的视觉系统中存在两个功能不同的子系统：①what（是什么）系统，主要负责处理物体是什么的信息，由枕叶到颞叶的通路组成；②where（位置）系统，主要负责物体放在哪里，由枕叶到顶叶的通路组成。

知觉是由多种分析器协同活动实现的。知觉产生具有以下几种情况：

（1）当事物的属性、成分同时或先后作用于同一分析器时，会引起该分析器内的神经兴奋，这时经过大脑的分析综合活动，就形成了对事物的整体反映。

（2）事物的各种属性相互联系、相互依存，构成复合刺激物，通常作用于不同的分析器。当复合刺激物作用于人们的感官时，引起大脑皮层不同区域的神经兴奋，这时兴奋区域相互沟通，在各个分析器之间建立起暂时的神经联系；另外，大脑通过分析，把事物的关键属性从背景中区分出来并通过一系列的神经过程进行综合分析活动，实现对感觉信息的加工，从而形成事物的整体映象。

（3）复合刺激物的各个成分以及复合刺激物之间都可以形成各种不同的相互关系。这些关系反映在大脑中就形成了关系反射。当复合刺激物的各种成分以不同的关系相互联系、组合时，大脑就反映出不同的知觉整体。在复合刺激物的各成分中，起决定作用的是其关键性的成分。只要关键性的成分保留，尽管其他成分改变了或丧失了，仍然不会破坏已存在的“关系”。

三、知觉的信息加工

在知觉中，人脑对信息进行不同形式和不同种类的加工。

（一）自动加工和控制加工

在知觉环境良好、事物特征清晰时，知觉是一个自动化的过程。人只意识到内容，意识不到知觉过程，这种加工叫自动加工（automatic processing）。当知觉环境较差、事物特征模糊时，知觉过程需要注意和思维参与，人需要在有限感觉信息的基础上提取假设，再考验假设，这种加工叫控制加工（controlled processing）。

（二）自下而上的加工和自上而下的加工

知觉依赖于直接作用于感官的刺激物的特性。例如，颜色知觉依赖于光的波长，音调知觉依赖于声波的频率，运动知觉依赖于物体的位移，等等。当人脑对事物的特性进行分析时，沿着由具体到抽象的方向进行。这种由刺激物的具体特性开始进行到越来越抽象的水平的加工叫自下而上的加工（bottom-up processing），又称为数据驱动加工（data-driven processing）。

知觉还依赖于知觉者的因素，如知识经验、需要、兴趣和爱好、对活动的准备状态和期待等。人脑不仅加工来自外部和内部的信息，还加工在头脑中储存的信息。这种加工叫自上而下的加工（top-down processing）或概念驱动加工（concept-driven processing）。

一般说来，这两个加工过程是相互联系的（见图 3 - 2）。在知觉中，非感觉信息越少，就越需要感觉信息，因而自下而上的加工占优势；非感觉信息越多，所需要的感觉信息就越少，因而自上而下的加工占优势。

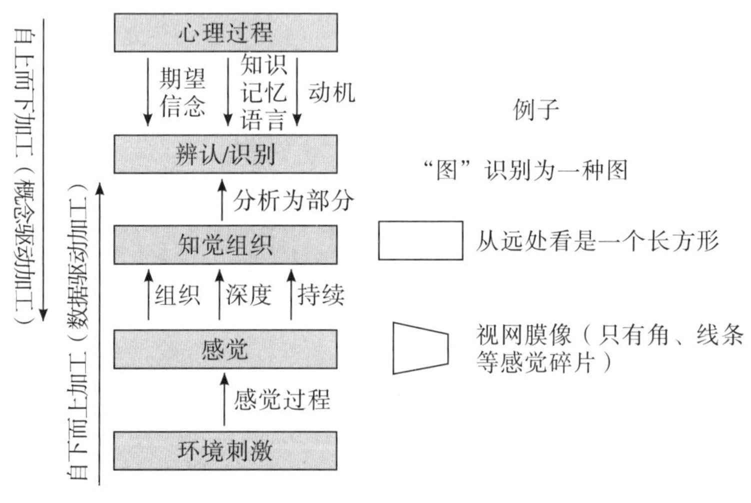

图 3 - 2

（三）系列加工和平行加工

在知觉中，既存在系列加工，也存在平行加工。系列加工（serial processing）是指人依次加工事物的属性，最后在头脑中形成事物的整体形象。例如，眼动研究表明，人在观察照片时，注视次序不是紊乱的，而是从一个特征到另一个特征做有规则的移动，如先注视头像的眼睛，再注视嘴，等等。平行加工（parallel processing）是指人脑同时对事物的多方面的感觉信息进行加工，同时注意到事物的各个部分、各个方面。例如，人们看到某种颜色的光时，不仅加工色调，也加工明度和饱和度。在知觉复杂事物时，平行加工意味着不同感觉的协同活动。

四、模式识别

由于生活环境多变，物体呈现的方式不同，但是人们能仍然正确地识别，这是如何做到的呢？也就是说有机体是如何进行模式识别（pattern recognition）的呢？所谓模式（pattern）是指由若干元素或成分按一定关系组成的某种刺激结构。而模式识别就是指觉察到某个模式的存在，并将它与其他模式区分开来，确认这个模式是什么，即对模式的觉察、分辨和确认，这个过程也就是知觉的过程。人的模式识别常表现为把所知觉的模式纳入记忆中的相应范畴，对它加以命名，给模式一个名称，包括图像识别、表情识别、语言识别等。以下几种理论试图解释模式识别的机制。

1. 模板匹配理论

这是一种早期的模式识别理论，该理论假定人的长时记忆中储存着各种外部刺激的缩小的复本，即模板。模式识别是将一个刺激模式提供的信息，与在长期记忆中已经存储的该模式的模板相匹配。该模型难以解释人的模式识别，被原型匹配理论所代替。

2. 原型匹配理论

在人的记忆中贮存的信息是以原型的形式存在的。原型不是个别事物或个别特征的代表，它代表了一组事物的关键特征或共同特征。人的模式识别就是要确定一个物体是否与在原型中找到的基本形式相匹配。

3. 特征匹配理论

任何模式都可以分解为诸多属性和特征，模式识别的过程就是对刺激的各种属性和特征进行分析，抽取出刺激模式的有关特征或属性，然后将其综合，再尝试与记忆中储存的各种刺激特征进行比较，一旦获得最佳匹配，该刺激模式便得到识别。这一理论得到了生理学和心理学实验的支持。

4. 结构优势描述理论

实际生活中遇到的客观事物并不是孤立存在的，而是按照一定规律相互联系、相互制约的。因此，人对于各种事物刺激模式的识别也总是相互关联、相互影响，并具有一定的规律性。在模式识别过程中，自上而下的加工随模式识别研究的深入而日益受到重视。如字词优势效应（识别字词中字母的正确率大于识别一个单独的同一字母）、客体优势效应（识别一个客体图形中的线段正确率优于识别结构不严密的图形中同一线段或单独该线段）、构型优势效应（识别一个完整的图形优于识别图形的一部分）。各种优势效应表明了在模式识别中，刺激模式的整体结构优于部分，整体的结构在模式识别中起重要作用，统称为结构优势效应（structure superiority effect）。应注意的是，这种刺激模式的整体结构和部分的区分是相对的。比如：一个单词处在一个完整的句子中就是部分，而对于组成这个单词的字母表来说就是整体结构。结构优势效应不仅与刺激模式的特征有关，而且与人的知觉组织活动规律有密切联系。

五、知觉的类型

知觉的类型很多，可从不同角度对知觉进行分类。根据知觉时起主导作用的分析器的特征，可把知觉分为视知觉、听知觉、触知觉、嗅知觉、味知觉、运动知觉和平衡知觉等。根据被反映事物的特性，知觉可分为空间知觉（如形状知觉、深度知觉、大小知觉、方位知觉）、时间知觉、运动知觉等。下面将介绍几种主要的知觉类型。

（一）形状知觉

物体无论规则还是不规则，都有一定的形状。形状知觉指物体的形状特征在人脑中的反映。形状知觉的产生是视觉、触摸觉和运动觉协同活动的结果。视网膜上物体呈现的形状，眼球沿着物体的轮廓扫描，以及手触摸物体的表面，这些连续的动觉刺激会向大脑发送物体形状信号，经过大脑分析、综合，就产生了物体形状的知觉。

在形状知觉中，视觉具有极其重要的作用，知觉对象的轮廓具有重要意义。在知觉过程中，只要抓住事物的主要轮廓，就能知觉物体形状的足够信息。某些时候物体的轮廓不明显，也能正确知觉物体的形状，这种现象称为主观轮廓（如图 3－3 所示）。

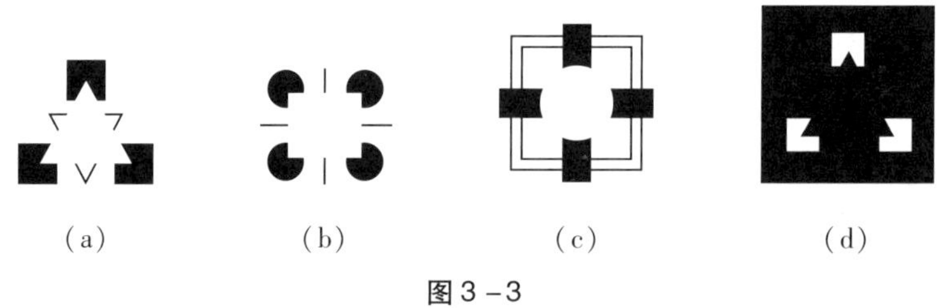

图 3－3

（二）深度知觉

深度知觉是指人脑对物体的空间距离及立体特性的反映。它是多种分析器协同活动的结果，其中，视觉具有重要的作用。单眼线索是指用一只眼睛感受深度的线索，它只能够对有限的距离产生效应。双眼线索是指用两只眼睛感受深度的线索，它既可以提供距离信息，也是产生立体知觉的主要机制。

影响深度知觉的因素有很多，下面主要介绍单眼线索、双眼线索两大类。

1. 单眼线索

（1）对象重叠。判断物体前后关系的重要条件是遮挡，即相互重叠的物体，被遮挡物体被知觉得远些，而遮挡者被知觉得近些。

（2）线条透视。两个或两列线条状的物体，由近处向远处伸展，近处的对象所占的视角大，知觉时就显得大些；远处的对象所占的视角小，知觉时就显得小些。

（3）空气透视。由于空气中有尘埃、水蒸气等杂质，越远的地方，被尘埃、水蒸气挡住的机会越多，因此远处显得模糊，近处显得清晰。

（4）相对高度。在其他条件相等时，两个物体相对位置较高的那一个，就显得远些，低的那个显得近些。

（5）纹理梯度。视野中的物体在视网膜上的投射大小和投影密度发生层次的变化，使得远处物体在视网膜上的投射较小，而投影密度较大；近处物体在视网膜上的投射较大，而投影密度较小。

（6）运动视差。当不同距离的物体与主体成相对运动时，因视角在速度和方向上的差异，使得近处物体看上去移动得快些，方向相反；而远处物体移动较慢些，方向相同。

2. 双眼线索

（1）双眼视轴的辐合。当注视某一物体时，两眼视轴向注视对象靠拢。看近处物体时，视轴趋于集中；看远处物体时，视轴趋于分散。当物体渐远时，视轴逐渐趋向平行。

（2）双眼视差。它是指人们知觉物体的距离与深度，主要依赖于两只眼睛所提供的线索。双眼视差所获得的深度知觉能力受距离影响，只对500米以内的物体知觉起作用。

（三）时间知觉

1. 时间知觉的概念

时间知觉是人脑对客观事物的延续性和顺序性的反映。例如，一粒种子从播种、发芽、开花到结果几个过程，都是系列连续变化的。多种感觉都能对时间进行估计。在精确性方面，听觉的能力最强，最高达到0.01秒，触觉最高为0.025秒，而视觉最高为0.05～0.1秒。

2. 时间知觉的形式

时间知觉具有下列四种形式：

（1）对时间的确认。例如，知道今天是2010年9月1日，去年是2009年，等等。

（2）对时间的分辨。例如，午饭后，休息一会儿，然后去上课，能够按时间顺序把这些活动区别开来。

（3）对持续时间的估量。例如，这节课已进行了20分钟，这个会议开了3小时，等等。

（4）对时间的预测。例如，10分钟后就下课了，3天后要参加研究生的入学考试，等等。

3. 时间知觉的参照系

时间知觉的参照系是指人们进行时间知觉时所参考的事物或现象。对时间进行知觉需要借助各种媒介间接地进行。

第一，自然界的周期现象。例如，日出日落、昼夜交替、四季变化、月亮圆缺等周期性出现的自然现象。

第二，有机体的生理节律。人体的生理活动，许多是具有周期性和节律性的。例如，人在正常情况下的呼吸频率为每分钟17次；心跳每分钟60～70次；从进食到饥饿，每个周期是4～6小时。人们依据身体的这些节律性活动，能估计事件持续的时间。有机体的这些节律性活动，称为生物钟。它给人们提供了时间信息。

第三，计时工具。古时候人们就通过设计计时工具来知觉时间。从古代的“干支”计时、燃香、水或沙的滴漏等方式计时到现在的日历、时钟、手表等。借助这些计时工具，人们不仅可以准确地估计诸如世纪、年、月这样较长的时间，也可以精确地记录短暂的时间。

第四，周期性的社会活动。人的许多活动都具有周期性。例如，城市闹市区的活动规律是早晨车水马龙，晚上熙熙攘攘，深夜寂静无人，等等。

4．影响时间知觉的因素

研究表明，时间知觉的准确性受下述因素影响。

（1）时间间隔的长短。

人对 1 秒钟左右的时间估计得最准；短于 1 秒的时间，人倾向于高估；长于 1 秒的时间，人倾向于低估。

（2）刺激的物理性质。

强的刺激比弱的刺激显得时间长些；被分段的持续时间比空白的持续时间显得长些。不熟悉的刺激的呈现时间比熟悉的刺激的呈现时间显得长些。

（3）一段时间内事件的数量和性质。

在一段时间内，事件发生的数量多，性质复杂，人倾向于将时间估计得短些；反之，人倾向于将时间估计得较长。充满丰富内容的活动，主观上感到时间过得快；活动内容单调贫乏，让人觉得时间过得很慢。

回忆时，对时间的估计与知觉时正好相反。同样长的一段时间，内容越充实有趣，觉得时间越长；内容越单调乏味，觉得时间越短。一段时间过去得越久，它就显得越短。这是因为时间过去久了，可以回忆的事件也少了。

（4）感觉通道的性质。

在判断时间的精确性上，听觉最好，触觉次之，视觉较差。人耳能够分辨相隔 1/100 秒的两个声音；触觉分辨两个刺激物之间的最小时距为 1/40 秒，视觉为 1/10 ~ 1/20 秒。

（5）注意。

一般说来，对一个持续时间越是注意，就显得越长。两个同时发生的刺激，注意的那一个，看起来就先于另一个。

（6）兴趣、态度和情绪。

兴趣盎然的事，时间似乎飞驰而过；意兴索然的事，时间似乎无比冗长。引人入胜的表演使人忘却了时光流逝，味同嚼蜡的报告简直是没完没了。

（7）年龄和个人知识经验。

不同年龄的人的时间知觉也有差异。儿童总觉得时间过得慢，因为他们渴望长大；成年人会因为光阴流逝而惊叹不已。时间知觉是在实践中发展起来的。儿童对时间的估计往往不准确，随着年龄的增长，实践活动增多，逐渐减少误差，接近准确。

（四）运动知觉

运动知觉是人脑对物体运动特性的反映。它对动物和人的适应性具有重要的意义。

1. 运动知觉的产生所依赖的主客观条件

（1）物体的运动速度。

（2）主体与运动物体的距离，即在速度一定的前提下，运动物体距离主体近，会感觉速度很快；距离主体远，会感觉速度很慢。

（3）主体自身处在静止状态，还是运动状态，取决于运动物体的参照系统。

2. 运动知觉的种类

（1）真动是指物体按照特定的速度，在空间和位置上发生连续性的变化，如快速转动的电扇叶片。

（2）似动是指在一定的条件下，人把客观上静止的物体看成是运动的，或把客观上不连续的位移看成是连续运动的现象。

（3）诱动是指一个物体的运动使其相邻的另一个静止的物体产生运动的现象，如坐在一列正靠站停下来的火车里，如果旁边的另一列火车已开始启动，你会觉得自己所坐的火车在运动。

（4）自动是指人在暗室中注视一个静止的光点，过一段时间会发现这个光点在运动，但实际上这一光点是静止的。

（5）运动后效。在注视向一个方向运动的物体之后，如果将注视点转向静止的物体，那么会看到静止的物体似乎朝相反的方向运动。

拓展阅读 2

司机在使用手机时会分心吗？①

在你所生活的地方，在开车时使用某些类型的手机可能已经违法了。你也许对此类限制的必要性已经有了特别的看法。研究者的目的是提供数据，以使人们了解是什么经常激起对于该问题的公众政策的争论。大部分研究集中于使用手机对感知的影响。具体来说，研究者评估了司机同时集中注意于电话和驾驶环境的能力（Strayer & Drews，2007）。

考虑这样一个研究，参与者在高度仿真的驾驶模拟器中驾驶穿过郊区环境（Strayer et al.，2003）。模拟器要求参与者施展一整套的一般驾驶技能（包括加速、保持速度和刹车）。每个参与者都有两种不同的驾驶体验。在一半的时间，参与者只执行导引路线的单一任务。在其他的时间，参与者还参与第二个任务：他们在驾驶时就各种日常话题打免提电话。所有的时间内，参与者驾驶的路上

① 格里格，津巴多．心理学与生活：第19版［M］．王垒，等译．北京：人民邮电出版社，2016：123.

都有一些广告牌。在实验的最后，测试他们对这些广告牌的记忆，这些测试是他们没有预料到的。当参与者只是在驾驶时，他们识别出了15块广告牌中的6.9块；当参与者还在打电话交谈时，他们只识别出了3.9块。

让我们试着确定注意在这个结果中所起的作用。对于为什么参与者在交谈时记忆会变差，存在两个合理的解释：他们可能根本没有看到广告牌，或者他们看到了广告牌但是没有注意它们。为了理解后一个解释，抬头看看你周围的空间。当你盯着某一方向看时，你能看到很多物体，但是为了获得细节信息，你必须把注意直接集中在一个物体上。在驾驶实验中，研究者测量了参与者的眼动，以精确地测定他们在看哪里。实际上，参与者在同时交谈和不交谈时看每一块广告牌的可能性是相同的，甚至他们看的时间都是一样的。损害参与者记忆的似乎是他们看了广告牌但实际上没有对其集中注意。研究者进行了相似的实验，实验中参与者在路上驾驶真正的汽车（Harbluk et al.，2007）。研究得出了相同的有力结论：电话交谈会将司机的注意从驾驶环境中转移开来。此外，这项研究还证明了注意转移对行为的影响：最分心的司机也必须执行最“紧急的刹车”。一些人对此结果感到惊讶，因为他们认为交谈和注意视觉环境是两个完全不同的心理活动。实际上，执行这两个任务的是大脑的不同脑区。考虑这样一个实验，参与者在模拟驾驶时对其进行fMRI扫描（Just et al.，2008）。与我们描述过的研究相似，参与者要么只是驾驶，要么驾驶同时从事语言加工。参与者在只驾驶时，与空间加工有关的顶叶区域表现出大量的活动。然而，当参与者还需要执行语言任务时，这些顶叶区的活动减少37%。语言任务显然对大脑产生了充分的需求，而留给空间任务的资源就不足了。

六、知觉的基本特性

（一）知觉的选择性

知觉的选择性是指人在知觉时，会将少数事物作为知觉的对象，而将其他事物作为知觉的背景，以便清晰地感知一定的事物与对象。从某种意义上讲，知觉过程就是从背景中区分出对象的过程。这一过程与选择性注意有关。当注意指向某种事物时，这种事物就成了对象，而其他事物就成了知觉的背景；当注意从一个对象转向另一个对象时，原来的对象和背景也跟着转移。如图3-4所示。

图3-4

影响知觉选择性的因素很多。一般来说，强度较大的、色彩鲜明的、运动的、变化的刺激物容易成为知觉的对象；组合较为规律的刺激物（如良好图形）容易成为知觉的对象。此外，知觉对象的特点及知觉者自身的主观因素，如兴趣、态度、爱好、情绪、知识经验、观察能力等，也都会对知觉的选择性产生影响。

值得注意的是，知觉的对象与背景之间不仅互相转化，而且互相依赖。知觉的对象与背景的关系，不仅存在于空间的刺激组合中，而且存在于时间系列中。对一个物体的知觉，往往受到前后相继出现的物体的影响。发生在前面的知觉直接影响到后来的知觉，产生了对后续知觉的准备，这种现象叫知觉定势（如图 3－5 所示）。

（a）萨克斯演奏者

（b）长发美女

（c）你看到了什么

图 3－5　知觉定势

（二）知觉的整体性

知觉的对象都是由不同属性或不同部分组成的。人在知觉时，能够将它们组织成一个有机的整体。这种特性就是知觉的整体性。

人在知觉中之所以能够把具有不同属性或不同部分的事物组成一个整体，是由于事物的属性或部分本来就是结合在一起的，是复合刺激物。不论在什么情况下，复合刺激的各种属性总是以统一的、整体的面貌出现，知觉也一直是对事物整体的反映。人的知觉系统也具有把个别属性、个别部分综合成为整体的能力。例如，在图 3－6 中，尽管这些点没有用线段连接起来，但仍然能看到一个三角形和一个长方形。

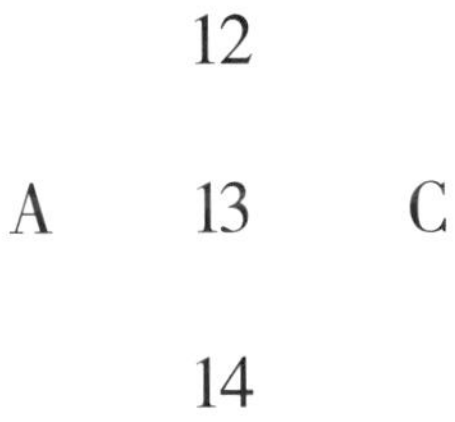

图 3－6　点子图

知觉的整体性也反映了部分对于整体的依赖关系。人对部分的知觉依赖于对整体的知觉，部分只有在整体中才具有确定的含义。例如，在图 3－7 中，中间的图形如果处在数字序列中，就把它知觉成“13”，如果处在字母序列中，就把它知觉成“ B ”。

12

A　13　C

14

图 3－7　部分对整体的依赖关系

在知觉中，是整体优先还是部分优先？内温（D. Navon）给被试短暂地呈现字母组成的大字母，如由小字母“ H ”和“ S ”组成的大字母“ H ”，或者组成大字母“S”（见图 3－8），被试的反应有两种：局部反应和整体反应。在局部反应中，要求被试识别小字母；在整体反应中，要求被试识别大字母。结果发现，当识别小字母时，如果小字母与大字母不一致，被试的反应时有所延长；当识别大字母时，反应时将不受组成字母影响。这种现象称为“整体优先性”（global precedence），即整体水平的加工先于局部水平的加工。换言之，

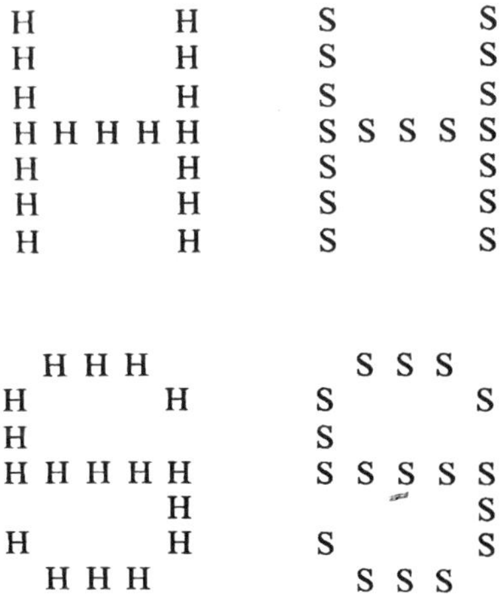

```
H       H     S       S
H       H     S       S
H       H     S       S
H H H H H     S S S S S
H       H     S       S
H       H     S       S
H       H     S       S

 H H H         S S S
H     H       S     S
H             S
H H H H H     S S S S S
        H             S
H       H     S       S
 H H H         S S S
```

图 3－8　整体优先的实验证据

人对整体特征比对局部特征更敏感。在识别事物细节之前，人们对事物整体可能已经有了初步了解。

（三）知觉的理解性

知觉的理解性是指对于知觉的对象以自己的过去经验予以解释，并用词汇或概念对其进行命名或归类，赋予对象一定的意义。人的知觉与记忆、思维等高级认知过程有着密切的联系。人在知觉过程中，不是被动地把知觉对象的特点登记下来，而是以过去的知识经验为依据，力求对知觉对象做出某种解释，使它具有一定的意义。

影响知觉理解性的主要因素：

（1）知识经验。对知觉对象的理解，是以自己已有的知识经验为前提的，具有不同知识经验的人在知觉同一个对象时，对它的理解不同，知觉的结果也不同。例如，一张新产品设计图纸，专业人员既能知觉到图纸上的每个细节，又能理解整张图纸的内容和意义：而没有这方面专业知识的人员只能说出图纸中的构成成分，不会理解图纸的内容和意义。很显然，不同的知识经验影响了对同一知觉对象的理解。

（2）言语指导。言语指导也影响知觉理解性。当对象的标志不明显时，通过言语的指导，可以帮助理解知觉的对象。看到图 3－9，你一定在想“这是什么?”“到底画着什么东西?”并试图给它命名，以及把它归入你所熟悉的一类事物之中。你可能会想：“是画着一只动物吧?”如果还看不出来，给出提示：“是画着一条狗。”这时，你大概就已看出来了。

图 3－9　隐匿图形

（四）知觉的恒常性

知觉的恒常性是指当知觉的条件在一定范围内发生改变时，知觉的映象仍然保持相对不变。例如，对认识的人，不会因为他的发型、服饰的改变而变得不认识；一首熟悉的歌曲，不会因为它高了八度或低了八度而感到生疏；等等。

在视觉范围内，知觉的恒常性种类主要有大小恒常性、形状恒常性、方向恒常性、明度恒常性和颜色恒常性。

1．大小恒常性

大小恒常性是指在一定的范围内，个体对物体大小的知觉不会随着距离的变化而变化，也不会随着视网膜上视像大小的变化而变化，其知觉映象仍按实际特征的大小知觉。在知觉物体大小时，人们学会了把物体与观察者的距离因素考虑在内，当自己处于不同距离位置知觉同一物体大小时，知觉的结果经常是一致的。

2．形状恒常性

形状恒常性是指当从不同角度观察同一物体时，物体在视网膜上投射的形状是不断变化的，但人们知觉到的物体形状并没有发生明显的变化。如图 3－10 所示，从不同角度观察一扇门时，无论门是完全关闭，还是完全打开，看上去都是长方形的。

图3－10 形状恒常性示意图

3. 方向恒常性

方向恒常性是指个体不随身体部位或视像方向变化，而改变感知物体实际方位的知觉特征。个体身体各部位的相对位置时刻都在发生变化，如弯腰、侧头等。当身体部位发生改变，与之相应的环境中事物的关系也随之变化，但人对环境中对象方位的知觉仍然保持相对稳定，不会因为身体部位的改变而变化。

4. 明度恒常性

明度恒常性是指当照明条件发生改变时，个体知觉到物体的相对明度仍然保持不变的知觉特征。例如，将黑、白两块布，一半放在亮处，一半放在暗处，虽然每块布的两半部分亮度存在差异，但个体仍然会把它知觉为一块黑布或一块白布，而不会把它知觉成两段明暗不同的布料。

5. 颜色恒常性

颜色恒常性是指个体对熟悉的物体，当其颜色由于照明等条件的变化而改变时，颜色知觉却趋向于保持相对不变的知觉特征。例如，室内的家具，在不同色光照明下，对其颜色知觉仍保持相对不变。从物理特性和生理角度来看，当色光照射到物体表面时，根据色光混合原理，其色调会发生变化，但由于人对物体颜色的知觉不受照射到物体表面色光的影响，因此仍然把物体知觉为其固有的颜色。

第三节 观察及观察能力培养

一、观察和观察力

1. 观察

观察是人的一种有目的、有计划的知觉，是知觉的高级形式。人的知觉有时是无意的，有时是有意的。观察作为一种有意知觉，在开始前需要提出目的，拟定计划，并按照一定目的与计划的要求去组织自己的知觉活动。

观察不是一种单纯的、消极的知觉过程，它包含着积极思维的作用和言语活动，它是知觉、思维和言语结合为统一的、积极的智力活动过程。在观察过程中，必须随时分析和比较所观察的事物，借以区分其中的主要部分和次要部分、必然的东西和偶然的东西，从而有助于清楚地鉴别对象。另外，观察中的注意非常稳定，它保证着观察者持久地进行观察，并在必要时能够多次重复地进行观察。这是观察区别于一般知觉的又一个特点。可见观察是有意知觉的高级形式，是一种特殊的知觉。

2. 观察力

观察力是指个人通过长期观察活动所形成的带有个性特点的观察能力，它是一种稳定的个性心理特征。观察力的最可贵品质是从平常的现象中发现不平常的东西，从表面上貌似无关的东西中发现相似点或因果关系。这是一种特殊的、发展水平较高的知觉能力。

人的观察力在发展水平上有很大的个别差异。在事业上取得了卓越成就的人，如科学家、发明家、作家和画家等，他们的观察力发展水平都比较高。人的观察力不仅在发展水平上有差异，而且在类型上也有差异。如有的人视觉观察敏锐，而有的人听觉观察敏锐等。

二、学前儿童、小学生、中学生感知的特点

1. 学前儿童感知的特点

(1) 视觉。

①视敏度。

视敏度即视觉敏锐度，是指个体分辨细小物体或远距离物体细微部分的能力，即视力。随着学前儿童年龄的增长，视敏度不断提高，但发展速度不均衡。5~6 岁与 6~7 岁儿童的视敏度水平比较接近，4~5 岁与 5~6 岁儿童的视敏度水平则相差较大。

②颜色视觉。

幼儿初期（3~4 岁）已能初步辨认红、橙、黄、绿、蓝等基本色，但在辨认紫色等混合色和蓝与天蓝等近似色时往往较困难，也难以说出颜色的正确名称。

幼儿中期（4~5 岁）大多数能认识基本色、近似色，并能说出基本色的名称。

幼儿晚期（5~6 岁），不仅能认识颜色，而且在画图时，能运用各种颜色调出需要的颜色，并能正确地说出黑、白、红、蓝、绿、黄、棕、灰、粉红、紫等颜色的名称。

(2) 听觉。

①听觉感受性。

幼儿的听觉是在生活条件和教育影响下不断发展的，听觉感受性随年龄增长而不断完善。儿童在 12~13 岁以前，听觉感受性一直在增长，8 岁比 6 岁儿童的听觉感受性几乎增加一倍。

②言语听觉。

幼儿辨别语音是在言语交际过程中发展和完善起来的。幼儿中期可以辨别语音的

微小差别，到幼儿晚期，几乎可以毫无困难地辨明本族语言包含的各种语音。但是幼儿存在着“重听”的现象。“重听”是指有些幼儿虽然对别人所说的话听得不清楚、不完全，但是，他们常常能根据说话者的面部表情、嘴唇的动作及当时说话的情境，正确地猜到别人所说的内容。“重听”对幼儿言语听觉、言语能力和智力的发展都会带来不良的影响，应引起人们的重视。

（3）触觉。

触觉是肤觉和运动觉的联合，是幼儿认识世界的重要手段。

①视触觉的协调。

视触觉的协调主要表现为眼手探索活动的协调。眼手协调活动是婴儿认知发展过程中的重要里程碑，也是手真正探索活动的开始。眼手协调动作出现的主要标志是伸手能抓到东西。产生这种动作所要求的知觉条件有：第一，知觉到物体的位置——主要是视觉。第二，知觉到手的位置——主要是动觉。第三，视觉指导手的触觉活动。幼儿已能很好地协调视觉，进而实现对客观事物更精确的反映。

②动觉。

幼儿动觉的感受性随年龄增长而提高。具体表现为幼儿初期对物体的大小、轻重和形状等属性的感知错误率高，精确性差；到幼儿末期，感知的错误明显减少。

（4）空间知觉。

空间知觉包括方位知觉、距离知觉和形状知觉，是用多种感官进行的复合知觉。

①方位知觉。

方位知觉是指对物体的空间关系和自己的身体在空间所处位置的知觉，包括辨别上、下、前、后、左、右、东、西、南、北、中的知觉。

幼儿方位知觉的发展趋势是：3 岁辨别上下方位，4 岁开始辨别前后方位，5 岁能以自身为中心辨别左右方位，6 岁幼儿虽然能完全正确地辨别上下前后四个方位，但对以左右方位的相对性来辨别左右仍感困难。

②距离知觉。

幼儿可以分清他们所熟悉的物体或场所的远近，对于比较广阔的空间距离，他们还不能正确认识。幼儿常常不懂得近物大、远物小、近物清楚、远物模糊等感知距离的视觉信号。因此，他们画出的物体也是远近大小不分，在图画中，不善于把现实物体的距离、位置、大小等空间特性正确地表现出来，不能正确判断图画中人物的远近位置。

③形状知觉。

幼儿的形状知觉发展得很快，通常 3 岁的幼儿能区别一些几何图形，如圆形、正方形、三角形等。4 ~4. 5 岁是辨认几何图形正确率增长最快的时期。5 岁幼儿能正确辨别各种基本的几何图形，幼儿叫出图形名称比辨认图形要晚。总之，幼儿的空间知觉有明显发展，但不精确。

（5）时间知觉。

时间知觉是对客观现象的延续性、顺序性和速度的反映。

幼儿前期，主要以人体内部的生理状态来反映时间，如到点感到饿，想要吃。幼儿前期逐渐能够以外界事物作为时间的标尺。

幼儿初期，已有一些初步的时间概念，但往往和他们具体的生活相联系。如他们理解的“早晨”就是起床，“下午”则是妈妈来接的时候。有时也会用一些带有相对性的时间概念，如“昨天”“明天”，但往往用错。如会说：“我明天去过奶奶家了。”

幼儿中期，可以正确理解“昨天”“明天”，也能运用“早晨”和“晚上”等词，但是对较远的时间，如“前天”“后天”等，理解起来仍感困难。

幼儿晚期，在前面的基础上能理解“前天”“大后天”，并学会看钟表等。但对更大或更小的时间单位，如几个月、几分钟等辨别仍感困难。

2. 小学生感知的特点

小学阶段虽然不是儿童感知觉发展的关键期，但也是感知觉发展的重要阶段。小学生的感知觉主要表现出以下几个发展特点。

（1）各种感受性迅速发展。

在小学时期，由于学习的不断深入，小学生的各种感受性都获得了显著的提高。以视觉感受性为例，入学前，他们只能辨别红、黄、蓝、绿等基本颜色，而难以辨认同一颜色的深浅，但随着年龄的增长，其对颜色的差别感受性也随之提高。

（2）对感知觉的依赖性减弱。

处在小学时期的儿童，年级越高，其对感知觉的依赖性越弱。小学低年级的学生，由于还不具备抽象思维的能力，他们的思维在很大程度上依赖感性经验，因此，感知觉在此时小学生的心理活动中的作用和影响就比较大。但随着年级的升高，知识经验的不断积累，抽象思维水平的不断发展，小学生对感知觉的依赖程度就会不断减弱。

（3）感知觉的模糊性减弱。

越是低年级的小学生，其感知觉的模糊性越强。刚入学的小学生，在感知方面明显地具有幼儿知觉的特性——模糊性。这种模糊性具体表现为两个方面：一方面，感知觉的内容不丰富、不具体、不精确；另一方面，感知觉的内容不深刻、不准确，分不清重要方面和次要方面。随着年级的升高和学习的深入，他们会不断克服这种模糊性，其感知觉也会变得越来越精确。

（4）感知觉的目的性增强。

小学生感知觉的目的性逐渐增强具体表现在两个方面：一方面，感知觉的选择性逐步提高；另一方面，感知觉的持续性不断增强。小学生感知觉的目的性的日益增强表明，他们越来越能够主动、积极、持久地去感知客观事物。也就是说，他们的求知欲越来越强烈。所以，我们应该注意培养小学生感知觉的目的性，有助于其保持旺盛的求知欲。

3. 中学生感知的特点

（1）知觉的有意性和目的性明确。

知觉是由无意向有意选择、从短暂不稳定向较持久稳定、从被动向主动方向发展的。随着知觉范围的不断扩大，中学生逐步学会了更自觉地知觉某一对象，有目的地、系统地观察事物，知觉的选择水平和观察的持久性大大提高。

（2）知觉的精确性加强。

知觉的精确性是随着空间知觉的发展而加强的。中学生逐渐能够周密、深入地观察事物的诸多细节，并且能对事物的各个组成部分以及相互关系进行准确的解释和说明。

（3）知觉的逻辑性显著。

知觉的逻辑性是与逻辑思维紧密联系的，即中学生会在知觉过程中，把一般原理、规则和个别事物、问题联系起来。研究发现，中学生已经能把知觉到的内容按照一定的逻辑关系进行归类和对比，对于知觉对象的概括水平显著提高。

三、观察力的培养

培养观察力是教育教学过程的一项重要任务，也是发展学生智力的一个重要方面。在教学过程中培养学生的观察力应注意以下几点。

1. 明确观察的目的、任务

观察的目的、任务是否明确是影响观察效果的重要原因。观察的目的、任务越明确，观察者对知觉对象的反映就越完整、越清晰，观察的效果也就越好；反之，观察的目的、任务不明确，观察者不知道观察什么，漫无目的，抓不住要领，观察就不会有收获。因此，在观察事物前，教师必须预先让学生明确知道要观察什么，不观察什么，哪里是观察的重点，哪里只要做一般了解，应该记录哪些现象，应当收集什么资料等，这样目的明确、有的放矢的观察才能激发学生的求知欲和观察兴趣，从而收到良好的效果。

2. 帮助学生在观察前做好必要的准备

任何良好的观察，都是以必要的知识准备为基础的。因为只有理解了的东西才能更好地感知，没有相应的知识准备，即使有了明确的观察目的，也不知如何去观察。如果没有相应的知识准备，则会“视而不见”。比如要观察球赛，不懂比赛规则不行；要观察彗星，没有天文知识和观测技能不行。所以，观察者所具备的知识越丰富，对事物的观察也会越深入、越全面。教师在引导学生观察一个事物前，应事先要求学生预习或复习有关的知识内容。观察前的知识准备越充分，观察的效果就越好。观察前的准备包括物质准备、心理准备和知识准备。物质准备是指对观察中所必需的实验材料、用品、器材的准备。心理准备是指激发学生观察的兴趣，调动学生观察的主动性和积极性。知识准备是指观察前积累有关观察对象的知识，提高对观察对象的理解力，增加观察活动的深度。

3. 指导学生制订周密的观察计划

在进行观察之前，要根据观察的任务向学生提出周密的行动计划，学生则要据此制订出具体的计划及实施方案。这样，才能在观察时做到“心中有数”，而不致顾此失彼，遗漏重点。特别是在观察复杂现象时，计划应更周密。周密详尽的计划可以避免观察时易于产生的盲目性和偶然性，没有计划的盲目“观察”，必然会受到兴趣、情绪等影响，而且还会受到各种各样的干扰，因而根本不可能把注意力集中到所要观察的某一活动的本质特征上去，结果往往只注意到片面的、不系统的某些局部特征，导致无法完成预定的观察任务。观察者若是随意地浏览，只能获得杂乱无章的印象。因此在观察过程中，要求学生严格按照计划，有系统、有步骤地进行观察，使学生养成良好的观察习惯。观察的计划是要明确为什么观察，在什么时间、什么地点观察什么等问题。

4. 帮助学生制订观察的步骤和方法

观察的步骤和方法关系到观察的效率和效果，教师要结合学生的实际和观察对象的特点，帮助学生制订科学的观察步骤和方法。但选择什么样的观察步骤和方法，要根据需要确定，不要顾此失彼。观察的步骤对整个物体来说，是先由整体到部分，再由部分到整体。而对各部分的观察也要有一定的步骤，即从上到下、从左到右或由表及里，这样才能做到全面地观察。在观察中，要把视觉、听觉、嗅觉和运动觉等多种感觉器官结合起来，做到观其形、闻其声、触其体、嗅其味。多种感官参与才能获得丰富全面的信息，提高观察的敏锐性和深刻性，在此基础上引导学生根据观察的目的、任务，将观察到的事物的具体的个别对象，经过思维分析、综合，发现事物的本质和内在联系。

观察的精确性是观察力的重要品质之一。只有观察精细，才能发现细微差别，以及隐蔽的特征和复杂事物之间的关系。有比较，才有鉴别。比较是对两种或两种以上同类的事物辨别异同或高下，即在相似的事物中找出它们的不同点，在似乎无关的事物中发现它们的相似点和相互联系。

5. 指导学生做好观察总结

要使观察所获得的知识长期保存下来，成为有效的经验，在观察结束后，应做好观察结果的处理和运用。这是由感性认识上升到理性认识的基础，也是观察能力形成的基础。观察总结是在对观察资料的分析、整理、加工的基础上，对整个观察活动过程的回顾、分析与反思，也是总结经验、形成理性认识的过程。总结的形式可以是书面的或者口头的，还可以引导学生开展讨论，汇报观察结果，交流观察心得，不断提高学生的观察能力。同时，要鼓励学生提出在观察中发现的新问题，为今后进一步的探索活动做准备。

世界上一切事物每时每刻都处在运动变化中，因此观察不能只从静态的角度进行，还要从动态的角度，对事物的发展变化进行跟踪观察，才能掌握事物的特点和规律。这就需要在较长时间内持之以恒地观察才能做到。另外，持之以恒地观察，还能培养学生的观察兴趣和观察习惯，对学生观察力的提高也会有很大帮助。这一点比观察本身的收获更为重要。

思考与实践

1. 简述感觉的概念、感受性与感觉阈限的关系及相互作用。
2. 简述知觉的概念、加工过程和模式。
3. 简述知觉的基本特性。
4. 中小学生和幼儿感知有什么特点？如何培养观察力？

参考文献

[1] 白学军. 心理学概论［M］. 北京：北京师范大学出版社，2015.
[2] 格里格，津巴多. 心理学与生活：第19版［M］. 王垒，等译. 北京：人民邮电出版社，2016.
[3] 陈帼眉. 幼儿心理学［M］. 2版. 北京：北京师范大学出版社，2017.
[4] 迈尔斯. 迈尔斯心理学：第7版［M］. 黄希庭，等译. 北京：人民邮电出版社，2011.
[5] COON D，MITTERER J O. 心理学导论：思想与行为的认识之路：第13版［M］. 郑钢，等译. 北京：中国轻工业出版社，2014.
[6] 杜文东. 心理学基础［M］. 3版. 北京：人民卫生出版社，2018.
[7] 高玉祥. 认知心理［M］. 沈阳：辽宁大学出版社，1999.
[8] 黄希庭. 心理学导论［M］. 重庆：西南大学出版社，2021.
[9] 黄希庭，郑涌. 心理学导论［M］. 3版. 北京：人民教育出版社，2015.
[10] 津巴多，约翰逊，麦卡恩. 津巴多普通心理学：第7版（2017修订）［M］. 钱静，黄珏苹，译. 北京：北京联合出版公司，2017.
[11] 付建中. 普通心理学［M］. 2版. 北京：清华大学出版社，2017.
[12] 梁宁建. 心理学导论［M］. 上海：华东师范大学出版社，2013.
[13] 索尔所，麦克林 O H，麦克林 M K. 认知心理学：第8版［M］. 邵志芳，等译. 上海：上海人民出版社，2018.
[14] 莫雷. 心理学［M］. 广州：广东高等教育出版社，2000.
[15] 彭聃龄. 普通心理学［M］. 5版. 北京：北京师范大学出版社，2019.
[16] 伍德 S E，伍德 E G，博伊德. 心理学的世界［M］. 赵晴，译. 重庆：重庆大学出版社，2019.
[17] 邵志芳. 认知心理学：理论、实验和应用［M］. 3版. 上海：上海教育出版社，2019.
[18] 叶奕乾，何存道，梁宁建. 普通心理学［M］. 6版. 上海：华东师范大学出版社，2020.

[19] 张厚粲. 心理学 [M]. 北京：高等教育出版社，2015.

[20] 张积家. 普通心理学 [M]. 北京：中国人民大学出版社，2015.

[21] 张旭东，郑剑虹，李炳全. 心理学概论 [M]. 3 版. 北京：科学出版社，2020.

[22] 张卫，刘学兰，许思安，等. 心理学 [M]. 北京：高等教育出版社，2019.

[23] 庄妍，唐荣，钱兵，等. 心理学原理与教育 [M]. 徐州：中国矿业大学出版社，2016.

[24] HARBLUK J L, NOY Y I, TRBOVICH P L, et al. An on - road assessment of cognitive distraction: impacts on drivers' visual behavior and braking performance [J]. Accident analysis & prevention, 2007, 39 (2): 372 - 379.

[25] JUST M A, KELLER T A, CYNKAR J. A decrease in brain activation associated with driving when listening to someone speak [J]. Brain research, 2008, 1205: 70 - 80.

[26] STRAYER D L, DREWS F A. Cell-phone induced driver distraction [J]. Current directions in psychological science, 2007, 16 (3): 128 - 131.

[27] STRAYER D L, DREWS F A, JOHNSTON W A. Cell phone - induced failures of visual attention during simulated driving [J]. Journal of experimental psychology: Applied, 2003, 9 (1): 23 - 32.

第四章　意识与注意

学习目标

1. 理解意识的概念与特性；
2. 了解自我意识的不同成分；
3. 掌握意识的功能；
4. 理解注意的含义和品质；
5. 了解注意的影响因素；
6. 掌握注意的功能；
7. 理解注意的认知模型。

章节提要

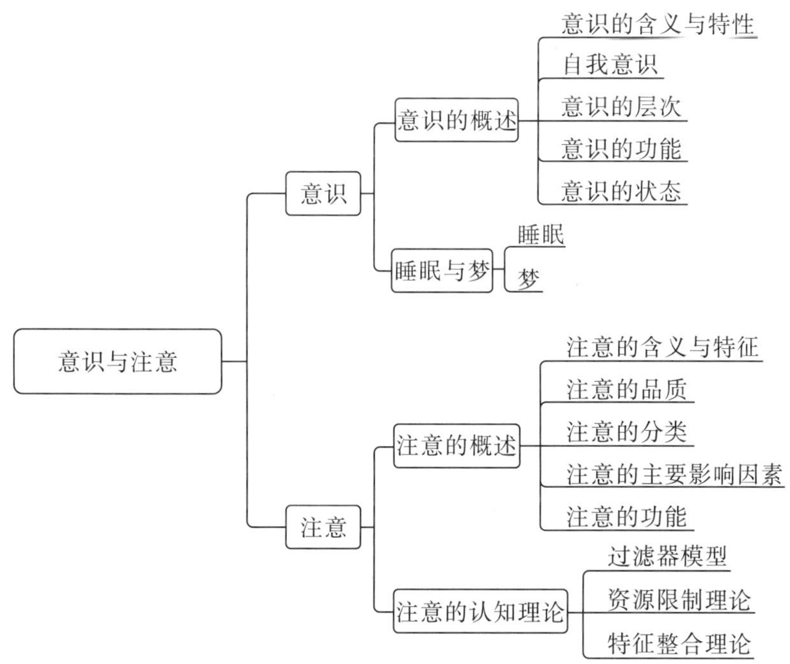

意识的研究最早可以追溯到19世纪末，心理学从哲学中分离出来，冯特和铁钦纳使用内省的方法探索意识心理的内容，即由个体系统地检查自己有关特定器官经验的思维和感受。20世纪初，行为主义盛行，强调心理学研究的客观性，将人们外部可观察的行为作为研究的对象。行为主义学派认为意识属于主观体验，缺乏客观可观测性，无法开展实验研究，因而将其推到哲学范畴，排除在心理学研究的范围之外，如威廉·詹姆斯曾发表文章《意识真的存在吗?》质疑意识在心理学研究中的地位。但20世纪中叶，随着认知心理学兴起，心理学家重新将人的内部心理过程作为研究对象，意识又逐渐回到心理学研究中来，心理学家们认为不研究意识就无法领略人类经验的丰富性。除认知心理学之外，脑电图仪的发明、裂脑人的研究，还有吸毒、催眠等问题的大量研究，以及人本主义的兴起，都进一步推动了意识研究的发展。①

第一节　意识的概述

一、意识的含义与特性

（一）意识的含义

对我们来说，意识神秘，但不陌生，因为我们经常提起它，并在不同的意义上使用它。意识的英文 consciousness 一词的使用可追溯至16世纪，但它起源于拉丁词语“conscious”——“con-”表示在一起，“sci”表示知道。关于意识，学术界至今没有找到一个精确的定义。在不同语义下，意识的含义各有侧重。哲学是最早给意识下定义的学科，如洛克认为，“意识是一个人对进入自己心灵的东西的知觉”；在医学领域，指的是自身状态和周围环境的理解水平；在生理学领域，指的是“有意识的主观体验……一种主观的觉察和体验，不管它是对内、外部环境的感觉体验，还是感情和思想的主观体验，或只是觉察到我们存在的自身和这个自身的世界的存在”；伦理学则认为意识是“人们在确定行为时和行为过程中，在善与恶、道德与不道德之间进行思考、判断、选择的一种能力，它是人的道德意识能动作用的主要表现”。

在心理学领域，“意识”意味着清醒、警觉、觉察、注意等。就心理内容而言，“意识”包括可用语言报告出的一些东西，如对幸福的体验、对周围环境的知觉、对往事的回忆等。在行为水平上，由于意识概念本身较为复杂，因而可以从以下几个角度进行理解。“意识”意味着受意愿支配的动作或活动，与自动化的动作相反。例如，早晨起床后，一个人在选择穿哪一件衣服时，是受意识支配的，而穿衣服的动作本身通常是自动化的，不受意识的控制。在更高的哲学水平上，“意识”是一种与物质相

---

① 叶浩生. 西方心理学的历史与体系［M］. 2版. 北京：人民教育出版社，2014：146－147.

对立的精神实体，由思想、幻想、梦等构成。[1]

意识概念本身很复杂，迄今为止，人们还没有给出一个令人满意的定义，但可以从不同的角度进行理解。

1. 意识是一种觉知

在这个意义上，意识意味着“观察者”觉察到了某种“现象”或“事物”。例如，觉知性是人类意识的最基本特征，指人对外部刺激和自身内部心理活动的了解。例如，教师在课堂上不但能够了解自身讲授的内容，还能觉知学生在课堂上的行为、态度，并综合分析课堂上的状况来把握整堂课的进程。故觉知性意味着人不仅能意识到客观事物的存在，而且也能意识到自身的存在、自身同客观事物的复杂关系以及自己的心理活动和行为等。

2. 意识是一种高级的心理官能

在这个意义上，意识对个体的身心系统起综合、管理和调控的作用。即意识不仅是对信息的被动觉察和感知，而且具有能动性和调节作用。例如，教师通过明确教学目标，制订可行的教学计划，更新教学方法及手段，有效地提高教学质量。

3. 意识是一种心理状态

它可以分为不同的层次或水平，从无意识到意识再到注意，是一个连续体。另外，意识还存在一般性变化，如觉醒、惊奇、愤怒、警觉等。

意识是人的心理活动最重要的组成部分，是人的心理发展的最高阶段。低等动物没有意识，高等动物也只是随着神经系统的演进才出现意识的萌芽。只有当人脑这一高度组织的物质形态出现后，才有人类特有的意识。从个体发展来看，刚出生的婴儿还不具备真正意义上的人的意识，其出现的标志是具有自我意识。当婴儿能区分开“自我”和“非我”、“主体”和“客体”时，才能说明其具有自我意识。

（二）意识的特性

意识是人类独有的现象，是心理发展的高级反映形式，也是人的心理最集中、最本质的体现，基本特性包括以下三个。

1. 自觉性

自觉性是人类意识的最基本特征，指对外部刺激和自身内部心理事件的了解，表现为人不仅能意识到客观事物的存在，包括自然现象和社会现象，而且能意识到自身的存在，自身同客观事物的复杂关系以及自己的心理活动和行为等。

对自己的状况和活动的觉知，就是人的自我意识之一。正是由于人不仅能意识到客观事物的存在，对外界刺激进行分析综合，而且能意识到自己，对自己的主观世界进行分析综合，并且能对自己的心理活动、行为和客观现实的关系进行评价，这样就能够把自我和非我、主观和客观区分开来，并根据自己的需要和动机来自觉地指导和

---

① 彭聃龄. 普通心理学［M］. 5 版. 北京：北京师范大学出版社，2019：184.

调节人的行为。这些以观念的形式存在于人脑之中的，通过言语加工、言语表达从而实现人对客观现实的自觉反映活动，是意识的重要特征之一。

2. 能动性

能动性是指人的意识能够主动地反映客观世界和改造世界的能力和作用。人的意识是由人的认知、情绪、情感、欲望等构成的一种丰富而稳定的内在世界，是人们能动地认识世界和改造世界的内部资源。由于人有意识，因而人类就和单纯适应自然界的动物有了本质的区别。其能动性表现在以下三个方面。

（1）意识活动的目的性和计划性。人在反映客观现实时不是消极被动的，而总是根据社会实践需要，带着一定的主观倾向和要求，抱着一定的目的和动机，计划自己的行动。在实现目的的过程中，能坚持预定的方向，分析出现的新情况、新问题，将行为的结果与目的进行对照，克服遇到的各种困难和障碍。

（2）意识活动的主动创造性。人类意识通过实践对客观现实的反映是主动的，是根据需要去反映客观世界进而达到改造客观世界的目的。人的意识不仅反映客观世界，而且创造世界，即客观世界不会自动地满足人类的需要，人类是以自己的行动来改造客观世界以满足人类需求的。人的意识是通过实践能动地认识世界，又通过实践能动地改造客观世界。

（3）意识的前进性。人的意识活动是不断发展前进的，永远不会停留在一个水平上。人类意识随着社会实践的发展而发展，随着社会的进步而前进，人类不断地追求自身主观世界的丰富和发展，也不断地摆脱对客观事物及其规律知之不多和知之不全的状态，从而使意识的能动性不断地提高到更新、更高的阶段，在认识客观世界和改造客观世界的实践活动中发挥前所未有的作用。

3. 社会历史制约性

马克思和恩格斯指出，意识一开始就是社会的产物，而且只要人们还存活着，它仍然是这种产物。意识是人类祖先在劳动及其社会联系发展过程中伴随着语言一起发生、形成和发展的，一开始就受到社会的影响和制约。人类意识既然是在社会实践中产生和发展起来的，其发生和发展必然受到来自社会环境的巨大影响。而且形成的意识又会反作用于社会实践活动。一个人的意识和人格的形成，都是在社会生活过程中与他人交往、互动的结果，这取决于生活状态、接受教育的条件、社会文化环境、从事社会实践的能力水平。从意识的内容来看，人类意识的内容随着社会历史的发展日渐丰富和深刻。在不同历史发展阶段，社会生产力发展水平不同，科学技术发展水平存在差异，人们对自然界和社会生活的认识深度和广度决定人类的社会实践领域也会不同，因此，在意识的发展水平和表现特点上存在很大的差异。在不同的时代和不同的社会环境中，不同民族的价值观、幸福观、事业观、职业观、人生观、婚恋观也都有差异。这些都表明，人的意识受到社会历史条件的制约。

二、自我意识

自我意识是指人对自身以及对自己与客观环境关系的觉察与认识，是人意识能动性的体现。自我意识主要包括以下三个方面。

（一）自我认知

自我认知属于自我意识中的认知成分，包括自我感知、自我观察、自我分析和自我评价等。人的自我评价是不断发展与变化的，它是人在一定时间和空间内自我观察和自我分析的结果，集中体现了自我认知状况与发展水平。自我认知是自我意识的核心部分，也是自我体验和自我调节的基础。

（二）自我体验

自我体验是自我意识的情感成分，是人对自己情绪、情感状态的体验。如果说对客观事物的情绪体验是对客体的认知与其需要之间关系的反映的话，那么，自我体验就是对自身认知与主观需要之间关系的反映。自我体验一般表现为自尊、自豪、自爱或自卑、自怜等情绪、情感状态。人的自尊程度直接影响自我评价，同时也影响人的自我调节方向和力度。

（三）自我调节

自我调节是自我意识的能动性成分，是人根据自身状态和客观环境之间的变化而自觉改变自己的观念与行为的过程，但不包括对某些简单行为的无意识自动调节。自我调节包括自我监督、自我激励、自我控制和自我暗示等形式。一个人若没有良好的自我认知，将很难调节自己的心理活动与行为表现。

三、意识的层次

弗洛伊德最早提出意识的层次，他将意识比喻为冰山，人们平日所能感知的仅仅是表面的一部分，而底下的大部分是弗洛伊德所说的无意识（unconscious），包括需求、欲望、愿望和痛苦的记忆。具体来说，意识主要包括几种层次（见图4－1）。

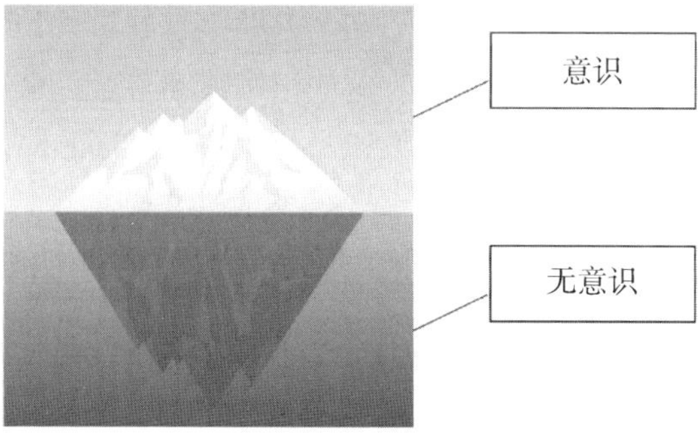

意识

无意识

图4－1　意识的层次

（一）无意识

从精神分析学派弗洛伊德的观点来看，无意识是隔离意识的深渊，存储着原始的、不可被接受的动机和威胁性记忆；从认知心理学观点来看，无意识的定义更为宽泛和温和，他们认为，无意识包括了大脑中所有没有意识参与的加工过程。综合来看，无意识可以被理解为：意识层面之下进行的不同水平的加工过程。生活中，无意识水平之下的操作过程微妙地影响着我们，例如，骑自行车时，一个人可以毫无困难地思考其他的问题，或与别人交谈，没有意识到自己是如何维持车的平衡的；人们的许多小动作，如挠头皮等，也属于无意识的动作。

在一项研究中，麦凯（MacKay，1973）用耳机向被试的两耳呈现不同的材料，要求被试只听其中一只耳机的内容，而尽量避免听另一只耳机的内容。在要求被试听的材料里面包含了一些歧义词，而且在所处的的语境中不能确定其具体含义。例如：在句子“They threw stones toward the bank yesterday”中，单词bank是一个歧义词，可以指“银行”，也可以指“河岸”。每当bank呈现在追随耳时，给非追随耳呈现一个可以帮助确定歧义词词义的单词，如money或者river，随后要求被试解释所听到的句子的含义。尽管被试不记得呈现在非追随耳的单词是什么，却明显倾向于将歧义词解释为与该单词有联系的词义。这正是心理学实验的“启动”（priming）技术，心理学家利用此类方法，掌握了探索意识与无意识过程联系的有力工具。①

（二）前意识

前意识（preconscious）有两种解释，精神分析学派认为前意识介于意识和潜意识之间，是潜意识通往意识层面的“守门员”，潜意识层面中的欲望、本能和冲动受到压抑，经过前意识才能进入意识层面。例如，我们做梦时会出现的各种人物，可能是曾经的朋友，也可能是自己“从未”见过的陌生人。事实上那些所谓的陌生面孔，都是曾几何时的某个白天，遇见过的真实存在的人。这些人的面孔信息被储存于潜意识中，只有通过了前意识的守卫，进入到意识中，才会出现在梦里，变得清晰可见。另一种解释是认知心理学认为，前意识是某些事件和事实的记忆，例如我们对语言、运动或地理的一般知识和个人经历过的事件的集合，它们不加意识也能被轻松提取。当有相关事件提示时，这些记忆很容易浮上意识；反之则会抛在脑后，只有需要时才会进入意识层面。前意识与长时记忆（long-term memory）类似。

（三）意识流

美国机能主义心理学家先驱威廉·詹姆斯创造出意识流（stream of consciousness）这个词，用来表示意识的流动特性：个体的经验意识是一个统一的整体，但是意识的内容是不断变化的，从来不会静止不动。清醒的意识就像一条流动的小溪，时刻变化着的感觉、知觉、记忆、感受、动机和欲望等都包括在里面。

① MACKAY D G. Aspects of the theory of comprehension, memory and attention [J]. Quarterly journal of experimental psychology, 1973, 25 (1): 22-40.

四、意识的功能

（一）限制功能

意识的限制功能能够过滤掉多数与当时行为无关的信息，而集中注意相关的信息。正因如此，意识帮助大脑防止了信息过载，但同时也容易使得个体在学习时受到背景刺激干扰，而学习内容跑到了意识边缘。

（二）选择储存功能

意识的选择储存功能为心理提供了“接待室”，在所有感觉输入的信息中，人的知觉加工将许多信息转变为少量的可识别的模式或范畴，有选择地分析、解释信息。通过选择一些，忽视另外一些，将事件和经验按照个人的需要进行区别。

（三）计划或执行控制功能

人可以根据过去的经验知识和对不同后果的想象来执行或终止行为。计划与执行控制功能可以使人压抑那些与伦理、道德和实践要求相冲突的愿望。意识给人赋予了极大的潜能，使人灵活地适应不断变化着的环境。因此，著名认知心理学家曼德勒（Mandler）说，“意识是值得尊重的、必要的和值得进行研究的”。

心理旋转实验①

为了窥视意识的内在心理进程，心理学家设计了一些精妙的实验。1971 年，心理学家谢帕德（R. Shepard）和梅茨勒（Metzler）等做了一系列实验。实验的材料是一对对不同方位的立方体的二维形式图（见图 4－2），A 和 B 是两对完全相同的图形，所不同的仅仅是它们的方位，A 中两个物体在平面上相差 80°角，B 中两个物体的深度上相差 80°角，C 中的一对物体是两个方位和结构都不同的物体。实验要求被试判断每一对图像是否展示的是同一物体的不同角度。谢帕德和梅茨勒制作了一千六百对这类图片，他们请了八位成人被试进行判断实验。

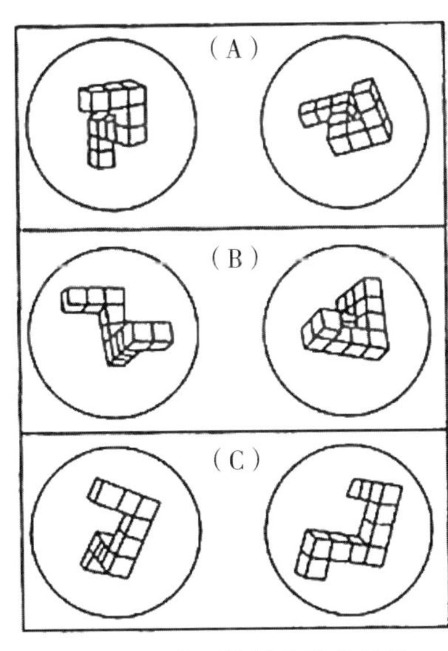

图 4－2 心理旋转实验的材料

被试报告了他们判断时使用的方法：首先是把一个物体图形在心理上旋转，直到与另一物体的方位相同，然后进行匹配比较，从而做出完全相同或完全不同的判断。实验得到的结果表明（见图 4－3），无论图片所示的物体是在平面上调转（即通过旋转画纸就可以实现），还是在三维深度中旋转（把物体方位旋“进”画纸中去），判断所用的时间

① 叶奕乾，何存通，梁宁建. 普通心理学［M］. 6 版. 上海：华东师范大学出版社，2020：430－433.

同两物图片上的角度差异呈线性关系，即旋转的度数越多，反应所用的时间越长。

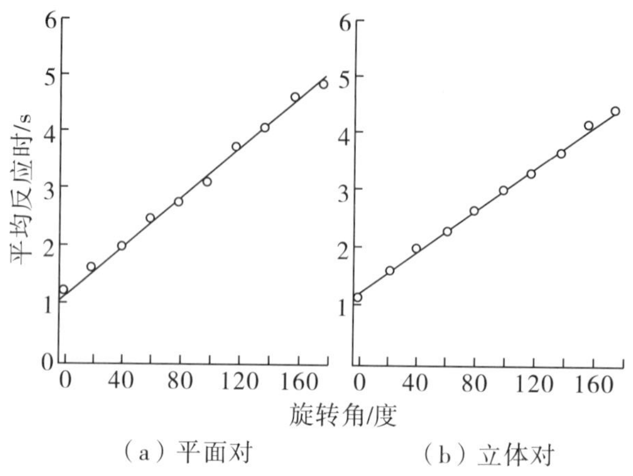

图4－3　判定两个图形相同的反应时

心理旋转实验表明，人类在有意识地操控视觉图像；同时，我们也如此同样地操控外部世界的客观物体。

五、意识的状态

人的意识因不断变化而产生不同的意识状态，意识状态的研究先驱查尔斯·塔特（Charles Tart）曾说："所谓意识的改变是指这样一种状态，在其中，个体明确地体验到自身心理机能模式在性质上的变化。"处于不同状态下的个体，其生理活动、行为表现存在差异。现代科学研究结果表明，意识本身具有几种不同状态。

（一）可控制的意识状态

在这个状态里，人的意识最清晰，最能集中注意，能够有意识地去完成一件事情。比如说，你接受了一个任务后，知道这件事很重要，必须认真对待，于是把全部的注意集中起来去完成，这时我们说你是在有意识地工作。这是意识的第一种状态。

（二）自动化的意识状态

在这个状态里，人对自己的行为似乎有所意识，但又不太清晰。例如，你现在一边听课一边做笔记，你能意识到你在写字，但每个字怎么写，则又不很清楚了。你不需要做出很大的努力，不用有意识地注意怎样一笔一画地写字。人们做很多事情都是这样的，又如，刚开始学骑车时，手也紧张，脚也紧张，既要注意保持平衡，又怕撞到他人。即使学会骑车，到了拐弯处自然也会少说几句话，因为这时注意又转到骑车上面来了，拐过弯以后，又可以继续谈话，至于手脚如何配合，如何躲避行人，已经成了自动化的过程，好像根本不用意识参加，不再需要认真去考虑了。在这种情况下是否能说骑车活动完全没有意识呢？当然不能，因为它还是按照一定目的完成了任务，只不过意识的参与程度相对较少。应该说自动化的意识状态是意识的第二种状态，它本身要求很少注意，并且不妨碍其他的活动同时进行。

（三）白日梦状态

白日梦是指只包含很低水平意识努力的意识状态。它介于主动的意识状态与睡眠中做梦二者之间，似乎是一方面清醒着另一方面做梦，通常在不需要集中注意的情况下自发产生，比如在听课时，谁都有过听着听着脑子就开了小差的时候。不能认为白日梦是无意识的，因为这时你还具有一定的意识活动，尽管教师在讲什么你完全没听清楚，但是你还知道他正在讲话。白日梦的内容总是与你有一定关系的，实际上，白日梦与未来的活动有关，带有计划性或排练的性质，而且只有你自己懂得。白日梦不是真正的做梦，而是意识处于一种迷糊状态。白日梦的产生是自动化的，不需要很费劲。比如，你在教室里听课，听得很没兴趣，不自觉地就去想其他事情了，有时自己也很难控制，但如果教师的课讲得非常有趣，那你就不会做白日梦了。白日梦谁都会做，只是多少不同。白日梦的内容也无所谓好坏，它就是大脑在改变状态。一个人的意识状态实际是在不断地变化着的，精力集中的状态是一种；自动化的状态是一种；迷迷糊糊的状态又是一种，这是意识的第三种状态。人在临入睡而没有真正睡着的时候，意识也是处于一种迷糊状态的。

（四）睡眠状态

意识的第四种状态就是睡眠状态。过去一般认为睡眠的时候意识是停止活动的，而大量研究结果表明，人在睡眠时意识并没有完全停止活动。关于睡眠的研究主要是通过脑电来进行的，由于脑内的神经细胞有电位差，用特定的仪器就可以测定到这些电位的变化。当人进入睡眠状态时，脑内神经细胞的电位仍在变化，只是出现了不同的波型。在做梦的时候，脑电波的变化更为明显，这些都证明人在睡眠的时候还是有意识活动。

第二节 睡眠与梦

我们生命的 1/3 时间是在睡眠中度过，睡眠时，我们的肌肉处在“对健康无碍的瘫痪”状态下，我们的大脑充满各种活动，梦则是睡眠过程中最主要的活动。

一、睡眠

（一）生物与昼夜节律

所有生物体都会受到自然节律影响，如鸟类秋天迁徙到南方，春天迁徙到北方，一些动物的冬眠、夏蛰、洄游等，这些行为节律都与行星的公转自转有关。对生物节律的科学研究始于 19 世纪末期的欧洲，当时奥地利的赫尔曼·斯渥伯达博士对生物节律进行了探索，他在观察刚刚做母亲的女性时发现，在一定的时期，她们对婴儿会表现出不正常的急躁情绪，这种情绪也呈现出一种有规则的形态。此外，他还研究了一些疾病的发病周期。他意识到，所有的生理、心理现象都会表现出一种有节律的周期

重复，如以23天或28天为一个循环不断再现着。后来的实践也证明了，人类确实存在着一种生物节律。

在自然节律中，我们人类的身体受到昼夜节律（circadian rhythms）的时间周期的调节，昼夜节律与地球24小时自转有关，形成了大概每24小时重复一次的躯体模式，下丘脑负责控制这些反复出现的节律，身体唤醒水平、新陈代谢、心率、体温和激素分泌的涨落遵循着身体内部的时间节奏，这些活动大部分在白天（特别是下午）达到顶点，而在夜里睡眠时候降到谷底。研究表明，当我们长期处于没有时间线索矫正时，大部分人习惯于平均24.18小时的昼夜循环，① 但在24小时内，我们的模式会因为光照和我们的行为习惯而重新调整。

（二）睡眠的阶段

生物节律中大约1/3是行为静止阶段，即睡眠。在入睡时，我们从意识状态坠入无意识状态。当我们处于意识状态时，大脑释放特定频率（每秒钟波的数目）和振幅（波高，一种强度的指标）的脑电波。脑电波显示出神经元的活动性。脑电波的强度或能量可以用伏特（一种电的单位）来表示。睡眠时的脑电波与清醒时的脑电波不同。脑电图描记（EEG）使研究者能够测量脑电波，并通过研究发现，在睡眠开始的时候脑电波形式上发生改变，而在整个睡眠阶段表现出系统的可预测的变化。以上脑电图显示了人在清醒、放松状态以及不同睡眠阶段的脑电波模式，与其他波一样，脑电波也有周期（见图4－4）。

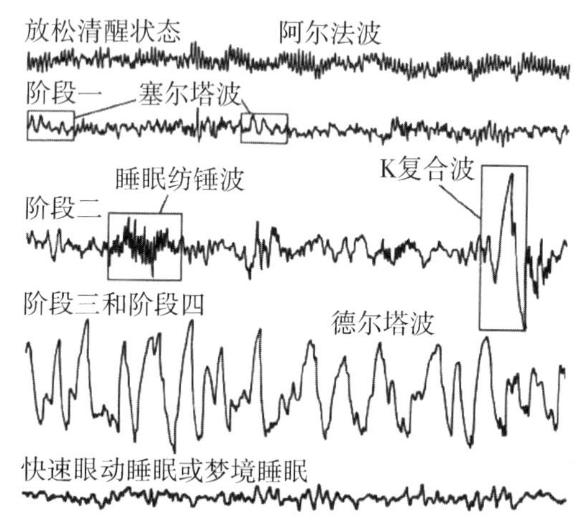

图4－4　睡眠阶段的EEG模式

睡眠的第一阶段是过渡期。觉醒状态的人闭上眼睛，全身进入放松状态，意识慢慢变得朦胧起来，渐渐地感到困倦，这就是过渡期。这时人的心跳和呼吸会变缓慢，肌肉变松弛，体温下降，脑电波表现为规律的阿尔法（Alpha）波。阿尔法波持续1～7分钟后，人的脑电波就变得不规律起来，在阿尔法波中慢慢地增多了振幅稍大的塞尔塔（Theta）波，这是睡眠的第二个阶段——轻睡期，这个阶段持续10～25分钟。第三、第四阶段人的脑电波都表现为德尔塔（Delta）波，此时人处在深度睡眠状态，通常很难唤醒。当人进入沉睡期一个小时或更久之后，脑电波会突然由德尔塔波转变

① CZEISLER C A, DUFFY J F, SHANAHAN T L, et al. Stability, precision, and near-24-hour period of the human circadian pacemaker [J]. Science, 1999, 284 (5423): 2177－2181.

为阿尔法波，但这时睡者并没有觉醒的迹象，且通过仪器可观察到他的眼球在做快速地跳动，这就是睡眠的第五个阶段，我们称之为“快速眼动睡眠”（Rapid Eye Movement，REM）。前面四个阶段可统称为“非快速眼动睡眠”。

睡眠时有两种状态：快速眼动睡眠和非快速眼动睡眠。有研究为探究在这两种状态下，我们的大脑发生了什么变化，将处于两种状态下的人叫醒，并让他们描述自己的心理活动（Dement & Kleitman，1957）①，非快速眼动阶段的被试普遍报告了一些日常事件或反映没有心理活动。然而，快速眼动睡眠阶段的被试的报告却充满了生动的认知，以幻想、怪异的画面为特点，即梦的迹象。非快速眼动睡眠有利于帮助人消除疲劳，曾有研究在每次被试进入快速眼动睡眠时候把他们叫醒，导致被试在第二天表现出疲惫以及易怒状态。人白天的压力过大，夜间的快速眼动睡眠状态会增加；如果人白天的体力锻炼过多，夜间的非快速眼动睡眠状态会增加。在人的整个睡眠过程中，快速眼动睡眠和非快速眼动睡眠是交替、循环出现的，随着年龄的不同，REM 在睡眠中所占的比例也有所不同。胎儿的 REM 所占比例高达 75%，幼儿的比例为 50%，成年人的比例约为 25%，老年人约为 10%。

（三）睡眠障碍

睡眠障碍包括失眠、梦魇、夜惊、睡眠窒息、嗜睡等，失眠是最普遍的一种睡眠障碍，症状包括长期无法快速进入睡眠、睡眠期间经常醒来或凌晨早醒。失眠通常会伴随焦虑、精神抑郁等问题，而且很难说清失眠究竟是原因还是结果，或两者相互影响。导致失眠的原因多种多样，常见的有睡眠环境的突然改变；个体不良的生活习惯，如睡前饮茶、饮咖啡、吸烟等；某个特别事件引起过度兴奋或忧虑导致失眠；还有躯体原因，任何躯体的不适均可导致失眠；还有情绪因素，持续性地处于不良情绪状态，如紧张、害怕、担心、怀疑、愤怒、憎恨、抑郁、焦虑等都会影响睡眠。

测一测：你需要多少睡眠？②

许多大学生长期处于睡眠剥夺的状态。他们的行程表排满了学习、工作、社交事件，相信自己每晚只需要几个小时的睡眠。实际上，大学生平均的睡眠时间只有每晚 6.8 小时（Hick，1990）。睡眠不足真的会造成你在课堂上表现差异吗？心理学家谢莉尔·斯汀韦伯（Cheryl Spinweber，1990）已经发现，相比于那些睡眠充足的学生，睡眠剥夺的学生的成绩更低。最近的研究也支持睡眠剥夺会导致体重增加：每晚睡眠不足 7 个小时的人肥胖率更高。

你如何知道自己是否需要更多的睡眠呢？请诚实地回答下面的问题。

1. 你是否常常在课上犯困？

---

① DEMENT W，KLEITMAN N. Cyclic variations in EEG during sleep and their relation to eye movements，body motility，and dreaming [J]. Electroencephalography and clinial neurophysiology，1957，9（4）：673－690.

② 津巴多，约翰逊，麦卡恩. 津巴多普通心理学：第 8 版 [M]. 傅小兰，等译. 北京：人民邮电出版社，2022：362.

2. 你是否在周末睡得晚？

3. 感到无聊的时候，你是否会犯困？

4. 你是否经常在看书或者看电视的时候睡着？

5. 你是否经常在上床后 5 分钟内睡着？

6. 你是否在早上醒来的时候感到还没睡够？

7. 如果不使用闹钟，你是否会睡过头？

如果在任何一个问题上你的回答是“是”，那么你有可能睡眠不足。也许你正为此在自己的学习质量和成绩上付出代价。

二、梦

研究发现梦会在夜里定期发生，且大部分都是发生在快速眼动睡眠状态，但人为什么会做梦呢？古代以色列人将梦境解释为来自上帝的信息。同代的埃及人尝试在供奉梦境之神塞拉皮斯（Serapis）的神庙里面睡觉以期影响梦境。在印度，神圣的《吠陀经》赋予了梦境宗教重要性。与此同时，在我国，做梦被认为是有风险的。古人认为在做梦的时候，人的灵魂会离开身体在外面徘徊。出于这个原因，古代人不愿意匆忙唤醒一个睡觉的人，唯恐在外的灵魂找不到回到身体的路。在许多非洲文化与印第安文化里，梦境是清醒现实的延伸。因此，当切罗基－印第安人梦到被蛇咬后会在醒来接受紧急治疗。类似地，当非洲部落酋长梦到英国，他就会订购一套欧式服装，然后穿上新衣服，接受朋友对他游历归来的祝贺。① 与这些民间理论不同，睡眠科学家对梦感兴趣的问题是，做梦的生物机制是什么？

最相关的问题就是梦的意义。进化心理学家认为梦可能为人们提供了处理危急情况的安全预演。从认知的角度来看，有些专家认为梦是有意义的心理事件，反映了做梦者心理世界的重要事件和幻想。还有一些认知科学家正在寻找梦与记忆之间的联系，认为做梦会帮助我们建构生命的意义。但是还有些研究者认为梦可能完全没有任何意义，仅仅是睡眠时随机的脑活动。现代具有代表性的有关梦的解释的理论主要有精神分析、生理学和认知论的观点。

（一）精神分析的观点：梦是无意识渴望的表达

20 世纪初，弗洛伊德对梦以及梦的意义建立了一套理论，弗洛伊德将梦解释为通往无意识的捷径，这条捷径上铺满了人们隐藏的心理活动线索。弗洛伊德在《梦的解析》中对梦进行了深度描述。在以弗洛伊德为代表的精神分析学派看来，梦具有防御（用符号来掩饰破坏性念头）和愿望满足两种主要功能。梦是被压抑的潜意识冲动或愿望以改变后的形式出现在意识中，回忆、报告的梦里内容只是表面性的，其真实的意义是其潜在（隐含）的内容——被压抑的潜意识冲动或愿望，这些冲动和愿望主要

① 津巴多，约翰逊，麦卡恩．津巴多普通心理学：第 8 版［M］．傅小兰，等译．北京：人民邮电出版社，2022：363－364．

是人的性本能和攻击本能的反映。在清醒状态下，由于这些冲动和愿望不被社会伦理道德所接受，因而受到压抑和控制，无法出现在意识中。而在睡眠时，意识的警惕性有所放松，这些冲动和愿望就会在梦中以改头换面的形式表达出来。在弗洛伊德看来，通过分析人的梦，可以得到一些有关潜意识冲动或愿望的重要线索。

荣格关于梦的理论也强调梦的象征性，他认为："象征是人格原型寻求和谐平衡的一种尝试，就是说，梦提供了能帮助人们在生活中恢复平衡的信息。"因此，荣格提出了梦的功能主要是一种补偿性的功能，它们总是强调另一方面以维持心理平衡。"梦的一般功能是企图恢复心理的平衡，它通过制造梦的内容来重建整个精神的平衡和均势。"①

（二）生理学的观点：梦是人类对脑的随机神经活动的主观体验

生理学认为梦的内容也许没有意义，根据激活整合模型（activation-synthesis model），乙酰胆碱和脑桥激发的反应导致了做梦。其中之一是网状结构被激活，唤醒我们但不至于觉醒。在觉醒状态下，这些细胞的放电与运动有关，尤其是走路、跑步及其他身体动作。但是，在快速眼动睡眠期间，神经递质会抑制活动性，因此我们通常不会剧烈摆动②。皮层的活动是随机的，产生的图像之间可能并没有逻辑联系，但此时大脑却试图去理解它收到的信号，将这些刺激源进行整合或拼凑，从而产生梦。通过对大脑额叶的正电子发射计算机断层扫描（positron emission tomography，PET）扫描，研究者发现这一理解经验的大脑器官在睡眠过程中却相对不活跃。因此，梦境更可能在情感上引人入胜，而非在情节上富有逻辑性。由于近期事件最有可能在我们大脑里回荡，所以我们也最有可能梦到这些内容。

（三）认知观点：梦是进入意识状态的认知活动

梦的一种认知取向被称为"激活—合成假说"。该假设指出快速眼动睡眠时的大脑活动是由大脑诠释的，并且只可能是从人类长时记忆中既有的知识框架提取出来的，还利用了我们平时总是谈到的方式，即以故事或记叙文的形式呈现。也就是说，梦将个体的知觉和行为经验重新编码和整合，使之转化为符号化的、可意识到的知识。因此，许多人体验梦境宛如看电影甚至亲身参与一般。梦是由和我们日常生活中相同的体验和情绪（快乐、愤怒、害怕、悲伤、焦虑）构成的。我们梦见自己所知的（通常是非常鲜活的），也梦到自己所不知道的（通常需要填入细节或干脆掩饰过去）。这种整合可以将新、旧记忆联系起来。在睡眠中，认知系统依然对储存的知识进行检索、排序、整合、巩固等，这些活动的一部分会进入意识，成为梦境。例如德国化学家凯库勒在苦苦探索苯分子结构时仍百思不得其解，而一次梦到一条蛇咬住自己的尾巴，因此启发他解决了苯分子结构式。许多诗人和艺术家也常在梦中得到灵感。由于绝大多数的梦都发生在快速眼动睡眠阶段，因而这些发现在某种程度上支持了梦有认知功能的主张。

---

① 荣格，等. 潜意识与心灵成长［M］. 张月，译. 南京：译林出版社，2014：95－100.

② STUART K，CONDUIT R. Auditory inhibition of rapid eye movements and dream recall from REM sleep［J］. Sleep，2009，32（3）：399－408.

第三节 注意的概述

注意和意识紧密联系，有共性又有区别。注意是意识或其他心理活动在某些时刻所处的状态，人的感觉、知觉、记忆、思维、想象等心理过程都离不开注意的参与。

一、注意的含义与特征

简单来说，注意（attention）是心理活动或意识对一定对象的指向与集中，指向性和集中性是其两个主要特征。

（一）指向性

注意的指向性表示注意的方向，指的是在某一时刻，个体的心理活动或意识有选择地指向某一对象，而忽略其他对象。

（二）集中性

注意的集中性表示注意的强度，指的是当个体心理活动或意识指向某个对象时，对其反映鲜明且清晰，达到“全神贯注”“聚精会神”状态；而抑制其他无关活动，出现“视而不见”“听而不闻”的现象。

由上可知，注意的指向性与集中性密不可分，前者是后者的前提和基础，后者是前者的发展与体现，两个特征并非独立存在。

拓展阅读 1

“看不见的大猩猩”实验

1999年，心理学专家克里斯托弗·查布里斯（Christopher F. Chabris）和丹尼尔·西蒙斯（Daniel J. Simons）设计了一项“看不见的大猩猩”实验。

在这个实验里，研究者要求被试看一小段视频，视频展现的是6个年轻人在玩两个球。其中3人穿白上衣，另外3人穿黑上衣。实验开始前，要求被试计算穿白上衣的人共传了多少次球。视频开始后，穿白上衣的人两两传球，穿黑上衣的人在传另外一个球。看完之后被试需要回答传球次数，再说一下视频里是否有什么让他感到意外的东西。大多数被试都能正确回答第一个问题，而且不觉得视频里有什么不对劲的。此后，主试再给被试放一遍视频，让他们注意一个特别的事件：在视频放到一半的时候，一个装扮成大猩猩的人穿过人群，朝镜头打了个招呼，接着从另一边出去了。大部分观看西蒙斯的视频的观众没有看到这只著名的大猩猩，你也可以试试！

这个实验的巧妙之处在于让观众数穿白上衣的人传球的次数。由于穿黑上衣的人也在传球，这个实验的难点在于要忽视他们，以便在数数时不分心。因为黑上衣和白上衣明暗对比强烈，这个任务变得比较简单。大脑只需要把注意力集中在浅颜色的图像上，忽视所有深色的元素。于是，身披黑色毛皮的大猩猩就被放逐到注意范围之外了。观众可能看到了一团黑色的物体在移动，但他没有加以注意，事后也不记得了。

由实验可以看出，当人专注于某件事物时，往往会忽视旁边的某些事物，即便是这些事物十分显眼或者十分重要。也就说是当意识指定在某个事物上的时候，往往会产生一定的盲点，这个盲点让你无法注意到你意识以外的事物，即使这个事物十分重要也十分显眼。

特别要注意的是，人的感觉、知觉、记忆、思维、想象等心理过程都离不开注意的参与，它是个体心理活动所共有的心理特性，而非一种独立的心理过程。与心理活动不同，注意往往不直接反映某个对象，而是伴随着其他心理活动，是其他心理活动的开端和起点，人的认知、情绪情感和意志过程都是基于注意而生成。注意使得个体心理活动清晰且有条理。

二、注意的品质

（一）注意的范围

注意的范围，也称为注意广度，指的是在某一瞬间，个体能够清楚觉察或知觉的对象数量。在同一时间内，人能注意到的对象数量是有限的，在同一时间内注意广度越大，知觉的对象就越多；注意广度越小，知觉的对象也越少。1886 年，冯特的学生卡特尔进行了关于注意广度的经典研究，发现在短暂的呈现时间内，能知觉到四个、五个或六个单元。人的注意广度往往用速示器来测定，1/10 秒时间内成人一般能注意到 8 ~9 个黑色圆点或 4 ~6 个没有联系的外文字母。有研究者对儿童的注意广度进行了实验研究，通过速示器（呈现时间为 1/20 秒），6 岁儿童有 51.5% 看到 5 点，4 岁年龄组幼儿能正确辨认的点子数为 3。由此可知，个体的注意范围是有限的。

注意范围在生活实践中有很重要的意义，注意广度的扩大，有助于个人在同样的时间内输入更多的信息，提高工作效率，使人能够更好地适应周围世界。譬如，有研究发现：驾驶员的注意广度会影响行驶过程中的驾驶绩效水平。驾驶员注意广度越大，驾驶过程中的绩效水平越好，表现在驾驶过程中车道位置变异性较小，行驶越稳当；反之，驾驶员注意广度越小，驾驶过程中的绩效水平越差，表现在驾驶过程中车道位置变异性较大，车辆行驶路线不稳，容易埋下交通事故隐患。

注意范围大小往往受到以下因素影响。

1. 客观事物的特点

在知觉任务相同的情况下，知觉对象特点会影响注意的范围。知觉对象越集中，排列越规律，形态越相似，越可能构成彼此联系的整体，注意的范围就会更大，反之范围越小。

【测一测】图中有多少个黑点？哪一幅图更容易注意呢？（见图4－5）

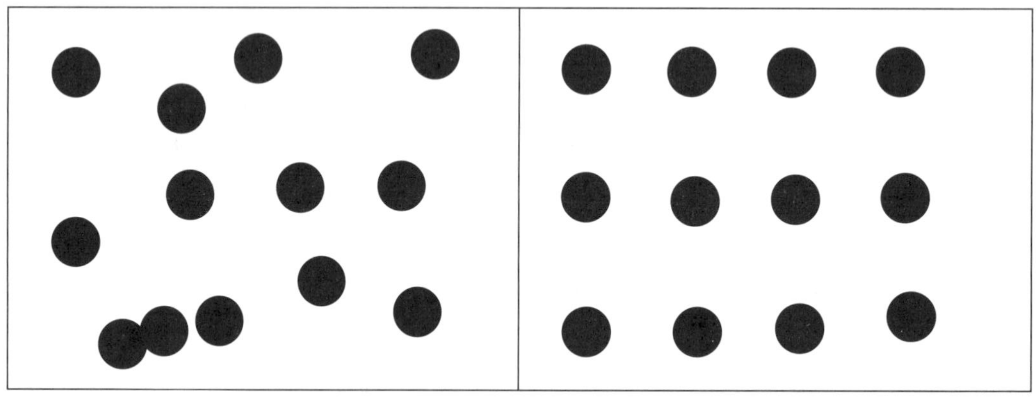

图4－5 图形排列

【测一测】哪一幅图的字母更容易记住呢？（见图4－6）

S N U T D E T	STUDENT

图4－6 字母排列

2. 知觉者的活动任务和知识经验

在知觉对象特点相同的情况下，知觉任务越简单，知觉者的注意范围越大；知觉任务越复杂，注意范围就越小。另外，注意范围还与知觉者的经验相关，当知觉者知识经验越丰富，就越善于把所感知的对象组成一个整体来感知，因而注意的范围就越大。例如，如果让一位没有学习过心理学相关知识的大一新生看这样一句话：“当条件刺激（CS）与无条件刺激（UCS）配对时，就会发生经典条件反射”。新生因为缺乏相关知识储备，尽管每个字都能看懂，却无法拓宽注意广度，以至于无法进行记忆。但学习过先前知识的大三学生，则可以把这句话与巴甫洛夫所做的经典条件反射理论实验联系起来，并较快掌握其含义。

（二）注意的稳定性

注意的稳定性是个体对一定事物或一类活动注意所能持续的时间。广义的稳定性是指注意保持在一类活动的时间，随着活动的进行，注意的具体对象可能会发生变化，但注意的目标没有改变，始终聚焦于某一项活动中。例如，学生在课堂学习时，跟随教师的教学安排，在看黑板、记笔记和读课文等活动中转换，注意的对象也在不断调整，但注意的目标仍然是上课。

狭义的稳定性是指保持在同一对象上的注意所持续的时间。事实上，个体对同一个对象的注意很难保持较长时间固定不变，而是伴随着周期性地增强或减弱，这称为注意的起伏现象。例如，洗手间里没扭紧的水龙头规律地滴水，但我们可能一会儿听到，一会儿却没听到滴水声，或是感觉滴水声一会快一会儿慢。注意起伏不随个体意志影响而变化，是在每个人身上普遍存在的心理现象，它能够防止疲劳，增强注意稳定性作用。

【测一测】你从以下三幅图看到了什么？（见图 4－7）

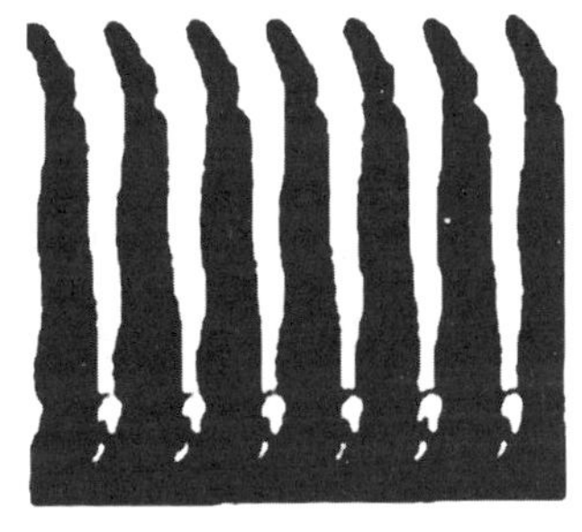

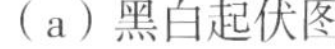

（a）黑白起伏图

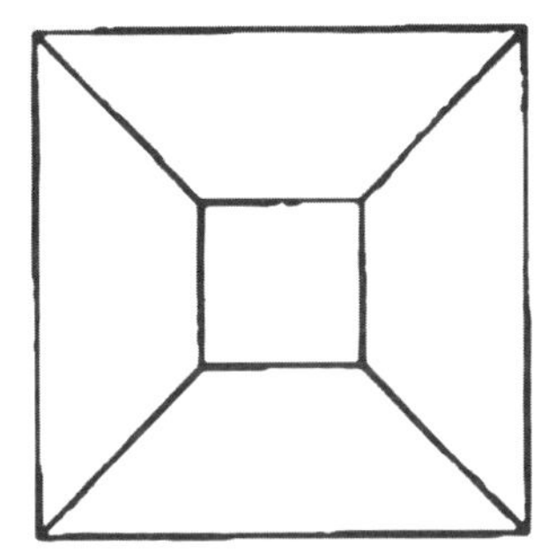

（b）凹凸起伏图

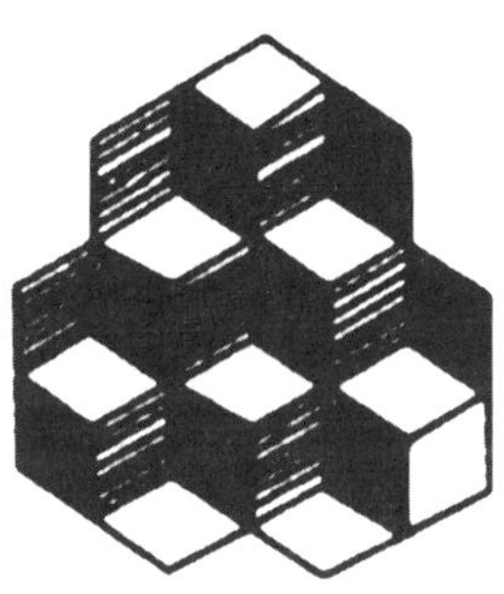

（c）立方体变化起伏图

图 4－7　记忆起伏现象

当我们知觉图图 4－7（a）时，时而知觉为 7 条穿黑色裤子的腿，时而知觉为 6 条穿白色高跟鞋的腿。

当我们知觉图图 4－7（b）时，会觉得时而小方形凸起，时而大方形凸起。在短时间内两个方形的相互位置不断变换着。

当我们知觉图图 4－7（c）时，时而知觉为 6 个立方体，时而又可以知觉为 7 个立方体。这些都说明了注意的起伏现象。

注意的稳定性往往受到以下三个因素影响。

1. 注意的对象

内容丰富、富于变化的注意对象，容易保持注意的稳定性；内容贫乏、单调呆板的注意对象，不易保持注意的稳定性。在一定范围内，注意的稳定程度随注意对象的复杂性的增加而提高。高速公路往往都设计得非常笔直，对于个体来说相当于单调的刺激，不利于集中注意。因此，有人提出，高速公路的设计不要十分笔直，应有适度的变化，有利于安全行驶。

2. 人的主体状态

人对所从事的活动认识越深刻，态度越积极，越感兴趣，注意就越稳定。当人精力充沛、心情舒畅时，有利于提高注意的稳定性。朱智贤在《心理学大词典》中对情绪有这样的描述："情绪不稳定的人对事件的发生容易引发情绪反应，一经引起情绪波动，对情绪的控制较差。这种情绪的稳定性与个人的意志强度有关。"悲伤情绪使得注意变得狭窄，注意指向特定的对象上，出现注意更集中的特点。而快乐的情绪能够使人放松，注意集中性也出现涣散，注意容易出现波动。譬如，当学生上课时，如果其学习目标不明确，对教学内容不感兴趣，头脑中浮现各种杂念，则会影响学习质量。

3. 人的身体状况

个体身体的健康状态也会对注意的稳定性造成影响，当个体健康出现状况时，如疲劳、失眠、生病等，会导致个体的注意指向无关对象，出现分心的情况。部分研究表明，弱智、注意力缺陷障碍、自闭症等特殊儿童的注意力稳定性表现与普通儿童存在显著差异。

（三）注意的分配

注意的分配指的是个体在同一时间内，心理活动指向两种或两种以上对象或活动的品质，即日常所说的“眼观六路，耳听八方”。例如，司机驾驶汽车时手扶方向盘，脚在油门和刹车踏板间切换，同时观察路面情况，驾驶的过程涉及注意的分配。

但需要关注的是，注意分配并非先天结果，未经后天学习或训练，个体较难在不同对象间顺利分配注意。例如，一位新手司机，当驾驶水平还未达自动化水平时，如果车内有人与其聊天，那么他往往无法注意到对方说了些什么。因此个体能够顺利将注意分配到同时进行的几种活动中，主要依赖以下两个条件。

1. 活动的熟练程度或自动化程度

根据双加工理论，人类认知加工分为自动化加工（automatic processing）和受意识控制的加工（controlled processing），前者不受认知资源的限制，不需注意，是自动化进行的，形成后较难改变；后者受认知资源的限制，需要注意参与，可以随环境变化而调整。因此，同时进行的几项活动中，必须有一项活动达到相对熟练，以至于自动化或部分自动化的程度，个体无须分配注意便可不假思索地操作，而剩下的活动则可以投入更多注意，成为注意的中心。

2. 活动之间的内在联系

具有内在联系的活动更便于注意的分配，也就是说，当同时进行的几个活动能够组成一个完整的操作系统或固定的反应系统时，注意分配效果就会更好。例如，足球运动员的跑位、传球、射门等一系列动作经过训练后可以形成一定的动作系统。

拓展阅读 2

斯特鲁普（Stroop）效应[①]

1935 年，斯特鲁普（Stroop）设计了一种实验。实验所使用的刺激材料在颜色和意义上相矛盾，如用蓝颜色写成的“红”字。实验并不要求被试念出这个

① 郭秀艳．实验心理学［M］．2 版．北京：人民教育出版社，2019：300－303.

字，而是要求被试说出字的颜色，即“蓝”。结果，被试的反应时比字色一致时的反应时要长些。这个事实说明字色矛盾时认知过程受到干扰，即被试在报告字的颜色时受到了字的意义的干扰。此后的研究表明，在斯特鲁普实验中，呈现的刺激包含两种信息（字义和书写它的颜色），而对这两种信息的加工是不同的。当这两种信息同时输入时，想只对其中一种信息加工而不对另一种信息加工是难以做到的。因为对字义的加工容易，所以人总是倾向于报告字义，然而这个实验又不允许做这种反应。因此，两种加工过程容易发生竞争，从而导致字义对书写它的颜色的干扰。

斯特鲁普测试是一种注意力测试，用于评估一个人从环境中对信息进行分类，以及有选择性地对信息做出反应的能力。在神经心理学实践中，斯特鲁普测试是识别注意力不足的常用工具。它还有助于评估痴呆症和脑损伤患者，甚至可以帮助衡量压力是如何影响了一个人的注意力。

（四）注意的转移

注意的转移是指个体根据需求或任务要求，及时主动地将注意从一个对象转移到另一个对象上去。例如，幼儿教师在指导幼儿区域活动时，往往需要关注到不同区域活动中幼儿行为表现，教师需要有目的地将注意力在各个区域间进行转移。需要明确的是，注意转移与注意分散不同，前者是有目的、主动地根据需要进行注意转移；后者则是因无关刺激的干扰，被动地改变了注意对象，这会干扰原活动。

注意转移的难易程度与速度，主要受以下三个因素影响。

1. 原活动吸引注意的强度

若原活动对注意的吸引度低，个体对其没有兴趣或需要，注意较容易发生转移。例如，当教师的课堂过于沉闷，教学设计脱离学生实际时，学生更容易被其他活动或对象所吸引，发生注意转移。

2. 新活动或对象的特点

如果新活动或对象的外在特点更丰富、有趣、多彩，注意就比较容易发生转移；此外，当它越符合个体需求和兴趣，且被个体深入理解时，也越会引起个体注意转移。

3. 事先是否具有转移注意的信号

如果事先发出注意转移的信号，使个体心理有所准备，则注意转移会主动且及时。另外，高级神经活动更灵活的人，他们的注意转移会更迅速，因为他们已养成注意转移的习惯，在事先就做好了心理准备。

三、注意的分类

根据注意有无目的和意志努力的程度，将注意分为无意注意、有意注意和有意后注意。

（一）无意注意

无意注意，也称为不随意注意或消极注意，指事先没有预定的目的，没有意志努力参与，不由自主地对某个对象发生的注意。例如，正在上课的学生被门外的嘈杂声所吸引，不由自主转头关注；或是正在逛街的人听到商场里正在播放的音乐，而无意识地跟着哼唱，这些都属于无意注意。无意注意往往是由周围环境发生变化而引起，对有机体适应环境、保护个体安全具有重要价值。

（二）有意注意

有意注意，也称为随意注意，指有预定目的，需要意志努力参与的注意。例如，正在写作业的学生，有时候需要克服一些周围刺激的吸引，而聚精会神在作业本身。有意注意是注意积极、主动的形式，是人所特有的心理现象，在人类社会实践中发展起来，有意注意能够帮助个体在工作与学习中专注于有意义的活动。

拓展阅读 3

鸡尾酒会效应[①]

爱德华·柯林·彻里考察了鸡尾酒会，然后提出了选择性注意的概念。在鸡尾酒会上，一位优雅的女士似乎正在听她的同伴吐苦水。她频频点头，让人觉得她听得很认真，然而实际上并非如此：她身后的两个人正在谈论一本她刚刚读完的小说，她其实是在专注地听他们说话。这就是彻里感兴趣的鸡尾酒会效应：人人都可以巧妙地“离开”一段对话，去听旁边的人在说什么。在嘈杂的鸡尾酒会上，这位女士的大脑把好几个声音汇聚成声音流，声音流之于听觉就相当于物体之于视觉。这些声音流通常包括来自同一地点或在时间上同步的好几种声音，比如一个人或一组人的说话声，像合唱队一样分为不同声部。鸡尾酒会效应说明每位宾客的大脑都能暂时优先处理其中一种声音流，之后如有必要可以换成其他声音流。

双耳分听实验[②]

彻里注意到，在这些晚会上，人们可以巧妙地转移自己的注意，在整个房间里的不同对话之间“切换”。彻里开始在实验室里重现这一效应，设计了经典的双耳分听实验。

被试戴着立体声耳机，左耳和右耳会听到两个不同声音信号，任务是听其中一个。在这个实验最初的版本里，两边的耳机都会播放一段文章，被试需要边听其中一段边复述。但从这个实验原型可以衍生出无数的变体，不一定要求

---

① 拉夏．注意力：专注的科学与训练［M］．刘彦，译．北京：人民邮电出版社，2016：107－111.

② 同上书。

被试复述他听到的内容，还可以把文章换成音乐或其他声音。这一场景的优点是符合实际；它不仅可以重现“鸡尾酒会”效应，还可以重现“你能把电视声音调低一点吗，我在打电话”效应。双耳分听实验不仅可以研究大脑如何在日常声音环境中优先处理其中的几个声音，还能考察这种选择对被试真正感知到的东西所产生的影响。当有人跟我们说话，而我们没有加以注意时，我们到底听到了什么？

最早的双耳分听实验证实了人人都知道的事实：同时听到两段对话的细节是不可能的，所以鸡尾酒会上的那位女士不再听她的同伴说话了。当实验结束时，被试往往无法说出他没有被要求听的那段文章的内容，除了一些支离破碎的元素，比如几个尤其突出的词汇，或者这段话是男人还是女人念的。这个结果证明了听觉信息选择过程的存在和它的必要性：根据心理学家们命名为听觉选择性注意的选择过程，大脑只能处理一部分接收到的信息。双耳分听实验原型定义了这种注意类型，就像波斯纳的实验定义了视觉选择性注意一样。这个定义非常客观，因为它正是来自观察：两个信息中的一个被好好记住了，另一个却没有。被试觉得自己对听到的两个声音中的一个更加注意。

（三）有意后注意

有意后注意是有预定目的，但不需要很大意志努力的注意。有意后注意是在有意注意之后产生的，所以又称后有意注意。例如，一个人在开始做某种工作时，由于对它不熟悉，困难很大，用的精力也较多，往往需要一定的努力才能把自己的注意保持在这种工作上，这是有意注意。经过一段时间的努力，他对所从事的工作已能应付自如，就不太需要意志努力继续保持注意，从而使有意注意发展为有意后注意。有意后注意在形式上类似于无意注意，而在性质上类似于有意注意，兼有无意注意和有意注意的优点，它既是有自觉目的的（这点与有意注意相同），又是不太需要意志努力的（这点与无意注意相似），因此它是人的一种更为高级的特殊的注意形态，是人类从事创造性活动的必要条件。

四、注意的主要影响因素

（一）引起无意注意的因素

1. 客观刺激物的特点

客观刺激物的特点主要包括刺激物的强度、刺激物的新异程度、刺激物的变化性、刺激物的对比性。

（1）刺激物的强度。

当环境中的刺激物较强烈时，个体的无意注意容易被引发。例如，巨大的噪声、刺眼的灯光、浓烈的味道、鲜艳的衣服等都会引起个体的注意。但刺激物的绝对强度不是引起注意的关键，刺激物与环境的相对强度才是主要影响因素。例如，足球比赛中，教练在场外需要大声呼叫才能引起球员注意，但在图书馆等相对安静的场所，轻声细语也有可能引起其他读者的无意注意。

（2）刺激物的新异性。

环境中的新异刺激容易成为注意的对象。如年幼的孩子容易被新玩具、新衣服所吸引；金发碧眼的外国人走在路上容易被行人无意注视。

（3）刺激物的变化性。

变化或运动的刺激物容易引起无意注意，包括时有时无、时强时弱，或突然变化的状态。例如，灯光一闪一灭，教师绘声绘色、抑扬顿挫地讲故事，这些都能够吸引个体的无意注意。

（4）刺激物的对比性。

刺激物之间在强度、形状、大小、颜色或持续时间等方面的差异越显著，越容易引起无意注意。例如，教师批改试卷用红笔、教材中的粗体字等，由于和其他对象的对比鲜明，差异显著，很容易引起注目。

2. 人的主观状态

虽然无意注意常由外界刺激物引起，但人本身的状态也是引起无意注意的主要原因。个体的以下状态容易引起无意注意。

（1）需要和兴趣。

凡能满足人的需要和符合人的兴趣的事物都容易引起人的注意。每个个体由于生活经验和兴趣爱好不同，他们的无意注意会有所不同。例如，球迷容易注意有关球赛的消息，建筑师更关注户外建筑的设计，汽车广告更容易引起汽车爱好者的注意。

（2）情绪状态。

当一个人心胸开朗、心情愉快时，平常不大容易引起注意的事物，这时也会引起他的注意了；当一个人郁郁不乐、心情苦闷时，平常容易引起注意的事物，这时反而不能引起他的注意。例如，一个妈妈心情放松时，不由自主地关注孩子的一举一动，及时回应孩子；但她因工作压力过大而焦虑不安时，则可能会无心注意孩子的变化。

（3）身心状态。

人们在身体健康、精神饱满时注意力敏锐；在过度疲劳、生病的情况下则常常不能觉察出在精神旺盛时容易引起注意的事物。

（4）知识经验。

新异的刺激物所引起的无意注意，如果人们没有相应的知识经验，对它一点都不了解，则很快就会消失；如果对新异刺激物有一定程度的了解，并且需要进一步的理解，就能保持长时间的注意。

（二）引起和维持有意注意的因素

1. 对活动任务的认识

有意注意是服从于预定目的和任务的注意，因此，个体对所需要完成的任务认知得越深刻，就越能激起对有关事物的有意注意。例如，在课堂教学活动中，教师通常会提前告知同学们本堂课的学习任务和目标，鼓励学生事先预习，了解学习任务，以保证课堂教学质量。

2. 对活动的间接兴趣

直接兴趣是对活动或对象本身的兴趣，能够引发无意注意；间接兴趣是对活动结果的兴趣，它能够促使个体愿意克服困难，完成某项任务，以达到某种效果。个体因为对某些活动有间接兴趣，有时候会推动自己维持稳定而集中的注意。

3. 活动的组织

在明确了目的和任务的前提下，合理地组织有关活动有利于有意注意。例如，针对幼儿以无意注意为主，有意注意逐渐发展的特点，幼儿教育提倡儿童通过操作、游戏等形式开展学习，有助于维持持久的有意注意。另外，学生在知识学习过程中，会通过做笔记、划线、做思维导图的形式加强对知识的注意。

4. 个体的意志力

认真负责、吃苦耐劳、意志坚定的人通常易于使自己的注意服从当下的目的和任务，且持续时间较持久；相反，意志薄弱、不思进取的人，不会在活动或任务中表现出较好的有意注意。古人“头悬梁”“锥刺股”，也正是依靠强大意志维持有意注意来学习的。

（三）有意后注意的影响因素

1. 对注意对象的直接兴趣

个体对注意对象的直接兴趣不仅是引起无意注意的条件，也是使有意注意转化为有意后注意的条件。比如，一开始个体对注意对象有意识地注意，之后逐渐被注意对象吸引、迷恋，以致“忘了”对其进行有意识的注意控制，则进入了有意后注意状态。

2. 对注意对象的操作活动达到自动化水平

如果个体对注意对象的操作活动比较生疏，则必定需要投入大量注意资源才能完成，个体需要有意识的注意才能完成活动。而如果个体对注意对象的操作活动达到十分娴熟的程度，即达到自动化水平，个体则不必投入很多注意资源就可能进入有意后注意状态。而上述两个条件，都使有意注意中的意志努力失去存在的必要性，从而转化成有意后注意。例如，听报告时，如果报告人讲得并不精彩，未能引起听众的直接兴趣，这时听众大多处于有意注意状态。而如果报告很精彩，能引起听众的直接兴趣，只是方言较重，需高度注意方能听懂，这时听众仍大多处于有意注意状态。只有当报告精彩，又未有语言障碍时，听众才可能进入有意后注意状态。

五、注意的功能

（一）选择功能

注意能使人们在某一时点选择对当前活动具有意义的、符合当前特定需要的重要信息进行加工，同时避开或抑制无关的信息。注意的选择功能还能排除边缘信息对大脑的干扰，提高大脑信息处理的效率。总之，选择功能是注意的首要功能，注意的其他功能都是在它的前提下发生作用的。

（二）维持功能

注意能使人的心理活动较长时间地集中在选择的对象上，维持一种比较紧张的状态，从而保证注意对象处于意识之中，直到心理活动的完成。

（三）调节功能

注意使人的心理活动向一定的方向或目标进行，能使人们处于较高意识觉醒水平，并根据当前需要对心理活动做出适当的分配和及时地转移，从而保证心理活动顺利完成。

第四节 注意的认知理论

20 世纪初，行为主义和格式塔心理学派兴起，从理论上排除了对注意的研究。行为主义心理学家认为，心理学只应研究刺激和反应之间的联系，而注意是表明内部心理活动的概念，在心理学中不应占有地位。格式塔心理学派用神经系统内部固有的“场”的作用，来取代对注意的研究。

然而，随着科学技术的发展，20 世纪五六十年代，注意又重新被重视，关于注意的研究进入到了一个新的发展阶段。英国心理学家布罗德本特（D. E. Broadbent）的《知觉和通讯》一书出版后，注意又重新回到西方实验心理学中，进而形成了心理学中的三大注意理论——过滤器模型、资源限制理论和特征整合理论。

一、过滤器模型

（一）模型概述

第一个完整的注意模型是由布罗德本特提出来的，该模型被称为过滤器模型（filter model）。他认为，人类面临着大量信息，但个体在同一时间内对信息的加工能力是有限的，于是出现瓶颈。为了避免系统超载，需要过滤器进行调节，选择一些信息进入高级分析阶段，而其余信息暂存于某种记忆之中，接着衰退，保障中枢神经系统不致负担过重。

布罗德本特把注意模拟为类似于“过滤器”的电子装置，这个过滤器相当于一个开关，它按照“全或无”原则工作，接通一个通道，通过一些信息，这些信息便得到进一步的加工处理；其他信息通道则被阻断，信息不能通过。布罗德本特假定，为了避免系统超负荷，选择性过滤器可以被切换到任何一个感觉通道。从直觉上看，过滤器理论似乎颇有道理。显而易见，我们的信息处理能力有限（见图 4 –8）。

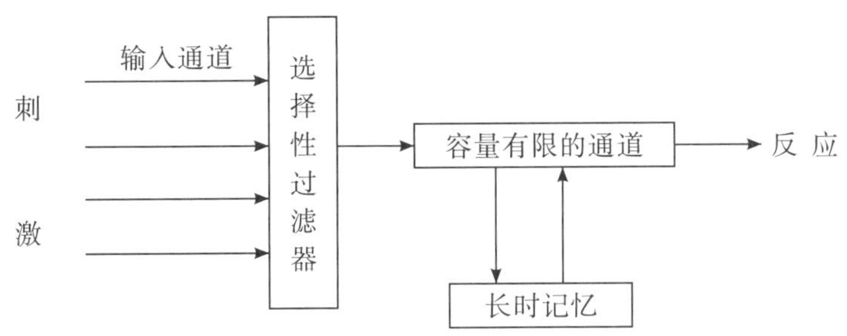

图4－8　布罗德本特过滤器模型

图4－8中的输入通道可以是不同的感觉器官或成对的感觉器官的两个部分（如左耳和右耳），或不同方位的声音，等等。输入通道的数量较多，而过滤器至高级分析水平的通道只有一条，体现出过滤器的选择作用。这个模型后来被韦尔福德（Welford）称为单通道模型。在这个模型中，过滤器的选择作用并不是随机的，而是有一定的制约的。新异的刺激、较强的刺激、具有生物意义的刺激等易于通过过滤器，受到人的注意。后来布罗德本特则强调人的期待的作用，凡为人所期待的信息容易受到注意。

（二）实验：双耳分听任务

布罗德本特采用双耳分听任务（dichotic listening task）验证了上述假设。双耳分听任务指的是让被试的双耳同时分别听到两个独立的声音，借助立体声耳机来实现。布罗德本特在实验中，给被试呈现了例如这样的刺激：

左耳：6　2　7

右耳：4　9　3

呈现的速度为1秒钟两个数字，然后让被试再现。他发现被试可应用两种再现方式：第一，以耳朵为单位分别再现左右耳所接收的信息，如493，627。第二，按双耳同时接收信息的顺序成对地再现，如4，6；9，2；3，7。以第一种方式再现的，其正确率为65%，以第二种方式再现的，其正确率仅为20%。如果事先不对被试规定再现方式，则多数被试采用第一种方式。照布罗德本特看来，每只耳朵都是一个通道，该通道的信息是单独贮存的，过滤器允许每个通道的信息单独通过，所以在应用以耳朵为单位的再现方式时，被试可注意每只耳朵的全部项目，只需要从左耳转到右耳或从右耳转到左耳，即只需要转换一次，因而再现的效果好，而应用双耳刺激成对再现的方式，则至少需要在双耳之间做三次转换，被试不能注意每只耳朵的全部项目，一些信息迅速丧失，故而再现的效果差。

二、资源限制理论

（一）理论概述

资源限制理论由卡尔曼（Kahneman）提出，他将注意看作是总量有限的心理资源，注意的选择功能表现为资源分配。若一个任务所需要的资源有剩余，那么注意可以同时指向其他任务。例如，熟练的出租车司机开车时可以轻松地与乘客交谈；但路况较复杂时，他需要小心翼翼地观察道路交通情况，会减少与乘客的交谈，甚至停下来。

之后，诺曼（Norman）和博布罗（Bobrow）进一步把心理资源的概念加以精确化。他们提出了“材料限制”和“资源限制”的划分。所谓材料限制，指个体的作业受到任务的低劣质量或不适宜的记忆信息的限制，因而即使分配到较多的资源也不能改善其作业水平。例如，在强噪声背景下觉察某一特定声音，如果该声音过弱，那么即使分配较多的资源，也是难以觉察的。而资源限制是指个体的作业受到所分配资源的限制，一旦得到较多的资源，这种过程便能顺利进行。因此，两个同时进行的作业，若对资源的总需求量超过中枢能量，就会发生干扰。这时两个作业水平受互补原则决定，即一个作业使用的资源增加多少，就会使另一个作业可得的资源相应减少多少。

（二）实验：双耳分听实验

1979 年，约翰逊（Johnson）和海因茨（Heinz）在双耳分听实验中证明了资源限制理论。实验中，他们要求被试追随靶子词（不固定在某只耳朵中出现）。自变量为靶子词与非靶子词之间的感觉可辨度（高/低）和语义可辨度（高/低）。因变量为被试对非靶子词的回忆情况。结果发现，不管语义可辨度的高低，与感觉可辨度高的情况相比，非靶子词回忆的数量在感觉可辨度低的情况下更多。其原因在于，在感觉可辨度低的情况下，非靶子词占用了较多的资源，进行了较深的加工。

三、特征整合理论

（一）理论概述

特雷斯曼（Treisman）和热拉德（Gelade）1980 年提出特征整合理论（Feature Integration Theory），主要侧重于注意的自动加工。他们区分了客体（object）和特征（feature），将特征看作是某个维度的一个特定值，而客体则是一些特征的结合。例如，图形和颜色属于维度，正方形和黄色则分别是这两个维度的值，而黄色正方形是黄色和正方形这两个特征组成的客体。特雷斯曼和热拉德认为，特征是由功能上独立的一个知觉的子系统所分析的，这种加工是自动的，并且是以平行方式进行的，而客体的辨认则需要集中性注意参与，完全是系列加工的结果；集中性注意的作用类似“粘胶”，使一些特征得以结合为一个单一的客体。

例如，当呈现一根红色竖直棒和绿色水平棒时，可以知觉到颜色维度上的红色和绿色这两个特征以及空间朝向维度上的竖直和水平这两个特征，它们可以组合成红色竖直棒和绿色水平棒，也可以组合成红色水平棒和绿色竖直棒。特征整合理论认为，在空间知觉中，客体知觉过程分为前注意阶段和特征整合阶段两个阶段。在前注意阶段，知觉对特征进行自动的平行加工，无须注意；而在特征整合阶段，通过集中注意将诸特征整合为客体，其加工方式是系列的。也就是说，对特征和客体的加工是在知觉的不同阶段实现的。

（二）实验：错觉性结合实验

特雷斯曼进行了一系列错觉性结合实验。所谓错觉性结合是指在不注意的条件下，向被试呈现不同客体时，客体之间的特征发生彼此交换的现象。例如，特雷斯曼和施密特（Schmidt）在一项字母错觉性实验中向被试快速呈现一些刺激卡，刺激卡的两侧呈现数字，两个数字之间是不同颜色的字母，要求他们只注意刺激卡两侧的数字，但事实上既要求被试报告所看到的数字（第一作业），还要求其报告所呈现的字母及其颜色和位置（第二作业）。结果发现，被试基本上能够完美地完成第一作业，但是第二作业的成绩很差，并且还出现了字母、颜色和位置之间的错误结合，即错觉性结合。由此可知，前注意加工阶段中单个特征是被独立编码的，特征是处于自由漂移状态的。①

思考与实践

1. 什么是意识？意识有哪些特性？
2. 意识包括哪些状态？
3. 意识有哪些功能？
4. 睡眠包括哪几个阶段？
5. 人为什么会做梦？
6. 什么是注意？注意包含哪些品质？
7. 注意的影响因素有哪些？
8. 注意有哪些功能？

参考文献

［1］加洛蒂. 认知心理学：认知科学与你的生活：第5版［M］. 吴国宏，等译. 北京：机械工业出版社，2015.
［2］但菲，刘野. 心理学［M］. 北京：北京师范大学出版社，2011.
［3］丁锦红，张钦，郭春彦，等. 认知心理学［M］. 2版. 北京：中国人民大学出版社，2014.
［4］郭秀艳. 实验心理学［M］. 2版：北京：人民教育出版社，2019.
［5］郭永玉，王伟. 心理学导引［M］. 武汉：华中师范大学出版社，2006.
［6］黄希庭，郑涌. 心理学导论［M］. 3版. 北京：人民教育出版社，2015.

① TREISMAN A M, GELADE G. A feature-integration theory of attention［J］. Cognitive psychology, 1980, 12（1）: 97－136.

[7] 格里格，津巴多. 心理学与生活：第19版［M］. 王垒，等译. 北京：人民邮电出版社，2016.

[8] 彭聃龄. 普通心理学［M］. 5版. 北京：北京师范大学出版社，2019.

[9] 王甦，汪安圣. 认知心理学［M］. 北京：北京大学出版社，1992.

[10] 叶浩生. 西方心理学的历史与体系［M］. 2版. 北京：人民教育出版社，2014.

[11] 叶奕乾，何存道，梁宁建. 普通心理学［M］. 6版. 上海：华东师范大学出版社，2020.

[12] 朱滢. 实验心理学［M］. 4版. 北京：北京大学出版社，2016.

[13] 拉夏. 注意力：专注的科学与训练［M］. 刘彦，译. 北京：人民邮电出版社，2016.

[14] 荣格，等. 潜意识与心灵成长［M］. 张月，译. 南京：译林出版社，2014.

[15] 津巴多，约翰逊，麦卡恩. 津巴多普通心理学：第8版［M］. 傅小兰，等译. 北京：人民邮电出版社，2022.

[16] BROADBENT D E. Perception and communication［M］. London：Pergamon，1958.

[17] CZEISLER C A，DUFFY J F，SHANAHAN T L，et al. Stability，precision，and near-24-hour period of the human circadian pacemaker［J］. Science，1999，284（5423）：2177－2181.

[18] MACKAY D G. Aspects of the theory of comprehension，memory and attention［J］. Quarterly journal of experimental psychology，1973，25（1）：22－40.

[19] SHEPARD R N，METZLER J. Mental rotation of three dimensional objects［J］. Science，1971，171（3972）：701－703.

[20] TREISMAN A M，GELADE G. A feature-integration theory of attention［J］. Cognitive psychology，1980，12（1）：97－136.

第五章 记 忆

学习目标

1. 了解什么是记忆；
2. 了解记忆的类型；
3. 掌握工作记忆的概念和特点；
4. 掌握长时记忆的基本内涵和类型。

章节提要

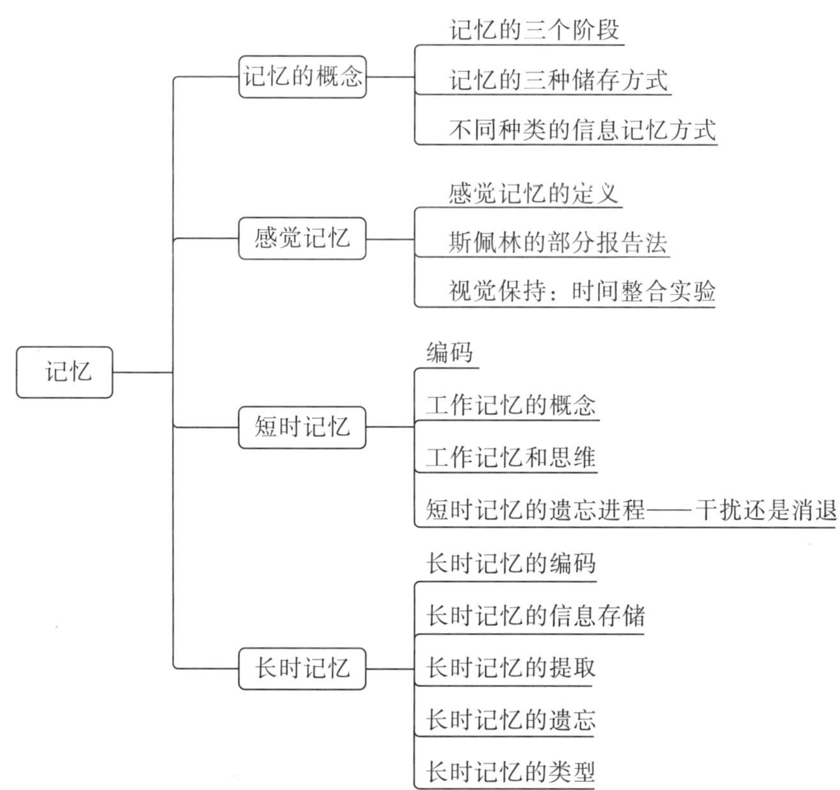

记忆是人脑对经验过事物的识记、保持、再认或再现，它是我们进行思维、决策、推理、想象等心理活动的基础。记忆不仅是人类学习的基础，对我们的日常生活也至关重要，它维系了我们的自我同一性。如果没有记忆，我们将陷入一个永恒的坍缩的现在。

第一节 记忆的概念

一、记忆的三个阶段

我们可以设想一个典型的场景，你考上了大学，在新生报到处，一个新同学向你介绍她自己，并说她叫李明。第二天上午新生见面会上，你又见到她，你说："你好，我们昨天见过。"显然，你已经记住新同学的名字，那你到底是怎么记住的呢?

记忆和感知觉不同，感知觉是反映当下的、即时的现象，是直接的。记忆则更多涉及过去的经验，是延宕的，跨度可以从几十毫秒延至一生。按照信息加工理论的模型，人脑是包含记忆结构（memory structures）的信息加工系统，一些结构用以存储信息，另一些结构负责在一个结构到另外一个结构之间传递信息完成记忆过程。一般来讲，记忆分为三个水平或阶段（见图5－1），分别是对输入信息的编码、存储、提取的过程。

图5－1 记忆的三个阶段

首先，编码（encoding）是将信息放入记忆系统，也是对信息加以修改使其和记忆系统适合的过程，主要分为获得和巩固两个阶段，获得（acquisition）是对感觉通路和感觉分析阶段的输入信息进行登记；巩固（consolidation）是生成一个随时间的推移而增强的表征。例如前面提到的大学开学新生报到处，有一位叫"李明"的同学向你介绍自己，你马上就把"李明"的名字输入了记忆，这是编码阶段。你将一个与这个名字相对应的物理输入（声波）转换成记忆接受的代码或表征，并将该表征"放置"在记忆中；同样地，你还将另一种物理输入，即与"李明"的脸相对应的光的模式，转化为对"李明"脸的记忆，最后你将两种表征联系起来。

其次，储存（storage）指的是编码后的信息在记忆系统中的保持，是对信息获取和巩固的结果，代表了信息的长久记录。在两次见面之间，你保留或存储了与“李明”的名字和面孔相对应的信息，这是储存或保存阶段。

最后，提取（retrieval）是通过利用所储存的信息创建意识表征或执行习得的行为，指的是把储存的信息从长时记忆中取出来以便使用。在储存的“李明”的面部表征基础上，你在第二天认出李明是你在前一天新生报到处见过的人，基于这一识别，你在第二次见面时就从储存的面孔中想起了他的名字，这属于记忆的提取阶段。

二、记忆的三种储存方式

20 世纪后期，心理学家阿特金森和谢夫林（Atkinson & Shiffrin，1968）提出了记忆的多存储模型（the multi-store model of memory）。该模型把记忆看作一个系统，按照信息在系统内储存的时间可以把记忆划分为三个不同的子系统：感觉记忆（或瞬时记忆）、短时记忆（工作记忆）和长时记忆（见图 5 -2）。这三种记忆在时间特征上有所不同：感觉记忆持续几百毫秒；短时记忆运行数秒；长时记忆从几分钟到几年不等。

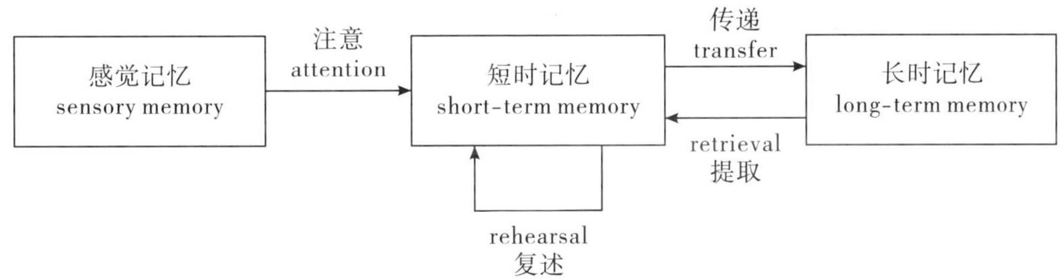

图 5 -2 记忆的三级存储模型示意图

（Atkinson & Shiffrin，1968）

（一）感觉记忆（sensory memory）

来自环境的信息首先被放置在被称为感官存储的地方：来自环境中信息被感官捕捉，由感觉接收器（sensory receptors）转换成神经能量模式。输入的信息被短时储存在感觉登记器（sensory registers）中。每一种感觉通道都有相应的感觉登记器，负责对输入信息做最初的加工，如特征侦测和模式识别构成。这就是记忆过程最初阶段——感觉信息的输入阶段，形成感觉记忆。它有以下特点：首先，容量大——与某一特定感觉器官有关的感觉存储包含了从环境中影响该感觉器官的所有信息。其次，它是短暂的。感官存储的信息在一段时间内迅速衰减。最后，感官存储中被注意到的一小部分信息被从感官存储中转移到系统的下一个主要组成部分，即短时记忆。

（二）短时记忆（short-term memory）

当输入的重要信息转入到下一个阶段，就是短时记忆（初级记忆）。短时记忆的重要特点是：容量有限，同时主观上可以意识到。短时记忆是第二个信息存储阶段。短时记忆具有以下特点。首先，它可以粗略地识别为意识，即短时记忆中的信息是你所意识到的信息。其次，短时记忆中的信息很容易获取，它可以作为以秒或更少的时间决策或执行任务的基础。再次，在其他条件相同的情况下，短期记忆中的信息将在大约 20 秒的时间内衰减——将被遗忘。最后，如果信息经过复述或其他形式的处理，统称为精细加工的过程，信息从短时记忆转移到最终的信息存储阶段——长时记忆。

（三）长时记忆（long-term memory）

如果输入的信息是重要的，就转移到长时记忆（也被称为二级记忆）中。长时记忆相当于一个存储库，它是一个庞大的信息存储库，其中保持着我们通常可用的所有信息。长期储存器具有以下特点。首先，正如刚才所指出的，信息通过各种复杂的过程，从短时记忆转入长时记忆；其次，长期储存的容量是无限的；最后，信息通过提取过程从长期存储中获取，然后放回短时记忆中，在那里它可以被加工并用于执行手头的任务。

信息加工模型在心理学特别是记忆研究中具有广泛而深刻的影响，但目前也有一些心理学家对这一理论提出疑问。

三、不同种类的信息记忆方式

长期以来，心理学家们一直普遍认为，所有不同种类的记忆都共用一套记忆系统。例如，长时记忆既可以被用来存储某个人对亲人葬礼的回忆也可以是他骑自行车所需要的技能。最近的证据表明，这种假设是错误的。我们存储事实（比如昨天谁和我们一起吃了午餐），和我们保持技能（比如如何骑自行车）似乎使用了不同的长时记忆。

我们最了解的记忆情形是外显记忆（explicit memory），它是一个人有意识地回忆过去的一个事件，这种记忆的编码依赖于集中注意力的能力，以及将经验元素整合到事实性或自传式表征中的能力。相比之下，内隐记忆（implicit memory）是指一个人无意识地记住各种类型的信息——例如，进行身体活动时所需的信息，比如踢足球。

第二节　感觉记忆

一、感觉记忆的定义

感觉记忆是记忆系统对感觉信息的暂时登记。也就是说，在外界刺激的直接作用消失之后，我们的感觉系统仍会在短暂的时间内保持信息，以便为进一步的信息加工提供可能。因为信息是通过一种或几种感官进入系统的，并且以感觉的形式保持一个很短的时间，所以也叫作“感觉登记”（sensory register）。信息在感觉登记中仅仅停留一个极其短暂的时间，而且它停留的时间越长，它的强度就越弱，直到最后完全消失。这种逐渐变弱的情况叫作衰减（decay）。这种衰减就限制了感觉登记的容量，也就是说衰减限制着刺激或信息在这里能停留时间的长度。

斯佩林（George Sperling）在20世纪60年代读研究生时首先用实验证明了感觉记忆的存在，他最早研究的就是视觉系统中的感觉记忆，也称图像记忆或映像记忆（iconic memory）。

图像记忆是一种视觉领域的记忆系统，能使大量信息被存储非常短暂的时间。图像记忆是感觉记忆的一个例子：研究者推测，每个感觉系统会有一种感觉存储，它可以保存环境中刺激的物理特征的表征，持续时间为几秒钟。例如，人们对于身体接触会保持一个短暂的感觉，视觉或映像记忆只能持续大约半秒钟。最初揭示映像记忆是在实验中让参与者从只有二十分之一秒的视觉呈现中提取信息。

二、斯佩林的部分报告法

斯佩林（1960）具体实验如下：给被试呈现若干数字或字母，如3、4、6、9等，呈现50毫秒。数字或字母消失后，让被试尽可能多地把看到的数字或字母复述出来。结果发现，当呈现的数字或字母少于4个的时候，被试能够全部报告；但多于5个时，被试的报告开始出现错误。斯佩林推测，实际上，远比这4个数字多的信息进入了记忆中，但没有适当地提取出来，因为研究者采用了一种全部报告的方法（whole-report procedure），报告用时过长，这个过程中瞬时记忆会消退，因此测量出的记忆广度（4～5个项目）是有偏差的。于是他创造性地设计了如图5－3所示的呈现方式：共12个英文字母，每行4个，共3行，呈现时间仍是50毫秒。但三行字母分别匹配高、中、低三种纯音。在字母呈现完以后，立即会呈现一种纯音信号，要求被试报告与该声音信号相联系的一行字母，如，被试若听到低音，就报告第三行字母；若听到高音，就报告第一行字母，这就是部分报告法（partial-report procedure）。由于三种声音信号的出现顺序是随机安排的，因此，被试在声音信号出现前无法预测将要报告的是哪行字母。这样，就可以根据被试对某一行字母的回忆成绩来推断他对全部字母的回忆成绩。研究结果显示，被试的回忆率大大提高，平均报告项目数达到9个，远远高于使用全部报告法时的结果（平均报告4个）。这说明，感觉记忆存在并且具有相当大的容量，但同时保存信息的时间也非常短暂。由于感觉记忆中的信息会很快消失，因此，在使用全部报告法的实验中，被试看到的数字或字母虽然很多，但在报告出开始的几个数字或字母后，其余数字或字母的图像就已经衰退或消失了，自然难以报告出更多的字母。

(a)

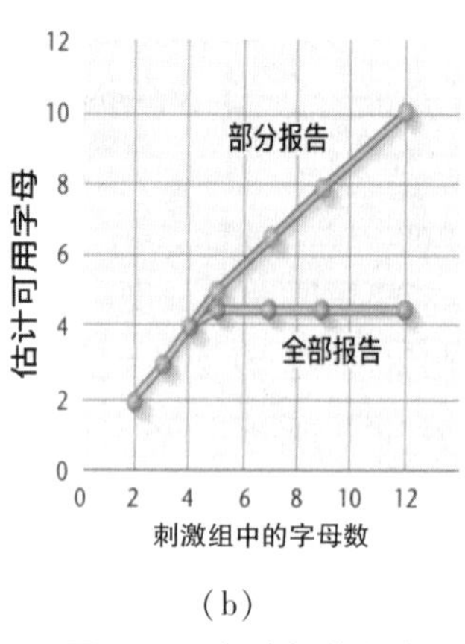

(b)

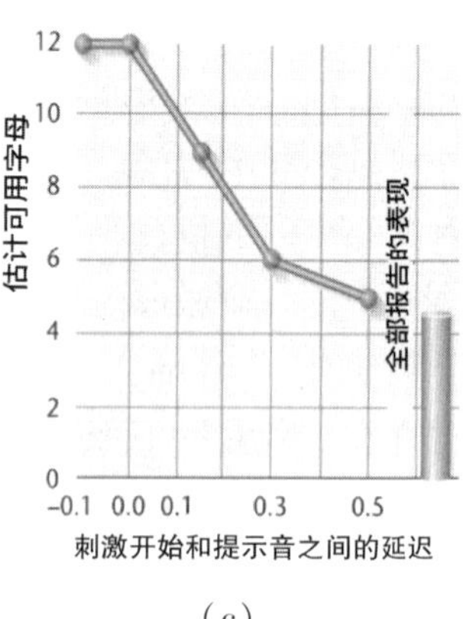

(c)

图5－3　部分报告实验

(Sperling，1960)

图5－3（a）显示了刺激物的配置：共三行，每行四个字母。以高音、中音或低音（提示）分别作为信号来指示被试报告图的上中下行。图5－3（b）显示，随着图形中字母数量的增加，整体报告的表现稳定于4.5个字母；然而，部分报告的表现继续提高，从而证明了感觉记忆的基本存在。图5－3（c）显示，随着刺激开始呈现量和提示音之间的延迟的增加，部分报告的数量下降，反映了感觉记忆的快速衰减。图5－3（c）的最右边的条形图代表了整体报告的数量——大约有4.5个字母。

当然，感觉记忆并不只存在于视觉系统中，听觉系统中也存在感觉记忆。声音材料的感觉记忆被称为声像记忆（echoic memory）。采用类似于斯佩林实验的方法，莫瑞等（Moray，Bate & Barnett，1965）首先证明了声像记忆的存在。并且，类似的一些研究都发现，声像记忆的容量比图像记忆小，平均为5个左右，但保持时间比图像记忆长，可以达到4秒钟。

其他的感觉通道也有类似的感觉记忆，如触觉刺激导致触觉感觉记忆，嗅觉刺激产生嗅觉感觉记忆，味觉刺激产生味觉感觉记忆，等等。各种感觉记忆按信息原有的形式进行存储，具有形象性和生动性。虽然信息保存的时间非常短暂，但是信息的存储量很大，几乎进入感官的所有信息都能被登记。但是，只有那些被注意的信息才会进入下一个加工过程——短时记忆。

三、视觉保持：时间整合实验

斯佩林开创性的工作完成后不久，一系列实验证明了图像记忆的基本视觉方面。这些实验最好的例证来自迪·洛洛（Di Lollo，1980；Di Lollo et al.，2001）。在这个范例中，24个圆点出现在假想的25个方格中的24个，如图5－4（a）所示，观测者的任务是报告缺失的圆点的位置。即使简单地显示了数组，也可以很容易地报告缺失的点的位置。然而，24点的刺激被呈现为两帧，每帧12点，在时间上是分开的。图5－4（b）是本实验的结果：当两帧之间的时间较短时，可以高概率报告缺失点的位置；然而，当帧间间隔增加到大约 150 毫秒时，回忆急剧下降。他们的解释是，第一帧的标志性记忆随着时间的推移而减少，第一帧变得不那么可见，并且不太容易与第二帧的图像整合在一起。

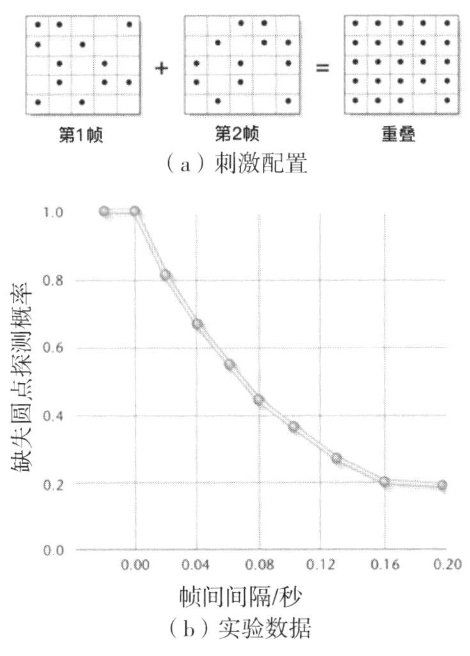

图 5－4　时间整合任务

（Di Lollo，1980；Di Lollo et al.，2001）

每帧有 12 个点，当重叠时，一个 5×5 的点阵列缺少一个点。图 5－4（b）绘制了这类实验的数据。随着两帧之间的间隔的增加，性能下降，这表明了在视觉上集成两帧所需的可见持久性的快速下降。

第三节　短时记忆

感觉记忆包含了大量快速衰减的信息，而只有被关注的信息才会从感觉记忆转移到下一个记忆存储器中。阿特金森和谢夫林（1968）将这个记忆存储称为短时记忆。实验研究表明，短时记忆系统独立于感官存储和长时记忆。在本节中，我们首先讨论关于信息如何在短时记忆中编码、存储和提取的经典研究。然后，我们讨论当代记忆心理学把短时记忆作为一个“工作空间”的隐喻，用于对与手头任务相关的信息进行心理计算，以便我们能够有效地执行任务。持这种观点的研究者用工作记忆（working memory）一词来指代短时记忆，以强调它在心理操作中的作用，而不仅仅是一个存储空间。

一、编码

要将信息编码到工作记忆中，我们必须注意到它。由于我们对我们所关注的内容是有选择性的，我们的工作记忆将只包含已被选择的内容。这意味着我们所接触到的大部分东西甚至永远不会进入工作记忆，当然，也不能用于以后的提取。事实上，许多“记忆问题”都与注意力缺失或限制有关。例如，如果你去广州越秀公园游览，然后有人问你五羊雕塑有几头大羊、几头小羊，你可能答不上来，不是因为记忆不足，而是因为你一开始就没有注意这些。

（一）语音编码

当信息被编码到记忆中时，它就会以一个特定的代码或表现形式被输入到记忆中。例如，以前手机还没有普及时，我们经常遇到这种情况：你查找一个电话号码并记住它直到你找到座机拨打它，这个时候你是以什么形式表征这些数字？表征是视觉的还是语音？研究表明，我们可以利用这两种可能性将信息编码到工作记忆中，尽管当我们试图通过复述来保持信息活跃时，我们更倾向于语音代码——也就是说，通过反复重复一个项目。当信息由数字、字母或单词等口头项目组成时，复述是一种特别流行的策略。所以在手机出现以前，当我们试图记住一个电话号码时，我们最有可能把这个号码编码为数字本身的声音，并向自己复述这些声音，直到我们拨打了这个号码。

在一个为语音编码提供证据的经典实验中，研究人员简要地向被试呈现了六个辅音的列表（例如，RLBKSJ）；当这些字母被删除时，他们必须依次写下所有六个字母。虽然整个过程只花了一两秒钟，但被试偶尔也会犯错误。当他们这样做时，错误的字母在声音上往往与正确的字母相似。对于上面提到的列表，一个被试可能已经写了RLTKSJ，用听起来相似的T代替了B。这一发现支持了这样一种假设，即被试在语音上对每个字母进行编码（例如，“bee”表示B），有时会丢失代码的一部分（只有声音的“ee”部分），然后用一个与代码其余部分一致的字母（“tee”）回应。这个假设也解释了为什么当它们在声音上相似时（例如，TBCGVE），比在声音上不同时（RLBKSJ）更难回忆顺序。

（二）视觉编码

如果需要的话，我们也可以保持一种视觉形式的语言项目。实验表明，虽然我们可以使用视觉代码来处理语言材料，但这些代码会很快消失。当一个人必须存储非语言信息时（比如图片等很难描述，因此很难在语音上进行复述），视觉编码变得更加重要。例如，想象一下外出旅游时你把一些行李放进车后备厢，一个有效的策略可能是对每个包进行暂时编码，然后想象它们在车后备厢的位置。

二、工作记忆的概念

从20世纪七八十年代以来，心理学家巴德利（Baddeley）等人主张用工作记忆来扩展短时记忆的概念。他们提出，工作记忆是指在信息加工过程中，对信息进行暂时存储和加工的、容量有限的记忆系统。例如，完成口算任务 2×4×5×6，你首先必须记住 2×4 等于 8 这个结果；其次还必须记住 8×5 等于 40，才能顺利进行下一步的计算，这里记不住 8 和 40，就不可能完成上述计算任务了。从这个例子可以看出，工作记忆是一种当前工作状态的记忆，它短暂地存储当前信息，还对这些信息进行加工。

巴德利等人认为，工作记忆是一个复杂的多成分组成的加工系统，它包括四个基本的储存：中央执行系统（central executive system）、语音环路（phonological loop）、视觉空间板（visual-spatial sketchpad）和情景缓冲器（episodic buffer）四个成分（见图 5－5），不同的成分具有不同的功能。中央执行系统是一个注意资源有限的控制系统，但也是工作记忆中最重要的成分。它的功能主要有：协调语音环路和视觉空间板活动，注意资源的分配与控制，选择性注意及转换策略。语音环路用于处理以语音为基础的信息，和短时记忆大部分是重叠的。例如，复述电话号码、阅读课文等都会通过声音的参与来记忆。语音环路又包括语音存储（phonological store）和发音复述过程（articulatory rehearsal process）两个部分。语音存储短暂地保存语音信息，大约 2 秒之内就会衰退。发音复述是指通过复述，使语音信息保持下来。视觉空间板用于处理视觉和空间的信息。信息以视觉空间板或以表象的方式进行存储。例如，我们看着眼前的景象，景象就进入了视觉空间板，当我们闭上眼睛，会在脑海中浮现眼前的景象，那么这一信息是间接进入视觉空间板的。

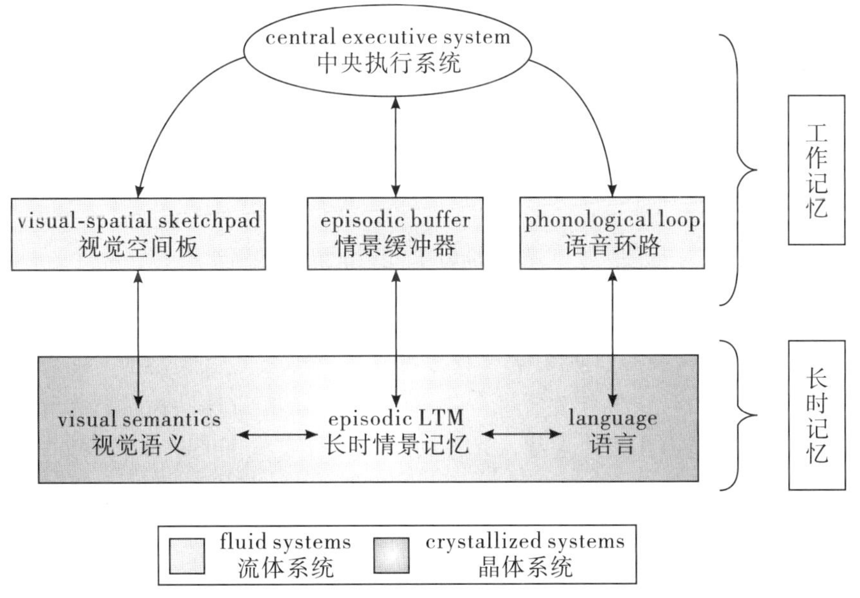

图 5－5　巴德利的四成分工作记忆模型①

① BADDELEY A. Working memory: looking back and looking forward [J]. Nature reviews neuroscience, 2003, 4 (10): 829－839.

巴德利认为，言语的信息存储在语音环路中，视觉和空间的信息存储在视觉空间板中，情景缓冲器用来整合视觉、空间和言语信息的成分，它是一个容量有限的空间，用于整合来自语音环和视觉空间板的信息。情景缓冲器与长时记忆相连。大量研究表明，工作记忆在许多复杂的认知活动中，如问题解决、推理、阅读理解等，起着非常重要的作用。正如后面将要讨论的，工作记忆的内容构成了我们目前所意识到的大部分内容（巴德利等人甚至把工作记忆和意识等同起来）。

（一）储存

关于工作记忆最显著的事实是，它的容量非常有限，一般是 7 ±2 个项目。有些人只储存5 个项目；其他人可以保留多达9 个项目。大多数正常成年人的记忆容量为 7 ±2。这种稳定性在实验心理学早期就为人所知，1885 年，德国心理学家艾宾浩斯就开始了最早的记忆实验研究，他报告的结果显示，他自己的容量是 7 个项目。大约 70 年后，乔治·米勒（G. A. Miller）被这一发现的一致性所震惊，他称之为“神奇的数字 7”。

心理学家通过向人们展示各种不相关的项目序列（数字、字母或单词），并要求他们按顺序回忆这些项目来确定这个数字。这些项目呈现迅速，个体还来不及将它们与存储在长期记忆中的信息联系起来。因此，被提取的项目的数量只反映了个体工作记忆的存储容量。在最初的试验中，被试只需要回忆几个项目——比如三、四位数字——他们很容易就能做到。在随后的试验中，数字的数量会增加，直到实验者确定了被试的记忆广度——被试能够按完美顺序回忆的最大项目数量（几乎总是在 5 到 9 个之间）。

拓展阅读 1

米勒（G. A. Miller）的神奇的数 7 ±2

乔治·米勒曾经抱怨说：“我曾被一个整数所困扰。七年来，这个数字一直伴随我左右。”这是他著名的文章《神奇的数字 7 ±2：人类信息加工能力的某些局限》开头的一句话。他接着写道：“表象之下似乎有某种模式在操控着。这个数字一定有什么不同寻常的事情，否则我就肯定得了被害妄想症。”虽然米勒的文章以如此荒诞的文字开场，但其中的内容却成为认知心理学和工作记忆研究的里程碑。

如果你不知道 7 ±2 为什么神奇，我们不妨来做一个简单的实验。将下面的一系列随机数字读一遍，然后把它们盖起来，尽可能多地按照它们出现的顺序写下来：

8 1 7 3 4 9 4 2 8 5

你写对了几个？

现在再读下面的一系列字母，进行相同的记忆测验：

J M R S O F L P T Z B

你写对了几个？

如果你像大部分人一样，你也许能回忆出 5 到 9 个项目。米勒（Miller, 1956）提出 7（加或减 2）是能描述你记忆一系列随意排列的字母、单词、数字，或几乎所有类型有意义的、熟悉的项目的“魔术数字”。

根据他的研究，人类短时记忆一般一次只能记住 7 ± 2 个事物。该原则在现实生活中有很多场景都涉及了，比如记忆手机号码和银行卡号，人们总是倾向于把一长串数字拆分成为多个较短的部分进行记忆。

（二）组块

如前所述，短时记忆容量为 7 ± 2，没有一个特定的单位。它可以是音节、字母，也可以是单词、数字，甚至可以是成语等等。这说明短时记忆容量的绝对值会随着材料的不同而不同。如何理解这种现象呢？米勒（1956）提出了组块（chunk）概念。所谓组块，是指将若干小的单位联合成更大单位的信息加工，或者新材料重新编码为更大、更有意义的单元。

因此，重新编码过程可以理解为组块化（chunking），是主体利用在长期记忆中的知识经验对进入短时记忆的信息加以组织，使之构成熟悉的有意义的单元。组块化的材料可以是文字、单词，也可以是数字，比如记忆 186019211949 这个字符串超出了我们的工作记忆容量，但重新组合为 1860 – 1921 – 1949 三个组块就和中国近代史有关，变得十分好记了。组块化一般的原则是，我们可以通过将字母和数字序列重新排列成可以在长期记忆中找到的单元来提高我们的工作记忆。

（三）提取

让我们继续把工作记忆的内容看作是意识中活跃的。直觉表明，工作记忆信息的提取是即时的，你不需要去提取它，它就在那里，但这个直觉是错误的。

研究表明，工作记忆中的项目越多，提取速度就会越慢。大部分的证据都来自斯滕伯格（Sternberg）设计的一组实验。在每一次试验中，一个参与者都会看到一组数字，称为记忆集合（memory set），他或她必须将其暂时保持在工作记忆中。参与者很容易这样做，因为记忆集合只包含 1 到 6 几个数字。然后从视图中删除记忆集合，并显示一个探测数字。参与者必须决定该数字是否在记忆集合中。例如，如果记忆集合是 3 6 1，探测数字是 6，参与者应该回答“是”；假设相同的记忆集合下探测数字为 2，参与者应该回答“否”。参与者很少在这个任务上犯错误；然而，我们感兴趣的是决策时间，即从探测开始到参与者按下“是”或“否”按钮之间所经过的时间。图 5 – 6 给出了这样一个实验的数据，表明决策时间随着内存列表的长度直接增加。

这意味着工作记忆中的每一个额外的项目都会为检索过程增加一个固定的时间

量——大约 40 毫秒，或 1/25 秒。当这些项目是字母、单词、听觉音调或人的面孔的图片时，也会发现同样的结果。对这些结果最直接的解释是，每次检索一个项目就需要搜索工作记忆。这个搜索大概以每项 40 毫秒的速度进行，这对人们来说太快了，无法意识到它。然而，将工作记忆作为一种激活状态，会导致对结果的不同解释。在工作记忆中检索一个项目的过程可能取决于该项目达到临界水平的激活情况。

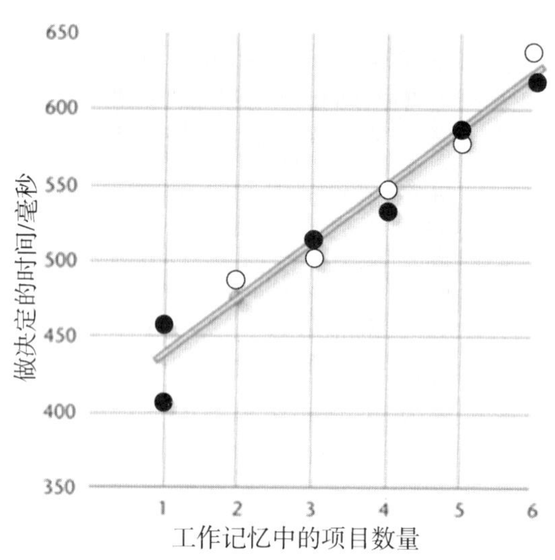

图 5－6　作为搜索过程的检索

（Sternberg，1966）

图 5－6 表明检索作为一个搜索过程，决策时间与短期记忆中项目的数量成正比。空心的圆点表示“是”的反应；实心的圆点，表示“否”的反应。①

三、工作记忆和思维

工作记忆在思维中起着重要的作用。当我们有意识地试图解决一个问题时，我们经常使用工作记忆来存储问题的各部分以及从与问题相关的长期记忆中获取的信息。为了说明这一点，不妨考虑一下用 35 乘以 8。你需要工作内存来存储给定的数字（35 和 8）、进行操作（乘法），以及算术事实，如 $8 \times 5 = 40$ 和 $8 \times 3 = 24$。毫不奇怪，如果你必须同时记住一些单词或数字，心算的表现就会大幅下降，比如试着在记住电话号码 745－1739 的同时做刚才描述的心理乘法。由于工作记忆在心理运算中的作用，研究人员经常将工作记忆概念化为一块黑板或工作台，大脑在上面进行计算，并发布部分结果供以后使用。

① STERNBERG S. High speed scanning in human memory [J]. Science, 1966, 153: 652－654.

其他研究表明，工作记忆不仅用于处理数字问题，而且还用于解决一系列复杂的问题。比如，工作记忆对于跟踪对话或阅读文本等语言理解过程也是至关重要的。在阅读时，我们通常必须有意识地将新的句子与语篇中先前的一些材料联系起来。这种与新旧有关的联系似乎发生在工作记忆中，因为在阅读理解测试中工作记忆能力好的人得分高于其他人。

四、短时记忆的遗忘进程——干扰还是消退

短时记忆的容量有限，存储的时间也很短暂。在没有复述的情况下，短时记忆可以将信息保持 15～30 秒。皮特森等人（Peterson et al.）在实验中，要求被试记住以听觉形式呈现的 3 个字母，为了阻止被试进行复述，在呈现字母之后马上让被试对一个数字进行连减 3 的计算，直到主试发出信号再回忆刚才呈现的 3 个字母。结果发现，被试回忆的正确率是从字母呈现到开始回忆之间的时间间隔的递减函数（见图 5－7），当时间间隔为 3 秒时，被试回忆的正确率达到 80%；当时间间隔延长到 6 秒时，正确率迅速下降到 55%；而延长到 18 秒时，正确率就只有 10% 了。这个实验说明，短时记忆信息存储的时间很短，如果得不到复述，将会被迅速遗忘。

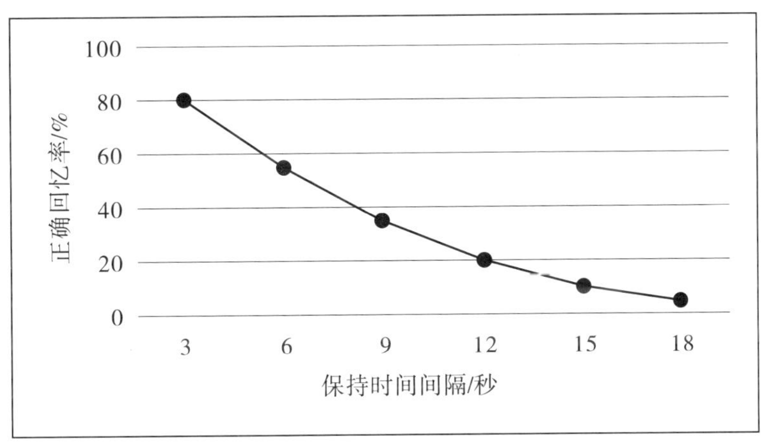

图 5－7 阻止复述后的短时记忆遗忘速率

（Peterson et al.，1959）

短时记忆的信息在得不到复述的情况下会很快被遗忘。那么是什么原因导致了短时记忆的遗忘呢？一种观点认为短时记忆的遗忘是由于信息痕迹的自然消退；另一种观点则认为遗忘是由于短时记忆中的信息受到其他无关信息的干扰。沃和诺尔曼（Waugh & Norman）利用一个设计巧妙的实验将“消退”和“干扰”这两个因素分离开来。

他们让被试听由若干个数字组成的数字序列，在数字序列呈现后，伴随着一个声音信号呈现一个探测数字，这个探测数字曾经在前面出现过一次。被试的任务就是回

忆在探测数字后边是什么数字。从回忆数字到探测数字之间是间隔数字，呈现这些间隔数字所需要的时间为间隔时间。在实验中，他们采用了两种速度来呈现数字：一种是快速的，每秒4个；另一种是慢速的，每秒1个。这样，就可以在间隔数字不变的情况下改变间隔时间，从而把信息保存时间和干扰信息这两种因素分离开来。结果发现，在快、慢两种呈现速度下，被试的正确回忆率都随间隔数字的增加而减少，而不受间隔时间的影响（见图5-8）。这一结果支持了干扰说，说明短时记忆的遗忘主要是由干扰引起的。

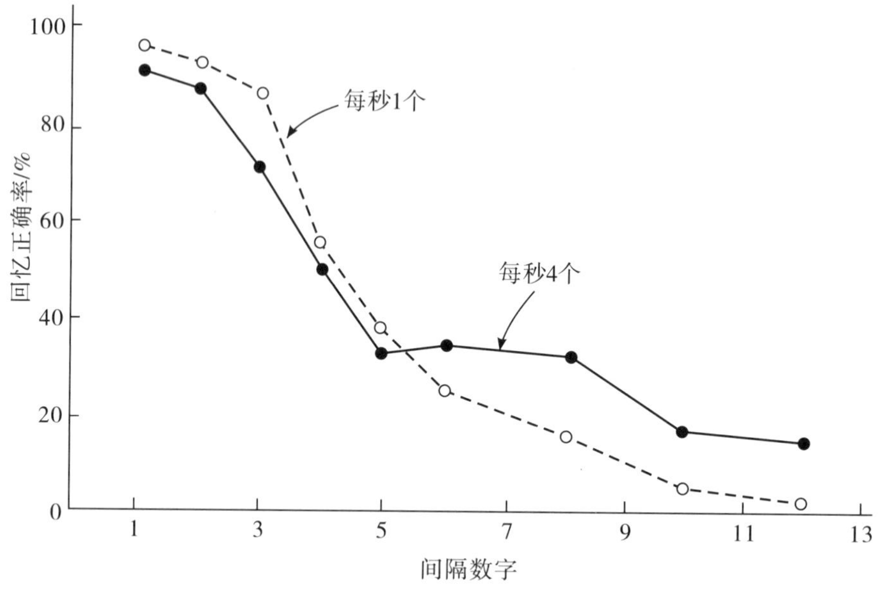

图5-8　数字探测法实验结果

第四节　长时记忆

长时记忆是指信息经过充分的和有一定深度的加工后，在头脑中长时间保留下来。长时记忆是一种永久性的存储，它的保存时间从1分钟以上到许多年甚至终身（比如一个成年人的童年记忆），而且其容量没有限度。我们对长时记忆的讨论将再次区分记忆的三个阶段——编码、存储和提取——但这次有两个复杂的阶段。首先，与工作记忆不同，长时记忆中存在编码和提取之间的交互作用。另一个复杂的问题是，通常很难知道长期记忆中的遗忘是由于储存的丢失还是提取的失败。

一、长时记忆的编码

（一）长时记忆的编码形式

尽管有许多长时记忆信息是以视觉表象、声音、气味、味道等形式被保存的，但是，一般来说，长时记忆信息是以意义形式被编码和组织的（encoding meaning），即使是视觉表象、声音、气味等，也通常会具有某种意义，从而使其对我们足够重要。

语义编码在日常记忆中是普遍存在的，语义编码在长时记忆中占主导地位可由下述经典研究加以说明。首先让被试听一段录音，然后再给他们听一些句子，要求被试回答这些句子是否就是录音中的原话。听完录音以后，在马上进行测试的情况下（即主要运用短时记忆），被试做得非常好。但是，在听完录音一段时间以后再进行测试（即一般要从长时记忆中提取信息）时，被试对两个表达同一意思的句子，难以确定哪一个是录音中播放过的。也就是说，人们准确记住的是句子所表达的一般意义，而不是在这些句子中使用的具体字词或句子的表达形式。

在进入长时记忆时，对信息进行语义编码和组织的另一个例子是自由回忆实验。在这个实验中，将 24 对联系紧密的单词（如桌子—椅子、粉笔—黑板等）打乱次序后组成一个 48 个单词的词表。呈现后让被试自由地回忆这些单词。虽然在呈现时这些单词是杂乱无章的，但是回忆时，人们还是把联系紧密的词汇放在一起回忆。即使在呈现时把“桌子”和“椅子”用 17 个其他单词分隔开，回忆时被试还是将它们放在了一起。而且，词表中各对单词之间的联系越紧密，准确再现的比例越高。因此可以证明，被试在刺激呈现时就已经根据刺激之间的语义联系将它们组织在一起了。

除了语义编码外，为了使信息进入长时记忆，人们有时还借助语言的某些特点，如发音、字形等，对信息进行编码。如记忆农历二十四节气时，把它们组成有韵律的口诀“春雨惊春清谷天，夏满芒夏暑相连，秋处露秋寒霜降，冬雪雪冬小大寒”，这样就容易记得多了。另外，在学习无关联的材料时，如果既不能分类也没有联想意义上的联系，个体会倾向于采取主观组织（subjective organization）对材料进行加工。有研究先让被试学习一系列无关联的词语，然后进行自由回忆。结果发现，被试在反复多次的回忆中，有以相同类型词语回忆单词的倾向。这表明被试在头脑中把词表中的项目进行了主观组织。这种主观组织将分离的项目构成一个有联系的整体，从而使其更好地存储在长时记忆中。因此，长时记忆以语义编码为主要形式，并辅以其他编码形式。

（二）影响长时记忆编码的主要因素

1. 编码时的意识状态

研究发现，有意编码的效果一般优于自动编码的效果。这可以用一个简单的实验来证明。给被试呈现不同颜色的字母，如 O、B、P、C、M、O、R、B，要求被试记住其中有几个字母 O。但是，在测试时，不仅问被试有几个字母 O，还问他字母是什么颜色，除 O 外还有哪些字母。结果表明，在有意编码的情况下，被试对字母 O 的数量回答得最准确；对其他问题，或错误较多，或回答不出来。这说明，没有记忆的意图，编码的结果往往不够准确。当然，也有实验证明，当编码过程中伴随着有组织的活动时（如评价字母的颜色是否令人愉快），自动编码也能取得较好的学习效果。

2. 加工深度

研究表明，对信息的加工深度不同，记忆的效果也将不同。在对信息（如单词）进行较深层的语义分析（如分析单词的语义是否适合它所在的句子）后，记忆效果要好于只对信息进行简单的物理特征分析（如分析一个词是否与另一个词押韵）。按照加工理论水平，与维持性复述相比，精细复述是对信息进行更深层的加工，所以能导致更好的记忆效果。

添加连接的最好方法之一是在编码材料时详细阐述该材料的含义。对意义的编码越深入或越详细，由此产生的记忆就越好。因此，如果你必须记住教科书上提出的观点，那么你专注于它的意义会更好地回忆起来，而不是专注于确切的单词。你对它的意义阐述得越深入，你就越能回忆起它。

布拉德肖和安德森（Bradshaw & Anderson）的一个实验说明了其中的一点。让实验参加者阅读有关名人的事实，接下来要求他们回忆，比如“在莫扎特生命中的一个关键时刻，莫扎特完成了从慕尼黑到巴黎的旅程”。某些事实或是根据它们的原因或是后果来精细加工的，比如“莫扎特想要离开慕尼黑以避免一场浪漫的纠缠”。其他的事实则被单独提出来。接下来，研究者测试参加者对事实的记忆（而不是精细加工）。参加者回忆起的经过精细加工的事实比单独呈现的事实更多。大概在将原因（或结果）添加到他们的记忆表征中时，参加者以下列方式设置了从原因到目标事实的检索路径：

莫扎特从慕尼黑旅行到巴黎。

莫扎特想避免在慕尼黑的浪漫纠缠。

在回忆时，参加者既可以直接检索目标事实，也可以通过追踪其原因中的路径来间接检索目标事实。即使他们忘记了目标事实，如果他们检索到了原因，他们也可以推断出来。

像这样的结果在理解和记忆之间建立了一种密切的联系。我们越了解材料，在材料的各部分之间，我们看到的联系就越多。因为这些连接可以作为提取链接，我们越能理解项目，就能记住得越多。

二、长时记忆的信息存储

（一）存储

信息经过编码加工后，在头脑中存储，虽然是有秩序的，但并非像文件在保险柜里存放那样一成不变。信息的存储过程是一个潜在的动态过程，随着时间的推移以及后来的经验的影响，在质和量上均会发生某些变化。

在量的方面，存储信息的数量随时间的推移而日趋减少。当然也有特殊情况存在，主要表现为记忆恢复现象，也就是说，学习某种材料后间隔一段时间所测量到的保持量比学习后立即测量得到的保持量要高。这种现象在儿童期比较普遍，随着年龄的增长，记忆恢复现象将会逐渐消失。

在质的方面，由于每个人的知识经验不同，加工、组织经验的方式也不同，人们存储的经验会出现不同形式的变化：（1）内容比原来识记的内容更简略、更概括，一些不太重要的细节趋于消失，而主要内容和显著特征得以保持；（2）内容比原来识记的内容更完整、合理和有意义；（3）内容变得更加具体，或者更加夸张和突出。

英国心理学家巴特莱特的实验（Bartlett，1932）说明了这种变化。他让第 1 个被试看一张图，隔半小时后要他凭回忆画出来，然后把他画出来的图给第 2 个被试看，隔半小时后要求第 2 个被试凭回忆画出来，以此类推，直到第 18 个被试，图 5－9 所示的就是第 1、2、3、8、9、10、15、18 个被试所画出的图形。从第一个被试识记的非鸟非猫的模式图形，经过 18 个人的记忆改造，变成了一只猫的形象。

图 5－9　巴特莱特实验示意图

（Bartlett，1932）

形象记忆的内容在保持的过程中会受到改造甚至歪曲，文字材料的保持更是如此。巴特莱特在另一个实验中，让被试阅读一篇印第安民间故事《幽灵的战争》，过了一段时间，让他们把故事回忆出来。结果发现，经常阅读鬼怪故事的被试在回忆中增加了许多关于鬼的内容和细节，而受过逻辑学训练的被试在回忆中则大量删去了鬼的内容，使故事更合乎逻辑。识记的内容与回忆的内容之间的差异，恰恰表明信息在头脑中的保持不是静止的，而是一个动态的、变化的过程。

（二）信息存储的条件与方法

与遗忘进行斗争的首要条件是组织识记后的复习。复习在存储中有很大的作用。前面我们讲过，刺激物的重复出现是短时记忆向长时记忆转化的条件，经过复述的信息才可能进入长时记忆。

三、长时记忆的提取

许多被长时记忆遗忘的情况都是缺失了信息的提取，而不是由于信息本身的丢失。也就是说，记忆不足通常反映了提取失败，而不是记忆失败。（请注意，这与工作记忆不同，在工作记忆中，遗忘是衰退或消失的结果，而提取被认为是相对没有错误的。）试图从长期记忆中提取某个信息就像在大型图书馆里找到一本书。没有找到这本书并不一定意味着它不在那里：你可能找错了地方，或者这本书可能只是被放错了地方。

（一）提取失败的证据

我们的日常经验为提取失败提供了相当多的证据。在某种程度上，我们所有人都无法回忆起一个事实或经历，只是后来才想到它。比如，你在大街上遇到一个朋友却怎么也想不起他的名字。另一个例子是“舌尖”（tip-of-the tongue）现象，即一个特定的词或名字超出了我们回忆它的能力范围（Brown & McNeill，1966），我们可能会备感郁闷，直到搜索记忆（挖掘并丢弃那些接近但不完全正确的单词）最终找到正确的单词。

为了获得更有力的证据表明提取失败会导致遗忘，请参考以下实验。参与者被要求记住一长串的单词。有些词是动物的名字，如狗、猫、马；有些是水果的名字，如苹果、橘子、梨子；有些是家具的名称；以此类推（见表 5 - 1）。在回忆时，参与者被分为两组。其中一组被提供了诸如“动物”“水果”等提取线索；另一组即对照组则没有。得到提取线索的那组比对照组回忆了更多的单词。在随后的测试中，当两组人都得到提取线索时，他们回忆的单词数量相同。因此，两组之间最初的回忆差异一定是由于提取失败。没有得到提取线索的参与者比其他得到线索的参与者从记忆列表中回忆起的单词更少。这一发现表明，在长期记忆提取阶段的问题是导致一些记忆失败的原因。

表 5 - 1　记忆测验单词表①

需要记住的列表		
狗	棉花	油
猫	木头	瓦斯
马	丝绸	煤
牛	人造纤维	木头
苹果	蓝色	医生
橘子	红色	律师
梨子	绿色	教师

① TULVING，E，PEARLSTONE Z. Availability versus accessibility of information in memory for words [J]. Journal of Verbal Learning and Verbal Behavior，1966，5：381 - 391.

续上表

需要记住的列表		
香蕉	黄色	牙医
椅子	刀	足球
桌子	勺子	棒球
床	叉子	篮球
沙发	平底锅	网球
刀	锤子	衬衫
手枪	锯子	袜子
步枪	钉子	裤子
炸弹	螺丝刀	鞋子
提取线索		
动物	布料	燃料
水果	颜色	职业
家具	工具	运动
武器	餐具	服装

总之，提取线索的有效性越好，我们的记忆就越好。这一原理解释了为什么我们通常在再认测试中比在回忆测试中做得更好。在一个再认测试中，我们被问及之前是否见过某件特定的物品（例如，“贝西·史密斯是你在婚礼上遇到的人之一吗?”），测试项目本身是我们对该项目的记忆的一个很好的提取线索。相比之下，在回忆测试中，我们必须使用最小的提取线索（例如，“回忆一下你在聚会上遇到的女人的名字”）。由于识别测试中的提取线索通常比回忆测试中的更有用，因此识别测试（如多项选择题考试）的表现通常比回忆测试（如作文考试）更好。

（二）长时记忆的干扰

在影响提取的因素中，最重要的是干扰。如果我们将不同的项目与相同的线索关联起来，那么当我们试图使用该线索来提取其中一个项目（目标项目）时，其他项目可能会变得活跃起来，并干扰我们对目标项目的提取。例如，如果你的朋友李明搬家了，你终于知道了他的新电话号码，你会发现很难找到旧的号码。为什么？因为你正在使用提示“李明的电话号码”来提取旧号码，但这个提示激活了新号码，这干扰了旧号码的提取（这被称为追溯性干扰）。或者假设你在停车场里用了一年的车位被改变了。起初，你可能会发现很难从记忆中找到你的新停车位。因为你试图学习将你的新位置与提示“我的停车位”联系起来，但是这个提示提取了旧的位置，这干扰了对新位置的学习（前摄干扰）。在这两个例子中，提取线索（“李明的电话号码”或“我的停车位”）激活特定目标项目的能力随着与这些线索相关的其他项目数量的增加而减少。与线索相关的项目越多，它就越超负荷，它在帮助提取方面的效果就越差。

许多实验表明，如果目标项目较弱或干扰较强，干扰会导致完全提取失败（Anderson，1983）。事实上，长期以来人们一直认为干扰是忘记长期记忆随着时间的推移而增加的主要原因：相关的提取线索随着时间的推移而变得越来越超负荷（见图5-10）。

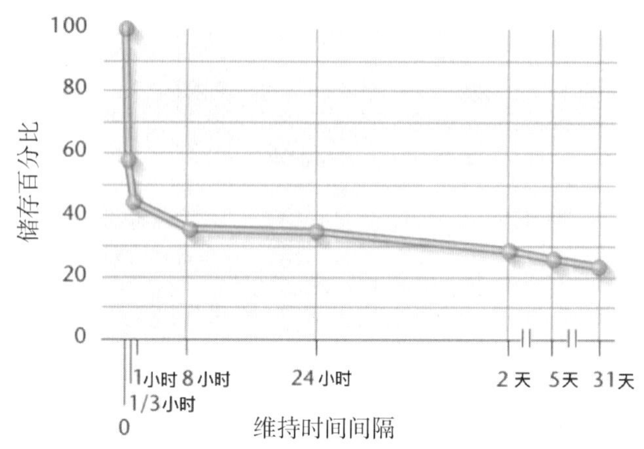

图5-10　遗忘随时间变化

（艾宾浩斯，1885）

（三）提取的模型

为了试图解释干扰效应，研究人员开发了多种提取模型。与短期记忆提取模型一样，一些长期记忆提取模型基于搜索过程，而另一些模型则基于激活过程。

四、长时记忆的遗忘

（一）遗忘的一般概念

记忆保持的最大变化是遗忘（forgetting）。遗忘和保持是矛盾的两个方面。记忆的内容不能保持或者提取时有困难就是遗忘，如识记过的事物，在一定条件下不能再认和回忆，或者再认和回忆发生错误。遗忘有各种情况：能再认不能回忆叫不完全遗忘，不能再认也不能回忆叫完全遗忘，一时不能再认或重现叫临时性遗忘，永久不能再认或回忆叫永久性遗忘。

（二）遗忘的进程

德国心理学家艾宾浩斯1885年最早进行了关于遗忘的心理学研究，他受费希纳的《心理物理学纲要》的启发，采用自然科学的方法对记忆进行了实验研究。从那以后，记忆就成了心理学中研究最多的领域，艾宾浩斯就成为发现遗忘规律的第一人。

从表5-2中我们可以看到，遗忘在学习之后立即开始，遗忘的过程最初进展得很快，以后逐渐缓慢。例如，在学习20分钟之后遗忘就达到了41.8%，而在31天之后遗忘仅达到78.9%。根据这个研究，他认为“保持和遗忘是时间的函数”。他还将实验的结果绘成曲线，这就是著名的艾宾浩斯遗忘曲线（the curve of forgetting）（见图5－11）。这条曲线揭示了遗忘的规律。即，遗忘的进程不是均衡的，它在学习之后立即开始，而且进展很快，以后才逐渐变慢。到了一定时间以后，几乎就不再遗忘了。后来，人们用不同的实验材料、采用不同的被试重复了他的实验，所得结果和艾宾浩斯的结论大体相同。

表5－2　遗忘的进程

次序	时距/小时	保持的百分比/%	遗忘的百分比/%
1	0.33	58.2	41.8
2	1	44.2	55.8
3	8.8	35.8	64.2
4	24	33.7	66.3
5	48	27.8	72.2
6	144	25.4	74.6
7	744	21.1	78.9

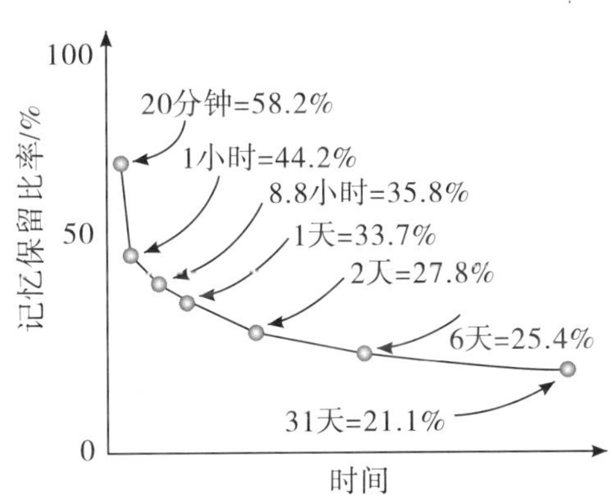

图5－11　艾宾浩斯遗忘曲线

（三）遗忘的影响因素

遗忘的进程不仅受时间因素的影响，还受到许多其他因素的影响，主要有以下几个方面。

1. 识记材料的性质与数量

一般认为，对形象的材料比对抽象的材料遗忘得慢；对有意义的材料比对无意义的材料遗忘要慢得多；在学习程度相等的情况下，识记材料越多，遗忘得越快，识记材料越少，则遗忘较慢。

2. 学习的程度

一般认为，对材料的识记没有一次能达到无误背诵的标准，称为低度学习；如果达到刚刚能背诵标准之后还继续学习一段时间，称为过度学习。实验证明，低度学习的材料容易遗忘，而过度学习的材料比刚刚能背诵的材料记忆效果要好一些。

3. 识记材料的系列位置

人们发现在回忆系列材料时，材料的顺序对记忆效果有重要影响。在一项实验中，实验者要求被试学习 32 个单词的词表，并在学习后要求他们进行回忆，回忆时可以不按原来的先后顺序。结果发现，最后呈现的项目最先回忆起来，其次是最先呈现的那些项目，而最后回忆起来的是词表的中间部分。在回忆的正确率上，最后呈现的词遗忘得最少，其次是最先呈现的词，遗忘最多的是中间部分。这种在回忆系列材料时发生的现象叫系列位置效应（serial position effect）。最后呈现的材料最易回忆，遗忘最少，叫近因效应（recency effect）。最先呈现的材料较易回忆，遗忘较少，叫首因效应（primacy effect）。这种系列位置效应已被许多实验证实（见图 5 – 12）。

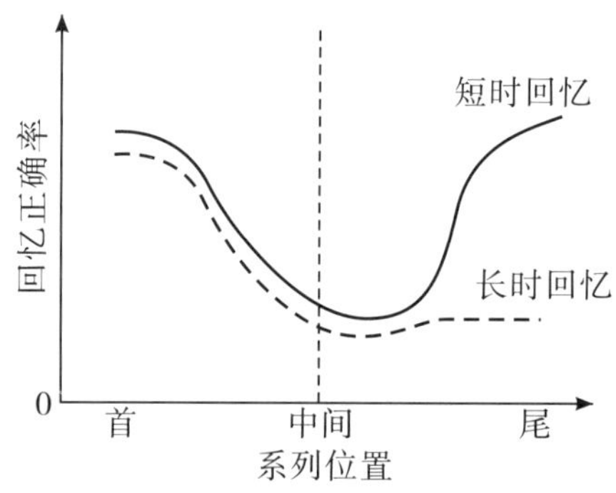

图 5 – 12　记忆的系列位置效应

4. 识记者的态度

识记者对识记材料的兴趣、需要等，对遗忘的快慢也有一定的影响。研究表明，在人们的生活中，不占重要地位的、不引起人们兴趣的、不符合个人需要的事情容易被遗忘。

五、长时记忆的类型

（一）情节记忆与语义记忆

1972 年，加拿大心理学家图尔文（E. Tulving）提出了情节记忆和语义记忆系统的分类，将长时记忆分为两个独立而又相互关联的系统。

1. 情节记忆与语义记忆的定义

情节记忆（episodic memory）是接受和储存时间上可以确定的事件或情节以及这些情节或事件之间的时空关系的记忆系统。是个体对自己亲身经历的事件的记忆，是一种“自传性”的记忆。例如，“我记得去年夏天我游览了西湖”“我读过小说《围城》”等等都属于情节记忆。

语义记忆（semantic memory）则是必须利用语言的记忆，它是个体拥有的关于词和其他语言符号，它们的意义和指称、词或言语符号之间的关系以及有关运用这些符号、概念和关系的规则、公式和算法的记忆系统，语义记忆与时间无关。比如，当你回忆起人体血液循环系统或数学公式时，你正是利用了语义记忆系统。

2. 情节记忆与语义记忆的联系与区别

情节记忆系统和语义记忆系统之间的关系是一种特殊的关系。情节记忆系统依赖但又超越语义记忆能力，在语义记忆缺失的情况下，情节记忆是无法运转的，但是情节记忆系统能够完成语义记忆系统不能单独完成的任务，另一面，语义记忆系统在情节记忆系统缺失时也能够运转，或者说，它能不依存于情节记忆系统而单独运转。[①]语义记忆系统和情节记忆系统的区别主要表现在三个方面，即信息方面、操作方面和应用方面。

首先，从信息方面来看，虽然来自外部环境的信息和知识都要通过感觉系统才登记在情节记忆系统和语义系统中，但这两种记忆系统直接接受的信息来源是不同的。情节记忆系统中信息是通过感觉直接登记到该系统的，而在语义记忆系统中，信息的登记还要通过理解。情节记忆中信息的单位是事件、情节，而语义记忆中信息的单位是事实、观念和概念。在情节记忆中，信息或知识的组织是时间性的，某个事件与其他事件在时间上有着先后关系，或先于其他事件发生，或与其他事件同时发生，或在其他事件之后发生。而在语义记忆中，信息和知识是根据概念、关系和类别等来组织的。在情节记忆中的信息与自我有着密切联系，总是以“我去干了什么”“我看到了什么”等话语组织起。在情节记忆中，信息是否可靠是由个体的确信来保证，即个体确信自己所亲身经历的事件的记忆是可靠的，而语义记忆中信息的可靠性有赖于社会的共同约定。

其次，从操作方面来看，信息是以经验形式直接登记在情节记忆系统中的，而信息在语义记忆系统中则是以符号形式间接登记的。情节记忆具有即时的、直接的时间性编码，如“我昨天收到了母亲的信”。而语义记忆则缺乏时间性编码，即便有的话，也是间接的、抽象的甚至坍缩的。比如，“公元前221年，秦始皇统一中国”这个句子中的时间便是如此。情节记忆具有情感成分，因为个体经验常常是“情感性的”，或者说个体是在特定的情绪状态下获得各种经验的。有关记忆者状态的信息作为事件或情节记忆痕迹的一部分被记录下来。记忆痕迹的这种情感性成分在情节记忆提取时也起着重要作用。相比之下，语义记忆的推理能力是丰富的；情节记忆系统的操作（如编码或提取）很大程度上依赖于场合，而语义记忆系统的操作对场合的依赖性很

① TULVING E. Remembering and knowing the past [J]. American scientist, 1989, 77: 361－367.

小。情节记忆系统中的信息比较容易受其他因素的干扰，并容易变化和消失，而语义记忆系统中的信息一般保持得较好，比较稳定。情节记忆的提取需要有意识的努力，而语义记忆的提取则是自动的。情节记忆提取时的问题是："在某一时间和某一地点你做了什么?"这里的"做"指各种认知活动——看、听、知觉、想象、思维，以及各种特征或特点、某种关系、某个情境；"X 是什么?"这里 X 指某个物体，某个概念，某种特征或特点，某种关系，某个情境，等等。情节记忆中的信息在提取时往往发生改变，而语义记忆中的信息在提取时往往一般不会改变。情节记忆的提取机制是一种协同过程，在这个过程中提取环境中有用的信息，包括提取线索要与贮存在情节记忆中的信息相结合。因此，情节记忆提供的信息包括提取环境的信息和情节记忆本身贮存的信息。而语义记忆的提取机制则是一种说明过程，其中提取问题或线索主要起一种激发作用，语义记忆的提取实际上是贮存知识的说明和展开。情节记忆的回忆经验是个体记起了自己的过去，而语义记忆的回忆经验是个体提取出不属于个人的知识。情节记忆的提取报告是"记住"，语义记忆的提取报告是"知道"。

从发展顺序来看，无论是从种系发展还是个体发展上，语义记忆都要先于情节记忆。心理学家金斯伯奈（M. Kinsbourne）等人指出：情节记忆系统是一种比语义记忆系统更为高级的状态。沙赫特（D. L. Schacter）更是指出：自传性记忆（情节记忆）——即有意的回忆自己过去经历的能力——是儿童期出现得较晚的能力之一。这一点是不令人惊讶的，因为这种记忆是自我意识的一部分，是仅仅在人类中才可能发展起来的一种能力。就儿童记忆缺失症来讲，这种疾病只对情节记忆有影响，而对语义记忆影响不大。

最后，从应用方面来看，情节记忆系统在教育上应用的可能性较小，而语义记忆系统可以在教育上获得应用，人们去学校念书正是为了掌握语义知识和技能以及程序方面的知识（图尔文将后者称为程序性记忆）。而且总的来讲，语义记忆，即关于世界的知识，也比情节记忆（个体记忆）更为有用。情节记忆几乎不能用于人工技能，计算机的"记忆"不可能等同于人的情节记忆，而语义记忆可以成功地用于人工智能领域。情节是遗忘，语义记忆的经验证据是语言分析。与情节记忆有关的实验室任务是具体情节，与语义记忆有关的实验室任务是一般知识。情节记忆与记忆缺失症有关，语义记忆与记忆缺失症无关。

（二）陈述性记忆和非陈述性记忆

前面已经提及语义记忆和情节记忆的界限不是绝对的，两者都是有关事实的知识，所以有一种观点认为无须再去细分两者的类型，而可以将它们都称为陈述性记忆。所谓陈述性记忆（declarative memory）是指有关事实的知识，可以通过言传一次性地获得，经过有意的回忆就可以直接提取。例如，外语课上学习的生词、日常的生活常识，以及对各种生活事件的记忆。与陈述性记忆相对，非陈述性记忆是关于怎样去做的知识。在绝大多数情况下它们是不可言传的，如人们的各项技能。以前人们是用“程序性记忆”（procedural memory）来表达这个概念，但是近年来，心理学家认为用“非陈述性记忆”（nondeclarative memory）这个术语能更好地描述反映遗忘症病人身上所保留的学习能力。例如遗忘症病人可以学习和记住动作和知觉技能，而动作和知觉技能是典型的程序性记忆。另外，遗忘症患者还表现出正常的经典条件反射和操作条件反射并显示出语义启动效应。如果用合适的方法还可以测出他们学习新的认知任务的能力。由于遗忘症患者所表现出的这些技能，用“程序性记忆”这个说法就不大合适了，所以近来人们逐渐倾向于用“非陈述性记忆”来描述这些性质不同的学习技能。

陈述性记忆是我们可以通过有意识的过程而通达的知识，包括个人和世界知识。相对地，非陈述性记忆是那些我们无法通过有意识的过程而接触的知识，例如运动和认知技能（程序性知识）、知觉启动以及由条件反射、习惯化和敏感化引发的简单的学习行为。图5－13总结了这些不同形式的记忆之间的本质联系。

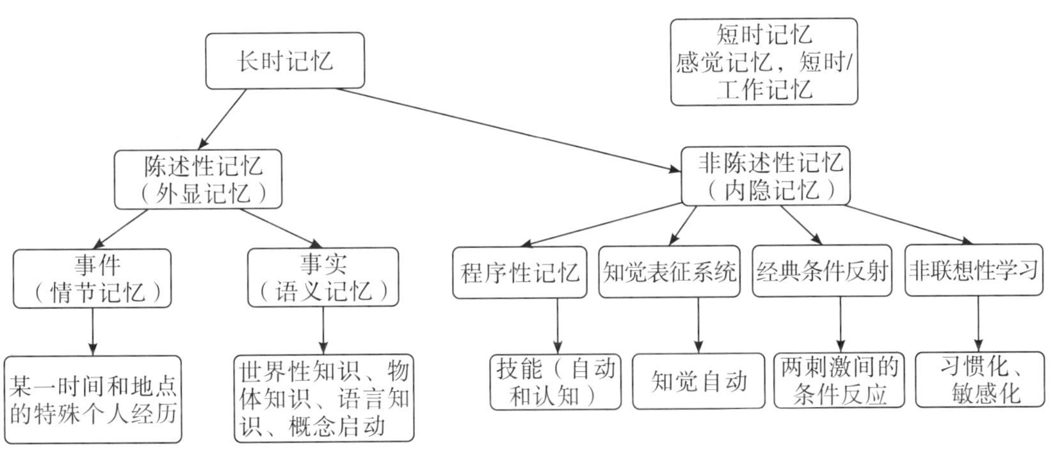

图5－13 人类记忆的假想结构（图中所示的是不同形式记忆间的相互关系）

图5－13显示的记忆分类中，非陈述性记忆又可进一步分为四种类型。第一类被称为程序性记忆，它包含各种自动化技能（例如，如何骑自行车）和认知技能（例如，如何阅读）的学习。日常生活中，我们不断学习一些技巧，形成一些固定的行为习惯。例如，我们学习弹钢琴、骑自行车和系鞋带等等。这些关于技巧或习惯的记忆就是程序性记忆，储存在纹状体、运动皮层、小脑以及它们之间形成的神经网络中。

第二类为启动效应或初始化效应。如果你在某一场合无意识地看见或听见过某一刺激，当这一刺激再次出现的时候，你辨认出它的速度会显著地更快。知觉表征系统

（perceptual representation system，PRS）是一种在感知系统中起作用的非陈述性记忆。在 PRS 中，物体和词语的结构和形式可以因先前的经验而启动。启动是指由于先前接触过某种刺激，而对该刺激的反应或识别能力发生的变化。之前出现过的物体或者词语的形式（即已启动的）比那些之前没有出现过的形式（即未启动的）更容易被识别（我们可以更快地识别它们）。

第三类为联合型学习（经典条件反射和操作式条件反射）所形成的记忆，储存于小脑、杏仁核和海马体。经典条件反射有时被称作巴甫洛夫条件反射，条件刺激（CS，对有机体的中性刺激）伴随着无条件刺激（US，可以引发有机体已建立的反应的刺激）。保持这样的组合，条件刺激可以引发出条件反应（CR），而这类似典型的由无条件刺激引发的反应（UR，无条件反应）。就如著名俄国生理学家、诺贝尔奖获得者巴甫洛夫用他的狗所做的实验，它们在听到巴甫洛夫在给它们喂食之前的铃声时就开始流口水了（见图 5 – 14）。在建立条件反射之前，铃声与食物并未关联，因此不会引起唾液分泌反应。在铃声和食物之间建立条件反射后，铃声（CS）即使在食物（US）不出现时也会引发唾液分泌。

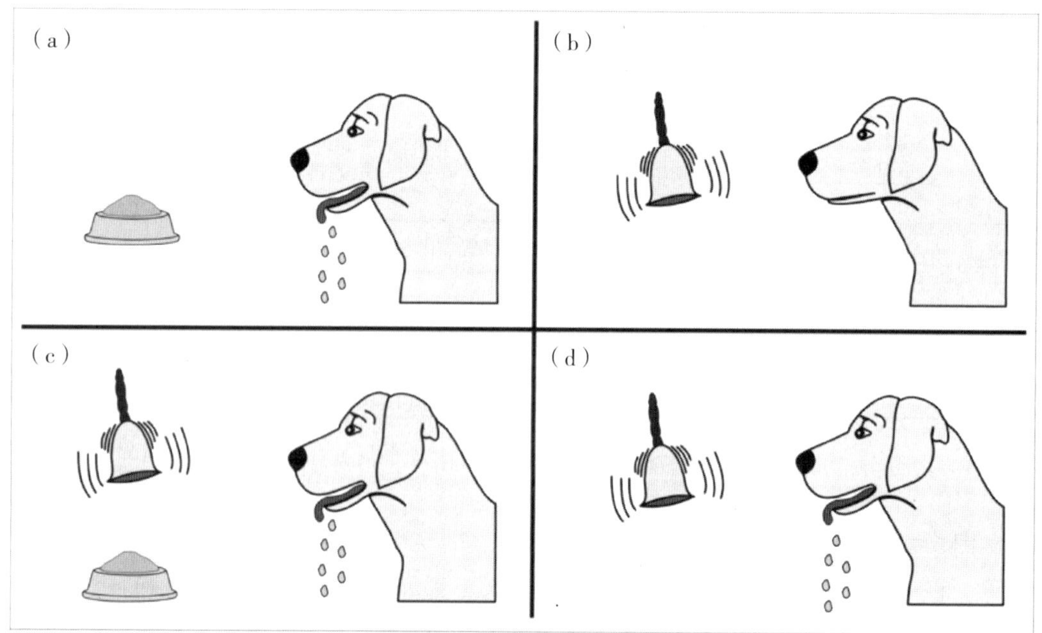

图 5 – 14　巴甫洛夫条件反射

当呈现的刺激对于动物来说没有任何意义时，例如铃声（CS），就不会出现反应（NR）[见图 5 – 4（b）]。相反，像食物这样的有意义的刺激的出现会激发非条件反射（UR）[见图 5 – 14（a）]。然而，当声音和食物搭配在一起时，动物学会了这一联系[见图 5 – 4（c）]。不久后，单独的条件刺激（CS）也可以引发反应，这一反应则被称为条件反射（CR）[见图 5 – 14（d）]。

第四类是由非联想性学习（习惯化和敏感化）所形成的记忆，存储在反射回路中。非联想性学习指虽不包含两种刺激的关联但引发行为变化的过程，由简单形式的学习组成，例如习惯化（由于刺激的重复出现而对刺激的反应降低）和敏感化（由于刺激的重复出现而对刺激的反应升高）。

（三）内隐记忆与外显记忆

一般来说，再认和回忆都涉及对过去经验的有意识提取。但有时也会出现另外一种情况，即人们并没有有意识地提取某种记忆，却在特定任务的操作中表现出记忆效果，心理学家把这种记忆称为内隐记忆。内隐记忆是指在个体无法意识的情况下，过去经验对当前作业产生的无意识的影响，有时又叫自动的无意识记忆。与此相反，外显记忆是指在意识的控制下，过去经验对当前作业产生的影响。它对行为的影响是个体能够意识到的，因此又叫受意识控制的记忆。

内隐记忆现象首先是在遗忘症患者身上发现的。沃林顿和韦斯克拉兹（Warrington & Weiskrantz）在对遗忘症患者的研究中，让患者学习一些常用的词，然后进行回忆和再认测验，结果发现他们的成绩很差。但是，如果换一种测量方式，即给出那些词的头几个字母，要求患者把这些字母补全成一个词，这时研究者发现，患者倾向于把这些字母补成刚学过的词，而不是其他的词。这意味着，患者存在着一种自动的、不需要意识参与的记忆。

在记忆研究中，研究者通常使用再认和回忆任务来直接测量被试的外显记忆。而对内隐记忆通常使用一些间接测量方法，如残词补全、知觉辨认、词汇判断等。在这些间接测量方法中，被试在学习阶段接触了相关信息，但在测验阶段并不要求被试回忆或再认先前学习过的信息，而是要求被试补全残缺的词，辨认快速呈现的词，或者判断字符串是否为词等，研究者通过考察被试在完成这些间接测验任务中如何受到先前学习的影响，来探讨内隐记忆。

（四）自传体记忆

所谓“自传体记忆”（autobiographical memory）是个人亲历事件或生活事件的记忆，它在人类认知中建构起自我、情绪、个人意义及其交互作用的混合记忆，具有“自我参照”（self-reference）的特征。图尔文（1983）曾将自传体记忆划归为情节记忆。

布雷维（W. F. Brewer）认为[①]自传体记忆的结构可以从获得的条件（单一或重复）、表征的形式（形象的或非形象的）和信息的类型（自我的和非自我的）三个维度来体现（如表 5 - 3 所示）。

---

① BREWER W F. What is autobiographical memory? [M]//RUBIN D C. Autobiographical memory. New York: Cambridge University Press, 1986: 25 - 49.

表 5-3 自传体记忆的结构

获得条件及表征形式		信息输入的方式			
		自身—自我	视觉—空间	视觉—时间	语义
单一条件	形象的	个人记忆	特定表象（客观化）	?	感觉表象
	非形象的	自传体事实	事例图示或心理模型	事例原型或计划	事实
重复条件	形象的	一般个人记忆	一般知觉记忆	一般知觉记忆	无表象
	非形象的	自我图式	图式	脚本	知识

自传体记忆中信息的提取，被认为是一种直接搜索（directed search）的过程。从记忆中提取有关个人经历时，首先提取的是一般背景，这种一般背景是对目标经历进行编码的背景，也是被试经历的比目标经历更广泛的一般知识背景；然后在这种一般知识背景中，按照某次经历的特殊线索进行搜索，直到提取目标经历，这些线索可能是当时的活动或心理状态。

拓展阅读 2

研究揭秘婴儿健忘症（infantile amnesia）：新脑细胞覆盖老细胞

对于大多数人来说，通常很难记得婴幼儿时期的事情，尤其是三岁以前的事。婴儿健忘症现象长期以来令人们迷惑不解，也引起了科学家们的关注和研究兴趣。近日，加拿大多伦多病童医院神经生物学实验室科学家声称已揭开其中的奥秘。科学家们的最新研究成果显示，人类随着年龄的增长，新脑细胞的生长会有效地覆盖已有细胞，因而抹去了早期的记忆。

该项研究负责人、加拿大多伦多病童医院神经生物学实验室科学家凯瑟琳-阿科尔斯解释说，“婴儿健忘症是指我们对婴幼儿时期发生的事没有记忆，大多数人对两三岁时发生的事几乎没有印象。这并不是说我们在那个时期没有记忆能力。举个例子，我的女儿在三岁时能够详细地叙述去动物园、去奶奶家的路线。但是，到了五岁时，已经记不起这些了。也就是说，这些记忆很快忘记掉了”。

由于海马体对于记忆很重要，因此科学家们一直致力于研究新的神经元在新的记忆中所起的作用。最新研究认为，当新的神经元融入海马体时，它们也影响现有的记忆。特别指出的是，当新的神经元融入时，它们肯定会重塑海马体回路，这种重塑也可能导致现有回路中存储记忆的减弱。

阿科尔斯通过人工提升成年实验鼠神经元水平的研究来验证这一想法。“我们推测海马体神经元的水平会影响稳定的记忆存储。婴幼儿时期实验鼠能够存储记忆，但神经元数量的增加会覆盖这些信息，因此会忘记。在我们的研究论文中，我们列举了大量证据证明这一说法，即婴幼儿时期实验鼠，如果神经元减少，相应地会导致记忆的增加。相反，则会导致忘记。”

思考与实践

1. 简述记忆的基本概念和类型。
2. 简述感觉记忆和部分报告法。
3. 简述工作记忆和组块的基本内涵。
4. 简述长时记忆的基本概念、类型和遗忘机制。
5. 简述情节记忆和语义记忆。

参考文献

[1] 杨治良，郭力平，王沛，等．记忆心理学［M］．2版．上海：华东师范大学出版社，1999.

[2] 彭聃龄．普通心理学［M］．5版．北京：北京师范大学出版社，2019.

[3] 格里格，津巴多．心理学与生活：第19版［M］．王垒，等译．北京：人民邮电出版社，2016.

[4] MILLER G A，GALANTER E，PRIBRAM K H．Plans and the structure of behavior［M］．New York：Holt，Rinehart & Winston，Inc.，1960.

[5] BADDELEY A．Working memory：looking back and looking forward［J］．Nature reviews neuroscience，2003，4（10）：829－839.

[6] ATKINSON R C，SHIFFRIN R M．Human memory：a proposed system and its control processes［M］//SPENCE K W，SPENCE J T．The psychology of learning and motivation．New York：Academic Press，1968（2）：89－195.

[7] ARNSTEN A F T．The neurobiology of thought：the groundbreaking discoveries of Patricia Goldman-Rakic 1937－2003［J］．Cerebral cortex，2013，23（10）：2269－2281.

[8] ABEN B，STAPERT S，BLOKLAND A．About the distinction between working memory and short-term memory［J］．Frontiers in psychology，2012，3：301.

[9] BADDELEY A．Working memory［J］．Science，1992，255（5044）：556－559.

[10] ENGLE R W，TUHOLSKI S W，LAUGHLIN J E，et al．Working memory，short-term memory，and general fluid intelligence：a latent-variable approach［J］．Journal of experimental psychology，1999，128（3）：309－331.

第六章　语言和言语

学习目标

1. 掌握语言和言语的含义、关系、类型；
2. 掌握语言的生物和生理基础；
3. 掌握语言产生的心理机制；
4. 掌握语言的发展阶段；
5. 了解语言获得理论。

章节提要

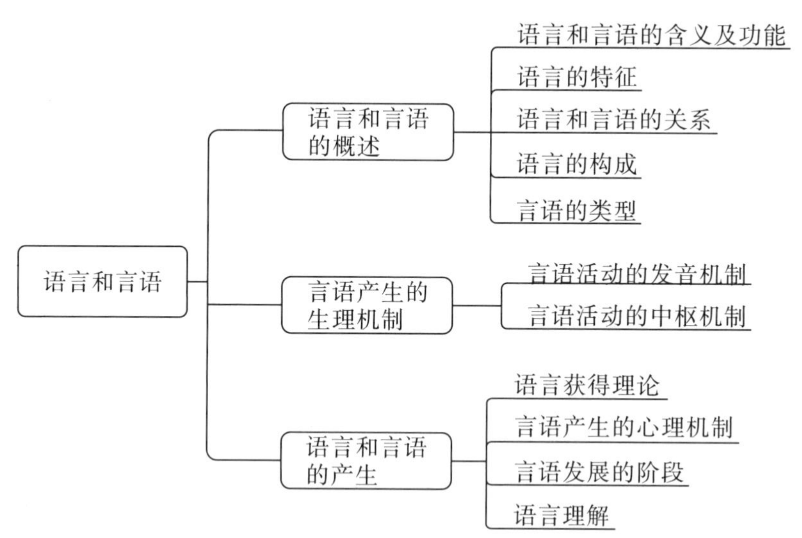

第一节　语言和言语的概述

一、语言和言语的含义及功能

（一）语言的含义

语言是人类最重要的交际工具，也是人进行思维的工具。语言是一种社会现象，是一种符号系统，它包括语音系统、词汇系统和语法系统。例如，汉语、英语、俄语、法语、土耳其语等。语言的基本结构材料是词，词是一种符号，是一定事物的标志，词按照一定的语法规则进行组合，形成有意义的短语或句子，这些短语或者句子是人类沟通和交流最有效的工具之一。

（二）言语的含义

言语是人运用语言材料和语言规则进行的交际活动的过程。人为了进行交际，会使用汉语、英语或者日语等各种语言，通过说、听、写、读的活动，进行言语活动。

（三）语言的功能

语言功能最初由语言学家马泰休斯和人类学家马林诺夫斯基等人提出。语言学家们所讨论的语言功能都是抽象意义上的功能，是在对现实生活中语言使用情况的观察和总结的基础上概括出来的。具体来说，语言具有如下功能。

1. 语言具有交际的功能

语言的首要功能是用于人类交流，语言符号的交际功能是其本质功能，它是应社会交际的需要而产生的。人类使用语言表情达意，实现思想、情感的交流，维系必要的人际关系，言语活动是生产、生活不可缺少的工具。

2. 语言具有文化传承的功能

没有文字的时代，人类通过口耳相传的方式将自己的思想、情感以及生活经验传递给他人和后代，在漫长的历史发展过程中进行了一定的积累。但是，这种文化的传承和积累具有很大的风险，一旦口耳相传的过程断裂，相应的文化知识也会失传，因此，文字的出现为人类的发展和进步带来了新的希望。通过文字的记载和传承，人类丰富的知识经验能够得以长久、广泛地传承。因此，语言具有文化传承的功能，加快了社会的进步和发展。

3. 语言是思维的工具

语言与思维是密不可分的。首先，思维过程需要语言来实现它的功能。人类思维包括概念、判断、推理等过程，而语言正是承载思维过程的工具，是实现这一过程不可缺少的媒介，而且思维结果也需要语言去表达。其次，语言还能塑造思维，影响人们的思维方式。具有不同语言的人们，在思考时受到各自语言特性的影响。

（四）言语的功能

1. 言语的符号固着功能

言语的符号固着功能指人们言语中的每一个词都代表一定的对象。如“车”“建筑”等都是某一类特定对象的称呼。

2. 言语的概括功能

任何一个词都代表着一类事物和一类现象，是具有概括性的。例如，“兔子”这个词既代表王家的兔子，又代表张家的兔子，是一切具体兔子的总称。

3. 言语的交流功能

言语是人类社会最重要的交际工具。每个社会，无论是经济发达的社会，还是经济十分落后的社会，都必须有属于自己的言语，都离不开言语这个交际工具，言语是组成社会必不可少的一个因素，是人类与动物相区别的重要特征之一。言语是联系社会成员的桥梁和纽带。没有言语，人类无法交际，人与人之间的联系就会中断，社会就会“崩溃”而不复存在。人们在言语活动中传递知识，唤起他人同样的思想和情感，也让他人感受到说话者的意图。

二、语言的特征

1. 语言具有创造性

语言的创造性表现在两个方面。首先，语言是人类区别于其他动物的一种特殊能力。语言是人类在漫长的历史长河中，为了适应生产和群居生活而创造的一种符号系统。虽然研究者尝试训练黑猩猩等灵长类动物的语言能力，但是它们根本不能根据情景创造性地使用语言符号系统。另外，语言的创造性还表现在，虽然词汇的数量有限，但是通过语法规则，人们能够产生无数的语句，并且能够理解这些语句。

2. 语言具有结构性

语言的结构性是指每一种语言都受到规则的约束，没有一种语言只是离散的、孤立的符号。只有使用特定的语法规则把单独的词汇结合起来，才能形成有意义的语句，才能用于交流。例如，“我在学校工作”符合语法规则，但是“我工作在学校”就不符合语法。另外，每种语言的语法规则往往和其他语言的语法规则不相同。

3. 语言具有意义性

在语言中，通常用词表示简单的意义，用句子表示复杂的意义。但是，语言的意义和语言符号的结合是任意的。也就是说，语言产生的最初阶段，用什么声音表达什么意义没有规则可言，不过一旦两者建立联系并应用后，符号和意义之间的对应关系就有很大的强制性了。例如，对于人和某些动物身体最上面的部位，在汉语中用“头”表示，而在英语中用“head”表示。

4. 语言具有指代性

语言的指代性是指语言的各种成分都能指代一定的事物或者抽象概念。例如，“铅笔”“高山”等能指代客观事物，“跳跃”“攀岩”等能指代动作行为，“美丽的”“干净的”等能指代事物的性质，“正义”“茂盛”等能指代抽象概念。语言各成分的指代性使语言符号有实际的意义，便于交流。

5. 语言具有社会性

语言是人类在生产实践过程中产生和发展起来的，它是一种社会现象。人们用约定的语言符号和规则来传递知识、表达意愿和沟通情感。语言是一种重要的社会交际工具，在交际过程中语言会产生新的词汇，例如“神马”“浮云”这类网络词汇，就是在人们交际过程中产生的新生词汇。

6. 语言具有个体性

因为进行语言交流的人是不同的，所以语言必然带有个体的特点。例如，有的人表达能力强，能够滔滔不绝、绘声绘色地表达自己的思想和情感；而有的人则不善于表达，说出来的话比较简单，内心的想法很难准确表达；还有的人说话鼻音较重，而有的人咬字清晰。可见，语言既具有社会性，也具有个体性的特点。

拓展阅读 1

能教动物学会语言吗？①

心理学家已经在教动物学习语言方面做了一些探索，其中成功和失败的情况都有。

在教黑猩猩说话方面，一些早期的实验结果令人沮丧。一只取名叫维吉的黑猩猩创造了最早的动物学习语言的世界纪录，但是，经过6年的集中学习，它一共只学会了四个词：“爸爸”“妈妈”“杯子”和“上面”。实际上，维吉发这四个词的音时，简直像打嗝。显然，黑猩猩缺乏人类说话中所需的声控功能。当研究者加德纳夫妇（Beatrice Gardner & Aller Gardner）意识到也许学习手语对黑猩猩更适合之后，才迎来了真正的成功。加德纳夫妇运用操作性条件作用和模仿原理教一只取名华肖的雌性黑猩猩学习美式手语。令加德纳夫妇感到高兴的是，华肖的交流技能与日俱增，很快它开始能组成一些原始性的字符串，如“来—给—糖”“外面—请”“打开—食物—喝”，等等。华肖最多时掌握了240个手语词汇，能够造出多达6个词的句子。

在学习人类语言方面，另一位明星是一只名叫莎拉的雌性黑猩猩。在磁力黑板上，研究者普雷麦克（David Premack）教莎拉学习由塑料片组成的130个

① 库恩. 心理学导论：思想与行为的认识之路：第9版［M］. 郑钢，等译. 北京：中国轻工业出版社，2004：396－398.

“词”，从训练一开始，就要求莎拉使用正确的词序。不久，莎拉便学会了回答问题，标明事物是否相同，按照颜色、形状、大小对物体进行分类，并能造出复杂的句子。莎拉的最高成就之一是学会了使用条件句（conditional statement）。这里所谓的条件句是指包含一个前提的句子，通常以“如果……就……”的形式出现，例如，“如果莎拉拿来苹果，玛丽就把巧克力给莎拉”，或“如果莎拉拿来香蕉，玛丽就不给莎拉巧克力”。

可以断言黑猩猩能够与人进行真正的交流吗？

许多与黑猩猩打交道的研究者认为，他们与黑猩猩之间有真正的交流。尤其令人吃惊的是，黑猩猩能做出及时的反应。有一次，华肖爬上心理学家福茨（Roger Fouts）的肩膀后居然撒了一泡尿。当福茨恼怒地用手语问它为什么要这样做时，它马上做了一个手势回答：“好玩！”

对“真正交流”的质疑在于，上述黑猩猩与人相互交流的情景确实有趣，但那种交流毕竟不同于真正的语言交流。因此，有些心理学家对黑猩猩是否真的会使用语言提出以下疑问。首先，如果没有奖励，黑猩猩几乎“说”不出话来。因此这些专家认为，那些看来很地道、很有新意的句子不过是对问题做出的反应，或者纯粹是对训练者手势的模仿。其次，黑猩猩做出的可能只是对食物、玩耍机会及其他“好处”的操作性条件反应，黑猩猩反应的目的是从训练员那里得到它们想要的东西。

黑猩猩是不是为了得到吃的东西才与人类交流呢？心理学家福茨夫妇（Roger Fouts & Debbi Fouts）认为他们可以回答这个问题。他们曾对黑猩猩之间的大约 6 000 个对话记录进行了分析，结果发现其中只有5%的对话与食物有关。他们还用录像机录下了黑猩猩之间的对话，证明在没有人在场的情况下黑猩猩们也用学得的手语进行交流。

在使用特殊符号系统教黑猩猩“说话”的研究中发现，黑猩猩不只是模仿人类。在与人类的“对话”中，它们会用符号来表达同意、兴奋、提出要求或承诺、挑出可供选择的物体等。总之，它们与人类能够进行真正的对话，能够在对话中使用符号进行信息交流。综上所述，福茨夫妇相信黑猩猩们并不只是为了得到吃的东西才进行交流。

三、语言和言语的关系

（一）语言和言语的联系

语言和言语是密切联系的。言语不可能离开语言而存在，离开语言这种工具，人就无法表达自己的思想或意见，也就无法进行交际活动。语言也离不开言语，因为任何一种语言都必须通过人们的言语活动才能发挥其交际工具的作用；一旦某种语言不再被人们用来进行交际，它终究要从社会上消失掉。总之，语言和言语是密切联系的。

（二）语言和言语的区别

语言和言语是有区别的。语言是工具（交际和思维的工具），是一种社会事实，是一种表达观念的符号系统；言语则是对这种工具的运用，突出表现为具有个性特征，是个人说话行为的产品。语言是社会现象，语言的语音系统、词汇系统和语法系统是从全体社会成员的言语交际中抽象概括出来的，因而具有较大的稳定性；言语是心理物理现象，具有个体性和多变性。

四、语言的构成

语言主要分为口语、书面语和手语，其中口语主要由语音、语义、语法和语用组成，下面具体介绍口语每一种结构的含义与特征。

（一）语音

语音，即语言的物质外壳，是语言的外部形式，是最直接地记录人的思维活动的符号体系，它是人的发音器官发出的具有一定社会意义的声音。[①] 也有研究者指出语音是指人类通过发音器官发出来的、具有一定意义的、目的是用来进行社会交际的声音。[②] 任何一种自然语言都是有声的，语音是负载着一定语义信息的物质外壳，它是一种特殊的生理现象和心理现象，同时也是一种特殊的物理现象和社会现象。

语言具有生理属性、物理属性和社会属性。语音的生理属性指语音是由人的发音器官发出来的，呼吸器官是发音的原动力，主要由肺、气管、支气管组成。语音的物理属性是指一切声音的产生都源于发音体的振动。发音体振动时，会带动周围的空气或其他媒介，使之产生波动，这样就形成了音波。音波传到人的耳朵里，使鼓膜产生相应的振动，刺激听觉神经，于是人们便产生了听到声音的感觉。音波的特征由音高、音强、音长和音色决定。语言的社会属性是指任何一个语音的定义不仅根据自然属性，也根据语音符号所反映的社会意义，作为语言符号的语音，受制于某一语言系统，又反映符号意义的社会规约性，例如：英语中 father 有父亲、神父等意思，而汉语中“父亲”没有神父的意思[③]。

（二）语义

语言所蕴含的意义就是语义。简单地说，符号是语言的载体，然而符号本身没有任何意义，只有被赋予含义的符号才能够被使用，这时候语言就转化为了信息，而语言的含义就是语义。语义可以简单地看作是数据所对应的现实世界中的事物所代表的概念的含义，以及这些含义之间的关系，是数据在某个领域上的解释和逻辑表示。

---

① 胡黎娜．播音主持艺术发声［M］．修订本．北京：中国广播影视出版社，2018：2.

② 邵敬敏．现代汉语通论［M］．2 版．上海：上海教育出版社，2007：20.

③ 吴燕侠，等．语言学理论实用教程［M］．成都：西南交通大学出版社，2020：55.

首先，语义一般指代的是词语的表面含义，例如“森林”是指以乔木为主体的生物群落，是集中的乔木与其他植物、动物、微生物和土壤之间相互依存相互制约，并与环境相互影响，从而形成的一个生态系统的总体。其次，语义指词语组合形成的字面意思，例如有一个外国人给一个中国人打电话说：“您好，您现在方便接电话吗?”中国人回答说：“不好意思，我现在正在方便，不方便接听您的电话。”老外有点不太理解，继续追问：“那您现在方不方便接听我的电话?”中国人强调：“我正在方便，不方便接听，等我方便的时候，您再打过来吧!”在这个案例中，“方便”一词的含义因为进行了不同的组合以及在不同的语境中而发生了不同的变化，所以所表达的意思也就完全不同了。

（三）语法

语法是用词造句的规则，这种规则是客观存在于一种语言之中，是语言在长期发展过程中形成的，说这种语言的全体成员必须共同遵守。语法规则是大家说话的时候必须遵守的习惯，不是语言学家规定的。

语法具有抽象性、系统性和民族性的特点。语法的抽象性是指语法是从众多的语法单位的组合里抽象出其中共同的组合方式和类型及如何表达语义。例如：当人们想表达自己并不觉得冷但是妈妈一定要自己穿多几件衣服的感慨时，会说“有一种冷叫作妈妈觉得你冷”；当儿女想表达对父母依恋时，会说“有一种幸福叫陪伴”；当有情人不能终成眷属，又会说“有一种爱叫放手”等。从中归纳出这些表达的语言结构“有一种 X 叫 Y”。语法的系统性是指不同语法规则是紧密联系着的，而且各有各的使用范围和适用条件，在使用一条语法规则的同时，不能违反其他语法规则。语法单位一个接着一个组合起来的规则是语法的组合规则，语法归类的规则是语法的聚合规则。语法的组合规则和聚合规则共同构成一种语言的语法规则。语法的民族性是指语法的人文属性，有明显的民族特点。不同民族的语言具有不同语法结构，例如“我在学校工作”在汉语中就是说成“我在学校工作”，主语与谓语之间会放置状语；然而在英语中这句话就应该表述为“I work in a school”，在英语的表达中，主语谓语放在一起，状语则放置在谓语的后面，由此我们可以看出，不同民族的语法习惯是有所不同的。

（四）语用

语用指在交际环境下语言的运用和理解，即语言形式在具体语言环境中的实际运用和意义。例如，“今天是星期天”用于以下不同的对话场景，说话人的意图或话语意义不一样。

（1）丈夫：我去办公室啦。妻子：老公，今天是星期天。

（2）丈夫：看一下有没有足球比赛。妻子：喂，今天是星期天!

（3）父亲：今天哪儿也不想去。女儿：老爸，今天是星期天。

第一句，妻子话语意思是提醒丈夫，星期天不用去办公室；第二句，妻子话语除了提醒还有强调，星期天不是看有没有足球赛；第三句，女儿话语意思是想要求父亲，星期天应该出去。从结构主义语言学到转换生成语法，人们着重关注语言结构，重视语言能力的描写。随着学科的发展，语言学家认识到，语言作为人类最重要的交际工具，不能只研究语言结构，而忽视研究语言运用。

五、言语的类型

言语活动可以分为两大类，分别为外部言语和内部言语，下面分别详细阐述。

（一）外部言语

1. 口头言语

口头言语即为了交际而对他人说话。口头言语又分对话言语和独白言语。对话言语指的是两个或几个人直接交际时的语言活动，如座谈、辩论、问答、聊天等。对话言语一般是在一定的情景中进行的，且多辅以手势或面部表情，达到表情达意的目的。婴幼儿在语言学习的初始阶段多使用这种言语形式，常常表现出语言的语法结构和逻辑系统不完整和不严谨。另外，对话言语是由对话双方相互配合进行的，对话者均以对方的语言为刺激，并做出恰当的反应，对话才能进行下去。由于事先不能完全估计对话的内容，对话语言一般缺乏计划性。

独白言语即说话的人在一个较长的时间里说明自己的思想，而不被别人的插话打断。例如，一个人站在集体面前讲故事、做报告、做演讲或讲课等活动都属于独白言语。独白言语一般具有计划性，需要提前进行准备，并且要求语言连贯、有次序，句子清楚完整，语法正确、严谨。

2. 书面言语

书面言语即通过书写表达自己思想、情感以及通过阅读获得别人语言中信息的活动。书面言语的出现比口头言语晚得多，它是以文字符号为载体的语言形式。与口头言语相比较，书面言语的读者不在面前，作者可以随时修改自己的语言。而且，书面言语的文字一般比较精确、严谨，符合逻辑性。此外，书面言语不能像对话言语那样，借助表情或动作来加强表现力。作者的情感是以适当的修辞表达出来的。①

（二）内部言语

1. 内部言语的概念

内部言语是一种自问自答或不出声的语言活动。内部言语是向自己说的，而且是在内心进行的自我对话，重点表现为不出声，因此可以简略和概括，甚至可以用一个熟悉的词或一个短词组代替一系列完整的句子。

2. 内部言语的特点

内部言语除了具有简略的特点，还具有语音隐蔽的特点。内部言语虽然不发出声音，但是语言运动器官实际上在活动。它向大脑发送刺激，执行和出声说话时相同的信号功能。雅科布森将电极放在被试的下唇或舌尖上，让被试数数或算简单算术题，

---

① 李寿欣. 普通心理学［M］. 济南：山东人民出版社，2013：178.

或诵读一首诗。第一次出声地进行，第二次默默地进行，结果所得的动作电位基本相同。这说明默默思考时也有言语运动器官的活动，且性质是相同的。

第二节 言语产生的生理机制

言语活动包括说话（或书写）和听话（或阅读）两个方面。说话（或书写）是言语的表达过程，称为表达性言语，它主要是通过言语运动分析器的活动实现的；听话（或阅读）是言语的感受过程，称为印入性言语，它主要是通过言语听觉分析器和言语视觉分析器的活动实现的。此外，为了说出有声言语，还需要一套专门的声音器官。

一、言语活动的发音机制

（一）呼吸器官

人类发音的原动力是呼吸时所产生的气流，肺脏是呼出和吸入气流的总机关。肺脏位于胸腔。由于肋骨和横隔膜的运动，胸腔可以扩大或缩小：胸腔扩大时，肺脏也跟着扩张，气流于是从口腔或鼻腔经过咽头、气管、支气管吸入肺里；胸腔缩小时，肺也收缩，于是气流沿着相反的路径呼出。当气流呼出或吸入的时候，它都可能在所通过的管道上的某些部位发生冲击或摩擦，造成声音；语音一般在呼气时发出，只有少数语言（如非洲的某些语言），某些语音是在吸气时产生的。

（二）喉头与声带

在言语中，声带是主要的发声体。声带位于喉的中间，长在喉头里面，是主要的发音体。喉头下连气管，上接咽头，它是由几块软骨构成的一个精巧的小室，小室的中间有声带。声带由两片附着在喉头上的黏膜构成，两片声带之间有狭缝，叫作声门。构成喉头的几块软骨，由于肌肉的作用，可以互相移动，从而调节声带，使它变更开闭或松紧的状态，声带附着在可以自由活动的软骨上，可自由开合，也可形成不同的松、紧状态。当气流经过声门而引起声带振动时，就会发出乐音。它是人类发音器官中形成乐音的唯一的发音体。

（三）口腔、鼻腔和咽腔

人的口腔、鼻腔和咽腔是一个共鸣器，其中作用最大的是口腔，它包括舌、唇、上下颚等部分。空腔里所容纳的空气和声带所发出来的声音发生共鸣，声音就被加强。口腔中的舌、小舌、软腭等部位可以自由活动，使共鸣器的容积和形状发生种种变化，这就使声音产生各种不同的语音音色。可见，口腔、鼻腔和咽腔不仅是人类发音的共鸣器，也是不同声音的制造厂。总之，由于发音器官的协同活动，形成了人类语音的不同声调、音强和音色。

总之，言语生成的解剖生理学过程可归纳如图 6－1 所示。

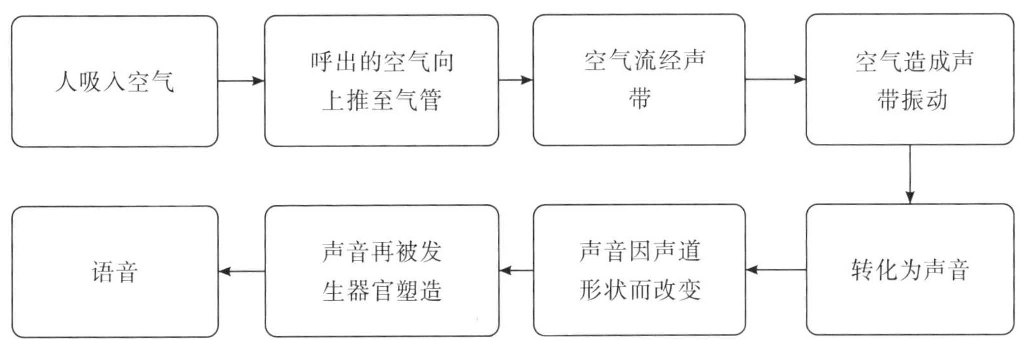

图6－1　言语生成的解剖生理学过程

二、言语活动的中枢机制

人的言语活动是大脑皮层的机能，它有着十分复杂的中枢机制。言语活动的各个环节是大脑皮质分管言语的中枢协同活动的结果。参与言语活动的中枢主要有以下四个：言语运动中枢、言语书写中枢、言语听觉中枢、言语视觉中枢（如图6－2所示）。

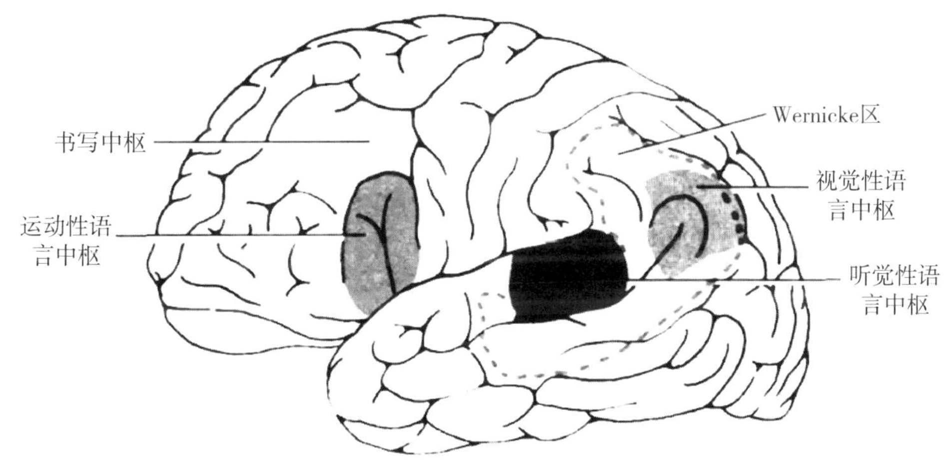

图6－2　言语活动的中枢机制

1. 言语运动中枢

言语运动中枢又叫布洛卡区，是由法国医生布洛卡（Broca）在1860年解剖生前右侧瘫痪并患有严重的言语运动异常的中风死者时发现的。言语运动中枢位于额下回的后部，处于布鲁德曼（Brodmann）分区的44、45区。

言语运动中枢发生病变引起运动性失语症（motor aphasia）或称之为表达性失语症（expressive aphasia）。患这种失语症的病人在阅读理解和书写上不受影响，他们知道自己想说什么，但发音困难，说话缓慢而费力。由于病人的发音器官完整无损，功能正常，因此，言语运动功能的障碍是由布洛卡区的损伤引起的。有人认为，布洛卡区能产生详细而协调的发音程序，这种程序被送到相邻的运动皮层的颜面区，从而激活嘴、咽、舌、唇和其他与语言动作有关的肌肉。若布洛卡区受毁损，就会导致发音程序的破坏，进而产生语言发音的障碍。

在布洛卡区病变的情况下，有些病人不能使用代词、连词，不能处理动词的变化，不能使用复杂的句法结构，他们的话语是一种吞吞吐吐的、电报式的语言。例如，当与一位布洛卡区病变的病人对话时，病人可能会说出："要……书包……上学。"

2. 言语书写中枢

言语书写中枢又叫德克纳尔区，由德国生理学家德克纳尔发现。言语书写中枢位于额中回的后部，靠近中央前回的地方是主管书写功能的，叫书写中枢，处在布鲁德曼分区的89区。言语书写中枢发生病变引起失写症（agraphia）。患失写症的病人不能形成流畅的书面表达，不能写出完整的句子。失写症可以认为是由于言语书写中枢不能形成完整的书写程序而形成的。

3. 言语听觉中枢

言语听觉中枢又叫威尔尼克区，由德国学者威尔尼克（Wernicke）于1874年发现。言语听觉中枢位于大脑左半球的颞上回，处在布鲁德曼分区的22区。

言语听觉中枢的主要功能是分辨语音、形成语义，它与言语的接受有关。言语听觉中枢受损时，就形成听觉性失语症。这种失语症主要有两种类型：一种是语音理解困难。这种病人可以听到声音，但不能分辨声音模式，不能把单词分离出来。另一种是语义理解困难。这种病人能知觉到声音模式，但不能理解它的意思。

顶叶、枕叶、颞叶交会处的颞上回如果受到损伤，会影响到患者的言语听觉，言语听觉中枢发生病变还会导致病人出现言语表达的障碍。威尔尼克中枢受到损伤的患者听觉器官正常，所以仍然能听到声音，却不能分辨语音，对字词也失去了理解的能力，这种言语缺陷叫作接受性失语症。这种病人往往在表达时谈话流畅，但却言而无物，不能给别人提供有意义的信息。当切断言语运动中枢和言语听觉中枢的神经联系时，也会表现出这样的症状。

4. 言语视觉中枢

言语视觉中枢又叫阅读中枢，由加拿大生理学家潘菲尔德（W. Penfield）于1959年发现。言语视觉中枢位于角回，处在布鲁德曼分区的39、40区。言语视觉中枢发生病变，患者出现失读症（alexia）。这时的病人能理解口语，但不能理解书面语言。在角回，还存在着言语视觉中枢与听觉中枢的联系通道，书面言语与口语可以转换。

以上介绍的这些言语中枢虽然各司其职，有特异性，但它们在工作时却是在一种协调的状态下进行的，共同完成言语活动的理解和表达。

第三节　语言和言语的产生

一、语言获得理论

（一）强化学习说

斯金纳（B. F. Skinner）的强化学习学说也认为个体言语的获得主要依靠后天的学习，这一学说是以行为主义理论为基础的。行为主义不承认人的内部意识，只承认人的行为，而这行为是根据“刺激—反应”的公式产生的。强化学习说，把人的言语活动也看成是一种行为，原则上和老鼠按压杠杆一样，也是因内外部的强化而获得的，只不过比较复杂而已。当婴儿做不规则的牙牙学语时，他的双亲强化着其中某些接近于正确语音的声音，不被强化的声音则逐渐消失。儿童的语词行为又常常是在儿童想要得到什么的时候产生的，当他发出祈求式言语而又得到了所要之物时，这种言语便得到强化。如果他使用“请”字（“请给我几块饼干”）比较容易达到目的（得到强化），那么儿童以后就会经常在祈求的话语中包含这个“请”字。儿童学习句子也通过同样的途径。

强化学习理论在西方受到不少学者的责难，这些学者认为强化学说不能解释儿童获得言语过程中的许多事实。例如，儿童约在1.5岁时开始牙牙学语，到3~5岁左右就大体掌握了母语的基本语法结构，会自由地说出形形色色的句子。首先学会这些基本的语言知识，一个有知识的成年人要几年工夫才能做到，而一个如此幼小的、连自身基本需要都无法料理的儿童，竟能在短短24个月中完成，这是难以单用强化学说来说明的。其次，大多数学者都承认儿童学习言语有一个“关键期”，即在2岁至4岁或5岁期间为学习言语的最好时期。在12岁以前学习言语尚比较容易；而超过这个年龄，情形就大不相同。为什么在“关键期”之后，学习和强化的效果就大幅度地降低呢？再次，对各民族儿童学习母语过程的比较研究发现，尽管英、俄、日、德等各种语法规则是如此的不同，可是各民族儿童开始学话时都表现出某些共同性，他们不仅经历大致相同的阶段，而且常常犯类似的句法错误。最后，有人进行专门的观察发现，母亲在和儿童的早期言语交往中，并不常对儿童言语的语法错误做出反应，而是对儿童言语的内容做出反应。也就是说，母亲们并不常常对儿童的语法的正误进行正的或负的强化，但儿童言语的掌握却照例发展得十分顺利。所有这些，促使一些学者去寻找言语掌握途径的新解释。

（二）先天能力说

语言学家乔姆斯基于（A. N. Chomsky）20世纪50年代提出了一种语言学理论——转换—生成学说，乔姆斯基指出，基因决定了人的语言能力，儿童能够快速学习各种语言，正说明他们拥有所有语言都能使用的普遍语法规则。乔姆斯基认为儿童天生具有一种加工言语符号的现成装置，叫作“言语获得装置”（Language Acquisition Device，简称 LAD）。他提出了一个言语能力获得的公式：最初的语言资料—LAD—语法能力[①]。转换—生成学说认为，正因为儿童有这个 LAD 的存在，才能说明为什么儿童虽只听到少量的句子，却竟能创造出大量未曾听到过的句子，并且能够理解一些从未听到过的新句子。

转换—生成学说关于个体言语获得的观点带有很大的假设性，并且缺乏充分的论证。但它强调儿童言语获得过程中个体神经系统特性的意义，则是积极的。因为脱离儿童神经系统内在的结构机能特点，就无法全面地揭示言语获得过程的奥秘。不过，转换—生成学说把人的言语能力归结为先天预成的东西，忽视后天社会生活条件对言语获得的决定性影响，反映了唯心主义的倾向。语言是一种社会现象，个体对语言的掌握是人在社会生活中的反映活动的结果。虽然这个掌握过程是需要人脑这个特殊的器官来实现的，随着科学的发展，将来有朝一日会透彻地揭示出人脑形成言语的独特的机制，但这种机制的形成也绝不可能是与生俱来的，而是个体在后天同生活环境相互作用的产物。

（三）认知学说

以皮亚杰（J. Piaget）为代表的认知发展理论则强调环境与主体相互作用对语言发生和发展的重要影响。皮亚杰认为，语言是儿童的一种符号功能，语言源于智力并随认知结构的发展而发展，而认知起因于主客体之间的相互作用，在这种相互作用的过程中，由于动作的发展与协调才产生了逻辑，由此才导致了语言的产生。

（四）社会互动理论

社会互动学者认为，语言的获得源自儿童语言能力和他们所处的社会语言环境的相互作用。社会互动学者不仅同意语言学家的观点，强调语言中存在一种结构，这种结构区别于其他行为而具有独特的规则。同时，他们也和行为主义者一样认可环境对创造语言结构的作用以及简单模仿在语言发展中的作用。与先天能力说和行为主义学者不同的是，社会互动理论者更加关注语言学习的社会背景，寻求人类语言在社会互动中获得的过程，强调人类语言的结构可能来自语言在人类关系中起的交流过程。

二、言语产生的心理机制

言语的产生是一个由内部思想到外部言语表达的过程，是指人们通过语言器官或手的活动，把所要表达的思想说出或写出来，包括说话和书写两种形式。在正常情况下，人们由于交际或交流思想的需要，才要说话或写作。例如，当和朋友离别时，人会显得很舍不得，这时就产生了表达不舍语言的需要；再比如，当人经历了很多美好事物，想要记录下来时，就产生了写作的动机。总之，无论说话或书写，人的言语活

---

① WILSON R A. KEIL F C. MIT 认知科学百科全书：英文版［M］. 上海：上海外语教育出版社，2000：641.

动都是在一定动机的支配下产生的。

在言语活动的心理机制研究中，心理学家往往以对其进行阶段划分的形式来表述。1980 年，安德森提出了三阶段模型，大大简化了对言语产生过程的阶段划分①。

（一）构造阶段

这是确定所要表达思想的阶段。言语的产生过程首先要确定表达哪些信息，然后才能确定信息如何表达。在这个阶段，存在着一种复杂的思维活动。同时，这个阶段还受情绪、动机、当前任务和情景的影响。

（二）转换阶段

这是运用句法规则将思想转换成言语形式的阶段。在这个阶段，确定句法是一个关键的环节，它直接为随之而来的转换提供了语法框架。在确定了句法后，就进行词汇的选择及词法形式的确定。有实验证明确定句法结构阶段的存在。如“我工作在学校”这句话的正确表达应是“我在学校工作”。在句子中把谓语和状语调换了位置，就容易表达错误，这个例子提醒我们，在思想转换成言语形式的过程中，首先是确定句法结构，然后再在这种结构中填充词汇，最后选择正确的词法。

（三）执行阶段

这是将言语形式的信息写出或说出的过程。在这个阶段，言语中枢产生发音或书写程序，控制发音器官或手的肌肉活动，发出语音或写出字来。对该阶段研究最多的是言语表述中的顿挫现象。在言语表述中经常有停顿。布漠（Boomer）的研究发现，这种停顿经常发生在句子连接处，而且停顿的时间比别处长。据测定，顿挫在词组之间平均为 1.03 秒，而在词组之内平均为 0.75 秒。这似乎说明，言语产生在执行阶段以短语为单位，短语间较长的停顿是在计划下一个短语的产生。

三、言语发展的阶段

个体从出生到基本获得言语能力，大致经历了相同的阶段，虽然个体之间在能力和获得时间上有差异。

（一）前言语阶段

这个阶段大致是从出生到 1 周岁左右，是言语的准备阶段。在这个阶段，婴儿的语音得到发展。同时，也获得了对某些词义的理解。这个阶段可以分为前咿呀学语期和咿呀学语期。

1. 前咿呀学语期

婴儿一出生就具备了学习语言的条件，这包括听知觉、声带、中枢神经系统和人类的语言环境。因身体不舒服而引起的哭声是婴儿最初的发音。研究表明，在第 1 个月末，婴儿的哭声具备了从轻轻啜泣到尖厉刺耳的多种类型，以此来表达他们生理需求的强度。除了哭声，婴儿还会发出舒服愉快的声音。所有这些声音都被视为个体言语发展的前兆。这个时期大约是从出生到两个月。

---

① 欧阳仑，王有智．新编普通心理学［M］．西安：陕西师范大学出版社，1998：285.

2. 咿呀学语期

这个时期约开始于出生后第6周，一直持续到9个月左右。最初的咿呀学语是前咿呀学语期对身体状态变化发出声音的重复。有人并不认为这是咿呀学语的开端。到6个月左右，婴儿发出的声音才类似于成人语言中所使用的声音。在咿呀学语期，婴儿发出的类似成人的声音得到语言环境的加强是推动个体言语能力发展的关键。研究发现，耳聋的婴儿也曾达到过早期咿呀学语期，但随后他们的言语能力没有得到进一步的发展。这是因为听觉丧失使他们不能对成人的话语声进行反应和模仿，失去了言语发展的基础。

（二）简单言语阶段

这个阶段开始于1岁左右，以婴儿说出第一个单词为标志，约结束于3周岁。它大致可以划分为两个时期：单词句期和双词句期。

1. 单词句期

经过咿呀学语期，在成人的鼓励和模仿成人语言的基础上，幼儿开始讲出具有本民族语言发音特色的第一个单词。就是在这时，世界各地的儿童开始走向不同的语言模式，发音有了本质区别。在这个时期，儿童发出的词通常是最简单的名词、形容词和动词。这些词的发出常常伴随着一定的情绪和目的，并且同一词可能表达着不同的意思。如“Daddy”，可能是“过来吧，我要你”，也可能是“我见到爸爸真高兴”，或者是“啊，爸爸又来了”。这时的单词句有以下特点：（1）言语和动作、表情配合紧密；（2）意义不明确，语音不清晰；（3）词性不稳定，经常把名词当动词使用。单词句期，儿童没有掌握句子的结构和语义范畴方面的知识，只是用单词笼统地表述所见、所感。在这一时期，儿童的词汇量大约是20个。

2. 双词句期

从1岁6个月开始，婴儿的言语能力有了迅速发展。这表现在：（1）儿童掌握了一定的语法知识，能讲出符合本民族语法规则的双词句或三词句；（2）儿童掌握的词汇量有了很大突破，从单词句期的20个扩大到300～400个。这个时期的言语也称为电报式言语。在开始时期，儿童只能说出一些具有主谓或谓宾成分的句子。到后期，其他句子成分也在儿童的言语中出现，构成了非常接近成人的完整句子。研究表明，在3岁时，儿童句子中复合句已经有了一定的比例，约为30%；掌握的词汇达到1 000个左右。

（三）成人言语阶段

这个时期大约从儿童基本掌握与普通成人相仿的语法结构开始。到入学前，儿童已能灵活运用语言进行交流。4岁时，儿童的言语能力已相当强。不仅能活用约2 000个词汇，而且对语言的表达有了一定能力的声音控制。在这个年龄，儿童说话开始具有当地口音。5岁时，儿童大约能说2 500个词汇。他们说的话已完全能被所处地区的成人理解，他们也开始走出“自我中心”，在对话中能考虑对方的观点和感受。儿童言语能力的发展是多种因素相互作用的结果。在不同的发展阶段，这些因素起着不同的作用。从现有的研究成果来看，大致可做如下结论：2岁以前，生理因素在儿童的言语发展中起主导作用；而3岁以后，环境因素则决定着言语能力的发展。研究表明，在2岁以前，不同民族、不同语言环境中的儿童有着十分相似的发展水平，很少有对成人语言的直接模仿；而3岁以后，儿童语言开始接近本民族、本地区的成人语言，并且不同的语言环境可能导致儿童具有不同的发展水平。

四、语言理解

语言理解（language comprehension）是指人们借助于听觉或视觉的语言材料，在头脑中建构意义的一种主动、积极的过程。例如，有人说“猫”，倾听者就知道这是指一种有尖尖小耳朵，叫起来“喵喵喵”的动物；再比如，有人说“我饿了”，大家就能明白这是指有机体的一种状态。当说话者说出一些词语，听话者能够理解这些词语或短语的意义时，就表明听话者产生了对言语的理解。言语的理解依赖于人们已有的知识和经验，人们已有的知识经验不同，对同一语言材料的理解也会有很大的不同。

一般来说言语的理解可以分为三级水平：第一级是词，词是语言材料最小的意义单位，各种复杂的语义都依靠词来表达。因此，词汇理解或词汇识别是语言理解的第一级水平；第二级是句子，句子的理解是一种更为复杂的认知活动，它需要借助于句法和语义的知识，需要有语境的帮助，因此，句子的理解是语言理解的第二级水平；第三级是语篇或话语的理解，这种理解既要以词和句子的理解为基础，还要进行推理、整合、提取意义等复杂的认知操作，因此它是语言理解的最高级水平。一般来说，语言理解包括语音知觉以及词汇、句子和语篇的理解，现在分别论述如下。

（一）语音知觉

语音知觉（phonological perception）有时也叫言语知觉（speech perception），是指人们对语音的识别过程。语音知觉包括以下几方面的内容。

1. 语音的物理性质

语音具有某些物理性质，如音调、音强、音长与音色。

音调是指语音的高低，语音高低决定于声带的长短、厚薄和松紧程度。一般地说，成年男子的声带长而厚，语音低；女子和小孩的声带短而薄，语音高。语音的高低，是由声带的松紧程度调节的，声带松发出的声音就是低音；声带紧发出的声音就是高音。在一个音节发音过程中，声带是可以时松时紧的。

音强是指语音的强弱。语音的强弱决定于发音时呼出的气流量的大小。气流量大，对发音器官的压力大，声波振幅大，声音就强；气流量小，对发音器官的压力小，声波振幅小，声音变弱。例如，大声说话与小声说话，重读音和轻读音，呼出的气流量是不同的。

音长是指语音的长短。这取决于发音体振动持续时间的长短。振动的持续时间长，声音就长，反之就短。在一般情况下，元音比辅音持续的时间较长；不同的辅音，其音长也有差异。在汉语普通话中，每个音节的音长平均为0.2～0.4秒。根据音长也能将不同语音区别开来。

音色是指语音的特色。语音的音色由声波的波形来决定。例如，汉语中 a、o、i 的波形不同，音色也就不同。我们听到的各种声音由于音色不同而互相区别开来。语音的音色取决于许多条件：①发音体的性质；②发音的方法；③共鸣腔的形状和大小。例如，有的语音由声带振动发出，有的不由声带振动发出，因而形成不同的音色；人的声带特点各不相同，因而音色也不一样。

2. 音位及其区别性特征

音位是在一种语言中能够区别意义的最小语音单位。音位大致可分为两类：元音和辅音。当气流从肺部发出，振动声带，顺利通过声道而不受任何阻碍，然后从口腔（有时同时从鼻腔）出去，这样发出的声音就是元音。例如，汉语中的 a、o、i、u、ü；英语中的 i、e、u、a 等。气流在发音通道上受到阻碍而发出的声音叫辅音。例如，汉语中的 b、p、m、l、zh、ch、sh 等，英语中的 p、b、m、s、z、r、g、h 等。辅音又可分为清音和浊音。气流使声带振动而发出的辅音叫浊辅音；气流没有振动声带而只是在发音通道上受阻而发出的辅音，叫作清辅音。

根据语音的发音部位、发音方式和发音体的不同（清浊音），可以确定每个音位的一些特征。根据这些特征可以描述各种不同的音位，并使每个音位互相区别开来。距离近的一些音位，如 p 和 b、k 和 g，它们之间至少有一对区别性特征的符号相反。两个音位的特征差别越大，如 p 与 z，它们的生理特性和声学特性差别也越大。

3. 影响语音知觉的各种因素

语音知觉的效果可以用语言清晰度与可懂度进行度量。清晰度和可懂度是指听者了解讲话者说话的百分率，或指听者听对的百分率。它受语音类似性、语音强度、噪声掩蔽、语境、句法和语义的影响。

（1）语音类似性。由于音位具有区别性特征，因此正确感知这些特征是分辨不同音位的重要条件。两个音节共同包含的特征越多，被试就越容易混淆。例如，ma 和 na 因为相似特征多，因而听起来容易混淆。

（2）语音强度。当语音强度为 5 dB 时，可觉察语音的存在，但不能分辨；强度增加，词的清晰度增高：当强度为 20 dB ~ 30 dB 时，清晰度为 50%；当强度为 40 dB 时，清晰度达 70%；当强度为 70 dB 时，清晰度达 100%；强度超过 130 dB 时，则会引起不舒服，甚至产生压痛感觉。

（3）噪声掩蔽。噪声对语音的掩蔽依赖于信号、噪声的比率。当语音比掩蔽噪声的强度大 100 倍时，噪声对语音的可懂度没有影响；当语音与噪声强度相等时，可懂度为 50%。

（4）语境。语境（context）是指语言交际的环境。从广义说，它是指语言活动出现的具体情境，包括说话的场合、社会环境、时代背景等；从狭义说，语境是指书面语言的上下文和口语的前言后语等。在不同的语境下说话，人们对语言的知觉不一样，一般来说，我们在对一个词语进行理解时，有时候需要结合当下语境进行理解，例如一般我们认为“大方”是“慷慨”的意思，用来表达一个人愿意与人分享、不斤斤计较的良好品质，是一个积极词汇；但有时候人们会说“就你显得大方，我们都很小气，行了吧!”，在这个语境中，“大方”这个词汇有了明显的贬义词的意思。

（二）词汇的理解

词汇理解是指人们通过听觉或视觉，接受输入的词形式或语音信息，并在人脑中揭示词义的过程。词汇的理解也称为词汇识别（word recognition）或词汇通达。

研究表明，影响词汇识别的因素有单词的部位信息、正字法规则、字母长度或笔画数量、字形结构、字词的使用频率、语音的作用、语境的作用和语义的作用的影响。例如，汉字是表意文字，它是由基本笔画构成的轮廓图形。处在不同部位的笔画和偏旁在汉字辨识中也有不同的作用。彭瑞祥等人（1985）的研究表明，在汉字识别中，左边的特征比右边的特征重要；上边的特征比下边的特征重要。这就说明单词的部位信息对词汇的理解也起到一定的作用①。

（三）句子的理解

句子的理解（sentence comprehension）是在字词理解的基础上，通过对组成句子的各种成分的句法分析和语义分析，获得句子语义的过程。相对词汇理解而言，句子的理解是一个更为复杂的过程。首先，要求对句子的词语进行加工，以便获得词语的确切意义。其次，句子的理解还要进行句法分析。句子的理解受下面几种主要因素的影响。

1. 句子的类型

人们日常听到、见到的句子类型，主要有肯定句、否定句、被动句、被动否定句等几种类型。研究发现，句子的类型影响着句子的理解。例如，对于幼儿来说，对肯定句的理解比较容易，而对反问句的理解却相对较难，当我们对孩子说“请你坐好”，孩子比较容易理解，但是当我们说“难道上课的时候我们不应该坐好吗?”孩子理解起来就比较难。因此句子的类型影响着句子的理解。

2. 词序

词序是表达词的语法意义的手段。汉语没有词的形态学的变化，因此词序在句子理解中的作用更为明显。在不同语言中，词序是不完全一样的。汉语的基本词序为主—谓—宾，而在英语的表达习惯中，主语和谓语放在一起，状语会放在主语和谓语之间，然而汉语则是状语紧跟在主语后面。因此，词序会影响词汇的理解。

3. 语境

在语言交际时，语境提供了各种背景的知识，因而能帮助人们迅速、准确地理解语言。在口语或书面语言中，常有一些具有两种或两种以上意义的句子——歧义句，但只要联系语境，这种歧义也能获得准确的意义。

（四）语篇的理解

语篇理解（discourse comprehension）是语言理解的最高级水平。它是在理解字词、句子等基础上，运用推理、整合等方式揭示语篇意义的过程。语篇理解除了有赖于正确理解语篇中的词汇和句子外，下列因素也影响着语篇的理解。

---

① 陈永明，彭瑞祥. 汉语语义记忆提取的初步研究［J］. 心理学报，1985（2）：162－169.

（1）推理。

推理可以在语篇已有信息的基础上增加信息，或者在语篇的不同成分之间建立连接，因此在语篇理解中具有非常重要的意义。

（2）语境。

语境能使读者头脑中已有的知识和当前的信息很好地整合起来，促进对语篇的理解。语境既包括文字形式，也包括图画等其他形式。

（3）图式。

图式（schema）是知识的心理组织形式。它说明了一组信息在头脑中最一般的排列或可以预期的排列方式。也有人把图式看作是有组织的知识单元。

拓展阅读 2

语言习得关键期的研究对教育的启示①

一、语言习得关键期的提出

伦纳伯格（Lenneberg，1967）首先提出了语言习得关键期的概念。他认为在语言习得过程中存在着一段时间，在这段时间内，由于生理因素的作用，语言的习得最为容易，超过这段时间，语言的习得能力就受到一定程度的限制。伦纳伯格提出语言习得关键期的概念后，引起了人们的极大兴趣，后来大量的研究报告证明语言习得确实存在着一定关键期，但是对关键期的时间问题并没有达成完全一致的意见。伦纳伯格认为语言习得的关键期是从2岁到青春期的这段时间。克拉申（Krashen）（1973）认为，5岁是语言潜能发展的高峰期。贝茨（Bates，1993）认为，在5岁之前，儿童从语言障碍中恢复的可能性最大。尽管意见不一致，但综合各种意见可以看出，语言习得的关键期一般是指从出生到青春期前的这段时间，其中1～5岁较为关键。在关键期内，通过接触自然的语言环境以及与语言环境的相互作用，儿童会自然学会语言，而错过了关键期，语言学习的效率会大大降低。

二、语言习得关键期研究的结果对教育的启示

语言的习得是一个非常复杂的过程，这其中既涉及社会、文化等因素的影响，又涉及个人生理因素的影响。在生理因素中，学习者的年龄无疑是影响语言学习的重要因素。根据语言习得关键期的研究结果，教育工作者及父母应及时在儿童母语习得的关键期内，对儿童语言的发展给予适宜的指导和帮助。同时，在语言发展的关键期中，教育工作者和父母应向儿童提供丰富的语言环境，

① 陈宝国，彭聃龄．语言习得的关键期及其对教育的启示［J］．心理发展与教育，2001（1）：52－57．

让儿童在这种语言环境中不知不觉地学习语言，从而充分发展儿童的语言交际技能。

语言习得关键期的研究结果同样对第二语言的教学具有指导意义。我们认为，首先，在国家大量需要高质量第二语言人才的今天，在有条件的地区，应较早地（如小学一年级开始）进行第二语言的教学，充分利用儿童习得的关键期，使儿童轻松地学习到“地道的”第二语言。其次，根据儿童在关键期内最容易学得第二语言的纯正语音的观点，在第二语言教学的初期，重点应强调第二语言语音、语调的学习，强调听、说能力的培养，在具有一定听说能力的基础上，再进一步发展学生的阅读理解能力和写作能力。最后，教育工作者要积极为第二语言的学习创造良好的语言环境。

当然，什么时候学习第二语言，除了考虑年龄因素的影响外，还要考虑社会因素的影响。因为第二语言的学习一般是通过一定形式的学校教育来进行的，它的学习较第一语言的学习更多地受到社会因素的影响，如在学校中什么时候学习第二语言要考虑师资力量、教学设备、教学的目的以及社会和国家对第二语言人才的需要。因此，在第二语言学习的过程中，应该从实际出发，既要重视关键期的积极作用，又要避免过分夸大关键期对第二语言学习的作用。

思考与实践

1. 语言的功能是什么？语言和言语有什么区别和联系？
2. 语言和思维有什么关系？
3. 言语活动有哪几类？它们有什么样的特点？
4. 大脑皮层有哪几个语言中枢？损伤这些语言中枢会有哪些后果？
5. 试述言语产生的心理机制。
6. 试述言语发展阶段。

参考文献

[1] 李寿欣. 普通心理学［M］. 济南：山东人民出版社，2013.
[2] 胡黎娜. 播音主持艺术发声［M］. 修订本. 北京：中国广播影视出版社，2018.
[3] 邵敬敏. 现代汉语通论［M］. 2版. 上海：上海教育出版社，2007.
[4] 吴燕侠，等. 语言学理论实用教程［M］. 成都：西南交通大学出版社，2020.
[5] 欧阳仑，王有智. 新编普通心理学［M］. 西安：陕西师范大学出版社，1998.
[6] 桂诗春. 新编心理语言学［M］. 上海：上海外语教育出版社，2000.
[7] 库恩. 心理学导论：思想与行为的认识之路：第9版［M］. 郑钢，等译. 北京：中国轻工业出版社，2004.

第七章　思　维

学习目标

1. 掌握思维的基本概念和理论；
2. 了解思维的含义和种类、思维形式、问题解决和创造性问题解决的基本内容；
3. 能够运用思维的基本原理和方法，分析和解决与思维有关的问题。

章节提要

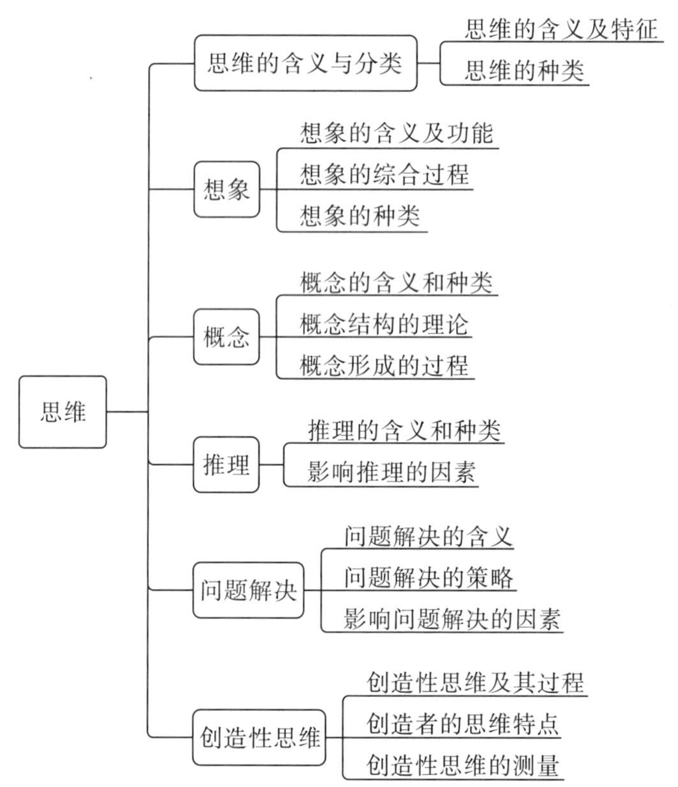

心理学上的思维指的是人脑对客观事物的间接和概括的认识，是人类认识过程的一个重要环节，属于认识过程的高级阶段，与认识过程的其他环节及其他心理现象之间的关系密切。思维从来不是独立进行的，它的活动离不开其他心理现象。人脑在进行思维活动时，需要借助想象、依托概念来进行推理和问题解决。学习思维，除了认识思维的含义、特征和种类，还需要了解在思维各个过程中发挥重要作用的想象、概念、推理以及问题解决这些心理活动。思维是人类智慧的一种表现，创造性思维作为人类思维的高级形式，是一种既新颖又独特的思维活动，能够创造一定的社会价值。因此，重视并发展创造性思维有利于推动人类社会的进步。

第一节 思维的含义与分类

一、思维的含义及特征

（一）思维的含义

思维在日常生活中很常见。当我们在学习时遇到问题，我们会用到思维；当与他人对话，想要辨别对方说话内容的真伪时，我们会用到思维；当我们接触一个完全陌生的事物想要了解它时，我们会用到思维。那么，思维究竟是什么呢？思维（thinking or thought）是借助语言、表象或动作实现的对客观事物概括的和间接的认识，是认识的高级形式。它能揭示事物的本质特征和内部联系，并主要表现在概念形成、问题解决和决策等活动中[①]。

为了更好地认识思维，我们需要简单了解思维与其他心理现象，如心理过程、个性心埋特征以及意识之间的关系。

关于思维与心理过程，这里以思维与认识过程和想象之间的关系为例做简要说明。首先，是思维与注意、感知、记忆等认识过程的关系。思维活动的产生离不开注意、感知、记忆活动提供的信息。在此基础上，思维才能进行更深层次的加工，进而揭示事物之间的内在联系和规律。而思维与想象没有本质上的区别，均属于认识过程的高级阶段，互为补充。二者的区别在于认识活动中各自所用的材料不同——思维用抽象材料，而想象用形象材料。因此，有心理学家认为想象是形象思维[②]。

关于思维与个性心理特征，二者联系紧密。思维活动为个性心理特征的形成奠定基础，个体心理特征形成后，会规范着、制约着个体的思维活动方式。思维蕴含着能力、气质和性格的类型和特点。

关于思维与意识（意识属于本书第四章“意识与注意”的内容）。心理学家们认

① 彭聃龄. 普通心理学［M］. 5 版. 北京：北京师范大学出版社，2019：254.

② 王令训. 试论思维的特征［J］. 心理科学，2003（1）：184.

为思维是意识的高级形态。因此，思维不仅反映着个体所处的客观现实，受客观的制约，还受着全部意识的影响制约，反映着个体意识的全部特点。同时，思维涵盖了意识的全部内容。

(二) 思维的特征

思维具有概括性、间接性、对经验的改组等的一些特征。

1. 概括性

思维的概括性特征体现在思维对输入的刺激进行加工时，能够提取概括出一类事物共同的特征和规律。例如，我们认为“鸟都有翅膀”就是思维具有概括性特征的表现。

思维的概括性使人类的认识能够超越所接触的具体事物的局限，进而扩大认识的范围。可以说，思维的概括性水平在一定程度上体现了思维的水平。

2. 间接性

思维的间接性特征体现在人类进行思维活动时需要借助于一定的媒介和一定的知识经验，通过这些媒介和知识经验，思维可以推理出某一客观现实与另一客观现实之间的关系。例如，人们虽然还没有真正搞清楚宇宙形成的奥秘，但人们可以根据宇宙中存在的种种现象以及相关的知识经验来推测它的形成。同样，人们不知道某些疾病与遗传基因的关系，但可以根据实验来认识它们之间的关系。由此可见，思维的间接性使人们能够超越感知觉提供的信息，认识那些没有直接作用于人的感官的事物和属性，从而揭示事物的本质和规律[①]。

3. 对经验的改组

对经验的改组这一思维特征是指思维常常通过对头脑中已有的知识经验不断进行更新和改组进而发现事物的新特征和新关系。比如，过去人们认为身体没有疾病就是健康，但随着科学的进步，我们头脑中关于健康的知识经验在不断更新的基础上不断改组，致使对健康的认识不断革新。可以说，思维不是简单地再现经验，而是对已有的知识经验进行改组、重建的过程，它是一种探索和发现新事物的心理过程。

二、思维的种类

思维有多种形式，依据不同角度，思维有不同的类型。例如，根据思维的抽象程度分类，思维可以分为直观动作思维、形象思维和逻辑思维；根据思维的依据是日常生活经验还是科学的概念论断分类，思维可以分为经验思维和理论思维；根据思维过程是靠直觉还是推理分类，思维可以分为直觉思维和分析思维；根据思维的探索方向分类，思维可以分为辐合思维和发散思维；根据思维的独创性分类，思维可以分为常规思维和创造性思维。

---

① 彭聃龄. 普通心理学［M］. 5 版. 北京：北京师范大学出版社，2019：254.

（一）直观动作思维、形象思维和逻辑思维

1. 直观动作思维

直观动作思维，又称实践思维或动作思维（motoric thought），这类思维的解决问题方式依赖于实际的动作，需要边动作才能边思考。这种类型的思维是幼儿期的主要思维方式。3 岁前的幼儿只能在动作中思考。因此，我们常常可以看见幼儿将玩具拆开，又重新组合起来。在这个阶段，动作一旦停止，他们的思维也就停止了。值得一提的是，直观动作思维不是幼儿期独有的，成人有时也要通过动作进行思维，但成人阶段的直观动作思维水平要比幼儿阶段的水平高。例如，自行车不能骑了，问题出在哪里？人们必须通过检查自行车的相应部件，才能确定是车胎没气了，还是轴承坏了。找出故障进行修理，才能排除故障。这种通过实际操作解决直观具体问题的思维活动，就是直观动作思维。

2. 形象思维

形象思维，又称心象思维（imaginal thought），是指人们利用头脑中的具体形象来解决问题。例如，去某个地方参观，我们事先会在头脑中想出可能到达的道路，经由分析与比较，最后选择一条短而方便的路。这类思维依赖于人脑中丰富的表象积累。

3. 逻辑思维

逻辑思维，又称命题思维（propositional thought），相较于直观行动思维的依赖动作思维解决问题和形象思维依赖存于头脑中的具体形象解决问题，这类思维依赖于更为抽象的概念、判断、推理等形式来解决问题，常用于人们面对理论性质的任务时。例如，学生学习各种科学知识，科学工作者从事科学研究，都要运用这种思维。它是人类思维的典型形式。

（二）经验思维和理论思维

经验思维和理论思维的区别在于，前者是人们凭借日常生活经验进行的思维活动，后者是根据科学的概念和论断，判断某一事物，解决某个问题。例如，学前儿童根据他们的经验，认为“果实是可食用的植物”“鸟是会飞的动物”，这些是典型的经验思维。从例子中不难发现经验思维的弊端，由于知识经验的不足，这种思维易产生片面性，甚至得出错误或曲解的结论。而我们说“心理是客观现实在人脑中的主观映像”，就是理论思维的结果。这种思维活动往往能抓住事物的本质，使问题得到正确的解决。

（三）直觉思维和分析思维

直觉思维和分析思维的思维方式不同。直觉思维倾向于依赖头脑中已有的经验做非思考式的判断，即当人们在面临新的问题、新的事物和现象时，不假思索做出判断的思维活动。这是一种直接的、领悟性的思维活动。例如，警察在嘈杂的人群中，能迅速辨别出罪犯；科学家对某些偶然出现的现象，提出猜想或假说；等等。直觉思维具有快速性、跳跃性等特点。而分析思维，也叫作逻辑思维，这种思维方式倾向于经过深思熟虑后做出判断，即遵循严密的逻辑规律，经过逐步推导，最后得出合乎逻辑的正确答案或做出合理的结论。这两种思维方式没有对错之分，各有利弊。

（四）辐合思维和发散思维

根据思维的探索方向，思维又分辐合思维（或称聚合思维，convergent thinking）和发散思维（divergent thinking）。辐合思维是按一定的方向进行有条理的思维活动，即指人们根据已知的信息，利用熟悉的规则解决问题。比如，已知信息“甲 > 丙，甲 < 乙，乙 > 丙，乙 < 丁”，求丙和丁的关系，那么可用辐合思维进行推理，获知丙 < 丁。

相反地，发散思维是指人们不固定思维的探索方向，沿着不同的方向思考，重新组织当前的信息和记忆系统中存储的信息，这种类型的思维方式常常有助于产生大量独特的新想法。

（五）常规思维和创造性思维

从思维的独创性角度看，思维可以分为常规性思维和创造性思维。常规性思维也叫再造性思维，与创造性思维相比，创造性水平低，因为这类思维不需要对原有知识进行明显的改组或创造出新的思维成果，只是在已获得的知识经验的基础上，按现成的方案或程序来解决问题。而创造性思维则需要对已有的知识经验进行重组，提出新的方案或程序，并创造出新的成果。因此，相较于常规思维，创造性思维是人类思维的高级形式。许多心理学家认为，创造性思维是多种思维的综合表现。它既是发散思维与辐合思维的结合，也是直觉思维与分析思维的结合。它包括理论思维，又离不开创造想象等[①]。

第二节 想 象

认识想象有助于我们更好地理解思维。想象与思维同属于认识过程的高级阶段，二者的区别在于认识活动中各自所用的材料不同——思维用抽象材料，而想象用形象材料。有的心理学家把想象视为形象思维，有的甚至认为想象是思维活动的一种特殊形式[②]。

一、想象的含义及功能

（一）想象的含义

想象（imagination）是对头脑中已有的表象进行加工改造，形成新形象的过程。它是一种既高级又常见的认识活动。当我们在听他人说话、看故事时，都会相应地在头脑中产生各种情景和人物形象，而这些情景和人物形象都是想象活动的结果。

（二）想象的功能

形象性和新颖性是想象的基本特点。得益于想象活动，人类不仅可以创造人们未曾知觉过的事物的形象，还可以创造现实不存在的或不可能存在的形象。可以说，想

① 彭聃龄. 普通心理学［M］. 5 版. 北京：北京师范大学出版社，2019：257.

② 王令训. 试论思维的特征［J］. 心理科学，2003（1）：184.

象具有预见的作用，具有补充知识经验的作用，具有代替作用，还对机体的生理活动过程具有调节作用。

1. 想象有预见的作用

由于人类可以通过想象创造出许多未曾发生或见过的形象，因此，借助想象，人类可以预见活动的结果，进而指导活动的方向。

2. 想象有补充知识经验的作用

在实际生活中，人类可以借助已有知识经验，通过想象在头脑中创造出那些不能被直接感知的事物的形象，从而补充这种知识经验的不足。

3. 想象有代替作用

由于想象能够“无中生有”，因此，当人们的某些需要不能得到实际的满足时，可以利用想象得到满足或实现。

4. 想象对机体的生理活动过程具有调节作用

想象能改变人体外周部分的机能活动过程。近年来，生物反馈的研究发现，想象对人的机体有调节控制作用①。

二、想象的综合过程

想象作为一种用形象材料进行的高级的认识活动，它的活动过程究竟是如何的呢？其实，想象的活动过程就是从旧的形象中分析出必要的元素，按照新的构思重新组合、创造出新的形象。可以说，想象过程是对形象的分析综合过程，这种综合有黏合、夸张、典型化这些独特的方式。

（一）黏合

想象综合过程中的黏合方式是把客观事物中从未被结合过的属性、特征、部分在头脑中结合成新的形象。通过黏合，人们创造了许多童话、神话中的形象，比如孙悟空。创造发明也有运用这种综合方式的，如水陆两用的坦克，就是坦克与船的某些特征的结合。

（二）夸张

夸张又被称为强调。这是通过改变客观事物的正常特点，或者突出某些特点而略去另一些特点在头脑中形成新的形象。通过这种综合活动，人们创造了千手佛、九头鸟、大人国、小人国等形象。

（三）典型化

典型化是根据一类事物的共同特征创造新形象的过程。这种综合活动是创作文艺作品的重要方式。例如，小说中的人物形象的塑造，是作者对某些人物的特点进行综合之后创造出来的。例如，鲁迅在谈创作经验时曾指出：他小说中的人物模特儿没有专门用过一个人，往往嘴在浙江，脸在北京，衣服在山西，是一个拼凑起来的角色。

---

① 彭聃龄. 普通心理学［M］. 5 版. 北京：北京师范大学出版社，2019：285.

三、想象的种类

按照想象活动是否具有目的性，想象可以分为无意想象和有意想象，二者的区别在于是否有预设想象的目的。

（一）无意想象

无意想象是一种没有预定目的、不自觉地产生的想象。它是当意识减弱时，在某种刺激的作用下，人们不由自主地想象某种事物的过程。例如，人们看见天上的浮云，想象出各种动物的形象，就是无意想象。

（二）有意想象

与无意想象相反，有意想象是按一定目的、自觉进行的想象。例如，作者根据故事情节在头脑中构思的人物形象，是有意想象的结果。有意想象的出现晚于无意想象。另外，根据想象内容的新颖程度和形成方式的不同，有意想象又可以分为再造想象和创造想象。再造想象是客观现实的形象在头脑中的再现，而创造想象需要对已有的感性材料进行深入的分析、综合、加工和改造，在头脑中进行创造性的构思。因此，与再造想象相比，创造想象的创造性更高。

第三节　概　念

概括在人类的思维活动中有着重要的作用，它使人们的认识活动摆脱了对具体事物的局限性和对事物的直接依赖，同时，概括是人们形成概念的前提。思维能够揭示事物之间的关系，形成概念，利用概念进行判断、推理，解决人们面临的各种问题。有的心理学家认为，表象（image）、概念（concept）和语言（language）这三种是思维的基本组成单位。其中，表象通常指具有图画般特点的心理表征，具有似乎看到真实物体或形象般的效果；概念是对某类事物的概括；语言包括用于思维和交流的词、符号，以及将词或符号连接起来的规则①。因此，认识概念，有助于我们理解思维。

一、概念的含义和种类

（一）概念的含义

概念是对一类有共同属性的事物的概括或总称，代表一个完整的类。例如，我们发现猫这类动物的共同属性是有四条腿和胡须，因此，“猫”的概念包括有四条腿和胡须的特性。概念作为思维的基本单位，在思维活动中有重要意义。人类有了概念，思维才能更加抽象，才能超越感知觉的认识范围，更好地认识事物。概念是人类思维

---

① 库恩．心理学导论：思想与行为的认识之路：第9版［M］．郑钢，等译．北京：中国轻工业出版社，2004：389.

的重要工具[①]。我们知道，世界充满了许多不同的物体，如果我们必须用不同的名称来指代每一个人类遇到的物体，那么人类的词汇量将无比之多，这种过多的词汇量会使人与人之间的交流变得复杂又困难。但是，在概念的作用下，世界上的物体可以根据共同的属性划分类别，即将不同的对象视为同一概念的成员，比如，许多不同的物体被视为“鸟”的概念，其他许多物体被视为“桌子”的概念。换言之，借助于概念，认识活动将世界划分为可管理的单位，从心理上降低了世界的复杂性。

一般来说，每个概念都包含两种意义，一种是内涵意义（connotative meaning），另一种是外延意义（denotative meaning）。换句话说，一个概念包括内涵与外延两个方面的意义。概念的内涵意义就是概念对事物的特有属性的反映。概念的外延意义是具有概念所反映的特有属性的那些具体的事物。

（二）概念的种类

1. 上位概念、基本概念和下位概念

根据概念的层次或等级分类，概念可分为上位概念、基本概念和下位概念。基本概念位于上位概念和下位概念之间。上位概念和下位概念都是相对于基本概念而言，基本概念的上一级概念叫作上位概念，基本概念的下一级概念叫作下位概念，它们共同构成概念家族。以“水果”这个概念家族为例，水果是上位概念，苹果、梨、香蕉、桃、葡萄等是基本概念，红富士苹果、黄元帅苹果、鸭梨、雪花梨等是下位概念。

2. 合取概念、析取概念和关系概念

根据反映事物属性的数量及其相互关系，概念可分为合取概念（conjunctive concept）、析取概念（disjunctive concept）和关系概念（relative concept）。

合取概念是指由一个以上属性组成的一类概念，这些属性必须同时存在，缺一不可才可形成此类概念。比如，“毛笔”“摩托车”都属于合取概念。因为在“毛笔”这个概念中，必须同时具有“用毛制作的”和“写字的工具”这两个属性。而在“摩托车”这个概念中，必须同时具有“两个轮子”“一个发动机”和“一副把手”这三个属性。

析取概念是“或此或彼”的概念，属于这一概念的事物要具有这种或那种特性中的一种。这类概念有一定的主观性，根据不同的标准，具有的属性可以是单个或多个，且这个属性的内容会根据标准的不同而不同。比如，“好学生”这个概念可以析取出各种属性，如“学习努力、成绩好”“热爱集体、关心他人、有礼貌”等。一个学生同时具有这些属性固然是好学生，但如果只有其中两三种属性也是好学生，所以“好学生”是一个析取概念。再比如，常用于棒球比赛中的“一击”这个概念，既可以指击球未中，也可指投球过低，还可指投出界外球，它的属性根据标准而变化，这类概念也是析取概念。

---

① 库恩. 心理学导论：思想与行为的认识之路：第9版［M］. 郑钢，等译. 北京：中国轻工业出版社，2004：392.

关系概念是根据事物之间的相互关系而形成的概念。这类概念一般是成对出现的。比如，“高”这个概念是与“低”这个概念相对而言的。类似的概念还有“上”和“下”、“左”和“右”、“大”和“小”、“姐姐”和“妹妹”、“男”和“女”，等等，这些都是关系概念。

3. 自然概念和人工概念

根据概念形成是自然的还是人为的分类，概念可分为自然概念（natural concept）和人工概念（artificial concept）。自然概念是指在人类历史发展过程中自然形成的指代现实事物的概念，往往是不够精准的。这类概念的内涵和外延是由事物自身的特征决定的。比如，声、光、电、狗、猫、猪、羊、国家、民族、文化等概念均属于自然概念。人工概念与自然概念不同，不是自然形成的，而是根据一套规则或者特征创造出来的概念，是对精确定义的理念或抽象事物的表征。比如，书本中的数学公式属于人工概念。心理学家们为了能够模拟自然概念的形成过程，探索概念形成的基本规律，人为创造出来的概念，也属于人工概念。

二、概念结构的理论

概念结构的理论主要回答了两个问题：概念是由哪些因素构成的？这些因素如何相互作用？关于概念的结构，主要有特征表说、原型说、层次网络模型、激活扩散模型等几种理论。

（一）特征表说

特征表说，又称特征表理论（feature list theory），认为概念是由定义特征和概念规则两个因素构成的。其中，定义特征是指代表一个概念必须具有的那些本质特征。概念规则是指具体整合这些定义特征的规则。定义特征和概念规则共同构成了概念的语义特征。

（二）原型说

原型说，又称原型模型（prototype model），认为概念是由原型和范畴成员代表性的程度构成的。原型是指某一概念最具有代表性的实例。比如，在“奶奶”这个概念中，大部分人的原型可能是一个60多岁、头发花白的女人。当我们提到这个概念时，通常大脑会浮现这个原型。值得注意的是，原型所对应的实例因个体的文化背景和生活经验不同而不同。范畴成员代表性的程度是指属于同一概念的同类个体可容许的变异性。比如，提到“鸟”这个概念，大部分人头脑中浮现的原型是麻雀，实际上，鸟类不仅包括麻雀，企鹅、鸵鸟也是这一范畴的成员，但相较于麻雀的高代表性，企鹅和鸵鸟显然不能在同等程度上代表“鸟”这个概念，它们与麻雀这一“鸟”概念的原型之间的差异距离，就是指范畴成员代表性的程度。概念容许其实例在一定范围内发生变异，但原型是核心。原型为这些各具特点的众多实例组成一个整体提供了基础①。

① 黄希庭，郑涌．心理学导论［M］．3版．北京：人民教育出版社，2015：413.

（三）层次网络模型

层次网络模型（hierarchical network model），认为概念是以结点（node）的形成存储在概念网络中。各类属概念按逻辑的上下位关系组织在一起，构成概念家族，有上位概念、基础概念、下位概念之分。概念间通过连线显示出类属关系，这样彼此具有类属关系的概念形成了有层次的概念网络。在这个网络中，概念的抽象概括水平越高，所处的层次就越高（见图 7-1）。

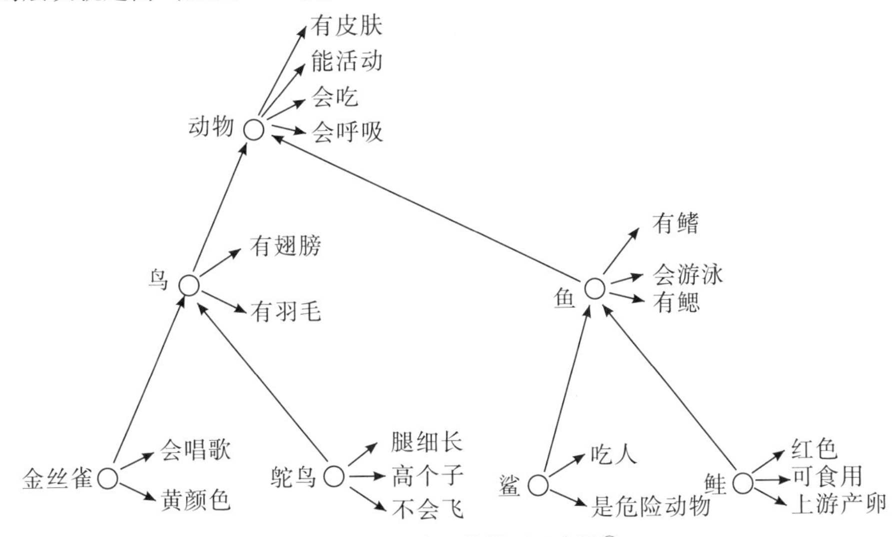

图 7-1 层次网络模型示意图[①]

（四）激活扩散模型

激活扩散模型（spreading activation model），是在层次网络模型的基础上提出来的，它认为概念是由于经验的作用组成的一个相互联系的概念网络。作为一个概念结构的理论模型，激活扩散模型放弃了概念按照逻辑上下位关系组织起来的框架。因此，与层次网络模型中概念网络的连线代表概念间的类属关系不同，激活扩散模型中的连线体现的是概念间的联系紧密程度。连线越长，代表概念间的联系越不紧密；连线越短，代表概念间的联系越紧密。比如，“街道”与“小汽车”的紧密程度比“街道”和“卡车”的紧密程度要高，那么在激活扩散模型中，“街道”与“小汽车”的连线会短于“街道”和“卡车”之间的连线。

激活扩散模型的另一个重要特征是，它假定当一个概念被加工时，其意义激活会自动传递到相关的概念，使得相关概念的意义也得到激活，而且激活的强度随着传递距离的增加或者传递时间的延长而降低。例如，呈现“火”的概念会较强地激活“红”的概念，也会激活“日落”的概念，但对“日落”概念的激活强度要弱些[②]（见图 7-2）。

① 彭聃龄. 普通心理学［M］. 5 版. 北京：北京师范大学出版社，2019：266.

② 同上书，267.

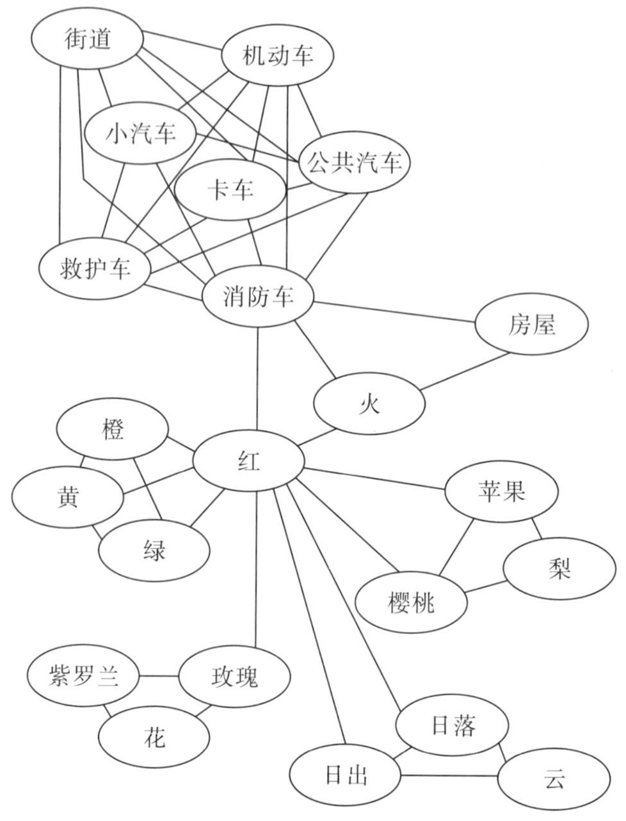

图7－2　激活扩散模型示意图①

三、概念形成的过程

（一）概念形成

人类是如何习得概念的呢？这个问题的回答离不开对概念形成的了解。什么是概念形成？个体掌握概念本质属性的过程就是概念形成（concept formation）。概念形成，又称概念掌握或概念学习，是指人脑将信息进行解析，根据属性进行分类后纳入不同范畴的过程。这个过程会受大脑所接收到的信息的影响。人类在与周围环境互动的过程中掌握已有的概念。

以美国心理学家库恩（Dennis Coon）在《心理学导论——思想与行为的认识之路》一书中描述的一个小女孩学习“狗”的概念的例子来进一步认识概念形成：“一个小女孩和父亲一起散步。他们走到邻居家门前，看到一只不大不小的狗。父亲说：‘看，这是条狗。’接着他们又路过另一个院子，小女孩看到一只小猫，她说：‘狗！’父亲纠正她说：‘不，那是只猫。’小女孩想：噢，原来狗大猫小。他们又路过一个院

① 彭聃龄．普通心理学［M］．5版．北京：北京师范大学出版社，2019：267.

子，这次她看到一只小哈巴狗。她说：‘猫！’父亲说：‘不，那是条狗！’”从例子中，我们能够看到小女孩在正确掌握“狗”概念前的困惑。当父亲第一次告知她“狗”这个概念时，她尝试将看到的狗的形象与“狗”的概念建立联系，发现“狗”的共有属性是有毛、四条腿，因此当看到小猫时，发现小猫同样身体有毛发也有四条腿时，便以为它是“狗”。在得到父亲的纠正时，她通过对比第一次见到的狗的形象和这只猫的形象的不同时，得出了狗和猫体积不同的结论。因此，小女孩大脑中对“狗”的概念有了变化：“狗”不仅具备身体有毛发、有四条腿的属性，还具备体积较大的属性。同时，小女孩因为有了猫的相关信息，大脑中也同步开始形成“猫”的概念。虽然初始形成的概念仍有不足，但在后续与环境的不断互动中，比如父亲的纠正和大脑信息的丰富，概念的掌握会越来越精准，到最终习得。在此过程中，不难发现正例和反例经验对概念形成的影响。正例和反例是指属于或不属于某一概念范畴的例子。因此，从本质上来说，概念形成要基于正例和反例的经验①。

（二）经典的概念形成实验研究——人工概念

概念不是与生俱来的，是需要通过后天学习而习得的。不少心理学家想要探索人类概念形成的基本规律，但由于自然概念的形成涉及因素很多，且其形成是一个较为漫长的过程，因此心理学家设计了人工概念，希望通过人工概念形成的实验研究结果来说明自然概念的形成。

在人工概念形成的实验研究中，不得不提到著名的美国心理学家赫尔（Clark L. Hull）和布鲁纳（Jerome Seymour Bruner）所做的实验。

赫尔在1920年首次用汉字的偏旁部首做概念，用无意义音节给它们命名，人为创造了人工概念，如用00代表“氵”，ser代表“歹”，li代表“力”等。在实验过程中，采用汉字偏旁部首与无意义音节一一配对的学习方法让被试通过不断的刺激呈现自动建立起偏旁和无意义音节的联系，而当被试能够排除无关因素，抓住这些汉字偏旁的共同特征，并将其与无意义音节建立起联系时就说明概念形成了。受赫尔的启发，之后有不少心理学家们也做了类似的实验。

布鲁纳等人在20世纪50年代做的关于人工概念形成的实验研究也颇具特色。在其实验中，布鲁纳等人按形状、图数、颜色、边数这四个维度，每一个维度分别包含三个值，比如形状有圆形、方形、十字形这三种，共设计了81张图片，用这些图片所对应的属性可以组合成不同的概念。被试通过给主试展示不同的图片，从主试的对错回答中判断出主试心中的概念。

① 库恩．心理学导论：思想与行为的认识之路：第9版［M］．郑钢，等译．北京：中国轻工业出版社，2004：392.

第四节 推　理

推理是思维活动的形式之一，它是由已知确定未知的思维过程。在推理过程中，通常将已知判断命名为前提，把由已知判断所推出的新判断命名为结论。与逻辑学侧重研究推理的形式不同，心理学更侧重于研究推理的心理过程和影响推理准确性的因素。

一、推理的含义和种类

（一）推理的含义

推理（reasoning）是指从已知判断（即前提）出发推出另一个判断（即结论）的思维形式。其中，已知判断可以是一般原理，也可以是具体事物或现象。前提如果是一般原理，所推出的结论是在这个原理的知识范围内。比如，以“一切金属受热会膨胀”和“铁是金属”的一般原理为前提，人们能够推出“铁受热会膨胀”的结论在原理的知识范围内。而如果以具体事物或现象为前提的话，其结论一般会超出前提所确定的范围。比如，我们在日常生活中发现，属于金属的金、银、铜、铁在受热后体积均会膨胀，以此为前提推断出“所有金属受热后体积都会膨胀”的结论，这个结论明显超出了前提所确定的范围。要确保推理的结论准确，首先，推理的前提必须要真实，要能够正确反映客观事实；其次，推理的前提还必须与结论有必然的联系，即推理时要符合逻辑规则，而不是随意论断。

（二）推理的主要种类

推理是指以一般原理为前提推断出具体事例的结论，或者以具体事物或现象为前提推断出一般规律的结论的思维活动。前者叫演绎推理（deductive reasoning），后者叫归纳推理（inductive reasoning）。

1. 演绎推理

演绎推理有三段论、线性推理和条件推理三种形式。

（1）三段论。

三段论（syllogism），又称三段论推理，是由两个前提推出一个结论的推理。三段论的前提一般假定是真实的，但其结论的正确性取决于推理过程是否符合逻辑规则。比如，彭聃龄在《普通心理学》一书中所列举的四个三段论式（见图 7－3）：①所有 A 都是 B，所有 B 都是 C，因而所有 A 都是 C；②所有 A 都不是 B，所有 B 都是 C，因而所有 A 都不是 C；③所有 A 都是 B，所有 C 都是 B，因而所有 A 都是 C；④有些 A 是 B，有些 B 是 C，因此，有些 A 是 C。其中，只有①的结论是按逻辑规则推理得出，即这四个三段论式只有①的结论是正确的。

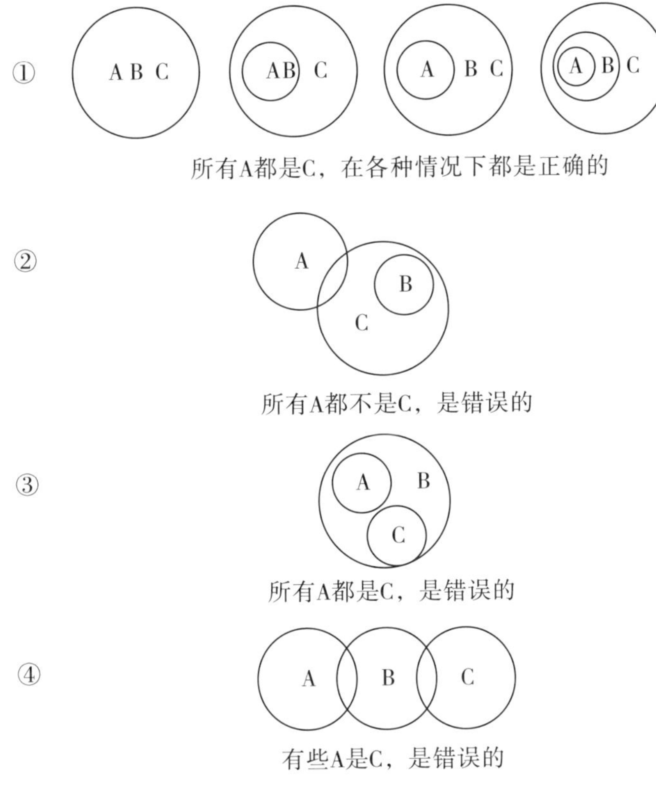

图7-3　说明三段论例各种可能意义的图解[①]

（2）线性推理。

线性推理（linear syllogism），又称关系推理或线性三段论。与三段论一样，线性推理由两个前提和一个结论构成。不同于三段论，线性推理的前提与前提之间和前提与结论之间的关系是可传递的，即这种推理的三个逻辑项之间具有线性的特点。比如，“黄金的密度比水银大，水银的密度比白银大，因此黄金的密度比白银大”。类似的线性推理的例子还有“小明在小红的右手边，小红在小可的右手边，因此小明在小可的右手边”。

（3）条件推理。

条件推理（conditional reasoning），又称假言推理，是以条件性命题为前提推出结论的推理。比如，“如果明天下雨，则取消春游”，在这个推理中，“如果明天下雨”是前提，“取消春游”是结论。

在条件推理中，人们发现了一个有趣的现象，就是人们倾向于证实某种假设或规则，而很少去证伪它们，这种现象称为证实倾向（confirmation bias）[②]。

---

① 彭聃龄．普通心理学［M］．5版．北京：北京师范大学出版社，2019：269.

② 同上书，271.

2. 归纳推理

归纳推理是以具体事物或现象为前提推断出一般规律的结论的思维活动。这类推理是通过观察具体事物或现象思考并总结出这些事物或现象具有的共同属性或特点，由此得出一般性的结论。归纳推理在概念形成等方面起了重要作用，比如前文中提到的小女孩掌握“狗”概念的例子，小女孩在形成“狗”概念的过程中就用到了归纳推理。

二、影响推理的因素

影响推理正确性不仅有上述提到的受前提的真实性和推理过程是否符合逻辑规则影响的因素，还有其他因素。其中，影响推理正确性的主要因素有推理材料的性质、前提气氛效应、赌徒谬误和题外知识的介入。

（一）推理材料的性质

推理的难度受推理的材料所影响，如果过于抽象，难度较大，更容易出错；相反，如果推理的材料较为具体，与推理者的生活经验有关，那么推理的难度将降低，正确性会提高。

（二）前提气氛效应

前提的气氛会影响推理的正确性。如果在推理的前提中使用“有些”“所有”“没有”“不”等逻辑术语，会产生一种前提气氛，这种气氛会让推理者更容易接受包含同一术语的结论。这种在前提的逻辑术语所营造的气氛下推断出或接受了不正确结论的现象就叫作前提气氛效应（premise-atmosphere effect）。

（三）赌徒谬误

推理的正确性还受赌徒心理的影响，这一现象常发生在做概率推断的时候。以抛硬币猜正反面为例，实际上，硬币随手一抛，出现正面或反面的概率均是50%，但假设连抛三次的结果都是正面朝上，在对第四次结果进行推理时，赌徒们受“赢多必输，输多必赢”惯常想法的影响，大多不敢猜正面朝上，认为第四次出现反面的概念会大于正面，然而事实上，第四次正面朝上的概率仍和反面一样，均为50%，显然这种凭经验的概率推理方式是错误的，这种现象称为赌徒谬误（gambler’s fallacy）。

（四）题外知识的介入

推理的正确性还会受题外知识介入的干扰。当推理时出现题外知识的介入，推理者容易受此影响而偏离逻辑规则，从而发生不正确的推理。

第五节　问题解决

生活中，我们总是会碰到这样或那样的问题。当这些问题凭个人经验无法直接处理时，就会产生思维，进而思考如何解决问题，找到问题解决的策略。

一、问题解决的含义

(一) 问题解决

问题解决(problem solving)是指问题解决者应用各种认知活动、技能等从一定的问题情境引起的当前状态经过一系列的心理操作,最后达到目标状态的过程。其中,当前状态指问题解决者的最初状态,目标状态指问题解决过程中所要达到的目标。

(二) 问题的种类

问题解决涉及的问题(problem)是指能激发思维活动的难题,即疑难问题。这里的问题是个人不能仅凭经验就可直接加以处理的问题。比如,“你吃了吗?”这个问题就无须有思维活动的参与,只需简单回想,从记忆中提取出信息即可回答。但像“有两根悬吊着的绳子,绳子不够长,当你抓住任何一根无法碰到另外一根,此时,你如何将两根绳子系在一起?”这类问题就属于需要思维活动参与的难题,因为没有现成答案,需要绞尽脑汁寻求问题的答案,所以在回答此类问题时思维活动会被激发。问题的种类很多,根据明确程度,问题可分为界定清晰的问题和界定含糊的问题;根据在问题解决时,解题者是否有对手,问题可分为对抗性问题与非对抗性问题;根据在问题解决时,解题者具有的相关知识的多少,问题又分为语义丰富的问题和语义贫乏的问题①。

1. 界定清晰的问题和界定含糊的问题

界定清晰的问题(well-defined problem)是指初始状态(initial state)、目标状态(goal state)以及由初始状态如何达到目标状态的一系列过程都很清楚的问题。例如,已知 A > B, B > C,问 A 与 C 哪个大。界定含糊的问题(ill-defined problem)是指对问题的初始状态或目标状态没有清楚地说明,或者对两者都没有明确地说明,这些问题具有很大的不确定性。例如,“写一篇论文”,这个问题的初始状态和目标状态都是不清楚的。

2. 对抗性问题与非对抗性问题

对抗性问题(adversary problem)是指在解决问题时不仅要考虑自己的解题活动,还要受对手解题活动影响的问题。例如,象棋、围棋、桥牌、扑克等游戏都属于对抗性问题。非对抗性问题(non-adversary problem)是指在解决问题时只有解题者一人参与,没有对手,仅需考虑自己的解题活动。例如,代数问题、几何问题等都属于非对抗性问题。

3. 语义丰富的问题和语义贫乏的问题

语义丰富的问题(semantic rich problem)是指解题者对所要解决的问题具有很多相关知识的问题。例如,物理学家解决物理学方面的问题,这种问题对他们来说为语义丰富的问题。语义贫乏的问题(semantic impoverished problem)指解题者对要解决的

① 彭聃龄. 普通心理学[M]. 5版. 北京:北京师范大学出版社,2019:273-274.

问题没有相关经验的问题。例如，初学物理的人解决物理学的问题，这种问题对他们来说为语义贫乏的问题。

值得注意的是，问题种类的划分是相对的，而不是彼此割裂的。例如，下象棋属于对抗性的问题，对于初学者来说，它是语义贫乏的问题；对于象棋专家来讲，它是语义丰富的问题。

二、问题解决的策略

问题解决的策略（strategy of problem solving）是指在解决问题过程中搜索问题空间、选择运算时运用的策略。策略的选择会影响问题解决的效率。好的策略有利于问题的解决。问题解决的策略可分为算法策略和启发策略两大类。

（一）算法策略

算法策略（algorithm strategy），又称机械的问题解决方式（mechanical solution），是一种尝试—错误或反复尝试的办法，类似于一些公式和程序，如果运用得当，它能一步一步地导向问题的解决。例如，一个密码箱有三个转钮，每一个转钮有 0 ~ 9 十个数字，要想采用算法策略找到密码打开箱子，就要逐个尝试三个数字的随机组合，直到找到密码为止。

采用算法策略的优点是它能够保证问题的解决，但是这种策略解决有时费时费力，当问题复杂、问题空间很大时，人们很难依靠这种策略来解决问题。不过，在有高速计算机的时代，许多尝试—错误的问题解决方法可以留给计算机去做，因为一台计算机能在瞬间试完 5 位数字的所有可能的组合。但是，如果遇到的有些问题没有现成的算法或尚未发现其算法，算法策略将是无效的。

（二）启发策略

启发策略（heuristic）是指问题解决者根据已有的知识经验，在问题解决空间内进行较少的搜索，以达到问题解决的一种策略。这种策略不能完全保证问题解决的成功，但较省时省力。常用的启发策略有手段—目的分析法、爬山法、逆向工作法。

1. 手段—目的分析法

手段—目的分析法（means-ends analysis method）是指将问题的目标状态分为若干子目标，通过实现一系列的子目标最终达到总目标。它是一种不断减少当前状态与目标状态之间的差别而逐步前进的策略。但有时，人们为了达到目的，会选择暂时增大目标状态与初始状态的差异，以便最终达到目标。在日常生活中，手段—目的分析法对解决复杂的问题有重要的应用价值，是人们比较常用的一种解题策略。

2. 爬山法

爬山法（hill climbing method）是一种类似手段—目的分析法的解题策略。与手段—目的分析法不同，爬山法不会为了达到目标选择暂时增大目标状态与初始状态之间的差异，而是采用一定的方法逐步缩短初始状态和目标状态的距离，以达到问题解决的一种方法。这就好像登山者为了登上山峰，需要从山脚一步一步登上山峰一样。

爬山法的问题解决策略就是把总目标拆解成一个又一个较容易达成的子目标，逐步接近目标状态。

3．逆向工作法

逆向工作法（working backward method），又称逆向搜索法（backward search method），也称逆向推理法。与正向思维从当前状态达到目标状态不同，它是反过来从问题的目标状态找到通往初始状态的通路或方法。这种方法一般适用于从初始状态到目标状态只有少数通路的问题。

三、影响问题解决的因素

（一）策略因素的影响

问题解决策略的选择会影响问题解决的效率。遇到的问题如果能够套用公式和程序，则选择算法策略会更合适，但如果问题没有现成的公式和程序等算法可用，那么应该选择启发式策略，因为这类问题算法策略将无法解决。

（二）知识因素的影响

问题解决者对所要解决的问题具备的相关知识的多少会影响问题解决。有关专家和新手问题解决的研究发现，知识经验在问题解决中起着重要的作用。专家是指在某一领域具有丰富知识的人，如数学家、医学专家、律师、象棋大师等，他们解决专业领域的问题比新手容易得多。研究表明，专家和新手在知识的数量与组织方式上的差别，可能是造成问题解决效率不同的主要原因（De Groot，1965；Chase & Simon，1973；Chi et al.，1982）。

（三）其他心理因素的影响

影响问题解决的心理因素是多方面的，包括问题表征、思维定势、功能固着、酝酿效应、动机、情绪和人际关系等。这些因素不是孤立地起作用，而是综合地影响着问题解决的思维过程。

1．问题表征

问题表征（problem representation）是指人脑对问题的信息记载、理解和表达。问题的表征方式会影响问题的解决。解决一个问题，不仅有赖于解题者采用的解题策略，还有赖于解题者的头脑中是如何对该问题进行表征的。比如，如果要求解题者用一笔连续画四条直线把按三横三纵等分摆放的九个点连在一起，解题者常常不能成功解决这一问题，原因在于三横三纵等分摆放的九个点在视觉上是方形的，这样的问题表征方式使解题者总是试图在这个方形的轮廓中连线，但一旦告知解题者，连线时可以突破方形的限制，那么问题表征的方式就变了，解题者也会很快解决问题。

2．思维定势

思维定势（thinking set）是指先前的思维活动的心理准备状态延续到后续同类思维活动的现象。这种趋势往往是察觉不到的，有的时候能促进问题的解决，但有的时候却会阻碍问题的解决。

3. 功能固着

功能固着（functional fixation）指人们习惯某种物品的某一用途后，很难看到这个物品其他方面的用途，即把某种功能赋予某种物品的倾向。比如，我们一旦接受“笔盒是放笔的”这个功能定位后，就会很难想到笔盒的其他功能。功能固着这个概念的提出者是德国心理学家杜克（K. Duncker）。杜克发现在功能固着的影响下，人们不易摆脱事物用途的固有观念，因而直接影响到人们灵活地解决问题。因此，在解决问题的过程中，人们能否改变事物固有的功能以适应新的问题情境的需要，常常成为解决问题的关键。

4. 酝酿效应

酝酿效应（incubation effect）是指当解题者因解题无果时搁置问题，但其思维活动并未完全终止，仍然在潜意识中断断续续，所以在一段时间后再解决该问题时很快找到解决办法的心理现象。通过酝酿，人脑中的记忆在不断重组，弱化了心理定势的效应，因而有机会激活较远久的思维线索，解决问题。

5. 动机

动机是直接推动个体进行活动的内部动因或动力。一个人的动机状态会影响问题解决的效率。动机的强度不同，影响的大小也不同。心理学家的实验表明，在一定的限度内，动机的强度和解决问题的效率成正比，但动机太强或太弱都会降低解决问题的效率。

6. 情绪

情绪对问题解决有一定的影响，紧张、惶恐等消极的情绪会阻碍问题的解决，而乐观、平静等积极的情绪将有助于问题的解决。

7. 人际关系

人处在一个复杂的社会中，问题的解决不仅受个人心理因素的影响，也会受人们之间相互关系的影响。团体内的相互协作和互相帮助是使问题得以迅速解决的积极因素；相反，互不信任、人际关系紧张则会妨碍问题的解决。

第六节 创造性思维

创造是人类最高智慧的表现，创造性思维是人类思维能力的高级形式，通过创造性思维，人们可以使认识超越现有水平，达到探索未知、创造新知的境界。

一、创造性思维及其过程

（一）创造性思维的含义

创造性思维是一种新颖的、独特的并具有社会价值意义的思维活动，它是创造活动中的一种思维，具有一般思维的特点，但又不同于一般思维，它是人类思维的高级形式。其中，创造活动是一种提供独特的、具有社会价值产物的思维活动。比如，科学中新概念、新理论的提出，新机器的发明，文学艺术作品的创作，都属于人类的创造活动，在人类文化的传承中起着极为重要的作用。创造性思维往往以创造活动作为其产生的基础，创造性思维指人在创造活动中进行的思维。可以说，创造性思维与创造活动都具有独特性和社会价值意义。另外，创造性思维是多种思维的结晶。它既是发散思维和聚合思维的统一，也是形象思维和抽象思维的统一。比如，自然科学家提出新假设时，会先运用发散思维提出各种各样的观点，接着运用聚合思维归纳成假设。

（二）创造性思维的过程

创造性思维伴随着创造过程。通过了解创造性思维的过程，我们能够理解人类的创造性成果是如何产生的，其影响因素有哪些，该怎样做才能提高或培养人类的创造性思维能力。关于分析创造性思维过程的理论，最有影响力的是英国心理学家格雷厄姆·沃拉斯（Graham Wallas）于1926年在《思维的艺术》（*The Art of Thought*）一文中提出的四阶段理论。该理论把创造性思维过程分成准备期、酝酿期、豁朗期和验证期四个阶段。这个理论是创造理论的基础。

1. 准备期

创造性思维过程的第一阶段是准备期。准备期（preparation）指创造性思维形成之前，对问题相关知识的理解与累积。在这个阶段，人类的大脑正在准备开启一个新的过程、想法或解决方案。为了使创造过程的第一步取得成功，有必要拥有尽可能多的信息，掌握必要的技能，从而使创造过程建立在坚实的知识基础上。

创造活动中的准备，分一般性的基础准备和为了某一特定目的的准备。为了发展创造性思维，不能将准备工作只局限于狭窄的专门领域，而应当有相当广博的知识和技术准备。这一阶段的持续时间往往是相当长的。

2. 酝酿期

当大脑收集了足够的信息为创造活动做好准备，但却还没有太多好的想法产生或解决方案提出时，创造思维过程会进入下一个阶段——酝酿期。酝酿期（incubation）指在准备期得不到结果而将问题暂时搁置，等待有价值的想法自然酝酿成熟而产生出来。在这个阶段，休息有助于大脑处理准备期所接收的信息。因此，当努力钻研问题后仍难获结果，感到身心疲惫时，可以将问题暂时搁置，转而从事其他较轻松的活动，比如散散步、唱唱歌、听听音乐等，将问题引起的心理困惑暂时排除在意识之外。在这种情形下，问题引起的创造性思维从表面上看似乎停止了，但实际上它仍在潜意识中酝酿进行。

3. 豁朗期

经过前两个阶段并得到了问题的解决思路或方法，意味着创造性思维过程进入豁朗期阶段。豁朗期（illumination）是指经过潜伏性酝酿期之后，具有创造性的新观念可能突然出现，也就是常说的灵感。灵感的来临，可能是戏剧性的、突如其来的：它可能产生在半睡半醒中，可能产生在沐浴时，也可能产生在旅行途中。总之，灵感多半是在与创造无直接关系的活动中产生的。灵感可遇而不可求，它是创造性思维转为创造结果的关键。

4. 验证期

一旦豁朗期突然冒出的灵感被捕捉到时，创造性思维的过程会进入最后一个阶段——验证期。验证期（verification）指对豁朗期提出的想法给予评价、检验或修正。这是由于灵感产生的新观念并不一定是正确的，因此需要通过逻辑推理把提出来的思想观点确定下来，并通过实验或调查加以验证，或者根据这些思想观点，通过绘画、音乐、诗歌、发明等，用作品或产品的形式具体表现出来。直到反复验证无误，创造性思维的历程才算结束。

值得注意的是，以上四个阶段只是创造性思维的一般模式，实际的创造活动并非都是按部就班地经历“准备期—酝酿期—豁朗期—验证期”这几个阶段的，同时，这几个阶段也是可以不断重复进行的。

二、创造者的思维特点

根据上述可知人类是如何进行创造性思维的，那么在此过程中，创造者的思维具有哪些特点呢？

（一）思维的流畅性

思维的流畅性（fluency of thinking），也叫思想的丰富性，是指在限定时间内产生想法数量的多少。在短时间内产生的想法多，思维流畅性大；反之，思维缺乏流畅性。吉尔福德（J. P. Guilford，1954）把思维流畅性分为四种形式：（1）用词的流畅性，是指一定的时间内产生含有规定的字母或字母组合的词汇量的多少；（2）联想的流畅性，是指在限定的时间内从一个指定的词当中产生同义词（或反义词）的数量的多少；（3）表达的流畅性，是指按照句子结构要求排列词汇的数量的多少；（4）观念的流畅性，是指在限定时间内产生满足一定要求的观念的多少，也就是提出解决问题答案的多少。前三种流畅性必须依靠语言，后一种既可借助语言，也可借助动作。

（二）思维的变通性

思维的变通性（flexibility of thinking），也叫思维的灵活性，是指摈弃旧的习惯思维方法，开创不同方向的那种能力。富有创造力的人想法多，思维范围大，而缺乏创造力的人通常只想到一个方面，思维缺乏灵活性。比如，富有创造力的人在思考“报纸的用途”时，他会想出“学习用”“包东西”“当坐垫”“折玩具”“剪成碎片扬着玩”“裹在身上取暖”“用来引火”等各种各样的答案。

（三）思维的独特性

思维的独特性（originality of thinking），是指产生不寻常的反应和不落常规的那种能力，此外还有重新定义或按新的方式对我们的所见所闻加以组织的能力。富有创造力的人给出的问题的答案更为独特，而缺乏创造力的人常常被禁锢在常规思维之中，想不出有独创性的答案。

（四）思维的敏感性

思维的敏感性（sensibility of thinking），是指及时把握独特新颖观念的能力，即捕捉灵感的能力。灵感总会在某一些没有预期的时刻突然降临，像一位陌生的客人来到思想者身边，而思维的敏感性就是对这位“陌生的客人”的评价并及时加以把握的能力。富有创造力的人的思维具有高度的敏感性。创造性想法并不处于我们随心所欲的控制之中，它要求我们有敏锐的感受性，在它出现的那一刻尽快将其捕捉。

三、创造性思维的测量

创造性思维的测量能够区分个体的创造性思维能力。但创造性思维的表现是多种多样的，个体在一个领域没有表现出创造性，有可能在另一个领域表现出创造性。比如，在言语上没有表现出创造性，却可在操作上表现出较高的创造水平。因此测量个体的创造性思维能力应坚持多样性的形式。

创造性思维测验一般采用标准化形式，按规定程序实施，根据个体思维的流畅性、变通性和独特性来评分，然后将测验成绩与个体所在年龄段的平均成绩做比较。创造性思维测验的形式分为投射测验和非投射测验，其中投射测验可较好地测量个体思维的独特性，非投射测验可较好地测量个体思维的流畅性和变通性。比较有名的创造性思维测验有托兰斯创造性思维测验、远隔联想测验等。

（一）托兰斯创造性思维测验

托兰斯创造性思维测验的英文全称是 Torrance Tests of Creative Thinking，简称 TTCT，是由托兰斯（Torrance）设计的创造力测量工具，该工具通过呈现一些复杂的任务使思维的流畅性、变通性、独特性在创造性的智力操作上体现出来。托兰斯创造性思维测验包含了与创造性过程发生联系的多种不同的思维形式，其题目分语词和图形两种形式，均采用视觉呈现。其中，语词形式测试主要测评思维的流畅性、灵活性和独创性方面，包括七个项目，分别是提出问题、猜测原因、猜测结果、改进结果、不寻常的应用、不寻常的问题和正确的假说活动；图形形式测试除了测评思维的流畅性、灵活性和独创性这三方面的能力水平外，还测评被试操作的精致性，包括三个项目，分别是形状测验、未完成图形测验和类似线段或曲线测验。

（二）远隔联想测验

远隔联想测验，有的译为“遥远联想测验”，英文全称是 Remote Association Test，简称 RAT，它的设计者是萨勒诺夫·梅德尼克（Sarnof Mednick）。梅德尼克是在联结主义理论的基础上设计这一测验的，他认为创造力是一种为了需要而形成一种新联结的能力，因此，测试创造力等同于测量将那些因意义距离遥远，表面看似不存在联系的事物建立起新联结的能力。远隔联想测验的测验项目是从距离遥远的联系体中抽取出来一系列三个词组成的项目，该测验要求被试根据这一系列的三个词找到第四个与它们都有联系的词。比如，提供给被试的三个意义距离遥远却存在联系的词分别是“球（ball）”“疟疾（malaria）”“蝴蝶（butterfly）”，那么被试需要找到第四个能与这三个刺激词发生联系的词，如“飞（fly）”。

拓展阅读

思维和认知心理学的关系

思维是一种心理活动。因本章节已对思维进行系统的解析，故这里不再赘述。那么，什么是认知心理学？在王甦、汪安圣的《认知心理学（重排本）》（2006）一书中是这么定义的："认知心理学（Cognitive Psychology）是以信息加工观点为核心的心理学，又可称作信息加工心理学。它兴起于20世纪50年代中期，其后得到迅速发展。认知心理学以其新的理论观点和丰富的实验成果迅速改变着心理学的面貌，给许多心理学分支以巨大的影响，当前已成为占主导地位的心理学思潮。"关于思维与认知心理学的关系，可以用美国心理学家戴维·G. 迈尔斯的说法来回答："认知心理学家通过对人类的思维进行思考，并提醒我们注意在思维上易犯的常见错误，帮助我们精明地思考问题。他们的研究成果有助于我们正确评价人的直觉能力及其局限性，也有助于我们在做决策和日常判断时进行更加有效的推理。"

思考与实践

1. 思维有哪些种类？

2. 思维的三种基本单位是什么？

3. 假如你的朋友想对拍摄下来的照片进行修饰，但他又不知道怎样做，你能帮助他解决这一问题吗？假如你能，想想看你应用了什么知识，而你的朋友不能解决这一问题，这说明了什么？

参考文献

[1] 王令训. 试论思维的特征［J］. 心理科学，2003（1）：184－185.

[2] 叶奕乾，何存道，梁宁建. 普通心理学［M］. 6版. 上海：华东师范大学出版社，2020.

[3] 伍德 S E，伍德 E G，博伊德. 心理学的世界［M］. 赵晴，译. 重庆：重庆大学出版社，2019.

[4] 迈尔斯. 迈尔斯心理学：第7版［M］. 黄希庭，等译. 北京：人民邮电出版社，2011.

[5] 邵志芳. 认知心理学：理论、实验和应用 [M]. 3 版. 上海：上海教育出版社，2019.
[6] 邵志芳. 思维心理学 [M]. 2 版. 上海：华东师范大学出版社，2007.
[7] 库恩. 心理学导论：思想与行为的认识之路：第 9 版 [M]. 郑钢，等译. 北京：中国轻工业出版社，2004.
[8] 张厚粲，孙晔，石绍华. 现代英汉－汉英心理学词汇：修订版 [M]. 北京：中国轻工业出版社，2006.
[9] 汪安圣. 思维心理学 [M]. 上海：华东师范大学出版社，1992.
[10] 林崇德. 思维心理学研究的几点回顾 [J]. 北京师范大学学报（社会科学版），2006 (5)：35－42.
[11] 津巴多，约翰逊，麦卡恩. 津巴多普通心理学：第 7 版（2017 修订）[M]. 钱静，黄珏苹，译. 北京：北京联合出版公司，2017.
[12] 索尔所，麦克林 O H，麦克林 M K. 认知心理学：第 8 版 [M]. 邵志芳，等译. 上海：上海人民出版社，2018.
[13] 格里格，津巴多. 心理学与生活：第 19 版 [M]. 王垒，等译. 北京：人民邮电出版社，2016.
[14] 黄希庭，郑涌. 心理学导论 [M]. 3 版. 北京：人民教育出版社，2015.
[15] 梁宁建. 心理学导论 [M]. 上海：华东师范大学出版社，2013.
[16] 维果茨基. 思维与语言 [M]. 李维，译. 北京：北京大学出版社，2010.
[17] 彭聃龄. 普通心理学 [M]. 5 版. 北京：北京师范大学出版社，2019.
[18] NOLEN-HOEKSEMA S, FREDRICKSON B L, LOFTUS G R, et al. Atkinson & Hilgard's introduction to psychology [M]. 15th ed. Hampshire: Cengage Learning EMEA, 2009.
[19] HOLYOAK K J, SPELLMAN B A. Thinking [J]. Annual review of psychology, 1993 (44): 265－315.
[20] LAMBERTS K, GOLDSTONE R. Handbook of cognition [M]. London: Sage Publications Ltd, 2005.
[21] MARKMAN A B. Knowledge representation [M] //HOLYOAK K J, MORRISON R G. The Oxford handbook of thinking and reasoning. New York: Oxford University Press, 2012.
[22] MARKMAN A B, GENTNER D. Thinking [J]. Annual review of psychology, 2001 (52): 223－247.
[23] MORARU M. Improving school climate through the teachers' and students' creativity [J]. Journal of pedagogy, 2019 (2): 139－149.

第八章 情 绪

学习目标

1. 掌握情绪的内涵及生理机制；
2. 掌握情绪的相关理论；
3. 熟悉情绪调节的各种策略。

章节概要

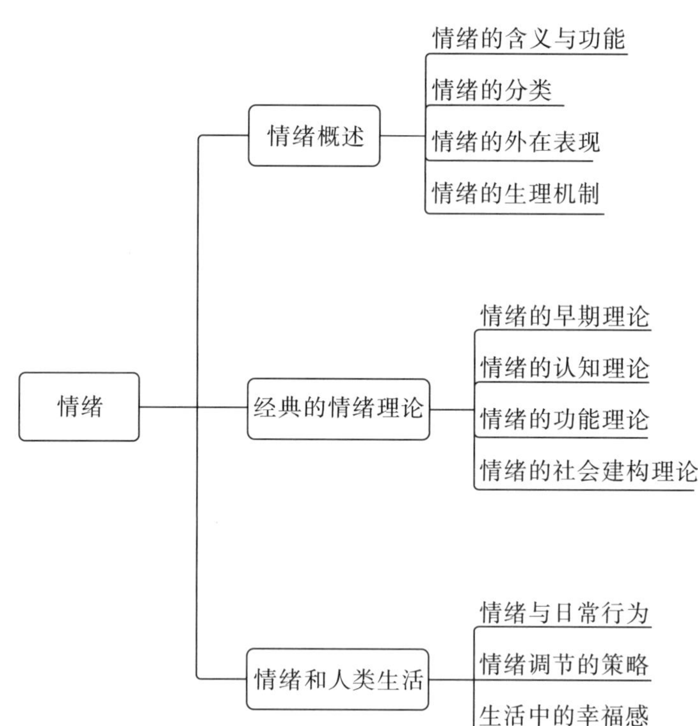

人类从一出生开始，就有了情绪。随着年龄的增长，情绪也分化成各种复杂的情绪和情感体验。人们有时激动不已，有时欣喜若狂，有时焦虑不安，有时舒适愉快，这些情绪的变化也在影响着每个人的生活，并且伴随人们一生。情绪是一个典型的心理现象，它反映着人们的内心状态，也预测着人们的行为，是个性的核心内容，也是个体心理健康的重要成分。它与认知活动不同，却又影响着认知活动的发生。消极的情绪让人们不舒服，但是在人类几千年的进化过程中，它们却始终保留下来，具有独特的意义和价值。

本章首先将带你认识情绪、情绪的生理机制以及情绪的外显——表情；接下来进一步介绍关于情绪的不同理论，它们是如何分别理解情绪的；最后介绍情绪在日常生活中的应用、情绪调节的策略等，以及情绪的调节对身心健康有着重要的意义。

第一节 情绪概述

一、情绪的含义与功能

（一）情绪的含义

1884 年，美国心理学奠基人威廉·詹姆斯写了一篇题为“情绪是什么?”的文章。如今一百多年过去了，心理学家们仍然在探寻同样的问题。约瑟夫·勒杜（Joseph LeDoux）说过“情绪最显著的特点之一，就是人人都知道它是什么——只要你不要求人们说出其定义的话”。根据普拉特契克（Plutchik）进行的一项统计，心理学界至少有 90 种不同的情绪定义。当代心理学家将情绪（emotion）定义为一种复杂的身体和心理变化模式，包括生理唤醒、感觉、认知过程、外显的表达（包括表情和手势）以及特殊的行为反应，这些反应都是针对个体认为具有个人意义的情境做出的。我国学者孟昭兰结合国外研究者的不同观点，提出：情绪是多成分组成、多维量结构、多水平整合，并为有机体生存适应和人际交往而同认知交互作用的心理活动过程和心理动机力量。傅小兰则提出这种定义虽然融合了很多观点，但是在一定程度上失去了情绪的核心特色。因此，他们提出情绪是往往伴随着生理唤醒和外部表现的主观体验。

（二）情绪与情感、感情和心境等

无论是一般人，还是研究者，在使用术语来描述情绪的时候，有时候会用情绪，有时候会用情感。情绪和情感混用的情况屡见不鲜。通常来说，人们会把“affect”翻译为情感，“emotion”翻译为情绪，“feeling”翻译为感受或感情。情感（affect）是情绪、感受或感情等一类现象的笼统称谓，既适用于人类，也适用于动物。情绪（emotion）一词来自拉丁文 e（向外）和 movere（动），有着移动、运动的意义，是情

感性反应的过程，侧重指向非常短暂但强烈的体验。感受或感情（feeling）指的是情绪的主观体验，是情感性反应的内容，通常只用于人类的社会性高级情感。此外，情绪是对具体事件的特殊反应，因此情绪持续的时间较短，比较强烈。

如果是一种比较微弱而持久的、使人的所有情感体验都感染上某种色彩的情绪状态，则称为心境（mood）。具有积极心境的个体总是对令人高兴的刺激产生偏好，并且也善于回忆起令人高兴的事情。

（三）情绪的结构

目前关于情绪的结构，主要用两种取向来进行分类：分类取向（categorical approach）和维度取向（dimensional approach）。

1. 情绪的分类取向

情绪分类取向源于达尔文的进化论思想，该理论认为情绪是个体在进化过程中发展出来的对外部刺激的适应性反应，主要关注情绪的各个组成部分，试图将情绪分为几种彼此独立、有限的基本情绪（basic emotion）。该理论也认为情绪是由几种相对独立的基本情绪以及基本情绪结合成的多种复杂情绪构成，但是在基本情绪的数量和概念上一直未达成一致。他们认为，基本情绪是人和动物所共有的、先天的、不学而能的，在个体发展的早期就已经出现，每一种基本情绪有独特的生理机制和外部表现；复合情绪是由多种不同基本情绪混合而成的，或者由基本情绪和认知评价相互作用而成。

伊扎德（C. E. Izard）的差别情绪理论（differential emotions theory，DET）对情绪成分的划分最具有代表性且至今仍有影响力。他提出“基本情绪”和“情绪图式”，认为基本情绪是在进化基础上产生的对外界刺激的适应性反应，包括兴趣、快乐、悲伤、愤怒、厌恶和恐惧六种基本情绪。而情绪图式则不仅包括生理机制、情绪体验，还包括认知评价及行为表现等多种成分。伊扎德将情绪划分为主观体验、外部表现、生理唤醒三个成分。

主观体验是个体对不同情绪状态的自我感受，具有愉快、享乐、忧愁或悲伤等多种色调。每种具体情绪的主观体验色都不相同，给人以不同的感受。情绪的主观体验与外部反应存在着某种相应的关系，主观体验会引起相应的面部表情，面部表情也会引起相应的主观体验。但在某些条件下，表情反馈无法达到个体的意识水平，无法引起主观体验。

外部表现通常称为表情，包括面部表情、姿态表情和语调表情。面部表情是面部肌肉变化的模式，主要指眼部肌肉、颜面肌肉和口部肌肉的变化。姿态表情可以分为身体表情和手势表情两种。不同的情绪状态下，身体姿态会发生不同的变化，手势也会有不同的呈现，比如人高兴的时候会“手舞足蹈”。语调表情是通过言语的声调、节奏和速度等方面的变化来表达的，比如兴奋的时候语速快。个体通过识别他人的面部、姿态和语调表情，来判断其情绪状态。

分类取向的研究中，保罗·艾克曼（Paul Ekman）的基本情绪分类说最为突出，他认为存在快乐（joy）、悲伤（distress）、愤怒（anger）、恐惧（fear）、厌恶（disgust）和惊讶（surprise）六种基本情绪。保罗·艾克曼是一位研究表情属性的学者，根据他的观点，所有人都拥有共同的“表情语言”。艾克曼和他的助手已经证明了达尔文最初的假设——存在一系列的对于人类种系具有普遍性的情绪表达，可能因为它们是我们演化过程中与生俱来的成分。看图8－1，请问你能识别出图中常见的七种表情吗？有相当多的证据说明，这七种表情的识别具有世界普遍性，它们是快乐、惊奇、愤怒、厌恶、恐惧、悲伤和轻蔑。

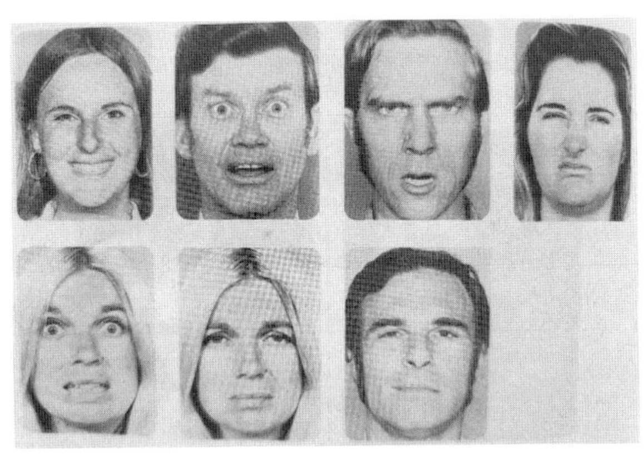

图8－1　表情与情绪①

生理唤醒指情绪产生的生理反应和变化，它与广泛的神经系统有关，如中枢神经系统的额叶皮层、脑干、杏仁核等，以及自主神经系统、分泌系统和躯体神经系统。不同情绪反应模式是不同的，但是有些情绪也会激起同样的生理唤醒，比如爱和愤怒都会使心率加快。

2．情绪的维度取向

维度取向认为情绪是高度相关的连续体，是一种较为模糊的状态，很难区分出各种具体情绪，各种情绪在几个基本维度上高度相关，所以应该抓住情绪的不同维度或核心进行阐释。

奥斯古德（Osgood）通过研究发现，个体在对各种刺激进行判断时，都会关注其价值、活力和力量这三个因素上的语义差别，而这些语义差别因素在本质上是情感性的，是对刺激分类的经济基础。在此启发下，梅拉比安和拉塞尔（Mehrabian & Russell）提出情绪状态的“愉悦度—唤醒度—支配度”三维度模型（pleasure-arousal-dominance，PAD）。愉悦度是指积极或消极的情绪状态，如兴奋、爱、平静等积极情绪与

① 格里格，津巴多．心理学与生活：第19版［M］．王垒，等译．北京：人民邮电出版社，2016：384.

羞愧、无趣、厌烦等消极情绪。唤醒度是指生理活动和心理警觉的水平差异，低唤醒如睡眠、厌倦、放松等，高唤醒如清醒、紧张等。支配度是指影响周围环境及他人或反过来受其影响的一种感受，如愤怒、勇敢、焦虑、害怕。高的支配度是一种有力、主宰感，而低支配度是一种退缩、软弱感。后来拉塞尔发现支配度更多地与认知活动有关，愉悦和唤醒两个维度就可以解释绝大部分情绪变异。因此，他用圆环来表示情绪的结构，提出情绪的环形模型，见图 8 – 2。愉悦和唤醒分别作为圆环的主轴，各种情绪较为均匀地分布在圆环中，即为情绪的环形结构模型。该模型认为所有情绪都有共同的、相互重叠的神经生理机制。

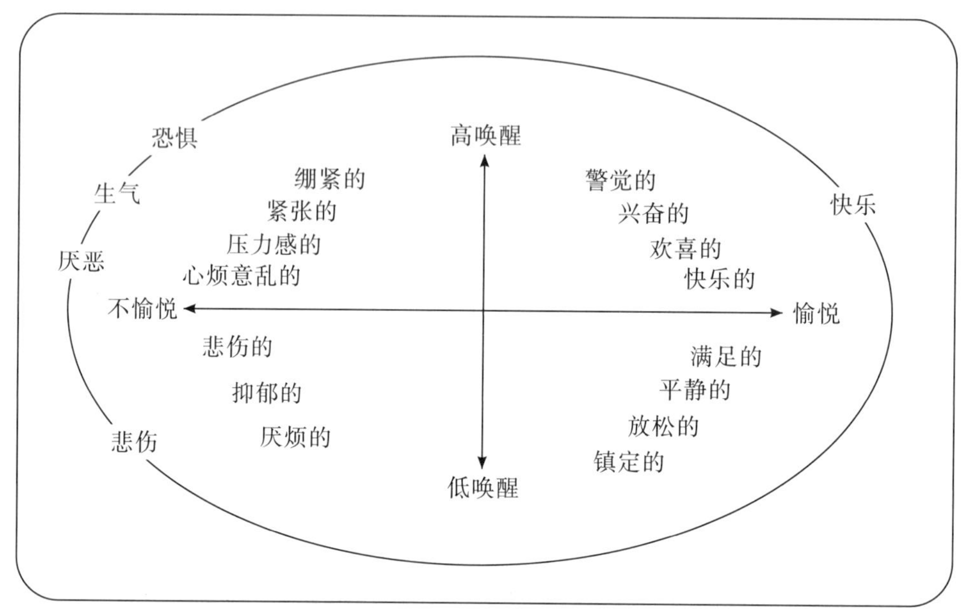

图 8 – 2　情绪的环形模型

沃森和泰勒根（Watson & Tellegen，1985）提出积极—消极情感（positive and negative affect，PANA）模型，见图 8 – 3。他们认为积极情感（positive affect，PA）和消极情感（negative affect，NA）是两个相对独立及基本的维度。积极、消极情感分别对应愉悦和不愉悦，表示情绪的效价。它们相互独立，但又不是一个维度的两极。为了避免歧义，沃森等人随后将积极、消极情感更名为积极激活（positive activation，PA）和消极激活（negative activation，NA）。PA 指个体感觉热情、活跃和警觉的程度，高程度 PA 是一种精力充沛、全神贯注、积极投入的状态，低程度 PA 表现为消沉和倦怠。相反，NA 是一种悲伤忧虑、消极投入的状态，包括诸如愤怒、耻辱、憎恶、负疚、恐惧和紧张等高程度 NA 与平静、安宁等低程度 NA。该理论认为两者都包含激活成分，积极情感是愉悦和高激活的结合，消极情感是不愉悦与高激活的结合。因此 PANA 模型积极—消极情感模型可以看作是情绪效价—唤醒模型的 45 度旋转。

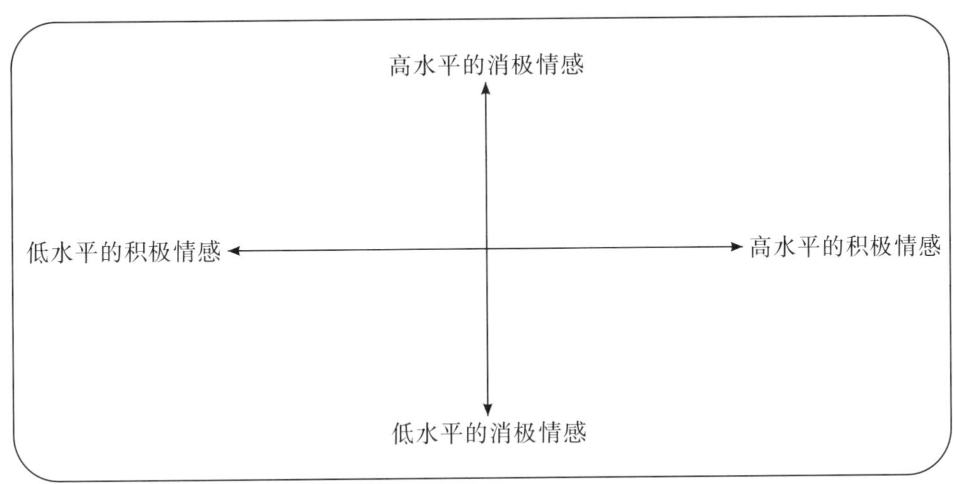

图 8－3 积极—消极情感模型

塞耶（Thayer）的研究否定了唤醒或激活只是一个双极连续体的观点。他认为存在两个相互独立的双极激活或唤醒维度，这两种激活状态在主观体验、注意焦点和生理反应上均不同。一种激活维度与生理节律有关，从主观感觉有活力、有力量到困倦和疲乏，称为“能量激活”（energy activation）；另一种激活维度是多情绪（如焦虑）和压力反应（如对噪声的反应）的基础，从主观感觉紧张（tension）到平静沉着（calmness），称为“紧张唤醒”（tension arousal）。因此，这就是情绪的能量—紧张模型，见图 8－4。

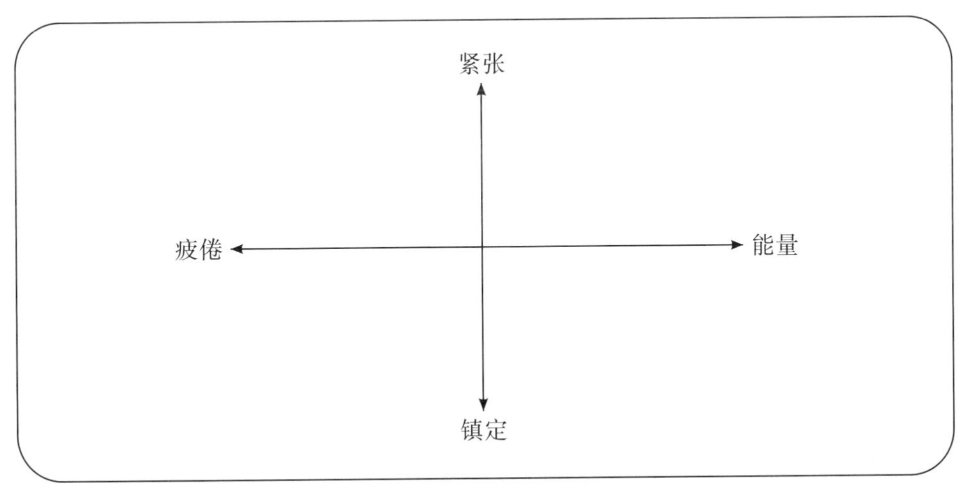

图 8－4 塞耶的能量—紧张模型

这两个维度看似是关于唤醒维度的，但在实际研究中，塞耶发现这两种唤醒维度暗含着效价成分，力量感和平静与 PA 有关，紧张和困倦与 NA 有关。对积极—消极情感模型进行分析之后，塞耶认为 PA 和 NA 不能够反映这些维度所含的激活成分，因此，他将

PA称为能量唤醒（energetic arousal，EA），将NA称为紧张唤醒（tension arousal，TA）。因此，塞耶的模型与积极—消极情感模型在概念上是相容的，实证研究也证实了二者结构的相似性，但是能量—紧张模型比积极—消极情感模型涵盖的情绪范围更广。

（四）情绪的功能

1. 适应功能

情绪能够帮助有机体做出与环境相适宜的行为反应，从而有利于个体的生存和发展。根据欧特拉和约翰逊－莱尔德（Oatley & Johnson-Laird）的观点，情绪是在进化过程中个体对来自环境的各种挑战和机遇的适应。动物当遇到危险时如果出现恐惧的情绪，会加速逃离或者呼救从而保证自己远离危险。但是，如果动物没有恐惧的情绪，那么它就可能丧失生命，因此恐惧这种情绪就被进化保留下来。其他情绪亦是如此。而且情绪来自个体对自身目标实现过程的有意识或无意识的评价，当目标受到威胁或阻碍或需要做出调整时，情绪就产生了。特定情绪在特定类型、高度重复出现的目标实现受到干扰时出现。情绪的功能性在于，为个体提供了对与目标导向相关的行为的评估，并根据评估结果引导个体的适应性应对行为。欧特拉和约翰逊－莱尔德提出了五种就基本情绪、诱发原因以及指导个体行为做出的适应性调整，见表8－1。

表8－1　五种基本情绪及其诱发原因和行为转变①

情绪	诱发原因	行为转变
高兴	子目标得以实现	继续计划，在需要调整时做出适当修改
悲伤	主要计划或目标失败	什么也不做/寻找新计划
焦虑	自我保护目标受到威胁	停止活动/警惕周围环境/逃跑
愤怒	目标受到阻碍	更努力地尝试/攻击性行为
厌恶	味觉目标受到违反	排斥该物体或回避

2. 动机功能

情绪是动机的源泉之一，是动机系统的一个基本成分。它能够激励人的活动，影响行为的效率。比如说兴趣和好奇心等强烈的情绪能够激励个体的积极学习行为，获得最佳学业成就。唤醒水平与绩效之间也存在着倒"U"曲线的关系，适度的紧张和焦虑能够促使人积极地思考和解决问题。太低或太高的唤醒水平都会降低工作和学习效率。另外，情绪也在影响着人们的道德行为。人们在对自己或他人进行道德评价时会产生一些复杂的道德情绪，例如羞耻、内疚、自豪等指向自己的情绪，以及愤怒、钦佩、感激等指向他人的情绪。这些道德情绪能够提供道德行为的动机力量，激发道德行为，阻碍不道德行为的发生。很多研究表明：内疚和羞耻与青少年犯罪以及吸毒、酗酒等不良行为存在显著负相关。自豪、移情和感激能够激发个体的亲社会行为。

① OATLEY K，JOHNSON-LAIRD P N. Towards a cognitive theory of emotions［J］. Cognition and emotion，1987，1（1）：29－50.

3．组织功能

情绪的组织功能主要表现在情绪会对注意、记忆、学习、社会判断、决策和创造力等其他心理过程产生重要的影响。比如伊奇（Eich）等人采用欢快与严肃的音乐引发愉快和不愉快的情绪，要求被试看一些中性词（如玫瑰），并努力回忆在他们生活中与之相关的一些事件。结果表明：带有快乐情绪的被试回忆更多（72%）的积极事件，而带有不愉快情绪的被试只回忆起较少的积极事件。两天后，被试又回到实验室，让其回忆上次实验的内容，其中，一半被试所处的音乐情境与上次一样，一半不一样。结果发现：情绪匹配组被试能回忆35%的事件（包括积极的或消极的），而情绪不匹配组被试只能回忆26%的事件。因此，一般来说，正性情绪起协调组织作用，而负性情绪起破坏、瓦解或阻断的作用。

4．社会功能

情绪在人际间具有传递信息、沟通思想的功能。通过识别情绪，人们可以知道他人正在进行的行为及其原因，也可以知道我们在相同情境下如何进行反应。同样，尽管他人可能并没有经历我们某种情绪产生的诱发事件，但是他们可以根据我们的情绪表现体验我们感受到的情绪。从个体发展来说，新生婴儿和看护者之间建立的最初的社会性联结，就是通过感情传递，而不是言语交流实现的。婴儿生下来具有应对某些特定环境挑战的情绪反应，例如听到巨响会产生恐惧的表情。他们也会通过情绪反应来“告诉”看护者他们的需要，以便看护者能更好地照料他们。在日常生活中，表情是个体言语交流的重要补充，而且表情交流比言语交流发展得更早。在个体早期，婴儿与成人交流的唯一途径就是表达情绪。情绪在人与人之间的社交活动中发挥着重要的作用。它可以促进人们接近某些人，也可以让人们远离一些人。因此，情绪具有重要的社会功能。

二、情绪的分类

人类有哪些情绪呢？早在两千多年前的《黄帝内经》中就描述了人有七情五志。近半个世纪人们对情绪的研究越来越深入，情绪的分类也更加明确。

（一）基本情绪和复合情绪

从生物进化的角度看，人的情绪可分为基本情绪（basic emotion）和复合情绪（complex emotion）。

1．基本情绪

基本情绪是人与动物共有的，在发生上有着共同的原型或模式，它们是先天的、不学而能的。每一种基本情绪都具有独立的神经生理机制、内部体验和外部表现，并有不同的适应功能。最早提出基本情绪的是汤姆金斯（S. S. Tomkins），他提出了八种原始的情绪：兴趣—兴奋、享受—快乐、惊奇—吃惊、苦恼—痛苦、厌恶—轻蔑、愤怒—狂怒、羞耻—耻辱、惧怕—恐惧。但是他的学说缺乏实验证明。后来普拉特契克也提出了八种基本情绪：恐惧、愤怒、喜悦、悲伤、厌恶、吃惊、预见和信任。艾克曼一直从事基本情绪的研究，他提出了六种基本情绪：恐惧、愤怒、喜悦、悲伤、厌恶、吃惊。后来加拿大学者通过研究发现恐惧和吃惊的表情非常类似，厌恶和悲伤的表情也类似，所以提出人只有四种基本情绪：喜悦、愤怒、悲伤、恐惧。这和中国传统《黄帝内经》的五志基本相似。一些基本情绪的特征见表 8－2。

表 8－2　一些基本情绪的特征①

情绪类别	主观体验	生理反应	行为倾向	面部表情	功能
恐惧	这些刺激威胁我	心率增加，皮肤温度降低	主动退缩，对刺激感到紧张，行为僵化	眉毛上扬，睁大眼睛	保持自身不受伤害
愤怒	预想不到的阻碍	心率高，皮肤温度高，脸红	积极努力，面对障碍，消除障碍	眉毛向下，嘴巴张开，怒目圆睁	调动机体能量，排除困难
悲伤	我的目标无法达到，承认失败	心率低，皮肤温度降低	放弃抗争，承认失败	眉毛内角上移，嘴角下拉	流下眼泪，承认失败
喜悦	成功达到目标，自信，我是好的	心率高	停止抗争，告知别人自己的成功	眉毛下弯，嘴角上提	胜利的微笑，成功的微笑

2. 复合情绪

复合情绪是由积极情绪变化或者整合而来的，恐惧、焦虑、羞愧、自豪等都是复合情绪。比如羞愧是人或者动物对“社会自我”的保护，来维护归属感和社会联系。它是一种非常复杂的认知活动，建立在自我意识的基础之上，个体根据他们的标准、规则和目标对自己的行为进行评级。一个人长期面临社会地位的威胁或者反复暴露于评价和拒绝的环境下，就会产生羞愧的情绪，特别是当一个人不可控制的羞愧方面暴露于别人面前时。再比如恐惧和期待混合在一起就会产生焦虑情绪。恐惧和焦虑都是以威胁为中心的情绪，但是焦虑是面向未来的、未发生的刺激。当个体对未来充满恐惧和不确定性的时候，就会产生焦虑。

（二）积极情绪和消极情绪

情绪还可以分为两类：一类是积极情绪（positive emotion），另一类是消极情绪（negative emotion）。

1. 积极情绪

研究积极情绪的学者总结了 10 种在日常生活中最常见的积极情绪，包括喜悦、感激、宁静、兴趣、希望、自豪、逗趣、激励、敬佩和爱（Fredrickson，2010）。情绪是

---

① 王福顺. 情绪心理学［M］. 北京：人民卫生出版社，2018：14.

高度个人化的，更多地取决于你的内在理解，而不是外部环境。这十种积极情绪超越了“快乐”“良好”这样的情绪状态，让个体能够更准确地命名情绪状态。

喜悦。喜悦给我们的感觉是明亮又轻松的，让周围的世界看起来更生动。个体会脚步轻快，脸被微笑照亮，散发着内在的光芒。

感激。感激会打开你的心灵，并带来回报的冲动——做一些好事作为回报，无论是对帮助过你的人还是对其他人。

宁静。宁静是在你的周围安全而熟悉、自身不需要付出太多努力的时候出现。与喜悦不同的是，宁静要更平和。

兴趣。由一些新颖、奇怪的事物吸引你的注意，用一种带着可能性和神秘性的感觉将你填满。它不同于喜悦和宁静，兴趣感觉需要你的努力和更多的关注。

希望。在事情看来将要无望或绝望时产生。希望的核心是相信事情能够好转的信念。无论目前它们是多么恶劣或不确定，事情都可以变得更好。

自豪。自豪是“自我意识情绪”中的一种。我们在深层次上，感觉到自己的行为被他人重视。

逗趣。有时意想不到的事情就让你发笑。逗趣是社会性、娱乐性的。只有发生在安全的情况下才会是有趣的。

激励。有时你无意中发现了真正的卓越。目睹人性善良的一面能够启发和振奋你。

敬佩。敬佩与激励关系密切，它在大规模地邂逅善举时产生。

爱。爱不是一种单一的积极情绪，而是上述 9 种情绪的结合。

弗雷德里克森认为积极情绪能拓宽注意范围，增强行动效能，有助于机体获得各种社会资源。积极情绪还能明显影响思维过程，促进个体高效率地思考和解决问题。

2. 消极情绪

消极情绪是指生活事件对人的心理造成的负面影响，比如痛苦、悲伤、焦虑、恐惧、愤怒等情绪。适度的消极情绪，可以维持个体的思维和行为水平。但是，过于强烈和持久的消极情绪则会对个体的健康和日常生活造成影响。

三、情绪的外在表现

根据信息加工的观点，人类的情绪体验包含三个成分，即生理唤醒、主观体验和外在表现。情绪的外在表现包含面部表情、姿态表情和语调表情。

（一）面部表情

面部表情是指情绪发生时引起的面部肌肉（包括眼部肌肉、颜面肌肉和口部肌肉等）变化模式，不同情绪具有不同的面部肌肉运动模式。如不同的眼神可以表达不同的情绪状态，如高兴时“眉开眼笑”，气愤时“怒目而视”，恐惧时“目瞪口呆”等。口部肌肉变化也是表现情绪的线索，如憎恨时“咬牙切齿”，紧张时“瞠目结舌”等。

20 世纪中叶，社会科学家普遍认为情绪及其表达主要是文化学习的产物。他们周游世界，研究不同文化中人们的生活和习俗，观察当地人在情绪情境中的行为表现，强调这些地方与西方典型行为是不同的。比如其中有人描述了一位日本妇女，她在给自己的雇主看她刚刚去世的丈夫的骨灰时笑了起来。也有人分析了中国文学作品里描述的情绪表达，人物生气时会拍手，而在西方，人们认为这是一种快乐或兴奋的表现。

然而到了 20 世纪 60 年代，艾克曼、伊扎德等人的研究似乎推翻了这种观点。他们发现，那些被美国人一致认为表达了目标情绪的照片，在其他各种西方和非西方社会中，被识别出来的比例也很高。后来研究者前往新几内亚，接触那些以前很少甚至根本没有与西方人接触过的、生活在孤立的小村庄里的居民，结果发现，成人选择正确图片的比例非常高：快乐 92%，愤怒 84%，厌恶 81%，恐惧 80%，悲伤 79%。因此，他们发现面部表情具有跨文化的一致性。情绪表达中的某些内容必定是天生和普遍的，至少对于某些情绪是这样的。这也使得情绪成为心理学研究的一大主题，情绪科学由此诞生。

（二）姿态表情

姿态表情是除面部之外身体其他部位的表情动作，可分为身体表情（body expression）和手势表情（gesture）两种。人在不同的情绪状态下，身体姿态会发生不同的变化。高兴的时候“手舞足蹈”，紧张的时候“坐立不安”。如果对方坐在对面听你说话，你可以从对方的姿态了解他的情绪变化。如果他对你讲的内容非常感兴趣，身体也许会向前倾；如果他对你讲的内容不太感兴趣，身体也许会向后靠或者手里开始拿一些东西把玩。由此可见，姿态表情能够揭示情绪与适应行为的紧密联系。情绪研究的先驱达尔文认为某些身体运动与姿态对应特定的情绪（见表 8－3），但另外一些研究者却认为姿态表情只能表现情绪的强度，无法表现是何种情绪。相比面部表情，姿态表情的隐蔽性要小得多。观察身体姿势比观察面部表情更能判断出对方的情绪。

表 8－3　达尔文认为某些身体运动与姿态对应特定的情绪

情绪	身体运动与姿态表情
高兴	各种无目的的运动，跑跳，手舞足蹈，拍手，前仰后合
悲伤	身体无运动，垂头丧气（低头、胸部收缩）
骄傲	昂首挺胸
羞愧	转身回避，弯腰，紧张不安的动作
恐惧	缩头，抱头，身体僵硬，抽筋似的动作，手不停地在胸前抱紧、松开并伴有抽动
愤怒	全身颤抖，摔物，摇晃拳头，双拳紧握，怒目圆睁
厌恶	吐口水，身体回避，抬肩，手臂夹紧
轻蔑	转身

手势也是情绪表达的重要形式。手势通常和言语一起使用表达赞成、反对、接纳、拒绝、喜欢、厌恶等信息。研究发现，手势表情是通过学习获得的，不仅存在个体差异，也存在文化差异。竖起大拇指在许多文化中表示夸奖，但是在希腊却有侮辱他人的意思。

（三）语调表情

语调表情是辅助言语交际的工具，是一种副语言现象，也是人类表达情绪的重要手段之一。日常经验表明，我们很容易理解声音的语调。但是，研究者该如何收集关于情绪表达中的非语言声音信息的证据呢？西蒙－托马斯（Simon-Thomas）及其同事发现，表达厌恶、愤怒、悲伤和惊讶的声音爆点识别比例很高，平均准确率为60%～83%。对于表达害怕的声音爆点来说，平均37%的实验者选了正确答案，另外有46%的人选择了惊讶。对于爱、感激、满意和骄傲的声音爆点，选择“不是以上任何一种”的人数与选择正确答案的人数相等或多一些。这些研究结果表明，有些情绪能够比另外一些情绪更清晰地借助声音传达和识别。那为什么会这样呢？那些针对外界环境事物的情绪，人们的识别率往往比较高；而针对关系的情绪，人们则没那么容易通过声音识别出来。

四、情绪的生理机制

研究者发现情绪和其他情感体验与外周神经系统关系密切，交感神经系统、副交感神经系统被认为与情绪活动息息相关。此外，情绪也有赖于中枢神经系统。在情绪神经机制的早期研究中，大多数研究者认为，情绪加工与边缘系统的关系密切。其中，杏仁核被认为参与和情绪有关的多种加工过程。随着脑成像技术的发展，研究者们发现情绪加工存在着复杂的中枢神经机制。大脑皮质、包括前额叶的不同部位、扣带回等都被证实与不同的情绪过程有关。

（一）情绪的外周神经机制

1. 情绪与自主神经系统

情绪过程总伴随着一系列的生理变化，也就是说，当某种情绪产生时，将引起自主神经系统的反应。在情绪活动时，交感神经系统开始活动，这时肾上腺素和去甲肾上腺素分泌增多，心血管系统会发生一系列变化，如心率加快、血压升高、机体处于唤醒状态。同时，为了获得更多的氧，呼吸会加快，肝脏也会输出更多的糖进入血液。为了把血液送给大脑和骨骼肌肉，消化系统的供给减缓，瞳孔放大，唾液的分泌活动受到抑制。在情绪活动后，副交感神经系统恢复活动，使身体状况恢复到情绪活动之前的平静状态，心率平缓，血压降低，瞳孔收缩，呼吸减缓，唾液再次分泌，消化系统恢复正常功能，能量供给也处于正常水平。

自主神经系统是脊柱动物的外周神经系统，由躯体神经分化、发展，形成功能上独立的神经系统。兰列（J. N. Langley）命名的自主神经系统，也有人称为不随意神经系统或植物性神经系统。自主神经系统能调节内脏和血管平滑肌、心肌和腺体的活动。自主神经系统可以分为交感神经系统和副交感神经系统两部分，见图8－5。交感神经系统由中枢部、交感干、神经节、神经和神经丛组成。中枢部位于脊髓胸段全长及腰髓1～3节段的灰质侧角。交感干位于脊柱两侧，由交感干神经节和节间支连接而成，可分为颈、胸、腰、骶和尾五部分。交感神经系统的活动比较广泛，主要调节心脏及其他内脏器官的活动，主要生理作用是动员机体储备能量，以适应环境的急剧变化。

副交感神经系统分为脑部和骶部。脑部的中枢位于脑干内，总称为副交感核，发出纤维行走在第3、7、9、0对脑神经内。副交感神经是自主神经的一部分，分为脑部和骶部。脑部的中枢位于脑干内，总称为副交感核，发出纤维行走在第3、7、9、10对脑神经内，周围的神经节有器官旁节和器官内节。颅部副交感神经的节前纤维在此交换神经元后发出节后纤维到所支配的器官。骶部的中枢，位于骶髓2～4节段灰质内的骶中间外侧核，发出节前纤维至脏器附近的器官旁节和脏器壁内的器官内节，组成盆神经，支配降结肠以下的消化管、盆腔脏器及外生殖器。

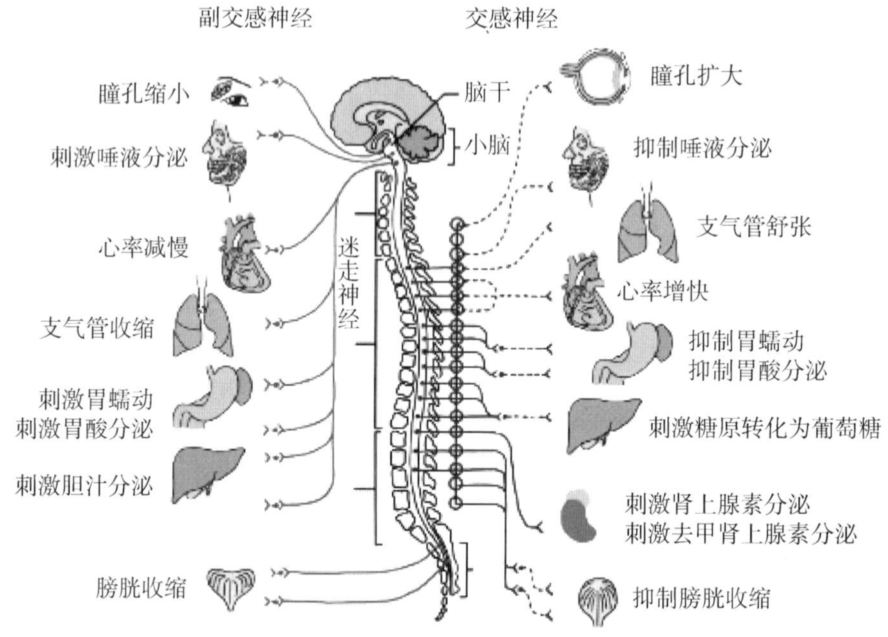

图8－5　交感神经系统和副交感神经系统

交感神经与那些真实的、感觉到的威胁以及对这些威胁的预期与包括恐惧和焦虑在内的情绪反应有关，并且与负性情绪有关的感受相关。在对动物研究基础上，坎农（Cannon）提出交感神经激活的整合效应是“战斗或逃跑”反应。在危险情境下，个体感受到恐惧，此时交感神经激活，比如心率和呼吸加速、血压升高，机体将更多的血液输送到骨骼肌和脑，保证个体能够快速和清晰地思考，从而做出“战斗或逃跑”的反应。同时交感神经还会促进汗腺分泌，通过“出冷汗”降低身体温度，保证机体不会过热。所以人们通常说的“鸡皮疙瘩”“毛发直立”都是交感神经激活的表现。

副交感神经系统与情绪的相关研究近些年得到了越来越多的关注。比如有研究发现哺乳动物的某一分支对增进社会关系有特定作用，会影响与依恋和爱相关的积极情绪，提示副交感神经系统与积极情绪相关。也有研究发现静息状态下副交感神经系统激活水平较高的个体报告在日常生活中体验到更高的积极情绪。而且迷走神经活动水平较高的被试更善于调节自己的情绪，并且更不容易变得抑郁。

2. 情绪与躯体神经系统和分泌系统

情绪活动过程伴随着一定的外部行为表现，正如前面提到的面部表情、姿态表情和声调表情。这些都是由躯体神经系统支配的随意活动。躯体神经系统包括外周神经系统中的脑神经和脊神经，是由感觉神经和运动神经形成的神经回路，它支配和调节人们的骨骼肌肉系统的活动。这种调节具有随意性，可能是一种有意识、有目的的活动。躯体神经支配着人的各种表情，是这些表情活动的生理基础。艾克曼（1978）把人的面部分为额—眉区、眼—睑区、鼻颊—口唇三个部位，通过刺激面部一块肌肉组织引起反应，用照相机和录像记录的方法确定了愉快、惊奇、厌恶、愤怒、恐惧和悲伤六种情绪的面部肌肉运动的组合模式。可见，躯体神经系统是人的面部表情活动的生理基础之一。

除了躯体神经系统，情绪也与人体的分泌系统有关。人有两种腺体：外分泌腺和内分泌腺。不同情绪状态会引起内、外分泌腺的变化，从而影响激素分泌量的变化，这种变化也是判断某种情绪状态的客观指标。人在悲痛或者过分高兴时往往会流泪，在焦虑和恐惧时会冒汗，同时抑制消化腺的活动和肠胃的蠕动，因而感到口渴、食欲减退或者消化不良。相反，积极的情绪可以增强消化腺的活动，促进唾液、胃液和胆汁的分泌。而且，不同的情绪状态引起不同的内分泌腺的变化，进而影响激素的分泌。焦虑的个体血液中肾上腺素增多，愤怒的个体血液中去甲肾上腺素增多。

拓展阅读 1

人类基本情绪体验是否具有一致性？①

有研究者研究了来自37个国家和地区的3 000名被试的情绪体验，发现他们对某些情绪的体验具有广泛的一致性。如表8－4所示：

表8－4

情绪	症状	报告的百分比/%
快乐	感到暖和	63
	心跳加快	40
	肌肉放松	29
恐惧	心跳加快	65
	肌肉紧张	52
	呼吸急促	47
	流汗	37
	感到冷	36
	喉咙堵	29
	胃不舒服	22

① 彭聃龄. 普通心理学［M］. 5版. 北京：北京师范大学出版社，2019：385.

续上表

情绪	症状	报告的百分比/%
发怒	心跳加快	50
	肌肉紧张	43
	呼吸加快	37
	感到热	32
	喉咙堵	25
悲伤	喉咙堵	56
	哭	55
	肌肉紧张	27
	心跳加快	27
	感到冷	22
害羞	感到热	40
	心跳加快	35
	出汗	26
内疚	喉咙堵	28
	心跳加快	27
厌恶	肌肉紧张	25
	心跳加快	23
	胃不舒服	21

（二）情绪的脑中枢

1. 边缘系统和情绪

（1）帕佩茨环路与边缘系统（见图8－6）。

人们一直希望能够在神经机制上了解情绪是如何发生的，以及情绪是如何影响行为的。1937年，美国的神经解剖学家帕佩茨（Papez）根据情绪障碍的脑损伤患者的解剖学研究结果，提出可能存在一个由一些脑组织组成的环路，它是情绪的神经机制，后来这个区域被称为帕佩茨环路（Papez circuit）。帕佩茨环路起源于海马，经穹窿、乳头体、丘脑前核和扣带回，返回海马。后来大量研究发现，该环路受到小脑、大脑皮质和其他脑区的影响，海马并不是这一环路的起始，因此帕佩茨环路与情绪的关系并不是唯一的和关键的。

麦克林（MacLean）认为除了帕佩茨环路中的结构，还包含了杏仁核、眶额叶、基底神经节和下丘脑等其他脑结构，也就是边缘系统（limbic system）。后面大部分研究证实了边缘系统的功能非常广泛，参与情绪、动机、睡眠、学习记忆等认知和心理过程。但边缘系统的概念在结构和功能上都受到比较大的质疑，因为从结构上没有明确的标准划分哪些通路被包括在边缘系统里，而且里面也有一些区域与情绪关系较小。因此，边缘系统虽然被认为与情绪有关，但杏仁核、下丘脑和眶额叶等被认为与情绪的关联更大。

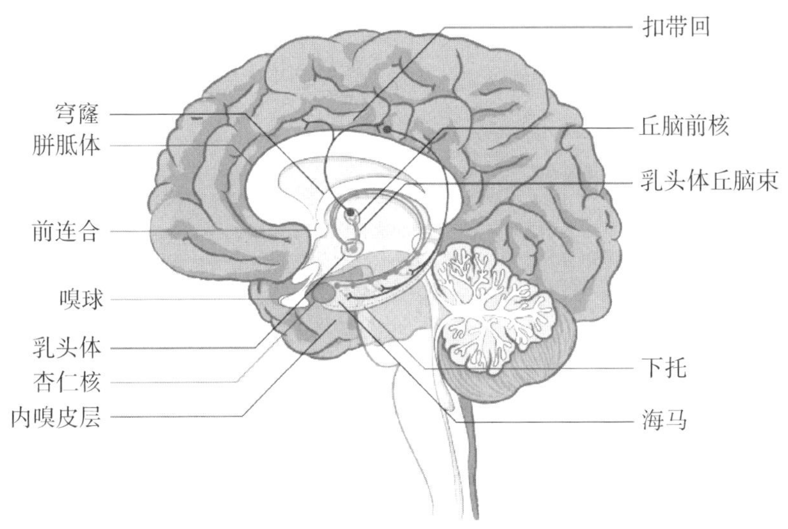

图 8-6　帕佩茨环路和边缘系统

（2）杏仁核。

早期研究发现，当猴子的双侧杏仁核（amygdala）损伤后，会出现很多异常的行为表现。比如，它们会变得非常温顺，对于具有威胁性的刺激不再害怕。此外，它们表现为多食、社会性活动增多、焦虑减少等。从此杏仁核成为情绪加工的神经机制研究中的重点。杏仁核位于颞叶的内侧、海马的前方和海马旁回沟的深部、侧脑室下方的前方，由于酷似杏仁而被称为杏仁核，包括外侧核团、基底核、内侧核和中央核团等亚结构（见图 8-7）。

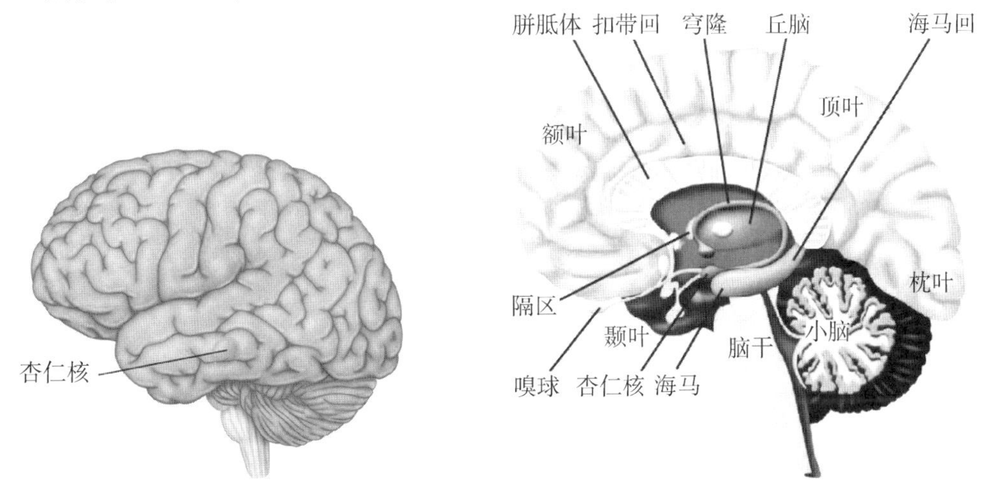

图 8-7　杏仁核在大脑中的位置

基底外侧核结构来自丘脑、海马和大脑皮质的纤维传入，然后通过不同核团的输出，将信息传导至不同的靶器官。基底核团除了与中央核团有纤维联系外，还与纹状体区域相联系，这使得个体可做出有控制的行为，比如逃跑（见图8-8）。

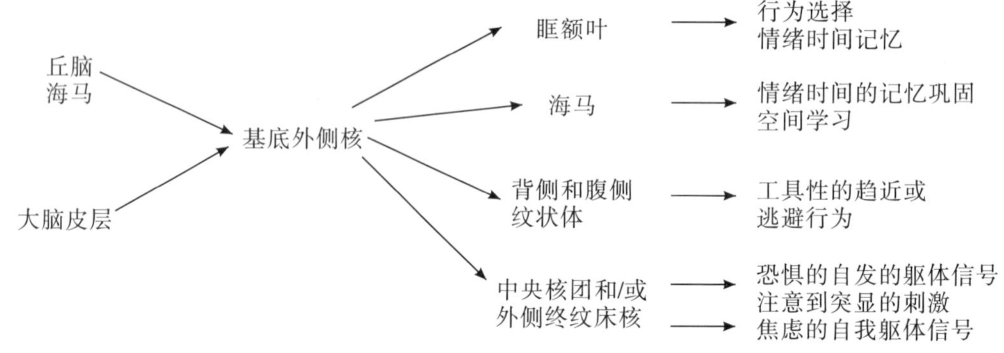

图8-8　杏仁核的神经纤维联系①

在输出通路中，基底外侧核通过杏仁核中其他核团的中介，与中央核团联系，后者发出神经纤维，调节外周神经系统或脑干的活动，引起身体各部位效应器的变化。比如，通过中央核团与下丘脑外侧核的联系，引起皮肤电升高、血压升高、瞳孔增大等反应；通过与三叉神经等联系，引起与情绪有关的面孔表情；通过与下丘脑旁核的联系，引起应激激素如皮质醇的释放增多。可见，杏仁核在情绪加工中占据了重要的位置（见图8-9）。

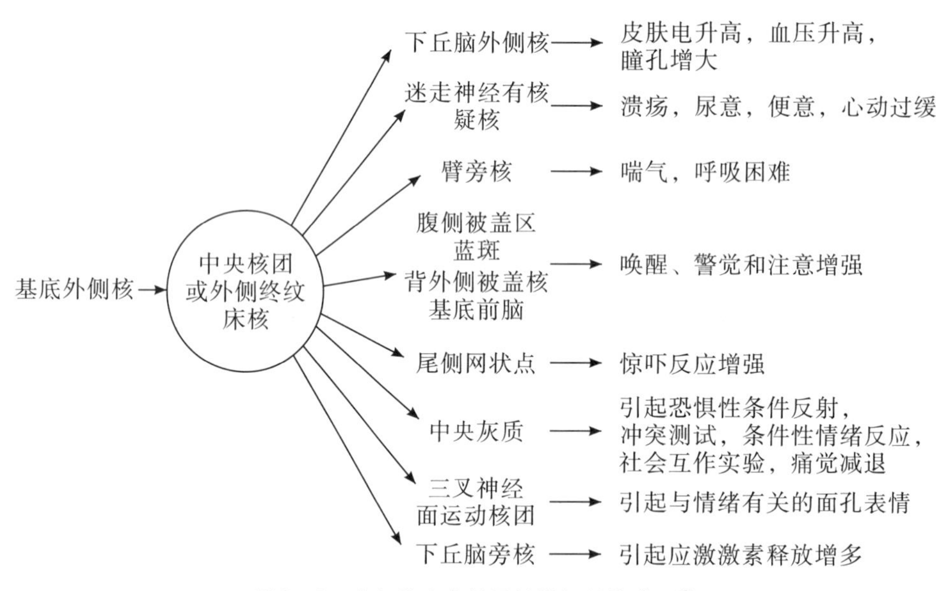

图8-9　杏仁核中央核团的神经纤维联系②

① 王福顺. 情绪心理学［M］. 北京：人民卫生出版社，2018：68.

② 同上书，68.

(3) 下丘脑。

下丘脑(hypothalamus)位于间脑、丘脑和第三脑的下部，是丘脑中较大的结构。下丘脑自前向后分为三部分：前部、中部和后部。它通过下丘脑—垂体束与垂体相联系，进而调节垂体前叶、肾上腺和甲状腺等的活动，影响各种神经激素的分泌和释放。它还调节自主神经系统的活动，是内脏的高级中枢。而自主神经系统和应激激素参与情绪生理和行为的反应的产生，如血压升高、心跳加快、应对或逃避的策略。当机体处于应激状态时，自主神经系统的活动增强，应激激素的释放增多，个体根据外部环境做出适应性行为，这些都离不开下丘脑的作用。动物实验表明，刺激下丘脑的不同核团，会引起动物强烈的情绪反应，如产生进攻行为或是逃避行为。

2. 大脑皮质和情绪

大脑皮质和情绪的关系，是通过它们与杏仁核，以及其他皮层下结构的联系而实现的。在大脑皮质中，前额叶与情绪的关系最为密切。此外，大脑皮质中的扣带回、脑岛等部位，也与情绪加工有一定关系。

(1) 前额叶。

研究发现，前额叶(见图8－10)与情绪效价(valence)相关，也就是个体对正性和负性情绪进行主观情绪感受的判断，与前额叶有关。有关动物和人类的大量研究显示，前额皮层(PFC)的各个部分与情绪有关。而且，前额叶具有情绪偏侧化效应，也就是前额皮层的机能具有不对称性，左侧前额皮层与正性情绪有关，右侧前额皮层与负性情绪有关。情绪效价对记忆的影响主要通过前额叶—海马活动。

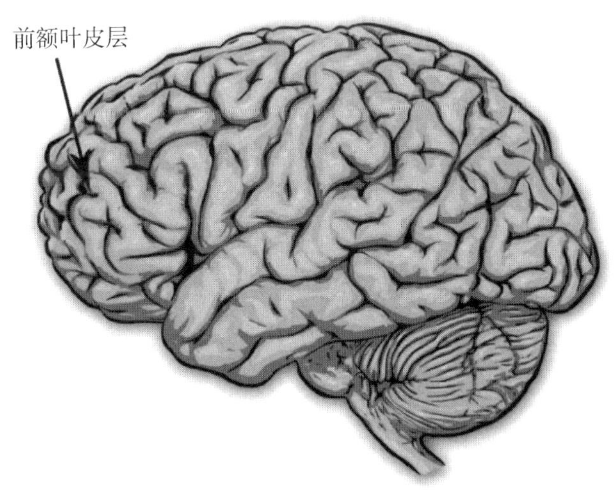

图8－10 前额叶在大脑中的位置

前额叶也参与情绪调节。当情绪发生后，个体会通过增强情绪、减少情绪来调节情绪，使得个体的情绪符合当下的情境。外显的情绪调节策略主要是情绪再评价(reappraisal)，它主要与背外侧前额叶、腹外侧前额叶和顶叶以及脑岛等结构有关。内隐的情绪则与腹侧前扣带回皮层和腹内侧前额叶有关。在一项研究中，研究者给白人被试呈现黑人或白人面孔 30 毫秒或 525 毫秒，结果发现当面孔被呈现 30 毫秒时，白人被试的杏仁核对黑人面孔的反应远远强于对白人面孔。但是，当面孔被呈现 525 毫秒时，杏仁核对它们的反应差异大大减少，同时，背外侧前额叶、腹外侧前额叶和扣带回的活动增强。这说明杏仁核在自动化的群组效应中起着很重要的作用，但是当时间足够长，前额叶皮层就会对这一自动化反应进行调控，使得群组效应减弱。腹外侧前额叶对情绪的调节作用可能与其和杏仁核之间的神经通路有关，使之可以抑制负性反应，而产生正性评价。此外，研究发现，前额叶还参与了抑制相关的情绪调节。比如研究者在对恐惧性反射进行认知调节时，与消除训练相似，会减少恐惧的生理表达，同时也发现内侧和背外侧前额叶的活动增强，杏仁核活动减少，但是它们之间的活动没有相关性。

内侧前额叶（ventromedial prefrontal cortex，vmPFC，见图 8－11）与情绪的高级调节机制有关，它涉及如何对社会和情绪刺激反应，以便做出更合理的决定。这一发现来自著名的菲尼斯·盖奇（Phineas P. Gage）案例。盖奇是一名铁路工人，在 1848 年爆破石块的事故中导致脑部受损。当时他的意识清醒，经过治疗后看起来像是被治愈了。但是随后人们发现盖奇像变了一个人似的。在发生事故前，他是一个模范市民，勤劳、充满活力、思维清晰。事故发生之后，盖奇变得没有耐心，易暴躁，易激惹，不听人们的劝告，对自己的行为没有计划，后来还被开除了工作。后来研究者对他的头颅进行了仔细的 MRI 扫描，发现了他脑受损的范围在两侧半球的内侧前额叶。内侧前额叶与对刺激的重新评价、抑制主观情绪体验有关，还与加工正性刺激有关。当其被损伤后，引起对正性刺激加工的障碍，从而引发负性情绪反应。

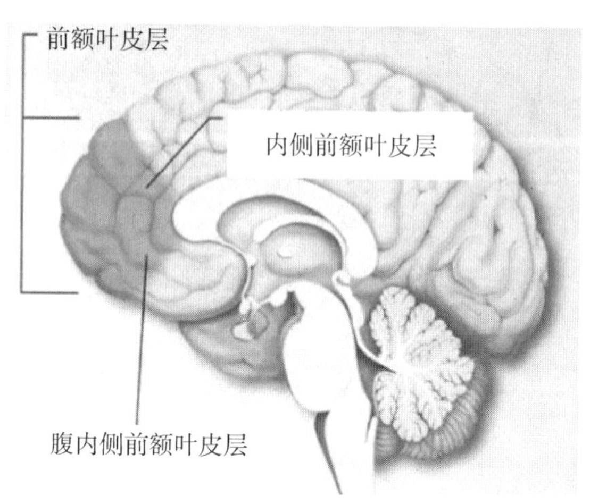

图 8－11　内侧前额叶皮层

由于前额叶，包括眶额叶和内侧前额叶，与腹侧被盖区（VTA）等多巴胺通路的结构有纤维联系，前额叶还可能参与对奖赏系统的调控。脑功能成像的元分析发现：眶额叶内侧部与对奖赏强化物的学习和监控有关，外侧部则与惩罚物的评价有关。

（2）扣带回。

扣带回位于扣带沟和胼胝体沟之间（见图8－12），是大脑中线的皮层结构。有的研究者将它划为前额叶的一部分，还有的将它归为边缘系统。它的前部（anterior cingulate comex，ACC）通过丘脑前核接受来自大脑皮质的纤维传入，其传出纤维至杏仁核、前额叶和脑干等结构。前扣带回皮层分为背侧和腹侧两部分，其中背侧与注意有关，而腹侧与情绪的主观体验、情绪调节等关系密切。还有研究者认为，背侧前扣带皮层和内侧前额叶参与对负性情绪的评价、表达和情绪冲突的调节，而腹侧前扣带回皮层和内侧前额叶则参与产生情绪反应。脑成像的研究表明，负性情绪可引起扣带回的活动增强，而扣带回切除术可减弱抑郁等症状。扣带同也参与对情绪的调节，当抑制和重评价负性情绪时，扣带回的活动增强，同时伴杏仁核活动的减弱。

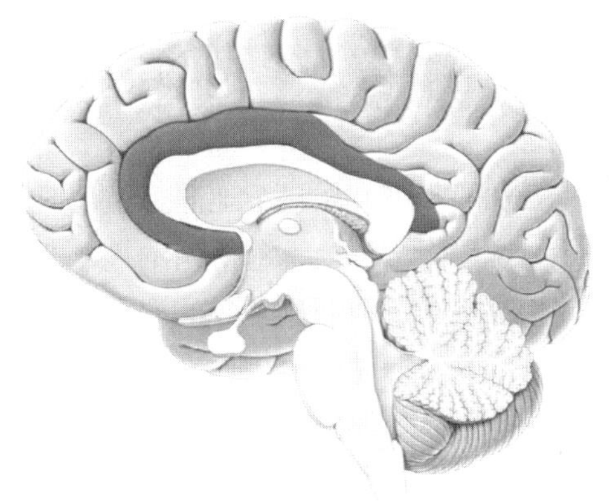

图8－12 扣带回在大脑中的位置

（3）脑岛。

脑岛（见图8－13）位于大脑外侧沟的内部，额叶、颞叶和顶叶的交界处。脑岛是感受味觉的主要结构。有研究发现脑岛与内脏感觉有关，也与厌恶情绪密切相关。当给被试呈现臭味的刺激，或是视觉的厌恶图片（如呕吐物等）时，相对于中性刺激，脑岛的活动明显增强。脑岛损伤的被试无法识别厌恶情绪，无论刺激呈现于何种感觉通道，但患者识别其他负性情绪的能力与正常人无异，这说明脑岛在厌恶情绪加工中的重要作用。需要注意的是，脑岛并不是加工厌恶情绪的唯一脑结构，基底神经节、杏仁核和扣带回等也都与厌恶情绪加工有关。

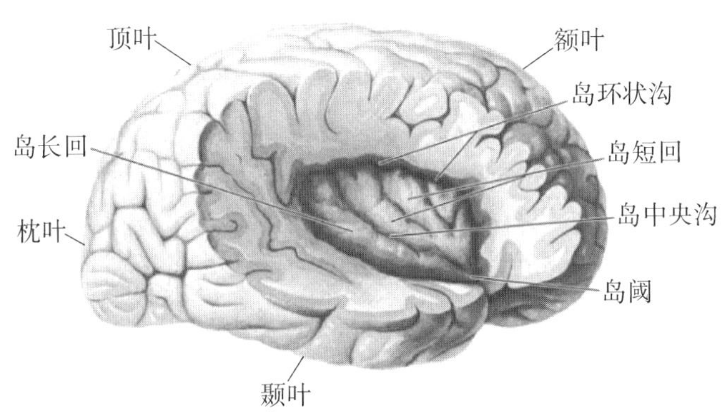

图8－13 脑岛在大脑中的位置与结构

第二节 经典的情绪理论

自从心理学开始科学地研究情绪现象后，涌现了各种关于情绪的理论，从早期植根于哲学思想的理论，到情绪的生理理论、认知理论、功能理论、精神分析理论和社会建构理论等。他们从各自的视角来理解情绪的发生发展过程及机制。本章节将选择一些有代表性的经典情绪理论进行介绍。

一、情绪的早期理论

（一）达尔文的情绪进化理论

达尔文认为，情绪作为人类种族进化的证据，可能是人类行为得以延续的机制。他在《人类的由来及性选择》一书中指出“尽管人类和高等动物之间的心理差异是巨大的，然而这种差异只是程度上的，并非种类上的。人类所夸耀的感觉和知觉，情感和心理能力，如爱、记忆、注意、好奇、模仿、推理等，在低于人类的动物中都有其萌芽状态，有时候还处于一种相当发达的状态”。他还在《人类与动物的表情》一书中描述了表情在生物生存和进化中的适应价值和有用性，提出情绪是进化的高级阶段的适应工具。他认为情绪性表情本身没有进化，它们不依赖于自然选择，情绪的面部表情只是伴随情绪的附属物，并没有交流功能。

（二）詹姆斯－兰格（James-Lange）情绪理论

北美心理学奠基者威廉·詹姆斯于1884年提出了第一个重要的情绪理论。几乎同一时间，丹麦心理学家卡尔·兰格（Carl Lange）也提出了相似的观点。两者尽管有不太一样的地方，然而也有很多相通之处，因此称之为“詹姆斯－兰格”情绪理论。

根据该理论，身体对特定情境的反应，直接决定着我们的情绪感受。知觉到刺激性的客观事实，身体变化就紧随其后，而……与此同时我们对这些身体变化的感受就是情绪。也就是说，你愤怒是因为你感觉自己在攻击，你害怕是因为你在试图逃跑。这个观点同我们一般的常识似乎是冲突的。兰格举了一个生活中常见的现象：饮酒减轻焦虑。酒精会削弱你对压力刺激的身体反应，而当你感到你的身体变得平静时，你感受到的焦虑情绪也就减少了。再比如说，你怕熊，不是因为害怕熊想逃跑，是因为看见熊这件事引发了你的逃跑，因为你逃跑了，所以你感到害怕。因此，该理论核心观点认为：情绪刺激引起生理反应，而生理反应进一步导致情绪体验的产生。

“詹姆斯－兰格”情绪理论看到情绪与机体变化的直接关系，强调了自主神经系统在情绪产生中的作用，这是其合理的一面。但是，他们片面强调了自主神经系统的作用，而忽视了中枢神经系统的作用，因此也引起很大的争议。

(三) 坎农-巴德 (Cannon-Bard) 理论

坎农（Walter Cannon）是20世纪早期的生理学家，因发现负责战或逃反应的交感神经系统而闻名，他和另外一位杰出的生理学家巴德（Philip Bard）提出的理论称为坎农-巴德情绪理论理论的情绪理论。

根据该理论，情绪认知和感受在因果关系上独立于生理唤醒和行为，只是所有这些方面都是同时发生而已。用现在的话来说，在对特定诱发事件做出反应的过程中，情绪的认知评价、感受、生理/行为方面是各自产生的（见图8-14）：

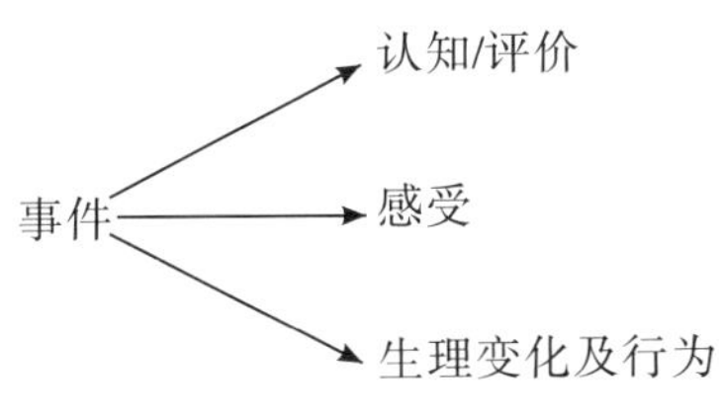

图8-14 坎农-巴德理论

根据该理论的观点，突发的巨响在一两秒内会同时独立地导致个体恐惧的感受以及下意识的退一步的行为。可是如果认知、感受和行为相互独立，意味着个体恐惧没有引起退一步，而且你退一步的事实也不会增加你的恐惧。

二、情绪的认知理论

随着认知心理学的发展，关于情绪的观点分为两大流派，一个是以沙赫特、曼德勒为代表的认知—激活理论，更多地研究生理激活变量和认知的关系；另一个是以拉扎勒斯为代表的所谓“纯”认知论，更多地从环境、认知和行为方面阐述认知对情绪的影响。

(一) 沙赫特情绪两因素理论

沙赫特（Schachter）的理论认为，情绪体验具有两个不可或缺的因素：来自交感神经系统生理唤醒和个体对这种生理唤醒的认知解释。当个体体验到生理唤醒的时候，就会向周围的环境寻求解释，个体对生理唤醒的认知理解决定了最后的情绪体验，这就是沙赫特著名的情绪两因素理论（见图8-15）。

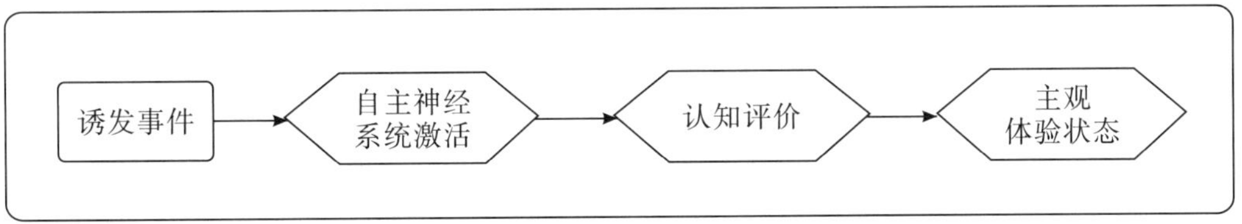

图8-15 Schachter和Singer的两因素模型[①]

① 傅小兰. 情绪心理学［M］. 上海：华东师范大学出版社，2015：44.

情绪状态是认知过程（期望）、生理状态和环境因素在大脑皮层中整合的结果。环境中的刺激因素，通过感受器向大脑皮层输入外界信息；生理因素通过内部器官、骨骼肌的活动，向大脑输入生理状态变化的信息；认知过程是对过去经验的回忆和对当前情景的评估，来自这三方面的信息经过大脑皮层的整合作用，才产生了某种情绪体验。

将上述理论转化成一个工作系统，称为情绪唤醒模型。这个工作系统包括三个亚系统：①对来自环境的信息的知觉分析；②在长期生活经验中建立起来的对外部影响的内部模式，包括过去、现在和对将来的期望；③现实情境的直觉分析与基于过去经验的认知加工间的比较系统，称为认知比较器，它带有庞大的生化系统和神经系统的激活结构，并与效应器相联系。

情绪唤醒模型的核心部分是认知，通过认知比较器把当前现实刺激与储存在记忆中的过去经验进行比较，当知觉分析与认知加工出现不匹配时，认知比较器就产生信息，动员一系列的生化和神经机制，释放化学物质，改变脑的神经激活状态，使身体适应当前情境要求，情绪也被唤醒。

（二）拉扎勒斯的认知评价理论

拉扎勒斯（Lazarus）情绪概念在心理学中是重要的、独立存在的领域，对行为的分类和描述是十分重要的。他认为情绪是综合性反应，包括环境的、生理的、认知的和行为的成分，每种情绪都有它自身独特的反应模式。同时，他也反对把情绪归结为动机或驱力，因为这样会引导人们从动机去推测行为的适应或者不适应而忽略情绪反应的特殊性质。

认知评价理论认为情绪是一种“反应综合征”。情绪之所以难定义，就是因为它不是单一变量。他认为导致放弃情绪概念的某些建议，既非产生于情绪生理记录仪不够灵敏，也并非人们的内省缺乏准确性，而是由于范畴的错误；情绪一词不能归属于一个物，而应归属一个综合征，像一种病是一个症候群一样。为要了解情绪症候群，需要对它的反应成分进行分析；要了解情绪的来源，把任何环境之间的相互关系纳入情绪的综合分析之中，因为人所处的具体环境对本人的利害性质，决定他的具体情绪。所以同一种环境对不同的人产生不同的情绪结果，就是因为这个环境对不同人具有的意义不一样，这种意义是根据人的认知评价来解释的。

拉扎勒斯的理论核心认为情绪是对意义的反应，这个反应是通过认知评价决定和完成的。他对情绪下定义的时候有三个要点：（1）情绪的发展来自环境信息；（2）情绪依赖于短时的或持续的评价；（3）情绪是一种生理心理反应的组织。有机体对环境中所需要的线索是不断进行评估的，有初评价和再评价。初评价（primary appraisal）是指人确定刺激事件与自己是否有利害关系，以及这种关系的程度，包括无关、有益、紧张。再评价（secondary appraisal）是对自己反应行为的调节和控制，包括对所选择的应付策略的评价以及对应付后果的评价。所以，每种情绪都包含它自身所特有的评价、活动倾向、生理变化，构成一个情绪反应症候群（见表 8－5）。

表 8－5 情绪及其核心相关主题①

情绪	核心相关主题
发怒	对我及我的所有物的贬低或攻击
焦虑	面对不确定的存在条件
害怕	一种直接的、真实的、巨大的危险
内疚	道德上的违反
害羞	过错归结于自己
悲伤	体验到不可挽回的丧失
羡慕	想别人所有的东西
嫉妒	憎恨他人得到的爱，希望他失去进步
厌恶	从事或接近令人讨厌的物体、人或思想
高兴	向着一个真正的目标
骄傲	由于自己的成就得到别人承认或认同而使自我增强
放松	沮丧的情境得到改善
希望	怕坏的结果，想要更好的结果
爱	经常渴望情感而不要回报
同情	被他人的遭遇感动而愿意帮助他

三、情绪的功能理论

（一）伊扎德情绪理论

伊扎德继承和发展了达尔文的理论，从弗洛伊德观点中吸取了一些有益成果，建立了情绪动机论。他的理论观点主要集中在三个方面：①动机—分化理论提出情绪的作用问题，提出情绪是基本动机的论点；②继承和发展达尔文关于表情的学说，注重表情尤其是面部表情的通信作用以及面部反馈对情绪体验发生的机制问题；③从进化观点引申出情绪的分化观，各种情绪具有不同的性质和功能。下面重点介绍两个主要观点：

1．情绪是分化的

伊扎德认为，情绪是分化的，存在着具有不同体验的独立情绪，这些独立的情绪都具有动机特征。他假定存在 10 种基本情绪，包括兴趣、愉快、惊奇、悲伤、愤怒、厌恶、轻蔑、恐惧、害羞与胆怯，它们组成了人类的动机系统。每种情绪在组织上、动机上和体验上都有独特性，不同情绪具有不同的内部体验，从而对认知和行为产生不同观点影响。情绪的进化和分化与神经系统和脑的进化和分化、骨骼肌肉系统的进化和分化是平行的、同步的，情绪是新皮质进化和发展的产物。

① 彭聃龄．普通心理学［M］．5 版．北京：北京师范大学出版社，2019：396.

2. 情绪在人格系统中的地位和作用

伊扎德指出人格是包括相对独立而又相互作用的六个子系统的复杂组织，由体内平衡系统、内驱力系统、情绪系统、知觉系统、认知系统和动作系统构成。其中，情绪是人格系统的组成部分，也是人格系统的核心动力。

①体内平衡系统是一个自动化操作和无意识相互作用的系统网。其中，心血管系统和内分泌系统经常与情绪系统相互作用。

②内驱力系统，最基本的是饥饿、渴、性、呼吸和疼痛。多数内驱力活动没有心理学意义。但例如过度饥渴的内驱力活动，不可避免地会有情绪发生，而且情绪对之起放大或缩小的作用。性驱力和疼痛与情绪反应的联系也比较紧密。危险情境中的逃避驱力可以被恐惧情绪所放大。

③知觉、认知、动作和情绪这四个子系统在人格结构的相互作用构成人类所特有的个体社会行为，它们之间的相互作用一旦发生不协调时，就可导致失调行为，如失望或无助情绪得不到释放而被压抑，可能导致隔离行为或冷漠感情。青少年的认识、愿望与情绪之间发生的矛盾，是引起偏离或攻击行为的心理原因，还可能形成怪僻性格。

伊扎德提出的六个人格子系统结合成三种类型的动机结构。它们是：内驱力、感情认知间的相互作用和感情—认知结构。

①内驱力：内驱力活动随机体组织的需要得不到或得到满足而趋于提升或下降。它们的发生常常是周期性的，并与体内平衡系统的作用直接联系着。同时，它的发生又同情绪的作用密切相关。情绪是动机系统的重要组成成分，具有一种在个体主观上发生体验的作用。各种情绪体验则是驱策有机体采取行动的动机。

②感情—认知间的相互作用：这是动机系统的主要组成部分。成人的多数动机是感情—认知相互作用机制构成的。感情性因素同认知因素之间的无数结合和相互作用，构成人的主要动机系统。事实上，感情认知的相互作用占据着人脑加工的大部分内容。

③感情—认知结构：指的是特定的感情模式与特定的认知定势在长期中结合而形成的心理特征或人格倾向，人格特性在生活历程中固定下来，对行为不但有动机的功能，而且起预示的作用。感情—认知结构的概念中包含着一种动力关系。它一方面是感情性的，另一方面还包括由信仰、价值、爱好、理想所制约的认识以及感情和认识二者之间相互影响和相对稳定的关系。由于人格特质中蕴含着浓厚的感情因素，人们可以从中理解人格特质的动机作用。

此外，伊扎德还提出了 8 ~ 11 种基本情绪，并进一步探索了情绪的面部表情机制，认为情绪产生于面部肌肉模式的内导反馈，面部表情行为是情绪体验的激活器，通过情绪外显表情可以强化情绪；反之，压抑外显表情会削弱情绪。

（二）艾克曼情绪理论

面孔是否可以准确反映情绪这一问题，是我们对面孔研究以来最核心的问题。艾克曼对面部表情进行了大量的研究。他认为面部表情反映了表达着的内部情绪状态，也即是情绪的外导假设（efference hypothesis）。该观点认为，情绪和表情的密切关系是基本情绪的内在感情程序对产生情绪特异性面部表情的面部肌肉的神经输出导致的。艾克曼的研究制定了面部运动编码系统（Facial Action Coding System，FACS），通过活动单位对面部表情进行客观的测量和计算。他认为存在三个相互区别又相互联系的情绪系统：认知、面部表情和自主神经系统的活动，情绪受到认知的调节，但又强调面部表情表达的重要性。面部表达方式的改变能够改变一个人的情绪体验，侧重于情绪在表达模式和生理模式上的变化，只有语言来解释情绪是不够的。

艾克曼认为当一种情绪被隐藏或者用其他表情掩盖时，真实的情绪会以微表情的方式表现出来。微表情是一种快速呈现的、压抑的、呈现时间在1/2～1/5秒之间，通过人眼很难观察到的表情。当个体进行欺骗时，非言语线索如微表情却很难受到意志控制，泄露真实的情绪。艾克曼的观点被科学团体和大众媒体所默认，但是这种观点还缺乏更充分的实验证据。

四、情绪的社会建构理论

社会建构理论的观点在社会科学领域较为人熟悉，但是心理学研究中关注度很少。20世纪80年代，《情绪的社会建构》和《人的社会建构》两本著作的出版，为情绪研究带来了新的观点。情绪的社会建构理论反对情绪先天论，认为尽管情绪的种系发生基于一定的进化—遗传特质之上，但是情绪的体验内容和表达方式并不是遗传性习惯的遗留，而是在社会文化中获得的，是和当时的社会角色相适应的。人们情绪活动表征的是一种“暂存性的社会角色”（a transitory social role），也就是在特定情境中个人所遵循的社会所规定的行为反应方式，包括如何根据一定的社会规则以恰当的方式来对某一情境进行评价、采取行动以及解释自己的主观体验和生理反应等（Averill，1980）。情绪的社会建构来源于认知理论，强调认知评价在情绪中的重要性。人们对环境的评价是特定社会文化的产物，是在社会学习体系的基础上形成的。社会建构情绪理论也有两种不同的取向，一种是梅斯奎塔的即时性取向，关注社会文化系统的层级在形成反应中的作用；一种是帕金森的历时性取向，关注时间进程中反应的发展。当然，社会建构也有一些其他的取向，包括梅森（Mason）和卡皮塔尼奥（Capitanio）关注情绪社会建构的生物过程，艾利特（Aylett）和帕瓦（Paiva）关注计算机虚拟情绪进展等。

（一）梅斯奎塔社会动力模型

梅斯奎塔（Mesquita）社会动力模型认为情绪产生于特定的社会互动和人际关系中，并且反过来构成、塑造甚至改变这种社会互动和人际关系。比如说两位同学在发生争执时，如果只是描述愤怒、厌恶、焦虑等情绪，而不对两人吵架的过程进行描述的话，别人是无法想象这一场景中的情绪的。同时，情绪的功能性与所处的当前社会情境紧密相关，当情绪在某种环境中产生越好的结果时，出现的频率便会越高。功能性并不是情绪或者情绪反应本身固定不变的属性，比如羞耻并不总是功能失调的表现，只有在那些强调个人成果和自我效能的文化中，羞耻才被看作是功能失调的。此外，作为一种情绪管理策略，情绪压力也并不总是功能失调的表现，只有在重视真实可靠的文化中情绪压抑才被看作功能性失调。情绪经验和行为会随情境的不同而不同，比如对老板生气和对孩子生气的感受是不一样的。社会建构观点更强调个体间的情绪，但是个体内的情绪是如何构成的并不是他们关注的重点。

（二）帕金森情绪理论

帕金森（Parkinson）关注情绪社会化在不同的事件点和时间尺度上的发生机制。在所有的点和时间尺度中，最关键的是即时的情况。微观发生过程中可能产生的新事物会影响其他发展序列的进程。情绪发展遵循等效性原则，也就是不同路径可以得到相同或相近的结果。情绪是开放的系统，不是固定的行为模式、认知情感程序或文化原型。就像孩子学习语言，并不是来自直接的教导，而是来自模仿和试误。所以儿童学习的感情表现方式通常与其所在文化相适应，情绪学习通过与已经社会化的照料者和他人的交互得以实现。所以，社会规范的内化是必然的。

第三节 情绪和人类生活

一、情绪与日常行为

（一）情绪与学习

国内外大量研究证实学生在学业情境（课堂听课、自习、考试）中会体验多种不同的情绪。德国心理学家佩克伦（Reinhard Pekrun）等人把这些与学业学习、课堂教学和学业成就有直接关系的情绪统称为学业情绪（academic emotions），比如学习时感到愉快，成功时感到骄傲，考试时感到焦虑，等等。也就是说，学业情绪是学生在中学或大学情境中体验到的所有成就、与教学或学习过程有关的情绪。

他们研究发现主要的学业情绪有九种：愉悦、希望、骄傲、宽慰、愤怒、焦虑、羞怯、绝望和厌倦。根据效价和唤醒性两个维度，这九种情绪又可以分为四类：①积极的唤醒性情绪——愉快、希望、骄傲；②积极的非唤醒性情绪——宽慰；③消极的唤醒性情绪——气愤、焦虑、内疚；④消极的非唤醒性情绪——绝望、厌倦。

学业情绪中，研究者关注最多的是考试焦虑。国内外大量研究都发现，考试焦虑存在性别差异，女生的平均焦虑水平要高于男生，在低年级这种差异并不显著，随着年龄的增长男女之间的差异越来越显著。而且，初中和高中考试焦虑的发展也呈现不一样的趋势。初中为“低—高—低”的发展特点，高中为“从高到低”的发展特点。

研究者还发现，学业情绪对自我调节学习机制具有一定的调节作用。比如，积极的学业情绪（除了宽慰之外）与元认知策略呈现正相关。考试焦虑与元认知策略呈现负相关，也就是说考试焦虑会阻碍元认知活动的进行。此外，研究者还发现，学习焦虑水平对归因有着直接的作用，不同学习焦虑水平的学生对于成功或失败的学习结果有着不同的归因倾向。在成功归因上，低焦虑者的能力归因倾向显著高于高焦虑者，低焦虑和中度焦虑者的心境归因倾向显著；在失败归因上，高度和中度焦虑者更倾向于进行外部归因，且集中在外部可控因素上，也就是将失败原因归因于他人努力和他人帮助。从内部因素来看，高焦虑者更倾向于进行能力归因，认为失败是能力不足导致的，中焦虑者更倾向于进行努力归因。

（二）情绪与健康

我国古代很早就意识到情绪对健康的影响。《黄帝内经》的七情说认为，过度强烈的喜、怒、忧、思、悲、恐、惊七情反应会引起神志异常、气机紊乱、精血亏损、脏腑功能失调而致病。“喜伤心，怒伤肝，思伤脾，悲伤肺，恐伤肾”。现代医学在对几万名健康人和患者进行调查发现，这些病例中，只有30%的发病原因是纯粹生理原因，70%的致病因素与情绪因素有关。一般认为，积极情绪在缓解压力、恢复被压力消耗的资源方面具有积极作用，有助于个体从压力生活事件中恢复。积极情绪有助于增强身体预防疾病和抵抗疾病的能力，微笑和幽默、坚强和冷静等可以提高人体免疫能力。相反，应激事件会降低人的免疫功能，一个人如果长期处于某种情绪（焦虑、紧张、恐惧等）中，其个体免疫球蛋白的分泌受到抑制，人体 NK 细胞水平降低。科恩等人的研究还发现消极情绪状态会提高人们对疾病的易感性。在一个实验中，他们将420名被试安置在有5种呼吸病毒的情境中，并单独或成对地隔离7天。结果表明，病毒感染率及临床感冒率与消极情绪（包括消极情绪状态和消极情绪特质）指标的上升呈显著相关，其相关度分别是0.33和0.27。

基于上述讨论，容易让人误解的是，既然消极情绪与低免疫力和疾病易感性都有关，那么在日常生活中是不是就要尽可能地减弱或压抑消极情绪呢？并不是这样的。有研究就发现，尽管压抑一个人的消极情绪可能有即刻的免疫获益，但是如果长期压抑反而有更严重的生理和健康后果，主动地压抑消极情绪会导致心血管系统的交感激活水平提高，并增加患冠心病的可能性。有意思的是，研究者也发现，适度的消极情绪反而有益于健康。个体在适度的焦虑下，大脑和神经系统的张力增加，思考能力亢进，反应速度加快，提高了工作和学习效率。适度的恐惧下，交感神经兴奋，肾上腺素分泌增加，呼吸、心跳脉搏加快，血液循环加快，把大量营养输向大脑和肌肉组织，血小板较平时也增多。失去了消极情绪，人会变得轻狂、不踏实、不现实。积极心理学研究发现，积极情绪和消极情绪的最佳配比为3∶1。

二、情绪调节的策略

情绪调节（emotion regulation）指的是我们控制自己产生何种情绪、何时产生情绪、情绪体验的强烈程度以及如何表达情绪的策略。情绪调节的近义词是应对（coping），它指人们在经受应激时间期间或之后减少负性情绪的努力。两者的区别在于：前者包括尝试增强或减弱积极情绪，以及在某些恰当或者必要的时候努力增强负面情绪；后者总是尝试减弱负面情绪。个体会使用各种策略来管理自己的情绪。

（一）情境关注策略

情境关注策略是指个体能够明智地选择情境，以及改变情境来调节情绪。理论上，个体应该选择那些充满乐趣并且带来长期收益的情境。研究上证实，那些为自己创设愉悦时间的人们，在面对强烈应激时有很好的心理弹性。然而，这并不是一个万能的策略，很多时候个体在社会中生活，有些情境完全避免是不现实的。长期避免任何应激或不愉快事件的个体可能没法很好地维持健康和正常生活。

情境修正策略也叫主动应对策略。很多时候，当个体认为自己无力控制情境，那么感觉会更糟糕。但即便面对困难的情境，个体也总能做一些事情。比如癌症患者对自己的病程有比较好的控制力，那么他们的健康行为就有比较大的改善。这些患者并没有改变罹患癌症的事实，但是他们改变了自己的生活方式（合理膳食、充足睡眠、经常锻炼等）。

（二）认知关注策略

1. 注意控制

在小说《飘》中，主人公斯嘉丽对于处理应激情境有一句名言“我现在不想想这件事，等我明天可以承受这些的时候我再想”。这就是典型的注意控制策略。研究发现，注意控制对于情绪调节是有效的。一项精彩的研究指出了注意控制对于情绪调节的有效性。在这项研究中，奥兹兰阿杜克和同事（Ayduk，Mischel，& Downey）要求参与者生动鲜活地回忆一次被他人拒绝的经历。这种经历会让大部分人觉得很沮丧。他们鼓励一半的参与者关注回忆中的情绪和生理感受，而鼓励另一半参与者关注事件发生地的房间特点。在唤回这种感受之后，参与者要完成 3 个新任务：①一个反应时任务，要求参与者尽可能迅速地判断一串字母是不是单词（包括许多不同种类的单词，你认出一个词的时间越短，研究者就越容易认为在你脑海中已经形成了有关的念头）；②给自己的愤怒心境打分；③针对刚才回忆中被拒绝的经历写一篇短文。研究结果表明，注意操纵确实可以影响人们的情绪。比起关注情绪和生理感受的参与者，那些关注他们记忆中房间特征的参与者识别敌意相关单词时比较慢，愤怒分值比较低，在短文中也较少提到愤怒和伤心的感觉。

许多研究者对于正念冥想训练是否能够增强人们的注意控制能力，进而提升他们调节情绪的水平很感兴趣。正念冥想指的是个体学习如何不带评判性地关注自身当下的状态（比方说留意自己的呼吸），或者说面对此时此刻始终保持开放心态的一种实践。研究发现，正念练习有助于增强人们的认知控制，或者说执行功能（executive function），并且可以减轻人们反刍自身问题的倾向。涵盖多项研究的元分析也表明，练习正念可以缓解焦虑和抑郁症状。

2. 认知重评

认知重评（cognitive reappraisal）是指一种可以改变你情绪反应的方式，以重新看待有关的事件或刺激。重评并不意味着假装这个情景没有发生，或者创造一个不现实的故事来欺骗自己。它的意思是关注一种积极的（至少是中性的）情景解读。比如前面有半杯水，如果个体认为“杯子里才半杯水啊”，那他可能会失望、愤怒等。但是认知重评中，他重新理解这个情境，也许是“原来我还有半杯水啊”，那带来的情绪感受就相当不一样。认知重评也是对抑郁和焦虑等有关障碍的治疗目标。比如，也许你曾经把别人每一条不那么友好的评论都作为“大家不喜欢我”的新证据，但你可以学着去想“好吧，总是很难让她满意”或者“我猜今天他心情不大好”。

许多研究表明，认知重评是一种有效且健康的情绪调节策略。在一些研究中，一部分参与者受到指示要重新评价一些令人难受的刺激，结果他们报告的痛苦程度和痛苦的表情都显著少于无指导组。在一项 fMRI 研究中，相比于让参与者仅仅留意自己的情绪，指导参与者使用认知重评降低了他们观看负面照片和短片期间的杏仁核活动水平，此外，大部分研究都显示，经常使用认知重评策略的个体也报告了较高水平的心理健康，其中包含积极情绪倾向较高、消极情绪较少、生活满意度较高、与他人共享的情绪较多、受到同伴的喜爱、拥有亲密的人际关系以及罹患抑郁的风险较低。

（三）反应关注策略

有些事情发生了，无论如何认知重评都无法改变现状，那么个体会采取一些反应关注策略，他们的目标不是为改变情境或对情境的评价，而是改变情绪的感受或表达。

1. 逃离情绪

“一醉解千愁”恰恰说明了这种策略的应用。当人们遇到非常大的痛苦或者难处时，也许偶尔会选择这么做，酒精本身不是问题，但是如果依靠酒精或者某些药物来逃避痛苦，这种行为则会迅速演变为大问题。选择采用醉酒来替代负面情绪感受的人，往往不会再采取任何建设性的行动去改善自己的困难。

食物也是一个让人感觉舒服的方式。大多数人通过“吃”来逃避情绪紧张和压力。频繁发生情绪性进食，是抑郁的风险因素之一。可见，人们为了隐藏情绪所付出的精力消耗了他们的自我调节储备，导致他们有什么就吃什么。但是和酒精、药物一样，习惯性进食也会排挤具有建设性的、针对问题解决的方案。

2. 抑制情绪表达

绝大多数人都懂得如何隐藏自己的情绪，为了避免周围人看出他们此时的感受，研究者把这种策略叫作抑制情绪表达。个体有能力去抑制情绪表达，在很多情况下是非常重要的。但是，如果一味地抑制也会导致问题。研究就发现，抑制情绪表达相当于耗费认知资源，会带来各种各样的负面影响。

3. 宣泄

宣泄就是将自己强烈的情绪表达和释放出来。但是研究也发现，激烈地表达一些情绪，不一定能削弱相应的情绪，有时候反而会增强它。例如，释放负面情绪的个体在人际交往中往往比其他人更焦虑。如果在看电影的时候哭泣，那些哭泣的人比努力克制眼泪的人感觉更难受。

但是，如果表达情绪诱发了其他人提供支持，那么表达情绪可以产生积极的效果。研究者收集了 35 个国家几千人的数据，调查他们最近什么时候哭泣以及如何影响他们情绪，结果发现，如果哭泣引发了来自他人的社会支持，就很有可能改善参与者的情绪，尤其是在参与者获得他人安慰性的话语或肢体接触或其他友好的行为时。

4. 锻炼

体育锻炼是最有效的反应关注策略。大量研究发现，锻炼是一种可靠的预防抑郁的方式，而且锻炼可以缓解抑郁症状。如果长期坚持下去，也可以预防焦虑。但是值得注意的是，这里的锻炼是坚持性的，单次或者偶尔的行为，并不能达到上述效果。同时，运动的强度也很重要，适度运动量的锻炼可以改善心境，极端剧烈的运动反而让心情更糟糕。锻炼之所以有效，是因为锻炼可以让个体从压力事件中解脱出来，而且可以提升个体健康水平，同时放松身体的应激水平。在锻炼中，个体会释放更多的神经递质内啡肽，它是人体自身止痛系统的一部分。

5. 放松

锻炼和放松，两者都可以降低肌肉紧张程度和自主唤醒水平。比较常见的就是冥想。冥想的形式很多，但都是安静地做一些动作，将注意力集中在此时此地，避免脑海被烦恼和事情占据。元分析发现，冥想练习可以改善抑郁、焦虑和疼痛症状，但是其效果并未超过使用体育锻炼的对照组。

三、生活中的幸福感

如果在路边进行采访，你人生的目标是什么？大多数也许会回答追求幸福，过得开开心心。可是，如果继续追问，怎么样你才会感到幸福呢？每个人的答案也许不尽相同。有人认为家庭和睦，有人认为赚到足够的钱，有人认为有崇高的社会地位，有人认为身体健康，还有人认为吃到一碗酸辣粉……可见，大部分人都想要更加幸福，但是幸福是一个难以界定的概念。

1. 主观幸福感的概念

幸福不取决于个体实际拥有的财物、地位、美貌、健康、关系等，它更多是一种情绪感受，因此，研究者使用“主观幸福感”（subjective well-being）这个专业词汇，来指个体对自身生活愉悦程度、有趣程度和满意程度的评价。那些主观幸福感高的个体，并不是说他们生活中没有情绪糟糕的时候，而是他们能够从挫折或糟糕的情绪中更快地恢复过来。

主观幸福感具有三个特点：①主观性。它依赖于评价者本人的标准而不是他人的标准。②整体性。它是一种综合评价，包括积极情绪、消极情绪、对生活的满意度三个维度。③相对确定性。尽管每次测量都会受当时的情绪和情境的影响，但是从长期看，主观幸福感是一个相对稳定的数值。

2. 影响主观幸福感的因素

（1）社会关系。社会关系包括婚姻关系、家庭关系、朋友关系、邻里关系等，是影响主观幸福感的主要因素之一。社会关系具有重要的社会支持作用，社会支持可以提供物质或信息上的帮助，增加人们的喜悦感、归属感，提高自尊感、自信心，当人们面临应激性的生活事件时，还可以阻止或缓解应激反应，安定神经内分泌系统，增加健康的行为模式，从而增加正性情感并抑制负性情感，防止降低主观幸福感。目前的研究大都集中于积极的社会关系，而事实上，消极社会关系的影响可能更大。

（2）经济状况。很多研究发现收入与主观幸福感呈正相关，富裕国家的人民比贫穷国家的人民更幸福；在同一国家，富人比穷人更幸福。原因在于，较高的收入会带来更多的物质享受、更高的权力和地位，伴随更高的自尊心和自信心，因而主观幸福感较高。但是，有研究发现收入与主观幸福感无关，1946—1978 年间，美国的人均收入增加了很多，但平均的快乐水平却没有增加。这表明收入的影响是相对的，它依赖于社会比较。分配偏差和相对的剥夺感是收入与主观幸福感之间的中介变量。此外，收入增加也可能意味着交通拥挤、噪音、污染等导致负性情感的应激事件的增加，这就可能使主观幸福感并不随收入的增加而提高。也有研究发现，收入仅在非常贫穷时有影响，一旦人们的基本需要得到满足，经济的影响就很小了，这就是为什么中彩票的人并没有感到更快乐，相反可能出现一些不快乐。

（3）健康状况。健康是整体幸福感的一个重要因素，其中，自我评价的健康状况比客观的健康状况对主观幸福感的影响更大。健康的作用机制不只在于人们对躯体状况的感知，更重要的是这种健康状况允许他们做什么事情。对老年人来说，健康对主观幸福感的影响更为重要。

（4）人格。如果说前面三者是一些客观的因素，大量研究证实主观幸福感与主观因素的关系更加密切；那么，主观因素中最重要的就是人格特点。不同的人格特质会导致不同的积极情绪、消极情绪和生活满意度。科斯塔（Costa）等人研究了 1100 名被试，发现某些特质（如社会性、社会活动、充满活力等）产生积极情绪，某些特质（如焦虑、担心、对身体的关注等）产生消极情绪。他们因此推论，外向和神经质是影响主观幸福感的两个人格维度。后来也有实验发现，人格可以预测十年以后的主观幸福感。

3. 主观幸福感的测量

（1）生活满意度量表（satisfaction with life scale）。这是最常用的幸福感测量问卷之一。人们根据陈述选择符合自身情况的程度从 1 到 7 分给予评分，1 是非常不同意，7 是非常同意。比如说：我的生活状态极好；如果我可以重新活一次，我几乎不会改变任何东西；等等。

（2）积极和消极情绪日程表（positive and negative affect schedule）。有时候研究者会将此表与“生活满意度量表”共同使用。该表包括 20 个条目，每个条目是一个与情绪有关的形容词，参与者对每个词是否符合自己在某一段时间内（可以是一天、一周、一个月）的感受从 1 到 5 给予评分。20 个条目有 10 个测量积极情绪的，如，感兴趣的、有活动的、兴奋的等，10 个测量消极情绪的，如内疚的、敌意的、害怕的等。

（3）经历采样。研究者会让参与者随身携带一个设备，它会不定期发出声音提醒你记录此时此刻正在做什么，有多开心等。这一方法可以很好地测量你平均下来有多快乐。

拓展阅读 2

抑郁症和焦虑症

抑郁症：核心症状是持续的沮丧情绪或对日常活动失去兴趣、愉快感丧失，可有强烈的自责、内疚感、无价值感、绝望和自杀。涉及生理功能的变化包括食欲减退、体重减轻、睡眠障碍、疲劳、注意力不集中、自觉思考能力下降以及精神活动易激惹或迟滞等。有些患者因为对自身的情绪不敏感，常常以躯体不适或失眠、疲劳等症状就医。

焦虑症：焦虑情绪一般不是由现实的危险所致，而且其紧张和恐惧的程度与现实处境很不相称。惊恐发作是焦虑的急性发作，表现为正在进行日常活动时突然出现剧烈的焦虑和恐惧，并伴随自主神经症状，包括心悸、气短、胸闷、头晕、出汗和发抖，甚至出现濒死感、失控感。其历时很短，一般5～20分钟可自行缓解，缓解后患者自觉一切如常。需要强调的是，必须仔细排除其他器质性疾病，如冠心病、甲亢、嗜铬细胞瘤等。广泛性焦虑也叫慢性焦虑，特点为持续的广泛性担心、紧张不安、失眠、易激惹、注意力无法集中、无法放松。相关的自主神经系统症状与惊恐发作时表现一致，但持续时间更长。

思考与实践

1. 简述情绪的概念及其功能。
2. 简述情绪的生理机制。
3. 请介绍三种情绪的理论。
4. 什么是主观幸福感？简述其特点和影响因素。

参考文献

［1］埃利斯. 理性情绪［M］. 李巍，张丽，译. 北京：机械工业出版社，2014.

［2］段建华. 主观幸福感概述［J］. 心理学动态，1996，4（1）：46－51.

［3］弗雷德里克森. 积极情绪的力量［M］. 王珺，译. 北京：中国人民大学出版社，2010.

［4］傅小兰. 情绪心理学［M］. 上海：华东师范大学出版社，2015.

［5］乐国安，董颖红. 情绪的基本结构：争议、应用及其前瞻性［J］. 南开学报（哲学社会科学版），2013（1）：140－150.

[6] 格里格，津巴多. 心理学与生活：第19版 [M]. 王垒，等译. 北京：人民邮电出版社，2016.

[7] 希奥塔，卡拉特. 情绪心理学：第3版 [M]. 周仁来，等译. 北京：中国轻工业出版社，2021.

[8] 孟昭兰. 情绪心理学 [M]. 北京：北京大学出版社，2005.

[9] 彭聃龄. 普通心理学 [M]. 5版. 北京：北京师范大学出版社，2019.

[10] 王福顺. 情绪心理学 [M]. 北京：人民卫生出版社，2018.

[11] AVERILL J R. A constructivist view of emotion [M] //Plutchik R, Kellerman H. (eds.) Emotion: Tbeory, Research and Experience. New York, NY: Academic Press, 1980.

[12] AYDUK O, MISCHEL W, DOWNEY G. Attentional mechanisms linking rejection to hostile reactivity: the role of "hot" versus "cool" focus [J]. Psychological science, 2002, 13 (5): 443-448.

[13] BUHLE J T, SILVERS J A, WAGER T D, et al. Cognitive reappraisal of emotion: a meta-analysis of human neuroimaging studies [J]. Cerebral cortex, 2014, 24 (11): 2981-2990.

[14] CHAMBERS R, LO B C Y, ALLEN N B. The impact of intensive mindfulness training on attentional control, cognitive style, and affect [J]. Cognitive therapy and research, 2008, 32 (3): 303-322.

[15] COHEN S, TYRRELL D A J, SMITH A P. Psychological stress and susceptibility to the common cold [J]. New England journal of medicine, 1991: 325 (9): 606-612.

[16] COHEN S, TYRRELL D A, SMITH A P. Negative life events, perceived stress, negative affect, and susceptibility to the common cold [J]. Journal of personality and social psychology, 1993, 64 (1): 131-140.

[17] COSTA P T, MCCRAE R R. Influence of extraversion and neuroticism on subjective well-being: happy and unhappy people [J]. Journal of personality and social psychology, 1980, 38 (4): 668-678.

[18] DIENER E. Subjective well-being [J]. American psychologist, 2000, 55 (1): 34-43.

[19] EKMAN P. Expression and the nature of emotion [M] //SCHERER K R, EKMAN P. Approaches to emotion. New York: Psychology Press, 2009.

[20] EKMAN P. Strong evidence for universals in facial expression: a reply to Russell's mistaken critique [J]. Psychological bulletin, 1994, 115 (2): 268-287.

[21] EKMAN P, FRIESEN W V. A new pan-cultural facial expression of emotion [J]. Motivation and emotion, 1986, 10 (2): 159-168.

[22] EKMAN P, FRIESEN W V, O'SULLIVAN M, et al. Universals and cultural differences in the judgements of facial expression of emotion [J]. Journal of personality and social psychology, 1987, 53 (4): 712 - 717.

[23] EICH E, MACAULAY D, RYAN L. Mood dependent memory for events of the personal past [J]. Journal of experimental psychology: General, 1994, 123 (2): 201 - 215.

[24] FREDRICKSON B L. What good are positive emotions? [J] Review of general psychology, 1998, 2 (3): 300 - 319.

[25] FORGAS J P. Mood and judgement: the effect infusion model [J]. Psychological bulletin, 1995, 117 (1): 39 - 66.

[26] FOX E. Emotion science cognitive and neuroscientific approaches to understanding human emotions [M]. New York: Palgrave Macmillan, 2008.

[27] FUTTERMAN A D, KEMENY M E. SHAPIRO D. Immunological and physiological changes associated with induced positive and negative mood [J]. Psychosomatic medicine, 1994, 56 (6): 499 - 511.

[28] HOFMANN S G, SAWYER A T, WITT A A, et al. The effect of mindfulness-based therapy on anxiety and depression: a meta-analytic review [J]. Journal of consulting and clinical psychology, 2010, 78 (2): 169 - 182.

[29] IZARD C E. The face of emotion [M]. New York: Appleron-Century-Crofts, 1971.

[30] IZARD C E. Human Emotions [M]. New York: Plenum Press, 1977.

[31] JAMES W. What is an emotion? [M] //DENNIS W. Readings in the Instory of psychology. New York: Appleton-Century-Crofls, 1948.

[32] JAMES W. The physical basis emotion [J]. Psychological review, 1994, 101 (2): 205 - 210.

[33] LABOTT S M, AHLEMAN S, WOLEVER M E. The physiological and psychological effects of the expression and inhibition of emotion [J]. Behavioral medicine, 1990, 16: 182 - 189.

[34] LEDOUX J. The emotional brain: The mysterious underpinnings of emotional life [M]. New York: Simon & Schuster, 1998.

[35] LAZARUS R, Folkman S. Stress, appraisal, and coping [M]. New York: Springer Publishing Company, 1984.

[36] MCRAE K, JACOBS S E, RAY R D, et al. Individual differences in reappraisal ability: links to reappraisal frequency, well-being, and cognitive control [J]. Journal of research in personality, 2012, 46 (1): 2 - 7.

[37] MEHRABIAN A, RUSSELL J A. An approach to environmental psychology [M]. Cambridge: MIT Press, 1974.

[38] OATLEY K, JOHNSON-LAIRD P N. Towards a cognitive theory of emotions [J]. Cognition and emotion, 1987, 1 (1): 29 - 50.

[39] OSGOOD C E. Dimentionality of the semantic space of communication via facial expression [J]. Scandinavian journal of psychology, 1966, 7 (1): 1 - 30.

[40] PARKINSON B. Piecing together emotion: Sites and time-scales for social construction [J]. Emotion review, 2012, 4 (3): 291 - 298.

[41] PLUTCHIK R. The nature of emotions: human emtions have deep evlutionary roots, a fact that may explain their complexity and provide tools for clinical practice [J]. American scientist, 2001, 89 (4): 344 - 350.

[42] POSNER J, RUSSELL J A, PETERSON B A. The circumplex model affect: an integrative approach of affective neuroscience, cognitive development, and psychopathology [J]. Development and psychopathology, 2005, 17 (3): 715 - 734.

[43] REIJINTJES A, STEGGE H, TERWOGT M M, et al. Emotion regulation and its effects on mood improvement in response to an in vivo peer rejection challenge [J]. Emotion, 2006, 6 (4): 543 - 552.

[44] RUSSELL J A. A circumplex model of affect [J]. Journal of personality and social psychology, 1980, 39 (6): 1161.

[45] SCHACHTER S. The psychology of affiliation: experimental studies of the Sources of Gregariousness [M]. Stanford: Stanford University Press, 1959.

[46] SCHACHTER S. The interaction of cognitive and physiological determinants of emotional state [J]. Advances in experimental social psychology, 1964: 49 - 80.

[47] SCHACHTER S. The assumption of identity and peripheralist-centralist controversies in motivation and emotion [M] //ARNOLD M B. Feelings and emotion: the Loyola symposium. New York: Academic Press, 1970.

[48] SCHACHTER S. SINGER J E. Cognitive, social and physiological determinants of emotional state [J]. Psychological review, 1962, 69 (5): 379 - 399.

[49] SHIOTA M N, LEVENSON R W. Effects of aging on experimentally instructed detached reappraisal, positive reappraisal, and emotional behavior suppression [J]. Psychology and aging, 2009, 24 (4): 890 - 900.

[50] SIMON-THOMAS E R, KELTNER D J, SAUTER D, et al. The voice conveys specific emotions: evidence from vocal burst displays [J]. Emotion, 2009, 9 (6), 838 - 846.

[51] TEPER R, INZLICHT M. Meditation, mindfulness and executive control: the importance of emotional acceptance and brain-based performance monitoring [J]. Social cognitive and affective neuroscience, 2013, 8 (1): 85 -92.

[52] THAYER R E. Toward a psychological theory and multidimensional activation (arousal) [J]. Motivation and emotion, 1978, 2 (1): 1 -34.

[53] WATSON D, TELLEGEN A. Toward a consensual structure of mood [J]. Psychological bulletin, 1985, 98 (2): 219 -235.

第九章　动　机

学习目标

1. 掌握动机的概念和种类；
2. 掌握需要的概念和理论；
3. 掌握动机的主要理论；
4. 了解动机对人类生活的影响。

章节概要

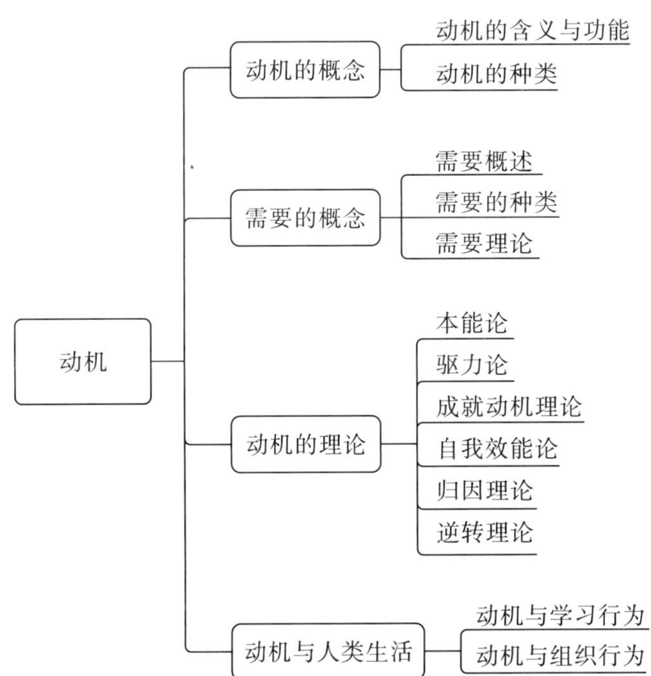

“七一勋章”获得者张桂梅扎根边疆教育一线40余年，默默耕耘、无私奉献，为了改变贫困地区女孩失学辍学现象，创建了一所免费招贫困女生的高中，帮助1800多位女孩走出大山，走进大学，然而张桂梅自己却一直病痛缠身，将一生都奉献给了教育事业。那么，是什么让张桂梅几十年如一日都在坚持做着这么一件平凡而又伟大的事情？而有时候你为什么会在实现某些目标前犹豫不决或者很快就打退堂鼓？通过学习本章你会了解到，人类的行为是由各种需要决定的，这些需要构成了人类行为的动力。

第一节　动机的概念

一、动机的含义与功能

（一）动机的含义

动机（motivation）一词来源于拉丁语“movere”，意思是“趋向于”（to move）。动机是一个概括性术语，是对所有引起、指向和维持生理和心理活动的过程的统称。

动机是一个非常复杂的心理现象，从动物的本能行为到人类高级的决策行为都离不开动机。心理学中，动机（motivation）一词正式在书名中出现是20世纪30年代的事情（Young，1936）。随着研究的深入，心理学家对动机也有不同的定义。休斯顿（J. Houston）认为动机是起动和指导行为的因素，以及决定行为的强度和持久性的东西。我国心理学家认为“动机是一种由需要所推动的、达到一定目标的行为动力，它起着激起、调节、维持和停止行为的作用”（林传鼎、张厚粲，1986）。当代动机心理学家皮特里（P. R. Pintrich）则认为动机是一种由目标或对象引导、激发和维持个体活动的内在心理过程或内部动力。也就是说，动机是由一定的目标引导和激发并产生原动力推动个体的行为。

动机具有动力性、方向性、隐蔽性和复杂性的特点。①动力性。动力性是心理学家所共同认同的特征。动机激发行为，产生动力，引起个体行为活动的产生与变化。除此之外，动力性还表现在动机具有维持的功能。当个体活动开始后，能够坚持进行这种活动，同样受到动机的调节和支配，而且动机的强度或反应的活力也是动力性特征的表现。动机水平高则行为强度大，表现出活跃的行为。所以说，个体的反应性、即坚持性和活动强度的大小都是动机动力性的特征。②方向性。阿特金森等人（1974）认为，方向性是动机更重要的特征。动机使个体的行为指向一定的目标和对象。比如，过年的时候门口在放烟花。点点小朋友因为害怕，所以立马跑回屋内。豆豆却很喜欢，甚至还想扑向烟花，被妈妈一把拉住。在同样的情境下，点点和豆豆因为动机不同，行为的方向完全不同。③隐蔽性。动机是一种内部的心理过程，无法直接看到，因此具有隐蔽性。人们只能根据个体所处情境及其行为来推测其行为的内在动机是什么。比如一个学生在教室里认真听课，但是他认真听课的原因是什么，我们很难去发现，可能是他怕考试考差了爸爸会揍他，也可能是他希望得到老师的表扬，也可能是他非常喜欢学习数学。④复杂性。动机产生的因素很复杂，而且对行为的调节也具有多样性。动机的产生受到有机体内外部多种因素的影响，比如内部的生理激活水平、认知能力、情绪、个性特征等，外部的自然变化、社会文化、群体等。一个人同样的行为，可能在不同时期和情境，其内在的动机是不一样的。

（二）动机的功能

根据动机的涵义，动机具有以下几种功能：

1. 激活功能

动机是个体能动性的一个主要方面，它具有发动行为的作用，能推动个体产生某种活动。动机激活的力量的大小是由动机的性质和强度决定的。一般认为，中等强度的动机有利于任务的完成。

2. 指向功能

动机不仅仅激活行为，而且能将行为指向一定的对象或目标。例如，小朋友 A 喜欢动手操作，所以他选择了乐高区去玩耍，小朋友 B 喜欢扮演角色，所以她最近经常去角色区玩耍。小朋友们在区域活动时间，选择了不同的目标和对象，恰恰因为他们内在的动机是不一样的。

3. 维持功能

动机不仅仅激活行为，也维持行为的持续性。当个体朝向自己的目标，在实现的过程中，能够去耐受挫折，坚持目标，获得成功，也受到动机的影响。比如，一个学生非常想考上清华，那么他就会放弃当下很多的娱乐，集中精神好好复习。但是如果他的动机不够强的话，虽然他有可能也很想考上，但是在学习遇到困难的时候，就很容易放弃他原有的目标。

二、动机的种类

前面已经阐述了动机是一个非常复杂的现象，因此，动机也有各种不同的种类。根据动机的性质，动机可以分为生理性动机和社会性动机；根据动机的来源，动机可以分为内部动机和外部动机。

（一）生理性动机

生理性动机是以有机体的生物需要为基础的动机。比如，饥饿、睡眠、渴、缺氧、疼痛、母性、性欲、排泄等动机，都是生理性动机。生理性动机推动人们去活动，从而满足某种生理性需要。

1. 饥饿和渴

饥饿和渴的动机是有机体最基本的生理性动机之一。饥饿动机每天都以节律性的变化支配人类和动物觅食，人类进餐得以维持机体的生存、发育和生长，同时还补充机体活动的能量。到底是什么原因使个体产生饥饿感呢？生理学家提出人体内有控制饱或饿的生理机制，这种机制维持着集体的平衡或不平衡。已发现的机制包括葡萄糖恒定理论的短期调节机制和脂肪恒定理论的长期调节机制。然而，饥饿除了受到机体内部的生理调节外，还受到个体对食物偏好的影响。大量研究发现，人类对食物的有些偏好甚至是与生俱来的。此外，饥饿动机也受到人们进食方式和习惯的影响。

渴的动机是由两个系统控制的，第一个系统是渗透感受器系统，下丘脑的前部和后部组成渗透感受器。第二个系统是下丘脑外侧区系统控制所摄入水量的多少。这个系统也有两个部分，当血液中水分丢失时，肾脏就释放肾素和血管紧张素来维持体内的钠，促进内分泌活动，保持体内的水和引起喝水的行为。另一部分是在心脑和大静脉感受器，它们检测血液量的变化，控制水量的摄入。

2. 性

性动机是人与动物表现性行为的内在驱力，是一种原始的生理性动机。人类的性动机除了生理因素之外，还带有非常大的文化色彩。与进食和喝水这些动机不同的是，人和动物不进食、不喝水就不能生存，而个体没有性行为仍然能够生存。

研究表明，性动机与下丘脑有关。促性腺分泌的中心受下丘脑的控制，下丘脑影响前脑垂体促性腺分泌激素，这些激素进入血液影响性腺（卵巢和睾丸）。性腺分泌激素由卵巢分泌雌性激素和孕激素，由睾丸分泌雄性激素和睾丸激素。

研究表明，女性在缺乏正常雌性激素和孕激素的情况下，也能产生性动机。比如，绝经前的女性，一般来讲激素水平是大大降低的，但是性动机并没有自发减少。人类的性行为中，经验、习惯、非激素因素起着重要作用，同时，文化对性行为的影响也是巨大的。

拓展阅读 1

性行为的进化

进化心理学家戴维－巴斯（Buss，2008）认为，男女两性对短期和长期伴侣具有不同的策略、情感和动机。若男性的策略是勾引尽可能多的女性然后遗弃，这就是一种短期策略。若男性对女性坚守承诺，并投资后代的抚养，这就是长期策略。若女性指向获得资源或得到地位高的男性，这就是一种短期策略。因为这些关于男性和女性不同策略的主张是基于进化论的分析，研究者寻找跨文化的数据来支持他们的这种分析。例如，在一项涉及52个国家的16 000名参与者的研究（Schmitt，2003）中，男性和女性提供了他（她）们对短期性关系兴趣的信息，男性一致报告了比女性更多的有关性的多样化的需要。这个结果支持进化论的观点，男性和女性不同的生殖角色影响了各自的性行为。

3．睡眠动机

睡眠动机是一种强的本能，人的一生中基本三分之一的时间是在睡眠中度过的。如果丧失睡眠，那么机体内各系统就会失去平衡，严重时会导致死亡。长期睡眠被剥夺往往可能出现精神分裂症样的症状，严重的可导致死亡。一些研究指出，驾驶员 24 小时未睡眠，很难做出满意的操作。利用驾驶模拟器的研究揭示，驾驶员 24 小时未睡觉，驾驶不到 60 分钟，就开始打瞌睡。据赫尔伯特 1963 年的研究，35% ~50% 的车祸是由睡眠缺乏造成的。

（二）社会性动机

社会性动机是以人类的社会文化需要为基础的。人有权利的需要、社会交往的需要、成就的需要等，因而相应地产生了认识性的需要，产生了成就动机、权利动机和交往动机等社会性动机。这些动机推动人们求职、获得社会和他人的赞许、与人交往、在团体中获得荣誉和地位等。

1．兴趣

兴趣是人们探究某种事物或从事某种活动的心理倾向，它以认识或探索外界的需要为基础，是推动人们认识事物、探求真理的重要动机。人对感兴趣的事物会表现出巨大的积极性并产生某种愉快的情绪体验。比如一个 4 岁的孩子，如果他不喜欢这个故事，他可能就无法安静地坐在那里听老师讲绘本。但是，如果他对地上的蚂蚁非常感兴趣，他可以一个小时在太阳底下看蚂蚁。兴趣可以分为直接兴趣和间接兴趣。直接兴趣由认识事物本身的需要所引起，比如看蚂蚁的兴趣；间接兴趣是由认识事物的目的和结果所引起，它和当前认识的客体只有间接的关系。比如，孩子对种植出来的香蕉非常感兴趣，但是对种植的过程没有兴趣。

当兴趣不是指向某种对象（客体）而是指向某种活动时，这种动机就叫作爱好，如打篮球、游泳等爱好。

2．权利动机

权利动机（power motive）是指人们具有的某种支配和影响他人以及周围环境的内在驱力。在权利动机的支配下，人们表现出积极主动的参与精神并有成为某一群体的领导者的愿望。高权利动机者经常表现为对社会事业有浓厚的兴趣，在讨论问题时总是试图以自己的观点、看法去说服别人，在群体中希望处于领导的地位，日常生活中表现得比较健谈，好争论。

3．交往动机

交往动机（affiliation motive）是在交往需要的基础上发展起来的一种重要的社会性动机。交往需要表现为每个人都愿意归属于某个团体，喜欢与人来往，希望得到别人的关心、友谊、支持、合作与赞赏。这种需要促使人们交朋友，寻找支持，参加某个团体并在其中活动。当这种动机促使人们满足了交往的需要时，人们会感到安全、有依靠，增加了生活和活动的勇气；相反，当这种动机满足不了交往需要时，人们会感到孤独、寂寞而产生焦虑和痛苦。

此外，人的交往动机也是社会生活的要求。人要参加社会生活，需要工作，就必须与别人交往。如果没有交往，人类的社会生活也要解体。人类的交往需要也是一个进化的结果，人类只有组成群体，才能更好地适应大自然的生存。

（三）内部动机

内部动机（intrinsic motivation）是个体因某一活动本身有趣或令人愉快而做出某一行为。有时候人们从事某些行为完全是因为喜欢，比如你可能喜欢画画、音乐或篮球。如果是这样，那你做这些事情并不是从中能获得什么，而是因为你喜欢。这些行为就是内部动机驱动的。当个体体验到内部动机时，行为本身就是目的。你并不是为了获得奖励、金钱或者表扬才这样做的，而是因为你觉得活动本身很有趣。内部动机意味着我们资源进行某项活动，有些研究者使用“自决”一词来指代受内在动机激发的人（比如自我决定理论）。

有研究表明，内部动机可能会调节需求实现与积极结果之间的关系，有证据表明需求实现会引发内部动机，比如环境中任何促进自主感、能力感等的因素都会激发内部动机，而内部动机又会对个体的身心产生积极的影响。

其次，内部动机会导致积极的结果，包括任务坚持性、创造性、活力、自尊、幸福感等。因此，那些能够提高内部动机的教育计划和健康干预在提高学生学习成绩和改善个体身体健康方面非常成功。

拓展阅读 2

“空心病”

“空心病”是由北京大学心理健康教育与咨询中心副主任徐凯文提出的。他曾做过一个统计，北大一年级的新生，包括本科生和研究生，其中有30.4%的学生厌恶学习或者认为学习没有意义，还有40.4%的学生认为人生没有意义。于是他提出这样一种现象：“疲惫、孤独、情绪差，感觉学习和生活没有什么意义。人生看不到希望，终日重复没有结果，生活迷茫，对未来没有任何希望，存在感缺失，身心被掏空”。

空心病看起来像是抑郁症，情绪低落、兴趣减退、快感缺乏，如果到精神科医院的话，一定会被诊断为抑郁症，但是问题是药物无效，所有药物都无效。

从动机的角度来理解，能考上北大的学生都是在学习方面非常优秀的，为什么上了大学却呈现这种状态？我们也可以推测这些学生的学习并不是源于他们的内在动机，不是因为他们喜欢学习和探究知识。

（四）外部动机

从上面的"空心病"的例子也可以看到，人们做事情并不总是因为兴趣。上班是为了获得更多的金钱，学习是为了满足父母和老师的要求，阅读是为了取得好成绩。这些行为被视为实现另外一个目的的手段，这些行为看起来是由外部动机（extrinsic motivation）驱动的。

外部动机是指个体出于某种外在原因而做出某一行为。当我们为了获得某种回报（如金钱、好成绩、赞美、奖杯、地位）或避免某种惩罚（如批评、排斥、不被喜欢）而做某事时，就会出现外部动机。

可见，内部动机与自主、能力、归属目标相关；外部动机与其他目标相关，包括金钱、形象、知名度、团体等。

第二节 需要的概念

一、需要概述

动机是在需要的基础上产生的，当人的某种需要没有得到满足，它就会推动人去寻找满足需要的对方和行为，从而产生活动的动机。人自发出第一声啼哭开始，就会表达自己的需要，并通过行动去满足自己的需要。

从心理学定义上来看，需要（need）是有机体内部的一种不平衡的状态，它表现为有机体对内部环境或外部生活条件的一种稳定的要求，并成为有机体活动的源泉。在需要得到满足后，这种不平衡状态暂时被消除，当新的不平衡出现时，新的需要又会产生。

需要是由个体对某种客观事物的要求所引起的。这种要求可能来自个体内部，也可能来自个体所处的环境。例如，小明课后买了很多奥数习题回家做，可能是因为小明非常喜欢数学，觉得课本的知识还不能满足他的需要，这就是个体内部的需要；也可能是因为小明父母是数学老师，希望小明数学成绩比其他孩子优秀，小明有得到父母赞许的需要，这个需要就来自于外部环境。

二、需要的种类

人的需要多种多样，按起源可分为自然需要和社会需要，按指向可以分为物质需要和精神需要。

（一）自然需要与社会需要

自然需要也称生物学需要，它包括饮食、运动、休息、睡眠、排泄、嗣后等需要。这些需要主要由集体内部某些生理不平衡状态引起，对个体维持生命、繁衍后代具有重要意义。

社会需要是人类的需要，包括劳动的需要、交往的需要、成就的需要、社会赞许的需要、求职的需要等。这些需要反映了人类社会的要求，对维系人类社会生活、推动社会进步有重要的作用。

拓展阅读3

罗马尼亚孤儿院现象 （Romanian orphanage）①

1966年，罗马尼亚政府宣布堕胎为非法行为，而且鼓励家庭多生多养，但很多家庭养不起那么多孩子，因此出现了弃婴潮，孤儿院的孩子人满为患。孤儿院里有限的工作人员无法照顾这么多婴幼儿，就只能给婴幼儿提供基本的生理需求护理，没功夫跟婴幼儿进行对话交流。于是令人震惊的现象出现了：这些婴儿有吃有喝，有安全的地方睡，有固定的生活作息，但很多婴儿很快夭折了，而勉强生存下来的孩子也有很多出现智力和社会性发展的障碍（Dudet & Mare，2011）。这个令人震惊的悲剧表明，婴幼儿不仅仅有自然需要，也有社会需要。社会交流的需求得不到满足的婴幼儿不仅智力和社会性发育迟缓，还可能会有生存危机。

（二）物质需要和精神需要

物质需要主要指个体对衣、食、住、行的需要，这种需要是人们生存的基础。个体这种需要指向社会的物质产品，并且以占有这些产品来获得满足。例如，某夫妻出门旅游时对酒店的住宿环境有一定的要求，有人不吃肉喜欢吃素，有人喜欢在安静的小区生活等，这些都属于物质需要。

精神需要主要指个体对一定的文化、艺术、科学知识、道德观念、政治信仰、宗教信仰、社会交往等活动的需要。个体这种需要指向社会的精神产品，比如世界各地的人们不远万里去卢浮宫欣赏达·芬奇的《蒙娜丽莎》、维纳斯雕像《断臂维纳斯》，比如周末一家人去看一场电影，比如老年人退休后去环游世界等，比如前面提到的“七一勋章”获得者张桂梅看到贫困女孩上大学的满足和欣慰感，这都属于精神需要。

三、需要理论

心理学界关于需要也有很多研究，比较有代表性的包括美国的人格心理学家默里（H. A. Murray）的人格学需要理论和人本主义心理学家马斯洛（A. Maslow）的需要层次理论。

---

① DUDET K, MARE L L. Mitigating effects of the adoptive caregiving environment on inattention/overactivity in children adopted from Romanian orphanages [J]. International Journal of Behavioral Development, 2011, 35 (2): 107 - 115.

1．默里的人格学需要理论

美国心理学家默里认为人格是个体需要与环境限制之间相互作用的产物。需要则是脑区的某种具有生化性质的力量，这种力量能组织知觉、智能和动作，使现存的、不如意的环境朝着一定的方向改变。当然，从最新的需要研究来看，默里关于需要的定义略显过时。但是，默里提出了人的20种不同的需要（见表9－1）。默里认为，人与人不仅仅有不同的需要，如在一个人身上被强烈体验到的需要，在另外一个人身上可能终生未被体验过；而人与人之间需要的强度和顺序也不同，比如成就需要在有的人身上处于重要的地位，在另外一些人身上可能就不那么重要。默里认为同一个人的不同需要之间往往是相互关联的。关联的形式有四种：

①优势原则：有的需要占优势，有的不占优势。

②融合原则：不同的需要融合在一起，引起同一种行为后果。

③辅助原则：一种需要可能服务于另一种需要而起辅助作用。如，一个自卑的人当然也有交往的需要，但他习惯以毕恭毕敬的态度去接近别人，这样，恭敬的需要就成为交往需要的辅助因素。

④冲突原则：不同的需要之间可能发生冲突，如自主需要和恭敬需要之间有可能相互冲突而又同时存在于同一个人身上。

表9－1　默里需要理论中所列举的需要

需要类型	行为特征
谦卑	消极地顺从外来力量，承认自己不如别人、好犯错误
成就	趋向统治、操纵、克服；追求优胜，与人竞争
交往	友好，忠诚，尊重别人；能与人合作
攻击	趋向攻击；以力量取胜；伤害别人
自主	追求独立或自由；趋向无隶属或不负责
恭敬	附和，遵从；称颂、支持或顺从别人
支配	控制别人；指导或领导；说服；约束别人
表现	引人注目，兴奋；惊讶；使人震惊，迷恋，欢乐
避免伤害	躲避痛苦或危险；小心谨慎
避免低下	避免屈辱；避免可能的失败
教养	给予同情或爱护；供养、帮助并支持别人
拒绝	排斥，冷落别人；对人漠不关心
性	追求爱情，追求性发泄
求助	希望得到照料、扶持、出主意；希望得到安慰

默里认为个人需要与压力相结合，决定一个人的行为。需要和压力的相互作用，构成一个动力系统。需要是倾向性的因素，压力是促进性的因素。可以将需要与压力

的相互作用理解为人与环境的相互作用。压力可以分为满足人的需要的压力和阻扰人满足需要的压力，前者如升学的压力，后者如糟糕的学习调节。压力可能是现实中确实存在的，也可能是主观体验到的，若两者不一致，会使人陷入困境。例如，一个正常的社会环境中，一个人觉得周围的人都是怀有敌意的，那么这个人就会陷入心理困境，这个人的人格也是不太健康的。但是，如果一个人觉得周围的人都是怀有敌意的，而周围环境确实是这样，那么这个人的人格是健康的。因此，默里把需要作为人格的核心，特别强调人格的动力性。为此，他和摩根（C. D. Morgan）于 1935 年编制了一套主题统觉测验（Thematic Apperception Test，TAT），也是投射测验（projective test）中的一种经典测验，是默里对人格心理学的贡献。

主题统觉测验全套测验有 30 张黑白图片和 1 张空白卡片。图片内容多为一个或多个人物处在模糊背景中，但意义隐晦。施测时根据被试的性别以及是儿童还是成人（以 14 岁为分界），取统一规定的 19 张图片和 1 张空白卡片，每张图片为 1 题，正式测验分 2 次进行，被试根据图片讲故事，故事包括三个基本维度：①图片的情境是怎么造成的；②图片中的情境表示发生什么事件，并描述其中角色的情绪表现；③结果会发生什么。主题统觉测验所依据的根据是：当一个人解释了一个含义模糊的社会情境时，容易暴露自己的内心状态，从而表达被试者的生活经验、情感、个性倾向、行为倾向等。

2. 马斯洛的需要层次理论

马斯洛是美国著名社会心理学家，第三代心理学的开创者，他的主要成就包括提出了人本主义心理学，提出了马斯洛需要层次理论，代表作品有《动机和人格》《存在心理学探索》《人性能达到的境界》等。

马斯洛在其著名的需要层次理论中把人的需要分为生理需要、安全需要、归属与爱的需要、尊重需要和自我实现需要，这五类需要依次从低级层次到高级层次排列。

（1）生理需要（physiological need）。

生理需要是维持个体生存的需要，是人的各种需要中最基本、最需要优先满足的需要，也是人和动物共有的需要，包括饮食、睡眠、呼吸、性等方面的需要。生理需要在所有需要中占绝对优势地位。一个人如果处于极度饥饿的状态，那么他除了对食物感兴趣，不会对其他任何事物感兴趣。就现代社会而言，人们的生理需要基本能得到满足，所以生理需要在当前的社会生活中起的作用很小。

（2）安全需要（safety need）。

生理需要得到满足之后，个体就会寻求安全需要的满足。马斯洛认为，安全需要是人们对于稳定、安全、受到保护、有秩序、能免除恐惧和焦虑的需求，既包括个人安全需要，也包括社会安全需要。

如果安全需要得不到满足，个体就会产生恐惧感和威胁感。如果个体长期处于这种状态，那么寻求安全就会成为人们的首要需求。

安全需要在幼儿身上表现得尤为明显。比如幼儿在受到突然的干扰惊吓、粗暴的对待、照料不足的时候，他们都会歇斯底里地做出反应，仿佛遇到危险一样。

(3) 归属与爱的需要(belongingness and love need)。

归属与爱的需要是指个体对爱、感情、友谊以及归属于某个群体或组织的需要，如人们的交友需求、对亲情和爱情的渴望以及希望在团体中有一个位置。如果这种需要得不到满足，个体会产生孤独感和被遗弃感。比如说，现在很多空巢老人，子女不在身边，他们会强烈地感到孤独，甚至感受到被子女抛弃的痛苦。如果空巢老人有自己的社交活动，那么他们就能够在团体中满足这种爱与归属的需要。

(4) 尊重需要(esteem need)。

尊重需要是指个体对于自尊、自重和希望得到别人的尊重与肯定的欲望。尊重需要可以分为两类：一类是内在尊严的需要，如对自我肯定、胜任感、能力感的期望；另一类是外在尊严的需要，如对声望、地位、名誉、他人认可的需要。在社会生活中，如果尊重需要得到满足，个体就会感到自信，具有自我效能感；如果尊重需要得不到满足，个体就会感到自卑、无力，产生抑郁情绪。

(5) 自我实现需要(self-actualization need)。

自我实现需要是指实现个人理想、抱负、追求及充分发挥自我潜能的欲望。自我实现是个体的潜能现实化的过程，促使个体的人格趋向完美。好奇心和求知欲是自我实现需要的表现。可见，自我实现有助于个体的健康成长。马斯洛在研究自我实现的人的过程中发现这类人拥有一个共同的特点，就是他所谓的“高峰体验”。这是一种超越一切的体验，其中没有任何焦虑，人感受到自我与世界的和谐统一，感受到暂时的力量与惊奇。马斯洛将其形象地比喻为“到自己心目中的天堂去旅行”。

拓展阅读 4

心流体验

心流是积极心理学家米哈尔·契克森米哈伊提出的概念，是指我们在做某些事情时，那种全神贯注、投入忘我的状态——这种状态下，你甚至感觉不到时间的存在，在这件事情完成之后你会有一种充满能量并且非常满足的感受，与马斯洛的“高峰体验”类似。日常生活中人们在做自己非常喜欢、有挑战并且擅长的事情的时候，就很容易体验到心流。

心流发生的七个特征：

(1) 完全沉浸。注意力高度集中，你感觉对自己正在做的事情充满热情。

(2) 感到狂喜(ecstasy)。你觉得自己从日常现实的琐事中脱离出来，进入另一种现实状态中，类似于宗教人士在宗教场所所感受到的喜悦，或普通人在剧院或舞台等所感受到的喜悦。

(3) 内心清晰。你知道什么是需要被完成的，以及目前为止自己做得怎么样。你了解自己的目标，并且清楚地认识到当下与目标之间所需要做的努力。

(4) 力所能及。你知道尽管这件事情可能存在挑战，但仍然是自己所能胜任的。

(5) 平静感。毫不担心自己，甚至丧失自我觉察，连自己的基本生理需求都无法意识到。例如，有些人在全神贯注地写作或打游戏时，进入一种废寝忘食的状态。

(6) 时光飞逝。由于全身心地投入在当下的事情中，时间便在不知不觉中飞速流逝。比如专心致志地做某件事情时，猛然抬头发现窗外早已从白天到黑夜。

(7) 内在动力。你觉得自己做这件事情源于内心的渴望和对该目标的认同。并且，一种“心流”的状态又能帮助你完成这件事情、实现该目标。例如，一些作家在创作过程中，对于新作品的渴望，令他们进入一种“忘我”的境界，而这种境界又使得他们的创作充满了创造力。

不知道你在日常生活中是否有过“心流”体验？都是在从事哪些活动的时候体验到的呢？

马斯洛认为需要各层次之间密切联系。五种需要像阶梯一样从低级到高级逐级递升，五种需要可以分为两级：低级需要和高级需要。其中，生理需要、安全需要、归属和爱的需要是低级需要，也叫作缺失需要，这些需要通过外部条件就可以满足，如果没有得到满足会破坏生理和心理平衡；而尊重需要和自我实现需要是高级需要，它们是通过内部因素才能满足的，也称为成长需要，是人们对理解、欣赏美和个人发展的需要。低级需要是高级需要产生的基础。一般情况下，个体只有满足了低级需要，才会出现高级需要。基本需要的满足是人生存的基础，没有低级需要的支持，高级需要就会坍塌。低级需要与人的生存有关，而高级需要与生存关联很小，但高级需要的满足会给人带来满足感、喜悦感、幸福感（见图9－1）。

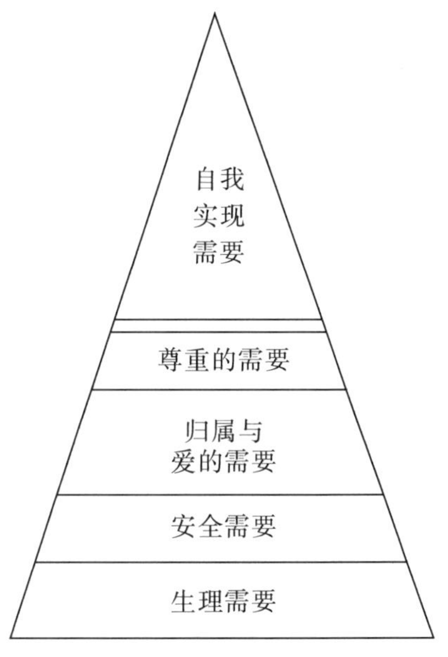

图9－1 需要层次图

1970年马斯洛将其理论拓展，提出了：认知的需要（cognitive need），即知识和理解、好奇心、探索、意义和可预测性需要；审美的需要（aesthetic need），即欣赏和寻找美，平衡、形式等；超越需要（transcendece need），即超越个人自我的价值观，例如神秘的经历和对自然、审美体验、性经验、为他人服务、追求科学、宗教信仰等的某些经验。

马斯洛的需要层次理论是一种比较完整的需要理论，它系统地探讨了需要的实质、结构、发展以及需要在人类生活中的作用。这对建立科学的需要理论具有积极意义。这一理论在实践中也产生了重要的影响，如在企业管理中，根据这一理论分析职工的需要，从而制定出满足职工需要的管理措施，以调动职工的生产积极性和工作积极性；比如在养育孩子的过程中，父母可以看到孩子的各种需要，尤其是婴幼儿阶段，不仅仅要满足孩子的生存需要，也需要考虑到婴幼儿的成长需要。

第三节 动机的理论

动机问题是心理学后起的研究领域，也越来越受到心理学家们的重视。现代心理学的思想观点主要来源于西方哲学。古代哲学家、思想家、心理学家对动机问题均提出过自己的见解。在哲学心理学中，包含着丰富的有关人类动机的思想观点，比如哲学家亚里士多德提出过四因论，他认为事物的原因具有四种，即质料因、形式因、动力因和目的因。19 世纪，达尔文的进化论对心理学产生了深刻的影响，可以说它直接促成了动机研究中的第一个理论——本能论的形成。

20 世纪 30—40 年代，动机问题研究受到心理学家们的广泛重视，本能论之后，动机研究取得了长足的进步，并使得动机问题研究成为心理学研究的一个主要领域。心理学家们纷纷从自己的研究领域中对动机问题提出自己的观点，比如赫尔的驱力论，巴普洛夫及行为主义的诱因论，人本主义心理学家马斯洛的需要论等逐渐取代了本能论，成为这一时期的研究新成果。

到了 20 世纪 60 年代，动机问题的研究也出现了转折，前期的各种观点被看作是机械观，人们逐渐认识到了个体认知因素的动机作用，这时期形成的主要理论包括平衡论、认知一致论等。

20 世纪 80 年代至今，动机的认知观得到进一步的发展和完善，并成为动机问题研究的主流学派。认知观认为，人的动机行为受个体认知因素的调控，他们提出了一系列认知动机理论，比如成就动机论、自我效能论、自我决定论、归因论等，这些理论反映了人类行为的能动特征。下面将介绍一些主要的有代表性的动机理论。

一、本能论

（一）达尔文的影响

达尔文认为进化通过“自然选择”发生。他研究考察五种在多种多样环境中的变化，也在思考这些变化是如何发生的。达尔文认为物种的各个成员在适应环境的能力方面是不同的。那些最适应者生存，而其他的则消亡。最终，只有物种的某些成员繁衍后代，结果物种的基因结构在不断发生变化。具有生存价值的物种特性为该物种成功存活的成员所保持，而不具有生存价值的物种特性则逐渐消亡。

达尔文的工作引起了有关人类行为原因和起源观念的大变革，他认为在动物中观察到的现象，对人类同样是适用的。而在此之前，人类的行为被认为是独立于物理和生物因素的。如果人类的行为是由于某种生物结构的作用，那就打破了长期统治哲学、心理学的二元论。因此，达尔文的进化论观点，对心理学的影响是巨大的，促成了心理学中的机能主义运动，心理学家们开始把心理看作是有机体适应环境的一种机能。在动机研究领域，本能论也成为当时的主旋律。

本能论的主要代表人物是美国心理学家之父詹姆士，社会心理学鼻祖麦独孤（W. McDougall）和精神分析学说创始人弗洛伊德，他们都对本能进行了分类并列出了本能清单，把人类复杂的行为归结为几种或几十种本能形式。

（二）詹姆斯的观点

詹姆斯是美国心理学的创立者，在心理学史上具有崇高的地位。他认为人类不但具有意志行为，而且还拥有大量的本能行为。他把本能定义为“以某种方式产生某种结果的行动的官能，对于这种行为不需要预测其后果，也不需要事先的教育”。他强调引发刺激的条件，这种条件由于处于有机体的生理结构中，从而导致非习得的或基于目标预期的自动的行为序列。

詹姆斯根据大量人的行为区分出以下几种本能；清洁、建设、好奇、恐惧、饥饿、嫉妒、谦逊、慈爱、幽默、忠诚、秘密、害羞、合群性、同情心。比如说，詹姆士认为母爱就是一种本能，作为母亲会自然对其子女表现出慈爱的行为。

（三）麦独孤的本能论

本能论著名的代表人物就是美国心理学家麦独孤，他是使用本能理论解释动机的先驱者，也系统地提出了动机的本能理论。他认为人类所有行为都是以本能为基础的，他在《社会心理学导引》中指出“心理学对社会科学有一个基本重要的部门是研究人类行动的源泉，即维持身心活动和调节行为的冲动和动机的部门；可是这在心理学的所有部门中，却是落后的，因为它是最隐晦、含糊和混乱的”。

麦独孤把本能定义为“一个本能是一种遗传的或先天的心物倾向，决定那有此倾向者感知和注意某一种类的客体，在感知时体验着某种特殊情绪的激动，并对它做出某种特殊样式的动作或至少体验着这种动作的冲动”。在人类不断进化智力的过程中，本能并没有退化，它不仅是人天生的能力，而且还是人天生的行为推动力量。

本能具有能量、行为和目标指向三个成分。同时，麦独孤还提出人类具有十多种本能，比如逃跑、搏击、延误、父母慈爱、恳求、交配、好奇、屈服、自夸、好群、觅食、贪得、建造、笑等。

后期本能论也受到怀疑和批判，比如本能论对人类行为的解释是一种循环论证的过程，比如“为什么人类会照顾好自己的孩子”，因为人类有父母慈爱的本能。另外，本能论列举的很多本能行为实际上也可能是在学习、经验和环境下形成的，比如自夸等。

（四）弗洛伊德的观点

弗洛伊德是一位伟大的精神分析学家，他的理论观点对心理学乃至整个社会科学都产生了深远的影响。弗洛伊德与詹姆士、麦独孤有所不同，他不是停留在本能种类的划分上，而是对本能引起的作用机制进行了研究。他从本能出发解释人的行为的动机，他把本能看成是行为的推动或起动因素，看成是行为的内在驱力。

在弗洛伊德看来，本能与身体需要相联系，可称为愿望和需要。它是一种“促使大脑运转的需求程度”。他认为，人有两种本能：一是生的本能，弗洛伊德称之为“力比多（libido）”，它代表着爱和建设的力量，指向于生命的生长和增进。二是死的本能，弗洛伊德称之为“达那多斯（eros）”，它代表恨和破坏的力量，表现为求死的欲望。死的本能有内向与外向之分。当冲动指向内部的时候，人们就会限制自己的力量，惩罚折磨自己，变成受虐狂，并在极端的时候毁灭自己；当冲动指向外部的时候，人们就会表现出破坏、损害、征服和侵犯他人的行为。

弗洛伊德把人的心理结构区分为三个方面——本我、自我、超我，三个部分之间存在着一种动力关系，人的行为有赖于三者之间的相互作用。本我包含着所有盲目的、个体所需要的、非理性的本能冲动，它根据“快乐原则”起作用，只要即刻满足，而不管其后果如何。本我中充满着“力比多”。自我是指心理结构中的那些能够满足本我需要又不会遇到任何麻烦的方面。它的作用在于协调本我需求与现实之间的冲突。它根据“现实原则”起作用。超我代表社会的伦理道德和良心，与本我直接相冲突，以符合社会要求的“至上原则”起作用。由此可见，在人的心理结构中，本我、自我和超我之间处于对立与矛盾中，正是这种冲突和斗争引起人们的心理活动和行为。

人的本能之所以具有强大的推动力量，是因为它充满了“力比多”。人是一个封闭的能量系统，特定的个体都具有一定总数的能量，并且这些能量具有守恒作用。“力比多”达到一定的强度就引起张力，驱动潜意识活动。只有矛盾解决，即“力比多”得到释放，才使得张力解除或减少，使心理得到平衡。否则，如果力比多得不到合理的释放，长期受到压抑，就会形成焦虑、不安的情绪，时间长了可能导致精神疾病。因此，本能冲动在引起神经官能症的过程中起着极大的作用。弗洛伊德在临床工作中发现儿童时代创伤性的经验是成年期神经官能症产生的原因。弗洛伊德的理论属于心理动力学理论之一，对临床心理学领域具有深远的影响。

二、驱力论

20 世纪 30 至 50 年代是动机问题研究的第一个黄金时期。在本能论的基础上，驱力论成为这一时期备受关注的理论。伍德沃斯（Woodworth）提出了行为因果机制的驱力（drive）概念替代本能概念。驱力概念比本能概念更进了一步，不像本能概念那样把人的行为看作由遗传先天决定，它强调驱力在行为激起中的作用。所谓驱力，是指由生理需要引起的一种紧张状态，它能激发或驱动个体行为以满足需要、消除紧张，从而恢复机体的平衡状态。驱力理论最有代表性的为赫尔的驱力减少理论。

赫尔是耶鲁大学教授，他对心理学的主要贡献是其学习和动机问题研究。首先是驱力（drive，D）。他认为个体要生存就有需要，需要产生驱力。驱力是一种动机结构，它供给集体力量或能量，使需要得到满足，进而减少驱力。其次是习惯（habit）。人的行为主要由习惯来支配，而不是由生物驱力支配的。他强调经验和学习在驱力形成中的作用，认为学习对机体适应环境有重要意义。驱力给行为提供能量，而习惯决定着行为的方向。赫尔认为，有些驱力来自内部刺激，不需要习得，被称为原始驱力；有些驱力来自外部刺激，是通过学习得到的，被称为获得性驱力。赫尔认为，驱力、习惯强度共同决定了个体的有效行为潜能（P），它们的关系可以表示为：$P=D\times H$。

三、成就动机理论

成就动机的概念是由1938年美国心理学家默里提出的成就需要概念衍生发展而来的。在前面部分默里提到人的一些基本需要中，成就需要是其中最首要的一项。他认为成就需要是尽可能解决和尽可能好地做事的愿望或倾向。美国学者麦克莱兰（D. C. McClelland）正式提出成就动机的概念。

麦克莱兰认为，成就动机是指与自己所特有的良好或优秀的标准竞争之下，个人所学习而来的一种追求成功的需要或驱力。台湾著名心理学家杨国枢认为成就动机是“与内在或外在优秀标准相竞争的冲动”。

在成就动机的发展历史上，麦克莱兰和阿特金森合著的《成就动机》一书的发表被视为成就动机真正成为心理学研究课题的标志。

（一）麦克莱兰的成就动机理论

麦克莱兰可以说是第一位通过测验方式对成就动机展开系统研究的心理学家。麦克莱兰的成就动机理论主要包含以下内容。

①麦克莱兰区分了在工作情境中个体具有的三种重要的动机或需要，它们是：成就需要（need for achievement），即争取成功，希望做到最好的需要；权力需要（need for power），即不受他人控制且影响或控制他人的需要；亲和需要（need for affiliation），即建立友好的人际关系的需要。

麦克莱兰认为，具有强烈的成就需要的人非常希望不断提高工作效率，力图将事情做得更为完美，并获得最大的成功。他们并不十分看重随成功而来的物质收获，而更看重在争取成功的过程中努力克服困难、解决难题、不断奋斗的乐趣，以及成功之后的个人的成就感。高成就需要者往往事业心强，有较强的进取心，敢冒一定的风险，比较实际，大多数是属于进取型的现实主义者。

在任务的选择上，高成就需要者更倾向于选择成功和失败机会各半的工作，而不喜欢选择成功的可能性非常低或者非常高的工作。成功的可能性很低的工作，碰运气的成分非常大，成就需要无法得到满足。同样，成功可能性很高的工作不具有挑战性，轻而易举的成功也无法彰显自身的能力。成就动机高者喜欢制定通过自身的努力才能达到的奋斗目标。对他们而言，只有当成败可能性均等，最终通过努力奋斗达到目标时，才能从中体验到成功的喜悦与满足。

②个体的成就动机受早期家庭教养方式等社会化因素的影响。通过大量研究，麦克莱兰发现，父母成就动机的高低影响孩子的成就动机，同时还推断出孩子早期独立性训练对成就动机的成长有一定的影响。高成就动机的孩子的父母，特别是母亲会对孩子的表现给予很高的期待，对于表现良好的孩子给予热情的赞许，而表现不佳虽不高兴，但不会有过于激烈的表现；而低成就取向的孩子的父母，尤其是父亲通常都给孩子明确的行为指示，经常愿意为孩子做决定，在孩子表现不佳时便表示愤怒。所以，一般来说，专制型的父亲大多不会有高成就动机的孩子。成就动机高的孩子的父亲，虽然对孩子的期望也比较高，但却不会过于专制。

③国家和社会的成就动机水平，关系到社会经济发展速度的快慢。麦克莱兰收集了大量的文献样本，尤其是那些反映成就意向的文艺作品（比如文学作品及儿童教育书籍），将它们作为衡量一个国家和社会成就动机水平的指标；同时将一个国家一定时期内的电力消耗量、煤炭消耗量和总贸易额等一系列数据作为衡量这一时期内国家经济发展的指标，从而研究国家和社会的成就动机与经济发展之间的相互关系。以英国为例，用1925年发表的儿童读物来评定成就需要水平，研究显示，1925年的社会成就需要分数与随后的经济增长之间具有相当高的相关（$r=0.53$）。他还以同样的方式证明希腊帝国的盛衰，结果表明，处于鼎盛时期的成就指数最高，而经济衰退时期的成就指数不断降低。麦克莱兰认为“一个民族时刻想着要做得更好（就像其通俗文艺作品中表达的一样），实际上就确实会在经济方面做得更好”。麦克莱兰在他的代表作《成就社会》一书中得出如下结论：一个国家的经济发展不取决于经济制度、政治制度或其他因素，而取决于这个国家的成就动机水平。

④成就动机的测量方法的改进。麦克莱兰对成就动机的研究是运用默里的主题统觉测验（TAT）来实现的。但他对该测验进行了修改，进一步完善了它的计分方式，使其客观性增强，并适合于团体施测。因此，麦克莱兰对成就动机研究的贡献不仅体现在理论方面，而且还体现在发展了研究和测量动机的方法。

麦克莱兰对于成就动机的研究开创了成就动机理论的先河。他提出的成就动机的发展与教养方式密切相关，为在教育和生活中如何培养和激励个人的成就动机提供了有益的启示。

（二）阿特金森的成就动机论

阿特金森（J. W. Atkinson）是麦克莱兰的学生，在其研究基础上，阿特金森更加考虑个体之间的差异性，强调个体的内部认知过程对成就动机形成的影响。他采取假设分析的方法，提出了成就动机的期望×价值理论。

阿特金森认为，成就动机形成过程中包含两种动机力量：追求成功的动机和避免失败的动机，这两者在强度上可能是不一样的。如果一个人追求成功的动机高于避免失败的动机，那么这个人将会努力去追求特定的目标，这种人也被称为“力求成功者”。他们倾向于选择成功概率在50%的任务，这种任务可以给他们提供最大的现实挑战。如果一个人避免失败的动机强于追求成功的动机，那么这个人就有可能选择减少失败机会的目标，这类人也被称为“避免失败者”。他们倾向于选择非常容易或者非常难的工作，选择简单的任务可能使他们免遭失败，难的任务即使失败了，也能找到开脱的理由。其理论基本框架和概念之间相关关系如图9－2所示。

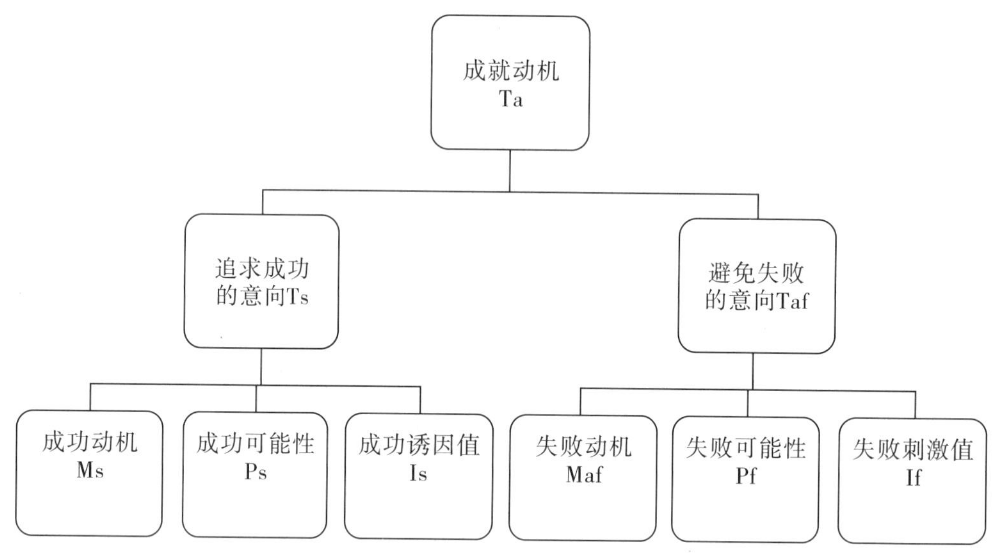

图9－2 阿特金森的成就动机理论①

1. 对成功的追求

阿特金森认为人追求成功的意向（Ts）由三个因素决定：①成就需要即追求成功的动机（Ms），阿特金森把这种成就需要界定为，“成就中体验到自豪的能力”，是一种追求成功的相对稳定、持久的状态，可以用主题统觉测验（TAT）测量；②在某任务中成功可能性（Ps），当成功是必然时Ps＝1，当失败是必然时Ps＝0，因此Ps的数值在0至1之间变动；③成功诱因值（Is），即个人在成功后所体验到的喜悦与自豪，是一种情感体验。如果任务的难度大（成功的可能性小），则成功后所体验到的喜悦和自豪感高；如果任务难度小（成功的可能性大），则成功后的情感体验低。因此，

① 朱丽雅．大学生成就动机、成就目标定向、学业自我效能对成绩的影响模式探析［D］．长春：吉林大学，2012：10．

阿特金森假定 Is 与 Ps 是相反的关系，即 $Is = 1 - Ps$。阿特金森认为追求成功的动机可用下面这个公式来表示：

$$Ts = Ms \times Ps \times Is$$

因为 $Is = 1 - Ps$，上面的公式又可以写成：

$$Ts = Ms \times Ps \times Is = Ms \times Ps \times (1 - Ps)$$

2. 对失败的恐惧

行为并不是仅由追求成功的动机决定的，还有另外一个重要因素需要考察，那就是对失败的恐惧或避免失败的意向（Taf）。与追求成功的动机相类似，对失败的恐惧也由三个方面决定，它们分别是：失败的动机（Maf）、失败可能性（Pf）以及失败刺激值（If），即个体在失败中所经受的打击。三者的关系可以用下面的公式来表示：

$$Taf = Maf \times Pf \times If$$

成功的动机（Ms）是与成就有关的活动中体验到自豪的能力，与此相类似，失败的动机（Maf）被视为没有达到预定的目标即失败时所体验到羞愧的能力，也是相对比较稳定的动机倾向。

研究者一般用测验焦虑的问卷（TAQ）来确定 Maf 的强度。TAQ 是一种客观的自测测验焦虑量表，它以一种客观的自我报告形式，表达被试者在考试情境下引发的内在焦虑状态。在要求被试在对行为进行评价时，避免失败动机得到唤醒，因此在测验中的自我评价便可以用来衡量被试的这种动机。同样的，如果任务的难度大（感觉到失败可能性大）时，失败并不会引起太大的悲伤，也不会招致别人过分的责难，而失败后的负性情感体验就低；而当任务难度小（感觉到失败的可能小）时，失败就会使人悲伤并受到别人更多的责难，失败后的负性情感体验就大。因此，If 与 Pf 的关系也可以用公式 $If = 1 - Pf$ 表示，这样上面的公式又可以表示为：

$$Taf = Maf \times Pf \times If = Maf \times Pf \times (1 - Pf)$$

3. 成就动机的合成

阿特金森认为，个人最终采取接近或逃避成就取向的活动或动机（Ta）是由追求成功的意向（Ts）减去避免失败的意向（Taf）而决定的，用公式表示即：

$$\begin{aligned} Ta &= Ts - Taf = Ms \times Ps \times Is - Maf \times Pf \times If \\ &= Ms \times Ps \times (1 - Ps) - Maf \times Pf \times (1 - Pf) \end{aligned}$$

由这个公式可以看到，行为的合成动机的强度和方向（Ta）最终是由追求成功的意向（Ms）和避免失败的意向（Maf）的强度以及认为成功可能性（Ps）三个变量来决定的。Ms 和 Maf 的对比强度决定了 Ta 的方向：当 $Ms > Maf$ 时，Ta 为正值，个体在合成动机上表现得高，表现为接近与成就有关的活动。相反，在 $Ms < Maf$ 时，Ta 是负值，个体在合成成就动机上表现低，出现不愿意从事这种活动即逃避成就活动的现象。当 $Ms = Maf$ 时，Ta 的值等于零，表示个体处在犹豫不决的状态。Ms 可以通过主题统觉测验（TAT）来测量，Maf 可以通过测验焦虑的问卷（TAQ）来确定。Ms、Maf 与合成成就动机的高低情况可以通过表 9－2 表示。

表 9-2 希望成功、害怕失败与合成成就动机①

TAT 希望成功	TAQ 害怕失败	Ta 合成成就动机
高	低	高
高	高	中间
低	低	中间
低	高	低

从任务的难度即成功的可能性的角度来考查这个公式，会发现当 Ms > Maf 时，Ps = 0.5 时，合成成就动机的值达到最大，表明对于高成就动机的人（Ms > Maf）来说，面对中等难度和中等风险的任务，他们的动机力量最强；而当 Ms < Maf，Ps = 0.5 时，合成成就动机值达到最小，逃避任务的倾向达到最大值，当 Ps = 0 或 1 时，合成成就动机值达到最大，也就是逃避任务的倾向达到最小。也就是说害怕失败的动机支配的人（Ms < Maf），最有可能回避中等难度的任务，而宁可接受非常难或者非常容易的任务。在Ms = Maf，合成成就动机的值不受 Ps 的影响，也就是说，不管任务的难易程度如何，个体都会表现出犹豫不决的状态。

四、自我效能论

阿尔伯特·班杜拉（Albert Bandura）是美国著名教育心理学家，曾任美国心理学会主席，提出社会学习理论、自我效能论等著名观点。

自我效能感是班杜拉于 1977 年提出的概念。他在研究社会学习以及强化的过程中提出，强化不是提高行为出现概率的直接原因，在学习中没有强化也能够获取有关信息，形成新的行为模式，强化在学习中的重要作用在于它能够激发和维持行为的动机以控制和调节人的行为。这种作用是人在认识行为与强化之间的依存关系后所产生的对下一步强化的期待。这样行为结果因素的这种强化作用就转化成为决定行为的先行因素。

班杜拉把期待分为两种：结果期待和效能期待。结果期待是指人对自己的某一行为会导致的结果（强化）的推测。如果人预测到某一特定行为将会导致特定的结果（强化），那么这一行为就可能被激活和受到选择。效能期待是指人对自己能够进行某一行为的实施能力的推测或判断，即对自己行为能力的主观推断。它意味着人是否确信自己能够成功地进行带来某一结果的行为。当人确信自己有能力进行某一活动时，他就会产生较高的“自我效能感”，并会去进行那一活动。人们一般会在预测到某一活动的好的结果及自己有能力去完成这一活动时，才努力去进行这一活动。

班杜拉提出了培养自我效能感的一些途径。

①行为的成败经验。学习者成功的经验会提高其自我效能感，相反，失败的经验

① 朱丽雅．大学生成就动机、成就目标定向、学业自我效能对成绩的影响模式探析［D］．长春：吉林大学，2012：10.

会降低自我效能感。

②替代性经验。当学习者看到与自己相当的示范者成功时，就会增强自我效能感，相反，看到这种示范者遭到失败时，就会降低自我效能感。

③言语说服。通过说服的建议、劝告、解释和自我指导，来改变人们的自我效能感。比如当学生成功完成一项任务的时候，教师表扬学生“你真棒，你可以完成这项挑战!”，学生的自我效能感会得到加强。

④情绪和生理状态。强烈的激动情绪，通常会妨碍行为的表现而降低效能期待。积极的稳定的情绪，生理状态会提高自我效能感。比如个体在抑郁的时候，自我效能感也会很低。

五、归因理论

归因指的是个体对某事件或行为结果原因的知觉，归因研究关注个体怎样解释原因，和这些解释有什么含义。归因理论最初由美国社会心理学家海德（F. Heider）提出，其著作《人际关系心理学》的出版标志着归因理论的诞生，其人际知觉归因理论成为第一个著名的归因理论。归因理论代表把人视为科学家的动机隐喻，比较有代表性的包括海德的人际知觉归因理论和伯纳德·韦纳的认知动机归因理论。

（一）海德的人际知觉归因理论

人际知觉（interpersonal perception）是个体所形成的对他人的印象，是人际间相互作用的重要基础。个人知觉关注的是刺激者内在的心理过程：有什么样的感觉？将来做何打算？想给环境施加怎样的影响？为什么要如此来做？事实上，这些问题与感觉机制没有关系，真正与它们有关的是观察者所做的推理或归因。也就是说，个人知觉问题大多数与归因有关。

海德在他的代表作《人际关系心理学》（1958 年）中集中阐述了他关于社会认知、归因研究的成果，在心理学界，一般把该书的出版作为归因理论诞生的标志。海德指出，个人知觉与物体知觉有三点区别：①人有内部的生活体验，物体是没有的。②人常常是自身行为的第一原因，而物体则不是。责任这个概念表明了人们的行为是有其内部原因的，而不是外界环境影响的结果。③人可以精心操纵和利用知觉者，而无生命的物体是不能这样做的。

重建普通人对他人和自己的信息处理方式是个人知觉研究的一个根本目的。观察者一般都会努力发现刺激者行为的原因。海德关心的是觉察到的人的行为起因，对真正的行为起因并不感兴趣。他注重归因过程的探究，认为确定行为是由个人原因还是环境原因引起的是归因过程的重要部分。

海德指出：“行为及其结果能被归因于个人压力与环境压力。个人压力包括尝试与力量。尝试当然是一个动机性概念，并且是由意图和努力所决定的；力量本质上与能力是同义词。环境压力包括对出现行为结果的阻碍，指的是任务的难度与缺乏。它遵循是否人们能引起结果出现，依赖于他们的力量超过障碍物。他们获得一个渴望的结果依赖于两种环境设置之一：要么他们能并且尝试；要么他们是幸运的。第一种环境设置涉及个人因果关系：他们的力量超过障碍物，并且他们试图带来结果。在第二种环境设置中，不论他们有没有力量，或不论他们是否努力尝试都没有区别，环境产生结果。这是非个人因果关系。”（F. Heider，1958）

当人们不能带来一种结果，就可能意味着他们的力量对于障碍物来说是不足够的，他们没有尝试，或他们没有运气。第一种和第三种情况是非个人因果关系，而第二种情况是个人因果关系。

决定行为的个人原因主要有人格、动机、态度、情绪、心境、能力、努力等因素。情境因素是主要的决定行为的环境原因，诸如运气、任务的难易程度和活动提供的赏罚等。一方面，行为者个人会被看作行为的起因，能够抵制住来自环境方面的冲击。另一方面，环境力量有时会非常强大，足以迫使行为者发生改变。当对行为做个人归因时，行为者自然要为其后果负责；而对行为做环境归因时，行为者则不必为其行为后果负责。关于观察者把行为归因于环境还是个人的规则问题，是在归因领域所做的大部分工作。

海德认为人们有个人归因的偏好，也就是说，在其他情况都相同的前提下，人们通常对行为原因做个人而非环境的解释。海德在分析这一现象时指出，人们之所以倾向于对行为做个人归因，是由于常常难以在行为及其潜在起因之间做出恰当的区分。这种困难促使人们顺应行动与其本人相似的取向，易于从对行为的观察转移到推断个人的原因，而进行个人归因。海德提供的另外一种解释是：人们感性地更加关注行为本身而非周围的环境。行为往往比情境更为显著，更加引人注目，使得人们的注意力一般因对行为的关注而集中于个人，对环境意识则易于忽略，因此倾向于把个人当作行为的起因。海德相信，通过研究个人知觉的人际功能，可以允许观察者预言并且控制其他人的行为。

（二）韦纳的归因理论

韦纳的归因理论提出，人在解释成败时主要原因有能力、努力、任务难度和运气，并从控制点、稳定性和可控性三个维度分析了原因的结构特征：在控制点维度上分为内部的和外部原因；在稳定性维度上分成稳定的和不稳定的原因；在可控性维度上分为可控和不可控的原因。以学习成败归因为例，见表 9－3。

表 9－3　成功与失败的归因①

控制点	稳定性	
	稳定	不稳定
内部	能力 “我很聪明”成功 “我很笨”失败	努力 “我下了功夫”成功 “我实际上没下功夫”失败

① 陈琦，刘儒德. 当代教育心理学［M］. 3 版. 北京：北京师范大学出版社，2019：178.

续上表

控制点	稳定性	
	稳定	不稳定
外部	任务难度 “这个很容易”成功 “这太难了”失败	运气 “我运气好”成功 “我运气不好”失败

这三个维度的归因对个体的情绪反应、未来预期和行为都会产生影响。①控制点影响对成败的情绪体验，如果将成功归因于内部因素，就会骄傲、自豪和满意；归因于外部因素，就会产生侥幸心理。如果将失败归于内部因素，则会产生自责、羞愧等情绪；归为外部因素，则会生气，感觉不公平。②稳定性影响情绪和对未来成败的预期。如果将成功归因于稳定因素，则会预期未来还可能成功；将失败归因于稳定因素，则会预期未来还可能失败，从而一蹶不振，放弃类似的任务。③可控性影响情绪反应和行为。如果将失败归于可控因素，如努力，则会感到自责和内疚，下次做出努力；归于不可控因素，如运气，那就不会继续努力。

因此，根据韦纳的归因理论，可以得到以下一些结论。

①归因于努力相比归因于能力，无论成功或失败，都会引发更强烈的情绪体验。

②在付出同样努力时，能力低的，应得到更多的奖励。

③能力低而努力的人受到最高评价，而能力高却不努力的人则受到最低评价。

④学业成败归于内部的、稳定的和可控的因素。

六、逆转理论

逆转理论（reversal theory）是 20 世纪 90 年代由阿普特尔（Apter）与其同事提出的动机理论。他们认为人们的心理需要是对立的，概括起来有四种相反的元状态，包括：①目的—超越目的；②顺从—逆反；③控制—同情；④自我中心—他人取向，进而有不同的动机模式。每一对动机状态都是按相反方向对应排列的。在当前任务中，每队动机的两种状态中只有一种能被激活，见表 9－4。

表 9－4　四对元动机状态的基本特征①

元动机状态	基本特征
目的	超越目的
严肃的 目标取向的 事先计划安排的 避免焦虑 愿望达成——成就	嬉戏的 活动取向的 为瞬间而活 寻求刺激 娱乐与享受

① 格里格，津巴多．心理学与生活：第 19 版［M］．王垒，等译．北京：人民邮电出版社，2014：327．

续上表

元动机状态	基本特征
顺从	逆反
服从的 愿意墨守成规 保守的 愉快的 愿意与人相处	反叛的 愿意打破常规 激进的 愤怒的 愿意独来独往
控制	同情
权利取向的 把生活当作奋斗 意志坚强的 关心控制 重支配	关怀取向的 把生活当作合作 感情脆弱的 关心友善 重感情
自我中心	他人取向
主要关心自己 自我中心 关注自身情感	主要关心他人 认同他人 关注他人情感

研究人员专门对两个跳伞俱乐部进行研究，发现了一个非常矛盾的现象，他们报告跳伞之前是焦虑的，在降落伞打开后感到兴奋，而这种现象用之前的动机理论则无法解释，因为从飞机上跳下来只能增加而不是消除紧张感。如果用逆转理论来解释，跳伞的过程是从有目的状态转向超越目的的状态。跳伞并不是以目的为根源的运动，而是以超越目的为根源的运动，而在超越目的的状态，高度的刺激会被极度的兴奋所取代。

第四节　动机与人类生活

一、动机与学习行为

学习动机（motivation to learn）是指激发学习行为，使之导向一定学业目标，并维持这一行为的动力倾向。学习动机与学生的学习兴趣，学习需要，个人价值观，态度，志向水平，外来鼓励，学习后果（学位、待遇及社会地位等）以及客观现实环境的要求（考试、竞赛和升学）等诸多因素紧密相连。

学习动机与学习的关系是辩证的，学习动机驱动学习，学习又能产生学习动机。教师强调动机在学习中的重要作用的同时，也应看到学习本身就是下一步学习的动机。

动机具有加强学习的作用。有研究考察了大量的关于动机与成就关系的研究报告，分析了其中232项动机测量与学业成就之间的相关数据，发现其中98%是正相关（估计平均相关系数为0.34）。该调查覆盖面为小学到高中的学生共63.7万人，具有一定的代表性。这说明：高动机水平的学生其成就水平也高；反之，高成就水平也能导致高的动机水平。

但是，动机水平与学习效率的关系并不完全成正比。过于强烈的学习动机会让学生处于一种紧张的情绪状态中，注意和知觉范围变得狭窄，反而影响了学生正常的认知活动，降低了学习效果。动机与学习效率的关系依据耶克斯－多德森（Yerkes & Dodson）定律曲线（见图9－3），学习效率随学习动机强度的增加而提高，直到达到最佳水平，之后则随动机增加而下降。当然，他们的关系也受到任务难度、学习者个性等因素的影响。动机强度的最佳水平会随任务的难易而有所变化，一般来说，从事比较容易的学习任务，动机强度的最佳水平点会高一些，从事比较困难的学习任务，动机强度的最佳水平点会低一些。

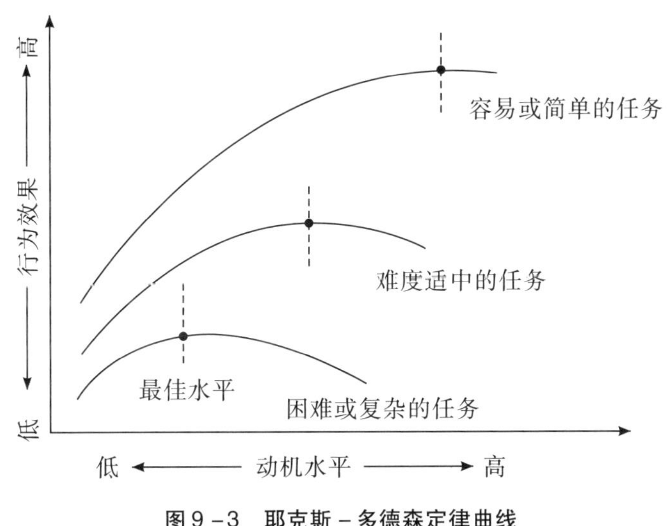

图9－3 耶克斯－多德森定律曲线

二、动机与组织行为

个体的动机水平在一定程度上依赖于所在环境。因此，在团体中，个体动机水平也受到个体所在的组织（工作环境）中的人员和规章制度的影响。工作环境是一个复杂的社会系统，组织心理学家研究了人类关系的不同层面，如员工之间的沟通、环境的适应、领导关系、工作满意度等，他们也试图运用理论来预测人们在不同的工作条件下是如何反应的，也即理解工作场所的动机。

1. 公平理论

公平理论（equity theory）假定组织中的个体被激励去维持与其他人员之间的公平或公正的关系。组织中的个体关注他们的投入（他们对工作做出的投资或贡献）及其产出（他们从工作中得到的回报），然后与其他同事投入与产出进行比较。当同事A的产出与投入的比例与同事B的比例相等，那么A就会感到满意。如果这些比例不相等，就会感到失望。因为不相等的感觉令人失望，所以他们就会促使组织中的个体通过改变相关的投入和产出比来恢复平等。这些改变可以是行为上的，也可以是心理上的。

举例来说，一个同事为了谋求更好的工作而离开了，这会使你产生什么样的感觉？根据公平理论，你可能会感觉到被不公平地留在了一个不理想的岗位上。实际上，当同事离开了他们表示不满的环境时，留下来的人往往会对工作不怎么卖力气了——他们会通过削减生产来恢复公平的感觉。因此，公平理论用于组织行为管理中，作为领导，应该如何重视员工对公平的心理需求呢？应该如何通过环境及制度去激励员工的在组织中的动机呢？

2. 期望理论

期望理论（expectancy theory）假定当员工期待他们工作上的努力和成绩会产生理想结果时，他们就会受到激励。也就是说，人们会从事自己认为有吸引力（产生可喜的结果）和有成就感的工作。期望理论强调三种成分：期望、有效性和效价。期望指一种感觉上的可能性，即员工的努力会产生一定的好业绩。有效性指好业绩会导致某些好结果（比如奖金、回报等）的感觉。效价指对特定结果在感觉上的吸引力。举例来说，某个工作环境中，如果你的工作业绩不错的话非常有可能获得回报（高有效性），但是业绩不错的可能性不大（低期望）或者不值得努力去获得回报（低效价）。

根据期望理论，员工会评价以上三种成分的可能性，并通过把这三种成分的值相乘来将它们组合在一起。因此，当所有成分都具有比较大的可能性时就会产生高水平的动机。但是，如果任何一个成分为零的话就会产生低水平的动机。

因此，如果你是一位管理者，你希望期望理论如何应用在你的工作中呢？你能否厘清期望、有效性和效价的关系？你能否确定其中是否有一个项目不平衡？你将如何来改变工作环境以促进这三种成分的变化呢？

思考与实践

1. 什么是动机及其功能？
2. 什么是内在动机与外在动机，请举例说明。
3. 请你列举有关动机的三种理论。
4. 请简述马斯洛需要层次理论。

参考文献

［1］伯克利 E，伯克利 M. 动机心理学［M］. 郭书彩，译. 北京：人民邮电出版社，2020.

［2］车文博. 弗洛伊德主义原著选辑：上卷［M］. 沈阳：辽宁人民出版社，1988.

［3］陈琦，刘儒德. 当代教育心理学［M］. 3 版. 北京：北京师范大学出版社，2019.

［4］郭德俊. 动机心理学：理论与实践［M］. 北京：人民教育出版社，2005.

［5］郭永玉. 关于需要的心理学研究综述［J］. 高等函授学报（哲学社会科学版），1995（6）：56－60.

［6］林传鼎，陈舒永，张厚粲. 心理学词典［M］. 南昌：江西科学技术出版社，1986.

［7］格里格，津巴多. 心理学与生活：第 19 版［M］. 王垒，等译. 北京：人民邮电出版社，2016.

［8］彭聃龄. 普通心理学［M］. 5 版. 北京：北京师范大学出版社，2019.

［9］宋国萍，张侃，苗丹民，等. 不同时间的睡眠剥夺对执行功能的影响［J］. 心理科学，2008，31（1）：32－34.

［10］韦纳. 动机和情绪的归因理论［M］. 林钟敏译. 福州：福建教育出版社，1989.

［11］张爱卿. 动机论：迈向 21 世纪的动机心理学研究［M］. 武汉：华中师范大学出版社，1999.

［12］ATKINSON J W. An introduction to motivation［M］. Princeton，NJ：Van Nostrand Reinhold，1964.

［13］BANDURA A. Self-efficacy：toward a unifying theory of behavioral change［J］. Psychological review，1977，84（2）：191－215.

［14］BANDURA A. The self-system in reciprocal determinism［J］. American psychologist，1978，33（4）：344－358.

［15］BANDURA A. Self-efficacy：the exercise of control［M］. New York：W. H. Freeman，1997.

［16］HEIDER F. The psychology of interpersonal relations［M］. New York：Willey，1958.

［17］MURRAY H A. Explorations in personality［M］. New York：Oxford University Press，1938.

［18］WEINER B. An attributional theory of motivation and emotion［M］. New York：Springer-Verlage，1986.

［19］WEINER B. Theory of motivation for some classroom experiences［J］. Journal of educational psychology，1979，71（1）：3－25.

［20］YOUNG P T. Motivation of behavior［M］. New York：Wiley，1936.

[21] PINTRICH P R. An achievement goal theory perspective on issues in motivation terminology, theory, and research [J]. Contemporary educational psychology, 2000, 25: 92 - 104.

[22] JAMES W. The principles of psychology [M]. New York: Cosimo Classics, 2007.

[23] McDOUGALL W. An introduction to social psychology [M]. Boston: John W. Luce, 1926.

[24] McCLELLAND D C, WINTER D C. Motivating economic achievement [M]. New York: Free Press, 1969.

第十章　能　力

学习目标

1. 掌握能力的概念、能力与知识技能的关系；
2. 掌握能力的种类、能力的理论；
3. 掌握能力的测量、能力的发展与影响因素。

章节提要

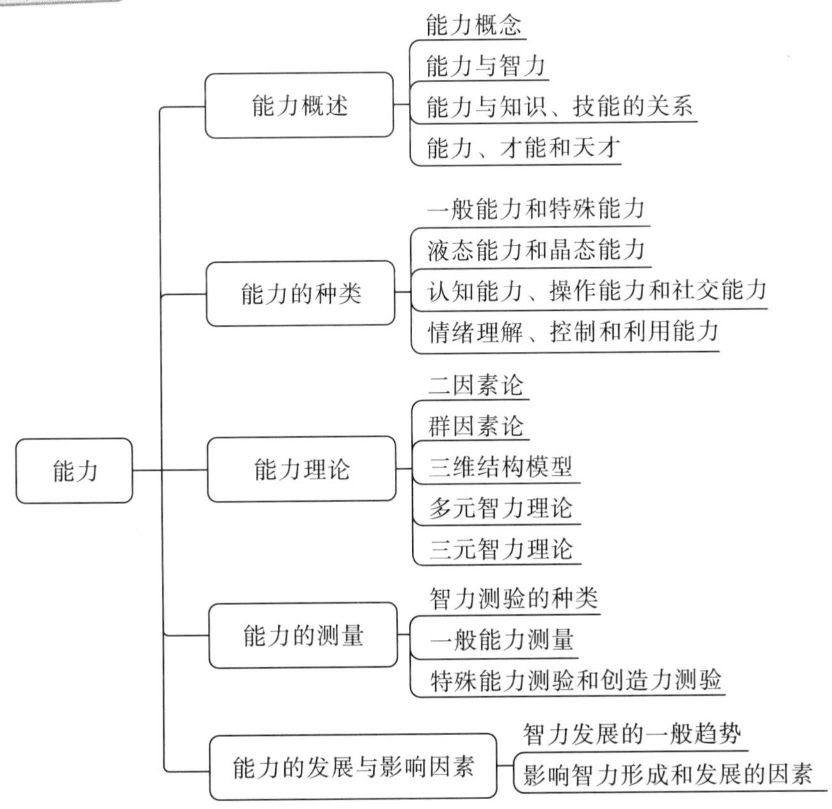

能力是人们经常挂在嘴边的一个词，作为一个日常生活概念，意思并不难理解，但要真正了解它的科学含义就不容易了。也许有时候你会心存这样的疑问："为什么别人能做好的事情，我做不好?""我有没有过人之处呢，我到底能做什么?"要解答这类问题就涉及心理学中研究的一个领域——能力。

第一节 能力概述

一、能力概念

能力的概念很复杂。一般认为，能力是一种心理特征，是顺利实现某种活动的心理条件。例如，一位画家具有的色彩鉴别力、形象记忆力等，都叫能力，这些能力是保证一位画家顺利完成绘画活动的心理条件。

在英语中，能力通常用两个意义相近但不完全相同的词来表示：ability 和 aptitude。ability 指个体在某项任务或活动上现有的成就水平，因而人们已经学会的知识和技能就代表了他的能力；而 aptitude 指容纳、接受，或保留事物的可能性。在这个意义上，能力不是指现有的成就，而是指个体具有的潜力和可能性。我们平时所说的能力同时包含了以上两方面的内容。

能力表现在个体所从事的各种活动中，并在活动中得到发展。一个人的绘画能力，只有在绘画活动中才能施展；一个人的管理能力，也只有在领导一个团体和组织的活动中才能显示出来。当一个人能顺利完成某种活动时，也就多少表现了他的能力。

能力是一种心理特征，但与其他心理特征有所不同。人格虽然也表现在人的活动中，并对活动的结果产生一定影响，但它并不直接影响活动的效率，不直接决定活动的结果，因而不属于能力的范畴。

能力的产生与发展是与人类的社会生活分不开的。以人类发展的早期阶段抽象思维能力的形成为例。原始人在实践活动中，一方面不断地把各种物体分解为各个组成部分；另一方面又把各个部分联合成一个统一的整体。人们在这个过程中逐渐学会了在头脑中进行分析和综合，即思维的分析和综合。这种技能是在历史实践、实际地分析和综合物体特征的基础上发展起来的。计算能力就是这样发展的。原始人最初只能用实物（如手指、石头、木棒等）进行计算，他们没有利用抽象符号进行计算的能力。人较复杂、较高级的、基于符号的计算能力，是随着社会的进步，随着人类实践的需要才逐步发展起来的。

二、能力与智力

在心理学中，智力（intelligence）是一个重要的概念。然而，对于智力，却存在着激烈的争论。首先，心理学家对于智力的界定不一致。有人认为，智力就是抽象思维能力，如比奈把智力理解为正确的判断、透彻的理解、适当的推理能力。推孟认为，一个人的智力和抽象思维能力成正比。也有人认为，智力是学习能力，学习成绩代表智力水平。还有人从生物学的观点出发，认为智力是适应新环境的能力。在中国，大多数心理学家认为，智力是指认知方面的各种能力，即观察力、记忆力、思维能力、想象能力的综合，其核心是抽象思维能力。由此可见，智力是一种抽象和概括的综合能力，并不是一种单一的能力。其次，对智力的性质看法不一。智力究竟是一种先天的心理能力，还是一种被赋予的、被决定的心理品质？智力是一种客观的心理品质，还是一个社会建构性的概念？在心理测验专家眼里，智力是智力测验所测量的内容，而在斯腾伯格看来，智力是在其社会文化中能够成功的特质。对于能力与智力的关系，看法也不统一。主要有三种观点。

①能力包含智力。智力是能力的一种，即认知能力。我国心理学的教科书大多持这一观点。

②智力包含能力。西方心理学家大多持这一观点。

③智能相对独立论。中国古代思想家有将“智”与“能”分开来看的传统，认为智力与能力是两个独立的概念，二者既有区别，又有联系，还可以结合在一起，称为智能。智力侧重于认知，能力侧重于活动。智力主要涉及“知与不知”的问题，能力主要解决“能与不能”的问题。能力和智力虽然有一定区别，但在许多情况下还是可以通用的。

三、能力与知识、技能的关系

能力与知识、技能是密切联系的。要顺利完成某一活动，不仅需要相应的知识和技能，还需要一定的能力。能力与知识、技能相互依赖，相互制约。

知识是人脑对客观事物的主观表征。知识有不同的形式，一种是陈述性知识，即“是什么”的知识，如北京是中国的首都、埃菲尔铁塔在法国巴黎等；另一种是程序性知识，即“如何做”的知识，如骑马的知识、开车的知识、组装计算机的知识等。人一旦有了知识，就会运用这些知识指导自己的活动。从这个意义上来说，知识是活动的自我调节机制中一个不可缺少的构成要素，也是能力基本结构中一个不可缺少的组成成分。

技能是指人们通过练习而获得的动作方式和动作系统。技能也是一种个体经验，但主要表现为动作执行的经验，因而与知识有区别。技能作为活动的方式，有时表现为一种操作活动方式，有时表现为一种心智活动方式。因此，按活动方式不同，技能可分为操作技能和心智技能（智力活动）。操作技能的动作是由外显的机体运动来实现的，其动作的对象为物质性的客体，即物体。心智技能通常是借助内在的智力操作来实现的，其动作对象为事物的信息，即观念。操作技能的形成依赖于机体运动的反馈信息，而心智技能则是通过操作活动模式的内化形成的。由于技能直接控制活动的动作程序的执行，因此是活动的自我调节机制中又一个组成要素，也是能力结构的基本组成成分。

知识和技能是能力的基础，但只有那些能够广泛应用和迁移的知识和技能，才能转化成为能力。能力不仅包含了一个人现在已经达到的成就水平，而且包含了一个人具有的潜力。例如，一个读书很多的人可能有较丰富的知识，但在解决实际问题时却显得能力低下，这说明他的知识只停留在书本上，不能用来解决实际问题。可见，知识与能力是有区别的。知识、技能与能力又有密切的关系。首先，能力的形成与发展依赖于知识、技能的获得。随着人的知识、技能的积累，人的能力也会不断提高。其次，能力的高低又会影响到掌握知识、技能的水平。一个能力强的人往往付出较小的代价就能获得知识和技能，而一个能力较弱的人可能要付出较大的努力才能掌握同样的知识和技能。所以，从一个人掌握知识、技能的速度与质量上，可以看出其能力的大小。

正确理解能力与知识、技能的关系，对工作具有重要意义。首先，我们不应该仅仅根据一个人知识的多少去简单地断定这个人能力的高低。一个人的能力可能已经表现出来，也可能没有表现出来。仅仅根据知识的多少来断定其能力的强弱，常常会做出错误的判断。其次，在教育工作中，我们不仅要关心学生对知识与技能的掌握，而且要关心他们的能力发展，并促使其将知识与技能转化为能力。如果认为知识、技能等于能力，就可能导致只关心知识与技能的掌握而忽视能力发展的错误倾向。最后，由于能力不等于知识，人们才有必要研究评定能力的特殊方法，而不能用对知识或技能的评定来代替对能力的评定。

综上所述，能力是掌握知识、技能的前提，又是掌握知识、技能的结果。两者是互相转化、互相促进的。正确理解能力与知识、技能的关系，有助于科学地传授知识、培养技能、发展能力，这对社会进步和个人发展具有重要意义。

四、能力、才能和天才

人们要完成某种活动，往往不止依靠一种能力，而是依靠多种能力的结合。这些能力互相联系，保证了某种活动的顺利进行。这种结合在一起的能力叫才能。例如，教师要有敏锐的观察力、流畅的语言表达力、严谨的思维能力和科学的组织管理的能力。这些能力的组合就是教师的才能。同样，学生的解题能力和计算能力结合起来，就组成了数学的才能。

能力的高度发展称天才。天才是能力的独特结合，使人能顺利地、独立地、创造性地完成某些复杂的活动。天才往往聚合着多种高度发展的能力。一个天才人物往往同时是文学家、历史学家、诗人、政治家等。天才不是天生的，天才离不开社会历史的、时代的要求。特定的历史环境常常会涌现出具有特定能力的天才人物。天才也离不开个人的勤奋和努力。

第二节　能力的种类

能力不是单一的品质。人的能力多种多样，可以从不同的角度对它们进行分类。

一、一般能力和特殊能力

这是根据能力发挥作用的范围所做的分类。一般能力是顺利地完成各种活动所必需的心理特征，它包括观察力、记忆力、思维力、想象力和言语能力等。由于这些能力通常都在认知过程中表现出来，所以又称为智力。特殊能力是指在专业或职业活动中表现的能力，如数学能力、音乐能力、绘画能力等。任何一种专业活动都要求有与该专业内容相符合的几种能力的结合。因此，对各种专业活动所需能力进行分析，有助于发现和培养专业人才。

在活动中，一般能力与特殊能力的关系是辩证的统一。人要顺利地进行某种活动，必须既具备高水平的一般能力，又具有与某种活动有关的特殊能力。一方面，特殊能力总是建立在一般能力的基础上，例如，技术人员要区分机器结构的细节、认识机器的工作原理，这些机械工业特殊需要的能力是在一般观察力的基础上发展起来的。另一方面，在发展特殊能力的同时，也发展了一般能力。因为某一专业活动的特殊能力的发展，会迁移到其他专业活动，从而表现为一般能力。但一般能力和特殊能力不能相互替代。在日常生活中，人们往往认为聪明人处处都聪明，其实不然。某方面的专家如果离开了专业领域，他们的优势可能就会消失。

二、液态能力和晶态能力

这是卡特尔（R. B. Cattell）根据能力在人一生中的不同发展趋势以及能力与先天禀赋、社会文化的关系所做的分类。晶态能力（crystallized intelligence）是指人获得语言和数学知识的能力，它通过文化经验来获得，主要取决于后天的学习，如语言的词汇量和数学能力等。传统的智力测验主要针对晶态能力。晶态能力虽然源于经验，却不等于学业成就，它表现为个体的学识水平。晶态能力在人的一生中一直在发展，只是到了 25 岁以后，发展的速度渐近平缓，并保持至个体晚年。

液态能力（fluid intelligence）指人在信息加工和问题解决过程中所表现出来的能力，如对关系的认识、类比推理和演绎推理的能力、抽象概括能力等。它主要取决于个人的先天禀赋，较少受文化和知识的影响。液态能力的发展与年龄有密切关系。在儿童和青少年期发展较快，20 岁以后达到顶峰，30 岁以后，随年龄的增长而降低，见图 10 - 1。由于液态能力受教育和文化的影响较小，因此，在编制适用于不同文化的测验时，多以液态能力为目标，并以此作为不同文化者智力比较的基础。

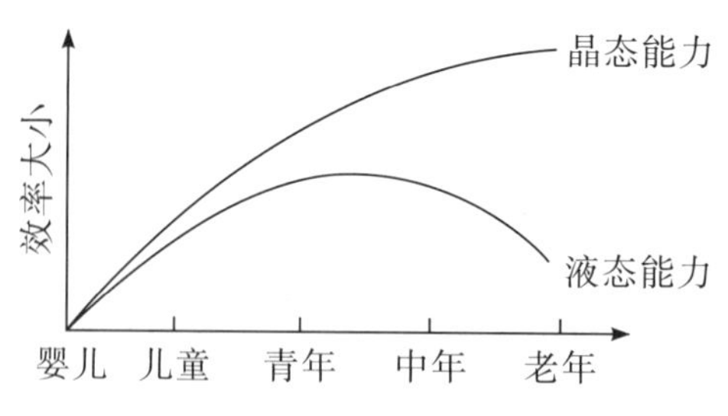

图 10－1　能力变化和年龄的关系

三、认知能力、操作能力和社交能力

认知能力（cognitive ability）是指人脑加工、存储和提取信息的能力，即我们一般所讲的智力，如观察力、记忆力、想象力等。人们认识客观世界，获得各种各样的知识，主要依赖于人的认知能力。

操作能力（operation ability）是指人们操作自己的肢体以完成各项活动的能力，如劳动能力、艺术表演能力、体育运动能力、实验操作能力等。操作能力是在操作技能的基础上发展起来的，同时也是顺利掌握操作技能的重要条件。操作能力与认知能力不能截然分开。不通过认知能力积累一定的知识和经验，就不会有操作能力的形成和发展。反过来，操作能力不发展，人的认知能力也不可能得到很好的发展。

社交能力（social ability）是人们在社会交往活动中表现出来的能力，如组织管理能力、言语感染力、沟通能力及调解纠纷、处理意外事故的能力等。这种能力对组织团体、促进人际交往和信息沟通有重要作用。

四、情绪理解、控制和利用的能力

这种能力也叫情绪智力（emotional intelligence），是近年来心理学家提出并得到广泛研究的一种智力。情绪智力包括一系列心理过程，这些过程可以概括为四个方面：①准确和适当地知觉、评价与表达情绪的能力；②运用情感促进思维的能力；③理解和分析情绪、有效地运用情绪知识的能力；④调节情绪，以促进情绪和智力发展的能力。

第三节　能力理论

能力是具有复杂结构的各种心理品质的总和。深入了解能力的本质对于合理设计能力的测量方法，科学设定能力培养的原则都有重要的意义。自 20 世纪初以来，心理学领域出现了多种能力的理论。

一、二因素论

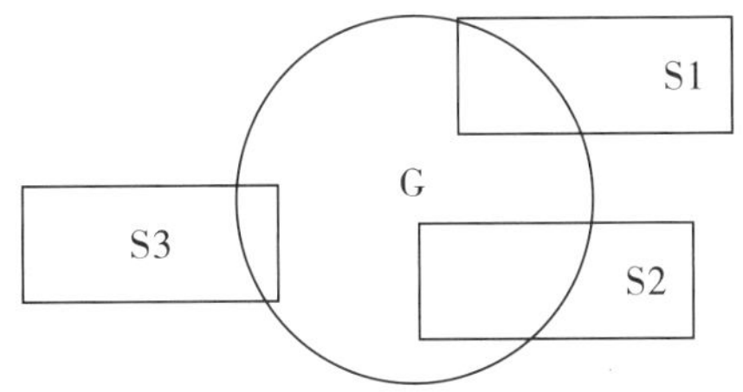

图 10－2 二因素理论模式图

1927 年英国心理学和统计学家斯皮尔曼（C. Spearman）根据人们完成智力任务时成绩的相关程度，提出能力由两种因素组成：一种是一般能力或一般因素（general factor），简称 G 因素，代表人的基本心理潜能，是决定一个人能力高低的主要因素。正是由于这种因素，人们在完成不同智力任务时，成绩才会出现某种正相关。另一种是特殊能力或特殊因素（specific factor），简称 S 因素，它是人们完成某些特定的任务或活动所必需的。许多一般因素与特殊因素结合在一起，就构成了人的能力。人们在完成任何一种任务时，都有 G 和 S 两种因素参加。活动中包含的 G 因素越多，各种任务成绩的正相关就越高；相反，包含的 S 因素越多，成绩的正相关就越低。图 10－2 是二因素理论的模式图。图中的圆圈代表 G 因素，三个长方形代表三种活动。其中第一种和第二种活动渗透了较多的 G 因素，因而测验分数的相关度较高，而第三种活动只包含少量的 G 因素，因此其测验分数与前两种的相关度很低。

二、群因素论

美国心理学家瑟斯顿突破了过去的能力理论框架，认为个体的能力应该包括多种平等的基本能力因素，这些基本能力因素的不同组合便构成每个人独特的能力整体。他采用因素分析方法，在统计了 56 个不同测验结果的基础上．提出了 7 种基本心理能力。①语词理解（verbal comprehension，V），理解语词含义的能力。②语词流畅（word fluency，W），迅速、正确地进行词义联想的能力。③数字运算（number operation，N），迅速正确进行计算的能力。④空间关系（space relation，S），方位辨别及空间关系判断的能力。⑤联想记忆（associative memory，M），机械记忆能力。⑥知觉速度（perceptual speed，P），借助知觉迅速辨别事物异同的能力。⑦一般推理（general reasoning，R），根据经验做出归纳推理的能力。

三、三维结构模型

吉尔福特认为，智力应当包括三个维度，即内容、操作和产物。

①智力活动的内容包括听觉、视觉、符号（字母、数字及其他符号）、语义（语言的意义概念）、行为（本人及别人的行为）。它们是智力活动的对象或材料。

②智力操作指智力活动的过程，它是由上述种种对象或材料引起的。其中包括认知（理解、再认），记忆（保持），发散思维（对一个问题寻找多种答案或思想），聚

合思维（对一个问题寻找最好、最适当、最普通的答案），评价（对一个人的思维品质做出某种决定）。

③智力活动的产物是指运用上述智力操作得到的结果。这些结果可以按单元计算，也可以按类别处理，还可以表现为关系、系统、转换和蕴含。

由于三个维度和多种形式的存在，人的智力可以在理论上区分为 5 ×5 ×6 = 150 种（见图10 -3）。这些不同的智力可以分别通过不同的测验来检验。

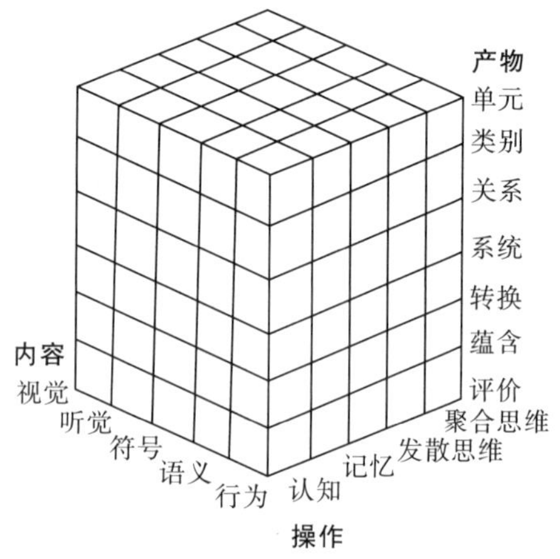

图 10 – 3　吉尔福特的智力三维结构模型①

四、多元智力理论

加德纳倡议的多元智力理论其中的证据来自于脑损伤病人，研究发现病人虽然损伤一种智力但可能根本不损伤其他智力。因此加德纳认为每一种智力都有其自身的符号系统（如数字、语言），它们之间存在着一定的独立性。加德纳还通过对有杰出才能的人物的研究来证明多种智力的存在，不同的杰出人物其杰出才能在许多不同的方面表现出来。基于此，加德纳认为智力的内涵是多元的，它由 8 种相对独立的智力成分所构成。每种智力都是一个单独的功能系统，这些系统可以相互作用，产生外显的智力行为。

①言语智力：包括阅读、写文章或小说，以及用于日常会话的能力。

②逻辑—数学智力：包括数学运算与逻辑思考的能力，如做数学证明题及逻辑推理题。

③空间智力：包括认识环境、辨别方向的能力，在头脑中形成事物景象的能力和想象它们之间关系的能力，比如查阅地图、绘画。

④音乐智力：包括对声音的辨别与韵律表达的能力，表演、创作和欣赏音乐的能力，比如拉小提琴或写一首曲子。

⑤运动智力：包括支配肢体完成精密作业的能力，控制运动和协调身体各部分动作的能力，比如打篮球、跳舞等。

⑥社交智力：包括与人交往且能和睦相处的能力，理解他人意图、情绪、动机和行动的能力，以及和他人有效合作的能力。

⑦自知智力：包括认识自己，发展令人满意的认同感，并选择自己生活方向的能力。

⑧自然智力：指的是个人理解自然、与自然建立联系和互动的能力。

---

① 彭聃龄．普通心理学［M］．5 版．北京：北京师范大学出版社，2019：416.

五、三元智力理论

美国耶鲁大学的心理学家斯腾伯格提出了三元智力理论，试图说明更为广泛的智力行为。斯腾伯格认为，大多数的智力理论是不完备的，它们只从某个特定的角度解释智力。一个完备的智力理论必须说明智力的三个方面，即智力的内在成分、智力成分与经验的关系以及智力成分的外部作用。这三个方面构成了智力成分亚理论、智力情境亚理论和智力经验亚理论。

智力成分亚理论认为，智力包括三种成分及相应的三种过程，即元成分、操作成分和知识获得成分。元成分是用于计划、控制和决策的高级执行过程，如确定问题的性质、选择解题步骤、调整解题思路、分配心理资源等；操作成分表现在任务的执行过程，指接收刺激，将信息保持在短时记忆中并进行比较，负责执行元成分的决策；知识获得成分是指获取和保存新信息的过程，负责接收新刺激，做出判断与决策以及对新信息进行编码与存储。在智力成分中，元成分起着核心作用，它决定人们解决问题时使用的策略。

智力情境亚理论认为，智力是指获得与情境拟合的心理活动。在日常生活中，智力表现为有目的地适应环境、塑造环境和选择新环境的能力，这些能力统称为情境智力。一般来说，个体总是努力适应他所处的环境，力图在个体及其所处环境之间达到一种和谐的状态。当和谐的程度低于个体的满意度时，就是不适应。当个体在一种情境中感到不能适应或不愿意适应时，他会选择能够达到的另一种和谐环境。在另一些情况下，人们会重新塑造环境以提高个体与环境之间的和谐程度，而不只是适应或选择现存的环境。

智力经验亚理论提出，智力包括两种能力：一种是处理新任务和新环境所要求的能力；另一种是信息加工过程自动化的能力。新任务是个体以前从未遇到过的问题，新情境是一种新异的、富有挑战性的环境。当遇到新问题时，有的人能够运用已有的知识和经验来解决它，有的人则束手无策；在面对新的情境时，有的人能应对自如，有的人则手足无措。任务、情境和个体三者间存在相互作用。信息加工过程自动化的能力也是智力的重要成分。人们在完成复杂任务时需要运用多种操作化的过程。只有许多操作自动化后，复杂任务才容易完成。如果个体不能有效地将一些自动化的操作运用于复杂问题的解决，信息加工就会中断，甚至使问题解决失败。斯腾伯格认为，应对新异性的能力和自动化的能力是完成复杂任务时紧密相连的两个方面。当个体初次遇到某个任务或某种情境时，应对新异性的能力开始发挥作用。在多次实践后，人们积累了对任务或情境的经验，自动化的能力才开始起作用。

第四节 能力的测量

能力作为一种心理特性，无法直接观察到，也就不能直接进行测量。但是，一个人的能力又能通过活动表现出来。因此，观察一个人在活动中的行为表现，评价活动所取得的结果，就可以对他的能力有所把握。能力与人的行为活动的这种内在联系，为间接地测量人的能力提供了客观可能性。

一、智力测验的种类

1. 单一内容的智力测验和成套智力测验

以测验内容是单一的还是多样的为标准，将智力测验分为单一内容的智力测验和成套智力测验。单一内容的智力测验主要是测量一种智力，或用一类内容代表所要测量的更为广泛的智力（如瑞文推理测验）；成套智力测验通常以多因素、多维度的智力理论为指导，包含多种内容的测量题目，共同反映智力水平和结构（如韦氏智力测验）。

2. 新生儿智力测验、婴儿智力测验、幼儿智力测验、儿童青少年智力测验、成人智力测验、老年智力测验

以智力测验适用年龄人群的不同为标准，可以将智力测验分为新生儿智力测验、婴儿智力测验、幼儿智力测验、儿童青少年智力测验、成人智力测验和老年智力测验。如韦氏学前儿童智力量表（WPPSI）适合3～7岁的儿童；韦氏儿童智力量表（WISC）适合6～16岁的儿童和青少年；韦氏成人智力量表（WAIS）适合成年人。

3. 语言文字智力测验、图形智力测验和形板智力测验

根据智力测验的任务形式不同，可以将智力测验分为语言文字智力测验、图形智力测验和形板智力测验。如瑞文推理测验就是图形作业形式的智力测验；韦氏智力量表则是运用了三种形式的智力测验。

4. 个别智力测验和团体智力测验

根据实施智力测验对象的数量，可以将智力测验分为个别智力测验和团体智力测验。如韦氏智力量表只能进行个别施测；瑞文推理测验就可团体施测（也可个别施测）。

5. 正常人群的智力测验和特殊人群的智力测验

以智力测验对象的性质为标准，可以将智力测验分为正常人群的智力测验和特殊人群的智力测验。大多数测验是针对正常人的，但一些特殊的人群，如盲人、智力落后者等也需要有适合他们的智力测验。

6. 单一文化智力测验和跨文化智力测验

以智力测验适合的不同文化背景人群为标准，可以将智力测验分为单一文化智力测验和跨文化智力测验。适合一种文化背景人群的测验不一定适合另一种文化情境的

人群。由于不同文化多体现为种族、年代或地域方面的不同，所以，智力测验的修订是解决此问题的有效途径，如 WPPSI 的中国修订版 C－WPPSI。

二、一般能力测量

一般能力测量也叫智力测验，智力测验的历史可追溯到 1882 年英国高尔顿的相关研究。而真正的智力测验出现在 1905 年，创始人为比奈和西蒙。比奈测验在预测学业成绩方面的成功，使得此类测验成为其他国家发展新兴智力测验的基础。

（一）智力年龄与比奈－西蒙智力量表

系统采用测验法研究智力的首推法国的比奈和西蒙。1904 年，比奈受法国教育部委托，研究一套测定智障儿童的方法，以便把他们从一般儿童中区分出来。比奈在西蒙的帮助下，编制了一个包括 30 个项目的测验，每个项目的难度逐渐上升，根据儿童通过项目的多少来判定智力的高低。1905 年，他们发表了《诊断异常儿童智力的新方法》，这就是著名的比奈－西蒙智力测验，这是世界上第一个智力量表。后来比奈又对量表进行了两次修订，测验题目增多，并由按难易程度排列改为按年龄组排列，所以又称为年龄量表。比奈和西蒙首次用智力年龄或心理年龄表示儿童的智力水平。智力年龄是对智力绝对水平的度量，它表明一个儿童的智力实际上达到了某个年龄的平均水平。在比奈－西蒙量表中，每个年龄组都有 6 个小项目，每个项目代表 2 个月的智力。如果一个 6 岁儿童通过 6 岁组的全部项目，又通过 7 岁组的两个项目，这个儿童的心理年龄就是 6 岁 4 个月。

（二）比率智商与斯坦福－比奈智力量表

1908 年，比奈－西蒙智力量表传入美国，用来诊断低能儿童。虽然量表能较好地鉴别低能的儿童，但智龄的大小并不能确切地说明不同年龄的儿童智力水平的差异。为克服这一缺陷，斯坦福大学的推孟建议采用智商的概念来考虑智力水平的高低。智商也叫智力商数（intelligence quotient），用 IQ 表示。智商就是智力年龄与实足年龄的比率，用以下公式表示：

$$\text{IQ}(\text{智商})=\frac{\text{MA}(\text{智力年龄})}{\text{CA}(\text{实足年龄})}\times 100$$

按照这个公式，如果一个 5 岁儿童的智龄与实际年龄都是 5 岁，那么，他的智商就是 100，说明他的智力达到 5 岁儿童的平均水平。如果他的智龄是 6 岁，他的智商就是 120。智商 100 代表了智力的一般水平。智商超过 100，就说明儿童的智力水平高；低于 100，就说明儿童的智力水平低。由于智商用智力年龄与实足年龄的比率来表示，所以，智商也叫比率智商（ratio IQ）。有了比率智商，不同年龄的儿童之间就可以相互比较智力水平了。

在我国，斯坦福－比奈量表经过陆志韦于1924年的第一次修订后，再经过两次的修订，现在已经成为当代应用最广也最具有权威的个别智力测验。

（三）离差智商和韦克斯勒智力量表

用比率智商衡量人的智力水平，是假定智力年龄随着实际年龄一起增长，但实际情况并非如此。人的实际年龄逐年增加，而智力发展到一定阶段后却稳定在一个水平上。此时，如果继续用不再增长的智力年龄与继续增长的实际年龄比，求得的IQ就会下降。因此，斯坦福－比奈量表仅适用于15岁之前的儿童。另外，斯坦福－比奈量表是对个体智力的综合测量，它只能描绘个体智力的总体水平。然而，智力不是一种单一的能力，它包含多种成分。在同一个体身上，不同的智力成分可能有不同的发展水平。针对这些问题，韦克斯勒（D. Wechsler）于1939年发表了他的第一个智力量表，此后分别编写成人智力量表、儿童智力量表和学前儿童智力量表。

韦氏量表包含了言语和操作两个分量表，可以分别测量个体的言语能力和操作能力。言语分量表包含的项目有词汇、常识、理解、回忆、发现相似性和数学推理等；操作分量表包含的项目有完成图片、排列图片、事物组合、拼凑、译码等。韦氏量表不仅可以测量出智力的一般水平（综合智力），而且可以测量出智力的不同侧面，分别得到言语智商和操作智商。

韦克斯勒还革新了智商的计算方法，把比率智商改成离差智商（deviation IQ）。提出离差智商的根据是：人的智力水平分布符合正态分布，大多数人的智力处于中等水平，其平均值IQ＝100；离平均数越远，获得该分数的人就越少；人的智商从最低到最高，变化范围很大。智商分布的标准差为15。这样，一个人的智力水平就可以用其测验分数在同龄人的测验分数分布中的相对位置来表示。公式为：

$$IQ = 100 + 15Z$$

其中 $Z = \frac{X - \overline{X}}{S}$，$Z$ 代表标准分数（standard score），X 代表个体的测验分数，$\overline{X}$ 代表团体的平均分数，S 代表团体分数的标准差。由于离差智商是对个体的智商在其同龄人中的相对位置的判断，因而不受个体增长的影响。

三、特殊能力测验和创造力测验

（一）特殊能力测验

智力测验提供了对人的一般能力的了解，但这种了解还远远不能满足社会对选拔和安置各种人才的迫切需要。在现代化的生产和生活要求下，人的社会分工越来越精细，形成了不同的实践领域，也对个体的不同特殊能力提出了要求，如机械操作能力、音乐能力、艺术能力等。使用不同的方法和手段来测验这些能力，就叫特殊能力测验。例如，通过测定一个人对音调、音响、节律的感受和分辨，可以了解他的音乐能力；通过测定视觉阅读速度和手指灵活性，可以了解一个人的打字能力；通过测定人对仪表的认读、空间定向、对仪器的理解、对物体运动速度的判断和手指的灵活性等，可以判断一个人的飞行驾驶能力；通过测定一个人在调度、安排、意外处理、判断决策方面的表现，可以了解他的管理能力；等等。可见，测定特殊能力同样要对某种能力的结构成分做出正确的分析，然后采取适当的手段来进行度量。例如，西肖尔（Seashore）编制的音乐能力测验，就是依据对音乐能力的分析编制的。西肖尔设计了五方面的测验项目，分别测量辨别不同音强、音高的能力，测量时间、和谐、记忆、节律方面的能力。在西肖尔编制音乐能力测验之后，一些包含更复杂的音乐内容的测验也随之发展起来。

特殊能力测验具有较强的针对性，因而对职业定向指导、安置和选拔从业人员等具有重要意义。

（二）创造力测验

在进行一般能力（智力）的测量时，人们相继发现，在智商较高的人群中，智力和创造力之间几乎没有关系。这表明创造力不等于智力，因而编制创造力测验也就成为必要的工作。创造力测验与智力测验的区别主要是：智力测验有固定的答案，测量的结果主要反映个人的记忆、理解和一般推理能力；创造力测验不强调对现成知识的记忆理解，而强调思维的流畅性、变通性与超乎寻常的独特性，问题的答案也非唯一的和固定的。例如，华莱奇和科甘（Wallach & Kogan）用一系列的测验测量儿童思维的流畅性：①尽量说出几种常见东西的用途，如鞋子、软木塞等；②尽量说出一对物体相似的地方，如火车与拖拉机、马铃薯与胡萝卜等；③尽量列举一个抽象范畴所包含的各种实例，如圆形的东西有水珠、皮球、碗等；④在看到某个抽象的图形或线条画时，尽量说出你想到的意义。研究者记录了儿童做出的反应数量和具有创造性的反应数量。通过这两方面的测验，人们就可以了解儿童思维的流畅性与独特性。

许多研究表明，智商与创造力分数之间的相关较低，但存在正相关。也有研究认为，智商与创造力之间的相关是由创造力测验的性质决定的，某种创造力可能要求较高的智力，而另一些创造力又可能与智力相关不高。比较一致的看法是高智商并不能保证高度的创造力，而低智商的人肯定在创造力的测验上得分低。

拓展阅读

如何才能变得更富创造性[①]

在研究者测量创造力时，总会有一些人的表现优于他人（Runco，2007）。但是，这并不意味着创造力不可提升。事实上，研究者已经开始证明环境是如何对个体的创造性产物的质量产生重大影响的。下面我们将描述三项提升人们

① 格里格，津巴多．心理学与生活：第 19 版［M］．王垒，等译．北京：人民邮电出版社，2016：302.

创造力的研究。在阅读每项研究时，想一想在你自己的日常生活中可以如何运用这些研究发现。

在第一项研究中，研究者证明多元文化体验对学生的创造力有积极影响（Leung et al.，2008）。研究者推断，接触另一种文化会为个体注入各种“陌生观点”，这些观点的来源、地点以及整合方式都是个体之前所不熟悉的。然而，研究者并没有将实验参与者送到国外来证明文化的影响。相反，他们让参与者观看45分钟的幻灯片，不同组观看不同版本。其中一个版本只针对中国文化（这是参与者不熟悉的），另一个版本则同时呈现中国和美国文化。观看完幻灯片后，要求参与者尝试创作一个新版的灰姑娘的故事。研究结果显示，观看第二个版本幻灯片的参与者所创作的故事创造性整体较高。由此得出结论，提升创造力的关键在于让学生同时体验两种文化。

另一项研究对比了人们对近期和远期未来的想法，提升创造力的第二种方法即源于该研究（Forster et al.，2004）。假设我们问你：你会怎样计划明天的聚会，又会怎样计划一年后的一次聚会？对于不久的将来，你可能会关注一些具体的细节；而在考虑遥远的未来时，你的想法可能会更抽象。当你在考虑一次聚会计划时，是否经历了从具体到抽象的转变？研究者预期，通过引导参与者以更抽象的方式来思考问题，可以提升他们的创造性。为了验证这一假设，研究者在实验初期促使参与者形成关于近期和远期未来的观点。他们要求参与者用两分钟想象“明天”和“一年后”的生活。在短暂间隔后，要求他们对以下情境做出反应：“米勒太太喜欢养花种草，请你尽可能多地帮她想出能进一步美化房间的创造性方法”。结果显示，想象一年后生活的参与者对情境的反应总体来说更富创造性。

提升创造力的第三种方法关注人们如何思考“事情可能会是什么样的”（Markman et al.，2007）。当人们回忆往事时，经常会用与事实相反的方式来思考（例如，“如果当初我早出发几分钟，就不会碰到那场交通大堵车了”）。有些反事实是加法的，因为这类反事实为曾经发生的消极后果提供了更多可能的措施（例如，“如果我当初……，结果可能会更好”）；而另一些反事实则是减法的，因为这类反事实编码的行为范围更窄（例如，“如果我当初不……，结果可能比现在要好”）。研究者要求参与者对自己过去发生的消极事件分别按照加法或减法方式来建构反事实。研究者推断，“加法式反事实在重构现实时加入了新的元素，能够激发更开阔的加工风格，从而促进创造性产品的生成。事实上，与构建减法式反事实的参与者相比，构建加法式反事实的参与者产生了更多的短期创造性行为（例如，对于一块砖的新颖用途，他们能够给出更多答案）。

第五节　能力的发展与影响因素

一、智力发展的一般趋势

智力是随着年龄的增长而变化的。美国心理学家贝利（Bayley）用贝利婴儿量表、斯坦福-比纳智力量表和韦氏成人智力量表等为工具，对同一群被试从其出生开始做了长达36年的追踪测量，把测得的分数转化为可以互相比较的“心理能力分数”，绘制成智力发展曲线。研究表明，智力在11、12岁以前是快速发展的，其后发展放缓，到20岁前后达到了顶峰，随后即保持一个相当长的水平直至30多岁，之后开始出现衰退迹象。另有研究者（Schaie & Strother）根据5种主要能力对成人进行测量，发现一般人的智力到35岁左右发展到顶峰，之后缓慢下降，到60岁左右迅速衰退。另外，智力优异者不仅发展速度快，而且持续发展的时间也长；而智力落后有不仅发展缓慢，并且有提前停止发展的倾向。不过，以上所述只是智力发展的一般趋势，实际上个体在智力表现的早晚及智力结构等方面的差异都是很显著的。

智力不仅作为整体而发展，而且智力中的各成分也分别在发展，并且发展速度并不完全同步。瑟斯顿考察了不同智力因素的发展情况，发现发展速度各不相同。例如，12岁时知觉速度已发展到成人水平的80%，而推理能力、词的理解力和词语运用能力等则要到14岁、18岁和20岁以后才分别达到同一水平。此外，对液态智力和晶态智力的发展研究表明，液态智力在中年以后开始下降，而晶态智力则在人的一生中都有稳定上升的趋向。

创造力的表现与智力不同。一般认为，创造力的发挥主要在30~40岁这一年龄阶段，同时还因从事的领域而有差异：化学是26~30岁，诗歌是25~28岁，数学、物理学是30~40岁，心理学是30~39岁，技术发明是30~40岁，管弦乐、歌剧作曲是35~39岁，绘画是35~39岁，而创作长篇小说是40~44岁。有人统计了1901—1965年间诺贝尔物理学奖和化学奖获得者的年龄，发现物理学奖集中在45~49岁，化学奖集中在50~54岁，大部分人是在40~50岁得奖。还有研究认为，科学家创造力的发挥有两个高峰期：第一个高峰期在30~40岁，第二个高峰期出现在55岁左右。

二、影响智力形成和发展的因素

目前心理学家一致认为，能力是在人的遗传素质的基础上，通过后天的环境影响、教育和实践活动逐渐形成和发展的。

（一）遗传的作用

遗传（heredity）是指生物将自己的形态结构和生理特征相对稳定地传给后代的现

象。人通过遗传继承的、生来就具有的解剖生理特点叫遗传素质（hereditary predisposition），如个人的感觉器官、运动器官、神经系统的结构形态及机能特点。其中，神经系统的结构与机能特征对人的能力发展具有重要影响。遗传素质是个体能力发展的物质基础和生物学前提，没有这个基础和前提，个体的能力发展就不可能实现。

研究结果表明，血缘关系接近的人在智力发展水平上确实相近。同卵双生子之间的智力相关高于异卵双生子之间和同胞兄弟姐妹之间，生父母与子女的智力相关高于养父母与养子女的智力相关，无血缘关系的人的智力相关很低。而且，在不同环境下长大的同卵双生子，智力相关仍然很高。对 10 000 名双生子的研究显示，在一起抚养的同卵双生子的智力测验分数，酷似对同一个人在同一测验上施测了两次。这说明，遗传因素对智力发展的确具有重要作用。有研究者估计，青少年和成人有 50% ~75% 的智力变异归之于遗传。当然，这些材料同样也表明，在同一环境中生活者，他们的智力相关都比在不同环境中生活者的智力相关高一些。即使没有血缘关系的人（如养父母与子女），由于生活在同一环境中，他们的智力也有一定相关。这说明在智力发展过程中，环境的作用也很重要。

（二）环境和教育对能力形成的影响

1. 产前环境的影响

胎儿在出生之前生活在母体中，这种环境对胎儿的生长发育以及出生后智力的发展都有重要的影响。许多研究发现，母亲怀孕的年龄常常影响儿童智力的正常发展。以唐氏综合征的发病率为例，母亲年龄低于 29 岁的，其发病率只有 1/3 000；而母亲怀孕年龄为 45 ~49 岁的，其发病率为 1/40。这种儿童的脑袋小而圆，眼睛向外、向上斜，鼻梁翘，嘴巴小，嘴角向下，舌头突出在外，他们的智力大部分低下。唐氏综合征不是遗传病，而是母体内的卵子长期暴露在体内环境中受损害，因而出现额外染色体的结果。产前环境还包括母亲用药、患病等因素。例如，怀孕期间服用致幻剂（LSD），能造成染色体受损，使胎儿发育受到影响。怀孕期间母体营养不良，不仅会严重影响胎儿脑细胞数量的增加，而且还会造成流产、死胎等现象。营养不良发生的时间越早，对婴儿的影响也就越严重。用动物做的实验还表明，缺乏维生素 C 、维生素 D，会影响胎儿的生长速度，引起肢体缺陷和学习能力降低等现象。

2. 早期经验的作用

从出生到青少年这一时期，是个人成长发育的时期，也是能力发展的重要时期。儿童身体发育的资料表明，人的神经系统在出生后的前四年获得迅速发展，为能力的发展提供了物质基础。发展能力要重视早期环境的作用，这已为越来越多的事实所证明。由动物抚育的人的孩子能力发展明显落后，这已是大家熟知的事实。人们发现，孩子落入动物环境的时间越早，智力发展受到的损害就越严重。这种孩子即使回到人类社会，也难以发展到正常人的智力水平。在一些国家，孩子进入育婴院后，因其教育条件很差，孩子往往失去与他人进行社会交际的机会，在这种环境中长大的孩子的智力一般要比在正常环境中长大的孩子差些。某些实验研究表明，丰富的环境刺激有利于孩子能力的发展。孩子出生后，如果睡在有花纹的床单上，床上吊着会转动的音乐玩具，使他们仰卧时能自由地观察这一切，那么两星期后，他们就会试着用手抓东西。而对于没有提供类似刺激的孩子，这种动作要 5 个月时才出现。研究还发现，缺乏母亲抚爱的孩子，可能出现智力发展的问题。有安全感的孩子喜欢探索环境，而探索环境正是能力发展的重要条件。

3. 学校教育的作用

学校教育能够对年青一代施加有目的、有计划、有组织的影响。学生通过系统地教育，不仅要掌握知识和技能，而且要发展能力和其他心理品质。对儿童和青少年来说，发展能力是与系统学习和掌握知识、技能分不开的。在学校中，课堂教学的有效组织有利于学生能力的发展。经过长期训练，学生的思维和言语能力都能得到明显提高。“严师出高徒”正体现了教育和训练对能力发展的意义。

（三）实践活动的影响

人的各种能力是在社会实践活动中最终形成起来的。离开了实践活动，即使有良好的素质、环境和教育，能力也难以形成和发展起来。例如，长期从事管理工作的人的组织领导能力得到发展，他们善于观察群众的情绪和思想动向，善于处理各种人际关系，善于在纷繁复杂的情况下做出正确的决策。整天和漆油打交道的油漆工人辨别漆色的能力得到高度发展，他们能分辨的颜色达到四五百种。这些都说明长年累月、坚持不懈地参加某种社会实践，相应的能力就能得到高度发展。

（四）人的主观能动性的影响

能力的提高离不开人的主观努力，即人的自觉能动性。一个人刻苦努力、积极向上，具有广泛的兴趣和强烈的求知欲，他的能力就可能得到发展。相反，一个人无所用心，工作上没要求，事业上无大志，对周围的一切事物态度冷淡、没兴趣，他的能力就不可能有较好的发展。因此，人的能力发展是与其他心理品质的发展分不开的。当人们迷恋自己的工作，热爱自己的事业，对工作热情洋溢时，会给能力的发展提供巨大的动力。坚强的意志对能力的发展也有重要意义。一些人的成功正是由于他们具有高于常人的天分，具有坚强的意志品质，拥有明确的目的性、果断性、自制力、独立性与顽强性。能力的发展还依赖于自我分析与自我评价的能力。一个人善于进行自我评价，才能及时发现自己的优点和弱点，并通过自己的努力提高自己，使能力朝向确定的目标发展。

能力的形成与发展依赖于多种因素的交互作用，虽然各种影响因素在决定能力高低与发展历程中所占比重无法精确估算，但有一点是不可否定的，即遗传、环境和主观努力在能力发展中的作用是缺一不可的。

思考与实践

1. 简述能力的概念、能力与知识技能的关系。
2. 简述能力的种类和能力的理论。
3. 简述能力的测量。
4. 能力的发展与影响因素有哪些？如何提高能力？

参考文献

［1］格里格，津巴多. 心理学与生活：第19版［M］. 王垒，等译. 北京：人民邮电出版社，2016.

［2］付建中. 普通心理学［M］. 2版. 北京：清华大学出版社，2017.

［3］梁宁建. 心理学导论［M］. 上海：华东师范大学出版社，2013.

［4］索尔所，麦克林 O H，麦克林 M K. 认知心理学：第8版［M］. 邵志芳，等译. 上海：上海人民出版社，2018.

［5］莫雷. 心理学［M］. 广州：广东高等教育出版社，2000.

［6］彭聃龄. 普通心理学［M］. 5版. 北京：北京师范大学出版社，2019.

［7］伍德 S E，伍德 E G，博伊德. 心理学的世界［M］. 赵晴，译. 重庆：重庆大学出版社，2019.

［8］邵志芳. 认知心理学：理论、实验和应用［M］. 3版. 上海：上海教育出版社，2019.

［9］叶奕乾，何存道，梁宁建. 普通心理学［M］. 6版. 上海：华东师范大学出版社，2020.

［10］张厚粲. 心理学［M］. 北京：高等教育出版社，2015.

［11］张积家. 普通心理学［M］. 北京：中国人民大学出版社，2015.

［12］张旭东，郑剑虹，李炳全. 心理学概论［M］. 3版. 北京：科学出版社，2020.

［13］张卫，刘学兰，许思安，等. 心理学［M］. 北京：高等教育出版社，2019.

［14］庄妍，唐荣，钱兵，等. 心理学原理与教育［M］. 徐州：中国矿业大学出版社，2016.

［15］FÖRSTER J，FRIEDMAN R S，LIBERMAN N. Temporal construal effects on abstract and concrete thinking：consequences for insight and creative cognition［J］. Journal of personality and social psychology，2004，87（2）：177－189.

[16] LEUNG A K Y, MADDUX W W, GALINSKY A D, et al. Multicultural experience enhances creativity: the when and how [J]. American psychologist, 2008, 63 (3): 169-181.

[17] MARKMAN K D, LINDBERG M J, KRAY L J, et al. Implications of counterfactual structure for creative generation and analytic problem solving [J]. Personality and social psychology bulletin, 2007, 33 (3): 312-324.

第十一章 人 格

学习目标

1. 掌握人格的概念与特性；
2. 掌握人格理论；
3. 了解人格的测评方法；
4. 了解人格的影响因素。

章节提要

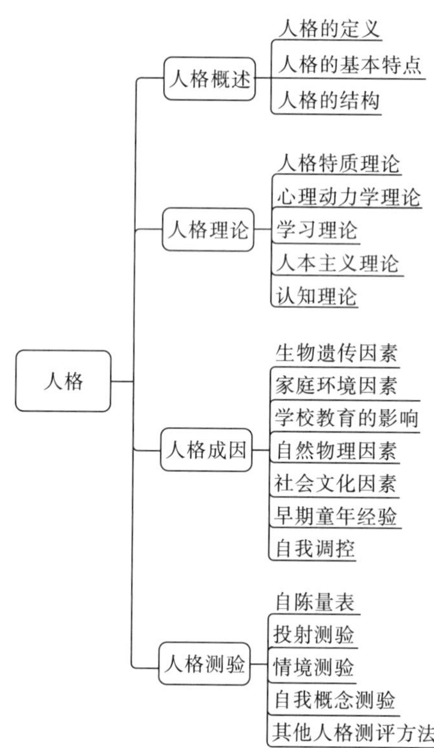

第一节　人格概述

一、人格的定义

人格这个词最早从英文“personality”① 一词翻译而来，它是指人（person）的显著性格、特征、态度或习惯的有机结合。在对人格这个概念进行定义的时候，应该从两个方面来进行：一个是外在人格，就是被他人知觉和描述的方面；另一个是内在人格，探讨一些内在因素，解释为何会被人认为是这样的原因。这二者各不相同，但又都十分重要。

综合以上可以看出，“人格”是一个事实性的概念，而不是一个评价性的概念。人格与感知、记忆、思维、情绪、智力等一样，也是人类自身的一部分，但人格心理学是将完整的人作为研究对象，而不仅仅是研究人的某一种心理或行为。

在心理学中，人格是探讨完整个体与个体差异的领域。心理学家们从许多角度对人格进行了定义（见表 11－1），但由于各自研究取向不同，导致对人格的看法存在很大的差异。

表 11－1　国内外不同心理学家对人格的定义②

心理学者	提出时间	定义
奥尔波特（Gordon Allport）	1937	人格是一个人内在的动力组织，决定着个人对其环境独特的适应
布朗芬布伦纳（Urie Bronfenbrenner）	1951	人格是对个体环境（包括其自身）的实际方面或感知方面的体验、分辨或操纵的相对持久的倾向系统
桑福德（Edmund Clark Sanford）	1963	人格是一个由各个部分或元素组成的有机整体，因其内部活动而从环境中脱离开来
卡特尔（Raymond Bernard Cattell）	1965	人格是一种倾向，可借以预测一个人在给定情境中的行为，它是与个体的外显和内隐的行为联系在一起的
拉扎勒斯（Richard Stanley Lazarus）	1979	人格是稳定的心理结构和过程，它组织人的经验，形成人的行为和对环境的反应

① 我们通常将 emotionality、sociality、individuality、speciality 等词分别翻译为情绪性、交际性、个体性、特殊性等，以此类推，personality 也可译为“人性”。

② 朱从书．心理学［M］．杭州：浙江大学出版社，2015：183．

续上表

心理学者	提出时间	定义
伯杰 (Jonah Berger)	1997	人格是稳定的行为方式和发生在个体身上的认知过程
黄希庭	1998	人格是个体在行为上的内部倾向，表现为个体适应环境时在能力、情绪、需要、动机、兴趣、价值观、气质、性格和体质等方面的整合，是具有动力一致性和连续性的自我
珀文 (Lawrence A. Pervin)	2001	人格是认知、情感和行为的复杂组织，它赋予个人生活的倾向和模式
彭聃龄	2003	人格是构成一个人的思想、情感及行为的特有模式，这个独特模式包含了个人区别于他人的稳定而统一的心理品质
郭永玉	2005	人格是个人在各种交互作用过程中形成的内在动力组织和相应行为模式的统一体

由表 11 -1 可以看出，尽管心理学家各自的表述不一致，但综合各家的看法，其中两个基本概念是一致的：人格是构成一个人的思想、情感及行为的独特模式。这个独特的模式包含了一个人区别于他人的稳定而统一的心理品质，即人格决定个体的外显行为和内隐行为，使其与他人行为有稳定区别的综合心理特征。

二、人格的基本特点

虽然人格的内涵非常丰富且多种多样，但人格的基本特点却是众多心理学家公认的。

1. 整体性与独特性

人格作为一种个体稳定的行为方式，通常包含比如认知、情感、行为、态度等多种特质。它们并非孤立地存在于个体中，而是一个紧密联系的有机整体。例如一个活泼开朗的人变得沉郁寡言，同时也会导致情绪、认知等各方面的改变，即整个人的变化。此外，人与人之间由于遗传和环境的交互作用影响，在心理和行为特征上存在着差异。即使是具有相同的个别特征的个体，他们的整体人格也不可能是相同的。

2. 稳定性与可变性

人格结构由不同的人格特征组成，所表现出的行为始终如一，这种结构也相对稳定。人格无论在跨时间或跨情境中均表现出连续性和一致性，即一个人的思想、情感和行为在不同的时间和情境里是连贯的、类似的、一致的，这就是人格的稳定性。例如，一个人过去和现在都善于交际，我们也会预料这个人未来也会很善于交际，不管是在工作单位还是生活中不同情境下都善于交际。虽然说人格具有稳定性，但人格也会因生理成熟和环境的变化发生改变，人格特质也会随之改变。随着人生理的成熟和环境的改变，个体的人格特征也会产生或多或少的变化。

3．动机性与适应性

人格支撑着个体的行为，使人倾向或避免某种行为，寻找或躲开某些刺激，它也是构成人的内在驱动力的一个重要方面，这种驱动力与情绪无关，是外部的刺激通过人格“折射”引导个体的行为，致使行为带有个体人格倾向的烙印。人格的这种驱动力也反映人格对人的行为活动具有适应性的品质。

4．自然性和社会性

人格不是孤立存在的，它具备人的自然属性和社会文化价值。一方面，人格以个体的神经活动特点为基础，神经活动特点影响着人格特点的形成与发展。例如，神经活动弱型的人，人格特点也往往是细心、体贴，但却很难形成勇敢、刚毅的人格特点。另一方面，在个体的成长过程中人格又受到社会文化、经济基础、教育教养内容和方式等的影响，人格的本质就是其社会性。例如，同一国家或同一文化的人，由于相似的生活环境、风俗习惯、道德观念从而形成某些共同的人格特点。

三、人格的结构

人格是由不同成分构成的一个复杂的结构系统，心理学家对人格结构的认识也不同，主要有广义和狭义的人格结构观。广义的人格结构观认为，人格包括两个方面：一是人格倾向性，包括需要、动机、兴趣、理想、信念、价值观和世界观等，二是人格心理特征，包括能力、气质和性格等。狭义的人格结构观则认为，人格结构由气质、性格、认知方式和自我调控等心理现象构成[①]。综合目前西方心理学对人格的看法，人格主要由气质、性格、自我调控等组成。

（一）性格和气质

1．性格

性格（character）是个人对现实稳定的态度和习惯化的行为方式。性格是一种与社会关系最为密切的人格特征，许多性格特征具有社会评价意义。

性格也具有一定的结构，一般认为，性格包括四方面的特征。

（1）性格的态度特征。指个体对现实的态度方面的性格特征，如对人、对事和对己的态度，如严谨、自信、谦虚等。

（2）性格的理智特征。指在认知和智力方面的一些特点，如人的认知风格。

（3）性格的情绪特征。指情绪对活动的影响以及对情绪控制方面的特征，主要表现在情绪活动的强度、稳定性、持久性和主导心境上。如，林黛玉情绪大多较悲观，阿Q的主导心境较为乐观。

---

① 王金道．大学心理学［M］．北京：中国人民大学出版社，2010：177.

（4）性格的意志特征。指对行为进行自觉调整方面的特征，主要包括自觉性、果断性、坚持性和自制性等方面的特征。

性格是在社会生活中逐渐形成的，同时也受生物学因素的影响，是最核心的人格差异。性格有好坏之分，能最直接地反映出一个人的道德风貌。

2. 气质

（1）气质的含义。

气质（temperament）是表现在心理活动的强度、速度、灵活性与指向性等方面的一种稳定的心理特征。人的气质差异是先天形成的，受神经系统活动过程的特性制约。不同于性格，人一出生就表现出稳定的气质差异，这种气质差异体现了心理活动的动力特征，一生中少有改变。

（2）气质的学说。

①体液说。

古希腊著名医生希波克拉底（Hippocrates）最早对气质现象进行研究，认为人有四种体液：血液、黄胆汁、黏液、黑胆汁，人的气质差异是由这四种体液配合的不同比例形成的，并可以按四种体液在人体中的不同配合，把气质分为多血质、胆汁质、黏液质、抑郁质，其特征具体见表 11－2。公元 2 世纪，古罗马医生盖伦在希波克拉底的基础上首次使用了气质这个概念。近代生理学的研究发现这个理论是缺乏科学依据的，但由于这种分类具有较好的代表性，故一直沿用至今。

表 11－2　四种气质类型的特征

气质类型	气质特征	代表人物
多血质 （sanguine temperament）	灵活性高，易于适应环境变化，善于交际，在工作、学习中精力充沛而且效率高；对什么都感兴趣，但情感兴趣易于变化；有些投机取巧，易骄傲，受不了一成不变的生活	韦小宝、孙悟空、王熙凤
胆汁质 （choleric temperament）	情绪易激动，反应迅速，行动敏捷，暴躁而有力；性急，有一种强烈而迅速燃烧的热情，不能自制；在克服困难上有坚忍不拔的劲头，但不善于考虑能否做到；工作有明显的周期性，能以极大的热情投身于事业，也准备克服且正在克服通向目标的重重困难和障碍，但当精力消耗殆尽时，便失去信心，情绪顿时转为沮丧而一事无成	张飞、李逵、晴雯
黏液质 （phlegmatic temperament）	反应比较缓慢，坚持而稳健地辛勤工作；动作缓慢而沉着，能克制冲动，严格恪守既定的工作制度和生活秩序；情绪不易激动，也不易流露感情；自制力强，不爱显露自己的才能；固定性有余而灵活性不足	鲁迅、薛宝钗

续上表

气质类型	气质特征	代表人物
抑郁质 （melancholic temperament）	高度的情绪易感性，主观上把很弱的刺激当作强作用来感受，常为微不足道的原因而动感情，且有力持久；行动表现上迟缓，有些孤僻；遇到困难时优柔寡断，面临危险时极度恐惧	林黛玉

②高级神经活动类型学说。

俄国生理学家巴甫洛夫创立了高级神经活动类型学说。他研究发现不同的高级神经活动的兴奋和抑制过程有独特的、稳定的结合，从而构成不同的高级神经活动类型。高级神经活动具有三个基本特性：兴奋和抑制的强度、兴奋和抑制过程的平衡性、兴奋和抑制过程的灵活性。巴甫洛夫根据这三种特性的独特结合，把动物高级神经系统活动划分成四种类型（见表 11－3）。

表 11－3 高级神经活动类型与气质类型对照表

<table>
<tr><th colspan="3">神经活动特点</th><th rowspan="2">神经活动类型</th><th rowspan="2">气质类型</th></tr>
<tr><th>强度</th><th>平衡性</th><th>灵活性</th></tr>
<tr><td rowspan="3">强</td><td>不平衡</td><td></td><td>兴奋型（不可遏制型）</td><td>胆汁质</td></tr>
<tr><td rowspan="2">平衡</td><td>灵活性高</td><td>活泼型（灵活型）</td><td>多血质</td></tr>
<tr><td>灵活性低</td><td>安静型（不灵活型）</td><td>黏液质</td></tr>
<tr><td>弱</td><td>不平衡</td><td>不灵活</td><td>弱型（抑郁型）</td><td>抑郁质</td></tr>
</table>

（3）对气质的评价。

气质是人的天性，无好坏之分。它不能决定一个人的社会价值和个人成就，也不直接具有社会道德评价含义，但气质的确会给人的活动涂上一层个人色彩，使他们完成活动的动力特点不同。气质还影响人的职业适应性，因而选择职业和用人时要考虑人的气质特点。

3. 性格与气质的关系

气质和性格属于不同的人格特征，它们之间的关系如图 11－1 所示。

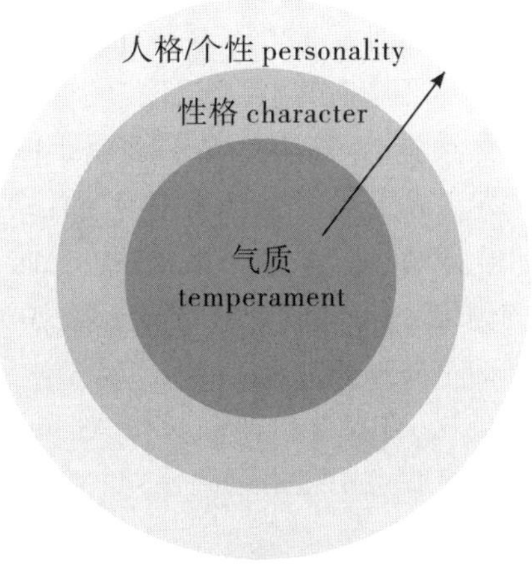

图 11－1 性格与气质的关系

它们之间的区别表现在下面几个方面。

第一，从起源上看，气质是先天的，性格则是在后天影响下形成的，性格反映了人的社会性。也因此，气质的变化较难、较缓慢，可塑性较小；而性格的可塑性较大，环境对性格的塑造作用非常明显。

第二，气质反映的是人的心理活动的动力特征，无好坏善恶之分。性格主要反映人的社会本质，表现为人与社会环境的关系，有好坏善恶之分。

第三，决定人的行为举止时，性格具有核心意义，而气质只具有从属意义。

但同时，人格中的气质和性格又是密切联系的，气质与性格同属人格特征，二者互相渗透、互相制约。气质对性格的影响表现在以下两方面。

一方面，气质对性格形成有一定的影响。例如，婴儿的气质特征会影响父母对婴儿的态度和行为。气质还用自己的动力方式，渲染性格特征，使其具有独特的色彩。同样是自信大方的性格特征，有些人情感表露于外，有些人则沉着内敛。此外，气质还会影响性格特征形成或改造的速度。例如，胆汁质的人需要付出极大努力和克制才能形成自制力；而抑郁质的人则不需要特别努力就可以形成。

另一方面，性格对气质也会产生一定的影响，可以在一定程度上掩盖或改变气质，使它服从于生活实践的要求。例如，侦察兵必须具备冷静沉着、机智勇敢等性格特征。因此，胆汁质的士兵在严格的军事训练中会改变其易冲动的气质特征。

总之，性格和气质既有明显的差异，又是密切联系的。我们不能单一排除气质或性格来看待人格特质。

（二）自我调控系统

我们常会想到这些问题："我是一个怎样的人？""别人会如何评价我？""我是否能完成这项工作？"这些其实都是自我意识。自我，也是人格的重要构成因素。

1. 自我的概念

自我或自我意识（self-consciousness），是指个体对自己的各种身心状态的认识、体验和愿望，以及对自己与周围环境之间关系的认识、体验和愿望。

自我概念的内容包括现实自我、投射自我和理想自我三个方面。

现实自我是个体本身对现实中自我的各种特征的认识，包括心理状态、心理品质、个体与环境中的事物和任务的关系等的认识、体验。现实自我主观性强，是自我概念中最重要的内容。投射自我是个体所认为的他人对自己的认识，这与显示自我存在着一定差距。当个体自我评价与社会的评价不一致时，便会与周围人的关系失去平衡，产生矛盾，从而丧失安全感。长此下去，就会导致个体自满或自卑，不利于个体心理的健康。理想自我是个体从自己立场出发构建将来要达到的理想标准，它是一个人发展的重要参照标准。

2. 自我意识的表现形式

自我意识是由自我认知、自我体验和自我控制三种心理成分整合起来的复杂的心理现象。

（1）自我认知。

自我认知（self-cognition）包括自我认知和自我评价，是主我对客我的认知和评价。自我认知是对自己身心特征的认识；自我评价是在自我认知的基础上对自己做出的某种判断，体现出自我认知发展的水平，也是自我意识的核心。

个体能在对自我进行客观的认知基础上做出正确的自我评价，对于个人的心理、生活、行为表现及协调与社会及他人之间的关系，都具有重要作用。如果一个人盲目自信，就容易自我为是；一个人轻视自己，就会自卑。但是具备客观的自我认知和正确的自我评价是一个极为复杂的过程，是个体通过对自己的价值和他人的能力及条件的比较实现的，这还会受到自身的需要、愿望、动机等心理因素的影响。

（2）自我体验。

自我体验（self-experience）是在自我评价的基础上，个体对评价结果是否符合自己的需要所产生的一种情感体验，即主我对客我所持有的一种态度，主要涉及“对自己是否满意、是否悦纳自己”等问题。当客我满足了主我的要求，就会产生积极肯定的自我体验，如自我满足、自爱、自尊、自信、优越感；反之亦然。如何恰当地处理自我体验，对个体的身心发展具有重大的意义。

（3）自我控制。

自我控制（self-control）是自我意识在行为上的表现，即在自我认识和自我体验指导下，个体对自己的心理行为进行自觉的调节、控制，反映了自我意识在改造主体和主客体相互关系中的能动作用，主要涉及“我应当成为一个怎样的人”“怎样改变现状来成为理想中的我”等问题。自我控制集中体现了个体能否控制自己的心理和行为，自我控制主要有发动作用（如每天坚持早上背单词）和制止作用（如克制自己不玩手机）。

第二节　人格理论

一、人格特质理论

通过观察外显的行为特质为基础建构的人格理论就是人格特质理论。所谓人格特质（personality trait），是指个体在不同时间和情境中保持行为稳定的持久的心理品质，表现为个体稳定的、能反映其人格特征的行为倾向，例如和蔼、易怒、直爽等。人格是由许多不同特质构成的整体，了解一个人的人格特质，就能够预测其行为反应。人格特质理论主要代表有奥尔波特、卡特尔和艾森克等人。

（一）奥尔波特的特质理论

美国心理学家奥尔波特（Gordon Willard Allport）是人格特质理论的创始人。他认为，人格的基本构成单位“特质”（trait）是“一种概括化的和聚焦的神经生理系统，它具有使许多刺激在机能上等值的能力，具有激活和引导适应性和表现性行为一致的形式”。以羞怯特质对不同情境刺激产生的机能等值反应为例，从图11－2可以看出，人格物质在时间上和空间上决定着个体诸行为。

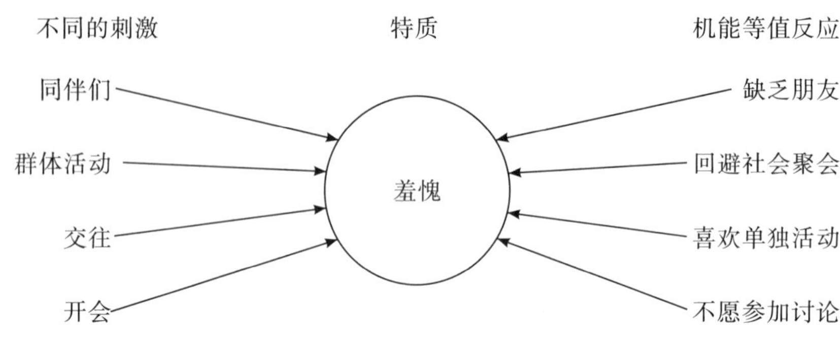

图 11－2 羞怯特质对不同情境刺激产生的机能等值反应①

奥尔波特对人格特质进行了区分。他将特质分为共同特质和个人特质（见图 11－3）。共同特质（common trait）是指在同一文化形态下的群体所共有的特质，它们是在共同生活方式下形成的，并普遍地存在于每个人身上。个人特质（individual trait）是指代表某特定个体所具有的那些特质，并存在于个体身上，表现出个人独具的人格倾向。他还将个人特质划分为三个部分。

（1）首要特质（cardinal trait）：指影响个人一切行为的人格特质，这种特质不但影响个体的言行与思想，甚至主宰他的信仰与生命。主要特质并非人人都具有，例如历史留名的诸葛亮、岳飞、秦桧就具有这种特殊的主要特质。

（2）中心特质（central trait）：指代表个人性格的几方面的特征，是构成人格特质的核心部分。例如乐观、自私、勤奋这些都是中心特质。这也是最能说明个体性格的特质。

（3）次要特质（secondary trait）：指代表个人只有在某些情境下表现的性格特征。例如那些在亲近的人面前谈天说地，却在人群中寡言少语的人，那么寡言少语就是他的次要特质，并不足以代表整个人格。

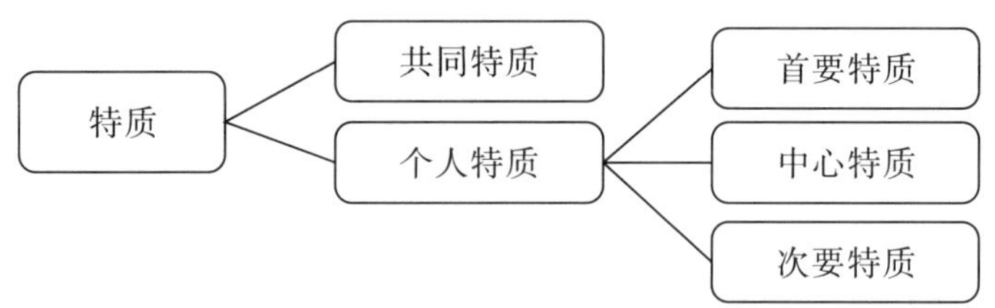

图 11－3 奥尔波特人格特质结构图

① 梁宁建．心理学导论［M］．上海：上海教育出版社，2006：517.

拓展阅读 1

奥尔波特判断个体人格成熟的六个标准

奥尔波特认为，成熟人格具有一个发展过程，判断个体人格是否健康和成熟具有六个标准：自我扩展能力、与他人的交往能力、自我接纳能力与安全感、实际的现实知觉、自我客观化和统一的人生哲学，具体见表 11－4。

表 11－4 奥尔波特判断个体人格成熟的六个标准

标准	解释
自我扩展能力	具有健康成熟人格特质的人，经常参加超越自己的各种不同的活动，不仅关心自己的状况，而且也时时关注他人的利益和状况
与他人交往能力	具有健康成熟人格特质的人，能够与他人保持亲密的关系，不会侵犯他人的隐私和权利，不会抱怨、指责和讽刺他人，富有同情心，并能够理解与自己不相一致的价值观念，看法和信仰
自我接纳能力与安全感	具有健康成熟人格特质的人，能够接受自己，安全感强并拥有较高的挫折容忍力，不冲动行事，当自己有过错时，不归咎于他人，尤其具有积极的自我意象，并能够经受一切不幸的遭遇
实际的现实知觉	具有健康成熟人格特质的人，能够真实地看待周围环境的各种事物，不歪曲所面对的事物，能够有效地运用解决问题的各种必需的知识技能，进行忘我的工作，以问题为中心而不是以自我为中心
自我客观化	具有健康成熟人格特质的人，能够客观地看待自己和了解自己，既能够洞察自己在某些方面的不足，具有幽默感，而且也能够看出现实生活中的某些荒谬而不为其所动，具有实事求是精神
统一的人生哲学	具有健康成熟人格特质的人，能够遵循并沿着经过选择的目标前进，并具有自己的主见和清晰的自我意向，以及指导自己行动的标准

（二）卡特尔的人格特质理论

雷蒙德·卡特尔（R. B. Cattell）用因素分析法对人格特质进行了分析，提出了一个基于人格特质的四层理论模型。个别特质和共同特质；表面特质和根源特质；体质特质和环境特质；动力特质、能力特质和气质特质。各层之间相互关系用连线表示（见图 11－4）。

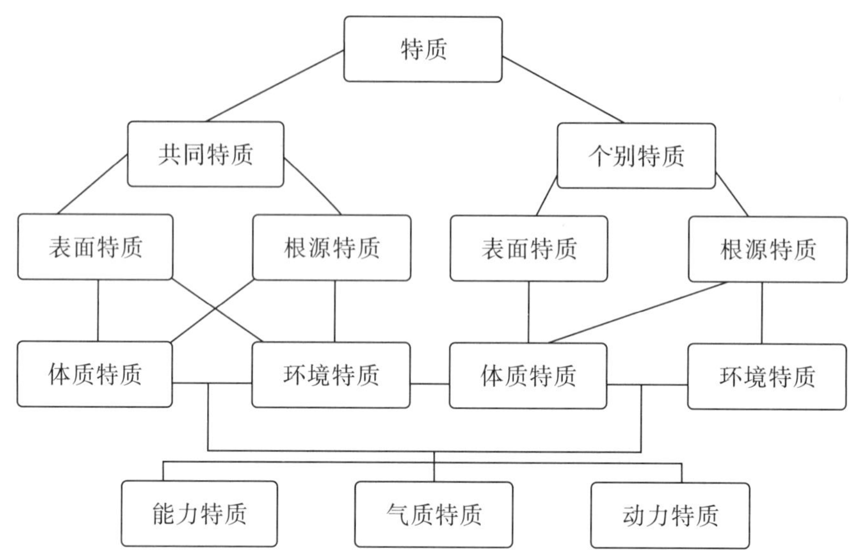

图 11 -4　卡特尔的人格特质结构网络

（1）个别特质和共同特质：个体所具有的特质称为个别特质，一个社区或一个团体成员都具有的特质称为共同特质，但共同特质在不同个体身上表现的强度不同，在同一个体身上也因不同时间而异。

（2）表面特质和根源特质：表面特质指从外部行为能直接观察到的特质，而根源特质指行为的最终根源。如分享的原因有些是为了交换，有些是为了让人开心，行为相似，而动机不同。根源特质控制表面特质的聚集。如“焦虑”是害怕考试和上台演讲时发抖的同一原因。表面特质和根源特质既可能是个别特质，也可能是共同特质，它们是人格层次中最重要的一层。

1949 年，卡特尔用因素分析方法提出了 16 种相互独立的根源特质（见表 11 -5），从而编制了“卡特尔 16 种人格因素问卷”（Sixteen Personality Factor Questionnaire，16PF）。

表 11 -5　卡特尔的 16 种人格特质因素

因素	特质名称	低分者特征	高分者特征
乐群性（A）	乐群性或热情性	缄默孤独	乐群外向
聪慧性（B）	智慧性或理智性	迟钝、学识浅薄	聪慧、富有才识
情绪稳定性（C）	情绪稳定性	情绪激动	情绪稳定
支配性（E）	恃强性或支配性	谦逊、顺从	好强、固执
活泼性（F）	兴奋性或活泼性	严肃、谨慎	轻松、兴奋
有恒性（G）	有恒性或规则自觉性	权宜、敷衍	有恒、负责
勇为性（H）	敢为性或社会果敢性	畏怯、退缩	冒险、敢为

续上表

因素	特质名称	低分者特征	高分者特征
敏感性（I）	敏感性	理智、着重实际	敏感、感情用事
怀疑性（L）	怀疑性或警惕性	依赖、随和	怀疑、刚愎
幻想性（M）	幻想性	现实、合乎成规	幻想、狂妄不羁
世故性（N）	世故性或私密性	坦白直率、天真	精明能干、世故
忧虑性（O）	忧虑性	安详沉着、有自信心	忧虑抑郁、烦恼多端
保守性（Q1）	实验性或变化开放性	保守、服从传统	自由、批评激进
独立性（Q2）	独立性或自主性	依赖、附和	自立，当机立断
自律性（Q3）	自律性或完美性	矛盾冲突，不明大体	知己知彼、自律严谨
紧张性（Q4）	紧张性	心平气和	紧张、困扰

（3）体质特质和环境特质：在根源特质中又可以分为体质特质和环境特质两类。体质特质由先天的生物因素决定，而环境特质则由后天的环境因素所决定。卡特尔提出的“多元抽象变异分析”（Multivariate Abstract Variation Analysis，MAVA）可以用来确定各种特质中遗传与环境分别影响的程度。

（4）动力特质、能力特质和气质特质：模型的最下层是动力特质、能力特质和气质特质。它们同时受到遗传与环境两方面的影响。动力特质是指具有动力特征的特质，它使人趋向某一目标，包括生理驱力、态度和情操。能力特质是表现在知觉和运动方面的差异特质，包括液态智力和晶态智力。气质特质是决定一个人情绪反应的速度与强度的特质。

（三）现代特质理论

1. 汉斯·艾森克的“三因素模型”（PEN 人格模型）

汉斯·艾森克（Hans Jürgen Eysenck）的人格理论（Eysenck's Personality Theory）把研究兴趣从特质转向维度，反对把人格定义抽象化，他认为“人格是生命体实际表现出来的行为的模式的总和”。

艾森克根据人格构成元素对行为影响力的大小，将人格分作四个层次：类型水平（type level）、特质水平（trait level）、习惯反应水平（habitual response level）和特殊反应水平（special response level），见图 11－5。特殊反应水平是个体对一次实验或日常生活经验的反应，但不一定是个体特征。习惯反应水平是指在相同情境中产生相同的特定反应。类型水平则是联系各种不同特质的共同基础。同一类型的人具有相同的人格特质，并形成自己的行为模式。类型处于人格结构的最高层，由次级因素特质构成，特质又由习惯反应构成，而习惯反应又由处于最底层的特定反应构成。在艾森克看来，类型对个体所有的行为系统都有弥散性的影响。

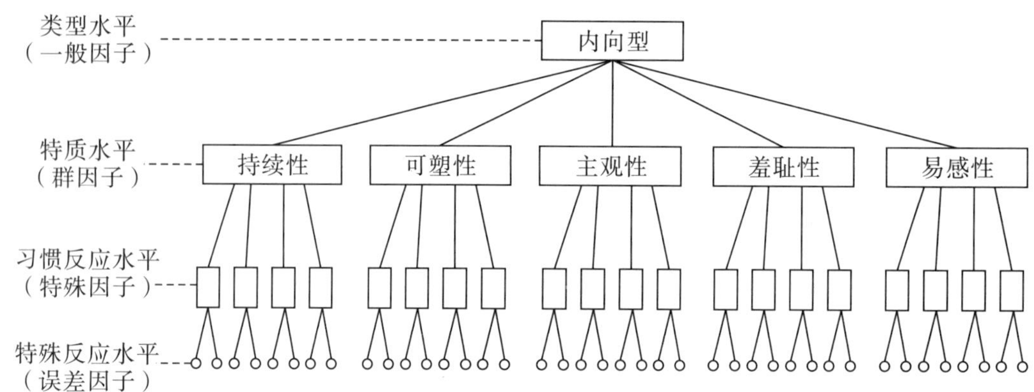

图 11－5　艾森克人格层次模型

艾森克不同于卡特尔，他更关心人格类型，而不是人格特质。他认为高度相关的特质可以构成更具概括性的人格类型。艾森克认为，人格的基本维度是内向与外向、神经质与稳定性以及精神质与超我机能。神经质—稳定性和精神质—超我技能两个维度均表明了人格从异常到正常的连续性特征，而所有精神质者的共性是思维和行为各方面都非常迟缓。

（1）神经质—稳定性：高分神经质的人表现出高焦虑，喜怒无常、容易激动。低分神经质反之。

（2）外倾—内倾：外倾的人不易受周围环境的影响，具有爱交际、喜社交，冲动、粗心和易怒等特点。内倾反之。

（3）精神质—超我机能：精神质独立于神经质，但不是指精神病。高分精神质者是自我为中心的、攻击性的、冲动的、凶残强横的和铁石心肠的，喜爱愚弄和惊扰他人。低分精神质者则相反，表现为温柔、善良等特点。

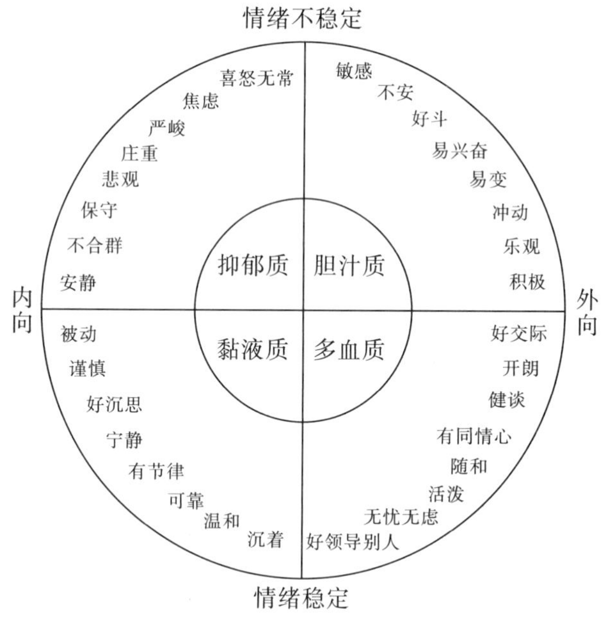

图 11－6　艾森克人格二维结构示意图

其中前两个维度最为重要，这样由内外向和神经质相互重叠的人格维度构成了四种人格类型——稳定外向型、稳定内向型、不稳定外向型、不稳定内向型，和 32 种人格特质，这四种组合类型与传统的四种气质类型相对应（见图 11－6 和表 11－6），其在理论上相互支持、相互印证。

表 11 -6 人格类型、气质类型和人格特质三者的对应关系

人格类型	气质类型	人格特质
稳定外向型	多血质	善交际、开朗、健谈、易共鸣、活泼、随和、无忧无虑
稳定内向型	黏液质	被动、谨慎、深思、平静、克制、可信赖、性情平和、镇静
不稳定外向型	胆汁质	敏感、不安、攻击、兴奋、多变、冲动、乐观、活跃
不稳定内向型	抑郁质	忧郁、焦虑、刻板、严肃、悲观、缄默、不善交际、安静

艾森克为证明其有效性，通过了一个经典条件反射的程序，用一阵烟吹向被试角膜作为中性条件刺激，将被试的眨眼情况作为无条件反应。结果发现（见图 11 -7)，内向者比外向者显示更多的眨眼反应，这个结果支持艾森克的观点，并引发了更多关于外向者大脑的有趣研究。

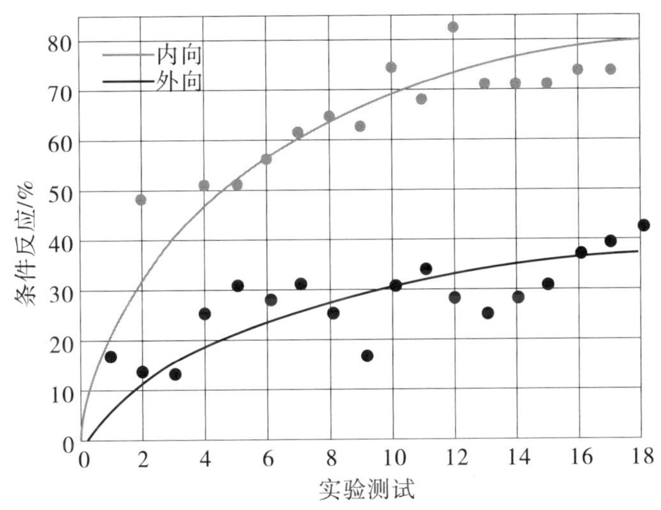

图 11 -7 艾森克用经典眨眼条件反应来测试内、外向性人格特质的效度

2. “五因素模型”

很多研究者对卡特尔人格理论的特质变量进行了再分析，结果得到了相同的结论：人们用来描述自己和他人的特质时仅有五个基本的维度，这五个维度现在被称为五因素模型（five-factor-model)，或“大五模型”（Big Five)。这五个要素是：开放性(openness，O)、尽责性（conscientiousness，C)、外倾性（extraversion，E)、随和性(agreeableness，A)、神经质或情绪稳定性（neuroticism，N)。

科新塔（Costa）等人根据对 16PF 的因素分析和自己的理论构想编制了测验五因素的人格量表（E0 – PI Five-Factor Inventory)。“大五”人格特质因素和相关特征见表 11 -7。

表 11－7 “大五”人格特质因素和相关特征

人格类型	特质量表	高分者特征	低分者特征
开放性（O）	评鉴对经验本身的积极寻求和欣赏；喜欢接受并探索不熟悉的经验	好奇、兴趣广泛、有创造力、有创新性、富于想象、非传统的	习俗化、讲实际、兴趣少、无艺术性、非分析性
尽责性（C）	评鉴个体在目标取向行为上的组织性、持久性和动力性的程度，把可靠的、严谨的人与那些懒散的、邋遢的人做对照	有条理、可靠、勤奋、自律、准时、细心、整洁、有抱负、有毅力	无目标、不可靠、懒惰、粗心、松懈、不检点、意志弱、享乐
外倾性（E）	评鉴人际间互动的数量和强度、活动水平、刺激需求程度和快乐的容量	好社交、活跃、健谈、乐群、乐观、好玩乐、重感情	谨慎、冷静、无精打采、冷淡、厌于做事、退让、话少
随和性（A）	评鉴某人思想、感情和行为方面在同情至敌对这一连续体上的人际取向的性质	心肠软、脾气好、信任人、助人，宽宏大量、易轻信、直率	愤世嫉俗、粗鲁、多疑、不合作、报复心重、残忍、易怒、好操纵别人
神经质（N）	评鉴顺应与情绪不稳定，识别那些容易有心理烦恼、不现实的想法、过分的奢望式要求以及不良反应的个体	烦恼、紧张、情绪化、不安全、不稳定、忧郁	平静、放松、不情绪化、果敢、安全、自我陶醉

人格结构五因素模型更接近于人格的真实维度，因为人格结构五个维度中包含了人际维度、气质维度、情绪维度和认知，为人格发展和整合明确了具体内容，有力支持了心理辅导，为行为发展性辅导制定干预措施提供了理论依据。

3.“七因素模型”

美国心理学家特莱根和沃勒（Tellegen & Waller）通过对400个人物描述词的研究结果提出了人格七因素模型，经过因素分析后认为人格由以下七个因素构成：（1）正情绪性（positive emotionality），（2）负情绪性（negative emotionality），（3）正效价（positive valence），（4）负效价（negative valence），（5）可靠性（dependability），（6）宜人性（agreeableness），（7）习俗性（conventionality），并由此编制了由161个项目组成的人格特征量表。

七因素模型增加了评价性人格，尤其是增加了正价的评价维度（如优秀的）和负价的评价维度（如邪恶的）两个因素。许多研究表明，正价比五因素模型中的任何维度都能够较好地体现自恋和边际人格障碍的特征；负价则能反映个体的反社会和施虐的特征，特别能够揭示在习俗性和正情绪性特质词评价上的差异。因此，人格特征量表（Inventory of Personal Characters，IPC－7，1991）已经成为目前经常使用的“大七人格模型”的测量工具。

二、心理动力学理论

心理动力学理论（psychodynamic personality theories）的创始人是维也纳医生西格蒙德·弗洛伊德，该理论认为强大的内在驱动力能塑造人格并引发行为。

（一）弗洛伊德的心理性欲发展理论

1. 弗洛伊德的三个意识层次

对弗洛伊德来说，人的思想就像一座冰山，意识仅仅是浮出水面的冰山一角，而大量的重要思想则隐藏于水面之下（见图11－8）。他将这座“冰山”分为三个层次：意识、前意识和潜意识。

位于水面之下的那个部分叫作前意识，即目前不能意识到，但能轻易被提取到意识层面的记忆所组成。如想不起来自己上一顿吃的是什么，但只要去想，就很快进入意识层面回忆起来吃了什么。前意识之下的潜意识则存储着原始的本能动机以及对意识层面有威胁的记忆和情绪，通常并不能为意识所获取，也极难被意识到。我们当前意识到的是第一个层面的内容，当前意识不到的是第二个层面的内容，故而无法意识到的是第三个层面的内容。

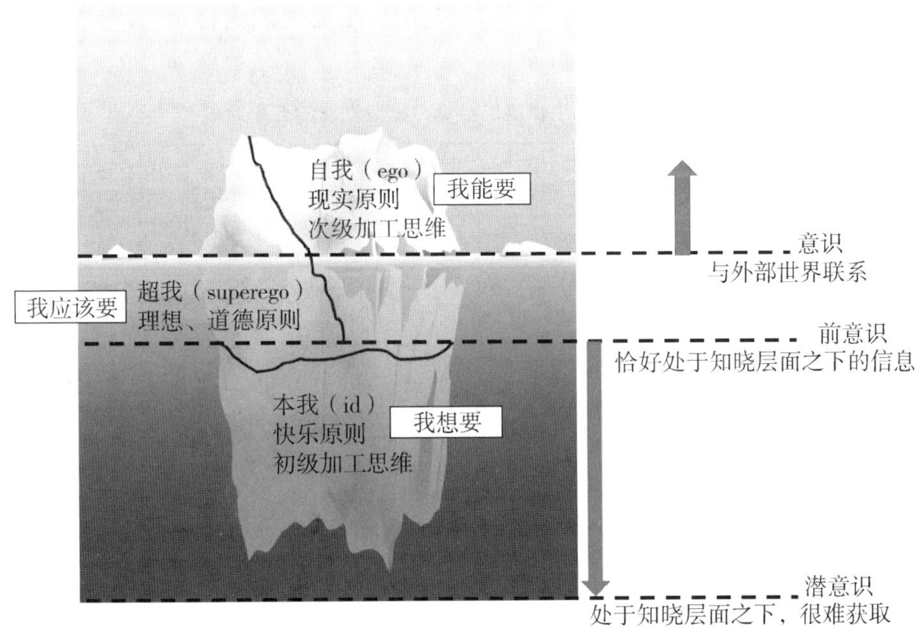

图11－8　弗洛伊德的三个意识层次

2. 人格的结构

弗洛伊德认为人格的差异是由人们对待基本的驱动方式的不同引发的，是人格的两个不同部分——“本我”和“超我”之间无休止的战斗，而自我进行调和，但他没有对本我、自我和超我在大脑中进行具体的定位（见图11-8）。

（1）本我（id）是原始驱动力的存储处，被快乐原则所支配，它非理性地运行，追求即时的满足感，这种快乐特别指性、生理和情感快乐。

（2）超我（superego）是一个人的价值观的储存处，包括从社会习来的道德态度，也包括理想自我，即一个人想让自己努力成为的样子。因此和本我产生冲突。

（3）自我（ego）是一个基于现实的自我方面，来调和本我冲动和超我需求之间的冲突，它受到现实原则支配的，这种原则为快乐的需求提供现实的选择。例如自我会阻止刷手机的冲动，因为它会考虑没学习不及格的后果，并用其他方法解决刷手机的冲动。

3. 心理性欲阶段的发展

弗洛伊德的人格理论是发展理论。他认为，个体从婴儿期到成人期所经历的事件，对于人格的形成至关重要。发展阶段的形成是基于性能量释放的变化，弗洛伊德将其称为心理性欲阶段（psychosexual stages），共五个发展阶段（见表11-8）。五个时期是前后连续的，前一时期发展顺利与否，将影响后一时期的发展。来自父母的过度惩罚或表扬，或者在发展的某一阶段经历的创伤性应激事件，都可能造成那一时期人格的“滞留”或固着（fixation）。由于弗洛伊德的人格发展理论特别强调性心理的重要性，故而被称为泛性论（pansexualism）。

表11-8　弗洛伊德的心理性欲望发展的五个阶段

阶段	概念	年龄	性敏感区	主要发展任务（潜在冲突来源）	本阶段发生的固着会导致的成人性格特点
口唇期（oral stage）	在此阶段，婴儿通过口唇获得愉快和表达满足	0~1	口、嘴唇、舌头	断奶（克服依赖性）	嘴部行为，如吸烟、咬指甲、暴食、多话、肥胖、依赖；被动性和易上当
肛门期（anal stage）	心理一性欲发展阶段之一，此阶段是父母训练幼儿自己大小便的时期	2~3	肛门	便溺训练（自我控制）	杂乱无章、吝啬、固执，或者相反

续上表

阶段	概念	年龄	性敏感区	主要发展任务（潜在冲突来源）	本阶段发生的固着会导致的成人性格特点
生殖器期（phallic stage）	心理—性欲发展阶段之一，儿童开始意识到生殖器	4～5	生殖器	解决恋母或恋父情结，即对异性家长产生好感而对同行家长产生敌意的倾向（俄狄浦斯/埃勒克特拉情结）	虚荣、莽撞，或者相反
潜伏期（latency stage）	儿童期心理—性欲发展过程中出现的暂时停止或受阻时期	6～12	无特定区域	防御机制的发展（意识水平：学会谦虚和羞耻；潜意识水平：应对受压抑的恋父恋母情结）	过度谦卑、偏好同性陪伴
生殖期（genital stage）	完成心理—性欲发展后所达到的阶段，标志为成熟成人性欲的出现	13～18	生殖器	成熟的性亲密行为	（无）

4. 自我防御

压抑（repression）是一种自我保护的心理过程，是个体克服有威胁的冲动和愿望的最基本的自我防御方式。而自我防御机制（ego defense mechanisms）是自我在寻求表现的本我冲动与否定它们的超我要求之间的日常冲突中用来保护自身的心理策略（见表 11－9），个体可以保持满意的自我意象和受欢迎的社会形象。比如，即使特别憎恨某个人，压抑也不会让他见诸行动。这种被压抑的情感始终在人格功能中产生影响。

表 11－9 自我防御机制

防御机制	为避免引发焦虑的想法或感受所使用的无意识过程	示例
否认 denial	拒绝相信甚至拒绝觉察到痛苦的现实	一个男子否认他爱人出轨的证据

续上表

防御机制	为避免引发焦虑的想法或感受所使用的无意识过程	例子
置换 displacement	将敌意等强烈的情感从最初唤起情绪的目标转移到较少危险的另一目标	一个小女孩在妈妈让她回自己房间后踢了她家的狗
幻想 fantasy	用想象的方式满足受挫的欲望（白日梦是一种最常见的形式）	青春期少年常有对英雄崇拜的幻想
认同 identification	通过把自我与他人或制度等同以增加自我价值感，常常是虚幻的表达	一位寡妇可能会承担丈夫以前做过的志愿工作
投射 projection	将具有威胁性的冲动归咎于他人来伪装自己的这些冲动	一个自私自利的人会经常说“人都是自私的”
内向投射 introjection	与投射相反，指将本来指向外界的敌视、憎恨、伤害等冲动与情感转向自身	某人对孩子没有考上好大学非常生气，但却在不断地谴责自己考试前工作太忙没有照顾好孩子
合理化 rationalization	以自我辩解的方式来解释一个人的行为，代替真实的、更具威胁性的潜意识原因	一个经常饮酒的人说他跟朋友喝酒“只是为了交际”
反向形成 reaction formation	将不被接受的冲动转变成相反形式	为了压抑愤怒的感受，一个人表现出夸张的友善
抵消 undoing	指个体违背自己的良心（超我）行事以便把自己从被道德驾驭的感觉中解脱出来	一个孩子故意逃课，以向嘲笑他的人证明自己不是那种听话的乖学生
退行 regression	退回到一个更幼稚的心理性欲期，有些心理能量仍然固着在那一时期	在第一天上学的路上，坐在车里的小男孩吮吸拇指以重新获得口腔的舒适感
压抑 repression	将痛苦或危险的想法排除在意识之外使不被觉知，是最基本的防御机制	孩童时期遭受的性虐待等特别痛苦经历的回忆可能多年来一直被拒于意识之外
升华 sublimation	潜意识地将不可接受的冲动转化为某些可以被接受的活动	将失恋的痛苦转化成为事业奋斗的力量
代偿 compensation	身体或心理上有缺陷的人可在其他方面力争得到发展，使自卑心理得到代偿，以解除这些缺陷带来的痛苦	失明的人可努力成为音乐家或某方面的能工巧匠

（二）弗洛伊德学派

弗洛伊德的追随者中有一些因与其产生分歧而被驱逐出去的新弗洛伊德派（neo-Freudians），但他们都保留了弗洛伊德提出的“人格是被动机能量所驱动的过程”这一观点。

1. 卡尔·荣格的内—外向人格理论

卡尔·荣格（Carl Jung）不同意弗洛伊德的理论中过于强调性欲的部分，认为忽视了其他人格中非常重要的潜需要和欲望，比如动机。此外，对潜意识结构的看法他们也存在显著差异，这也是荣格最著名的观点。

（1）集体潜意识。

荣格理论中的潜意识由两部分组成，即个人潜意识（personal unconscious）和集体潜意识（collective unconscious），他认为集体潜意识类似于人类拥有共同的遗传密码，把数代人的记忆连在一起，并给予古老的印象，这些印象称为原型（archetype）。这些原型出现在文学作品、民间传说、艺术品等当中。

在自我的阴暗面潜藏着阴影（shadow）原型，这一原型代表着人格中我们不愿意承认的破坏和攻击倾向。下次你一碰到某人就觉得反感的时候，你就会意识到自己的阴影，因为这个人让你想起了你的阴影特征。

（2）人格类型。

荣格将每一种人格描绘成一对相对倾向之间的平衡状况，见表 11－10。把一个人所有的这类倾向特征结合起来就成了他的人格类型，荣格认为个人的人格类型是稳定和持久的。这些人格倾向对中，最著名的就是内倾（introversion）和外倾（extraversion）这一对。外倾的人关注外部体验，但不善于调和内心的需要，不受自我意识影响；内倾则相反。很少有人能达到完美平衡，而是会偏向其中的一个，进而产生了人格类型。

表 11－10　荣格提出的对立的人格倾向

意识—潜意识
外倾—内倾
理性—不理性
思维—情感
直觉—感觉
好—坏
阳刚—阴柔

2. 阿尔弗雷德·阿德勒的个体心理学理论

阿尔弗雷德·阿德勒（Alfred Adler）独创了个体心理学（individual psychology）。因不赞同弗洛伊德的以性冲动为主的欲力观念，他认为人类所追求的乃是力争上游以超越，而不是快乐原则；他反对潜意识主导一切行为的看法，认为个人之外的社会环境才是影响人性的重要因素。综观阿德勒在个体心理学上的主张，其中要义可归纳为以下四点。

（1）人性自主：阿德勒认为，人的行为并非被动地受制于本我与潜意识内的欲力冲动。人是理性动物，在自主意识支配之下，能决定自己的未来。人类一些基本需求所形成的内在力量是有目标的导向力；人类会在行为上遵循目标行进，从而获得需求的满足。

（2）追求卓越（striving for superiority）：是人的内在动力，是指个人在生活目标之下求全求美的心态。

（3）自卑情结：在追求卓越过程中面临困难时，无力感与无助感所交织成的一种无法达成目标时对自己的失望心态，这就是自卑感（inferiority feeling），它通过防卫机制来进行补偿。在行为上表现两种倾向，第一种是以补偿方式奋发图强，阿德勒称此种积极性心理倾向为权力意志（will to power）；第二种倾向是以不择手段的方式去达到消除自卑感的目的，阿德勒称此种消极性的心理倾向为过度补偿（overcompensation）。过度补偿是心理不健康的表现。

（4）生活格调（style of life）：是每个人使用的追求卓越的方式以及追求的后果不同，而逐渐形成的各具特色的风格。个人的生活格调对以后处理生活经验，对未来世界事物的觉知、学习、认识，以及对设定目标与达成目标的行为方式都有影响限制，一旦形成很难改变。

3. 凯伦·霍妮的人格理论

凯伦·霍尼（Karen Horney）是近代女性心理学家的先驱，也是男女性别心理研究的启蒙者。在霍妮的人格理论中，有以下三点重要概念。

（1）基本焦虑（basic anxiety）：是指个体自出生后因缺乏安全和温暖的环境的影响所形成的一种恐惧感。大多家庭无法针对幼儿的身心需求设置有利其成长的理想环境，因此个体自幼在生活经验中所形成的基本焦虑，是多数人无从避免的普遍现象。

（2）神经质需求：个体为避免焦虑所产生的痛苦，学习到一些固定式的反应。霍妮称此等避免焦虑的固定反应为神经质需求（neurotic need）。她认为人总共有 10 个神经质的需求，并将这个 10 个需求分为 3 类——依从性格（compliant character）、攻击性格（aggressive character）和离群性格（detached character）。

（3）理想化自我：霍妮将自我视为个人在生活经验中所形成的自我意象（self-image），代表个体对自己的看法。由于个人生活经验不同而有三种不同的自我意象——现实自我（actual self）、真实自我（real self）、理想化自我（idealized self）。

4. 埃里克·埃里克森心理社会发展理论

埃里克·埃里克森（Erik H. Erikson）独具匠心地将弗洛伊德的观点和人类学语言相融合，提出了人格的心理社会发展理论（theory of psychosocial development），是生理欲望和作用在个体身上的文化力量的一种结合。它具有渐成说（epigenesis）的特征：各阶段逐渐产生“一个阶段在时间和空间上紧接着另一阶段”。他把心理的发展划分为八个阶段（具体如表 11－11），指出每一阶段的特殊心理社会任务，并和荣格一样，认为每一阶段都有一个特殊矛盾，矛盾的顺利解决是人格健康发展的前提。

表 11－11 埃里克森的心理社会发展阶段

发展阶段	年龄阶段	发展顺利者的心理特征	发展不良者的心理特征
信任对不信任	出生至 1 岁	婴儿如果得到温情和及时的照顾，就会获得一种信任感，即认为世界是美好的	如果婴儿得等很长时间才获得所需的照顾，或者受到苛刻的对待，就会产生不信任
自主对羞愧和怀疑	1～3 岁	儿童通过利用新的心理技能和活动技能，想为自己做选择、做决定	如果父母允许合理的自由选择，并不强迫或羞辱儿童，那么自主就能够培养起来
主动对内疚	3～6 岁	通过建立信任的游戏，儿童探索他们自己可能成为什么类型的人。如果父母对儿童新的目的感给予支持，那么主动感（即感到有雄心、有责任感）就会得到发展	如果父母要求的自我控制太多，就可能会引发过度的内疚
勤奋对自卑	6～11 岁	在学校里，儿童会发展与他人合作的能力	如果在家里、在学校或与同伴在一起时体验到消极的经验，会导致他们觉得自己无能，就会出现自卑感
自我认同对角色混乱	青少年期	青少年试图回答“我是谁”“我在社会中的位置是什么”这样的问题，他们通过探索价值观和职业目标，进而形成个人的自我认同	消极的结果就是他们对未来的成人角色的认识含糊不清
亲密对孤独	青年期	这一阶段的主要任务是建立深厚的友谊，从另一个人那里获得爱和陪伴感，或共享的自我认同	孤独感或孤立感可能源于无力建立友谊或亲密关系

续上表

发展阶段	年龄阶段	发展顺利者的心理特征	发展不良者的心理特征
繁衍对停滞	中年期	在此阶段的成人要面对的任务是，在自己的工作中做出成绩，支撑家庭，或关照年轻人的需要。这些相关标准是由个体生活其中的文化决定的	那些无法或者不愿承担这些责任的人就会变得停滞和自私自利
完善对失望	老年期	老年人回首自己的生活，觉得它是有意义的、富有成果的、愉快的经验	基本上对未完成的诺言，未实现的目标充满失望。对自己的生活不满意的人会害怕死亡

三、学习理论

（一）班杜拉的社会学习理论

阿尔伯特·班杜拉是新行为主义的主要代表人物之一，提出了社会学习理论（social learning theory），该理论强调心理过程的重要性，认为个体对环境的看法影响其行为。不同于华生等行为主义那样仅关注环境对个体的控制，还关注个体和环境之间的交互作用。主要有以下三个重要论述。

1. 交互决定论

班杜拉认为人格是个人与环境交互产生的结果，将人们与环境的交互作用称为交互决定论（reciprocal determinism）。他认为个人的性格表现在他的行为上（包括一切思想与行动），而个人的行为则是由个人与环境二者交感互动而产生的（见图 11 -9）。

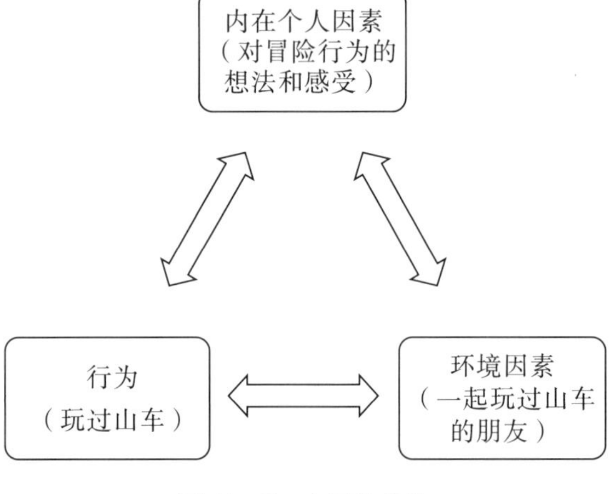

图 11 -9　交互决定论

个体和环境发生交互作用的三种具体方式：①不同的人选择不同的环境。个体所选择的环境都是基于个体的特质，之后这个环境又塑造了个体。②我们的人格特质决定我们如何解释事件并做出反应，如焦虑的人会认为周围充满威胁。③我们的人格特质有助于形成我们要应对的环境，我们如何看待和对待他人会影响他人如何反过来对待我们。

因此，我们既是环境的产物，也是环境的创造者。行为产生于内外因素的共同作用，在任何时候，我们的行为都受到我们的生物学、社会和文化经验以及认知和性格的影响（见图 11 – 10）。

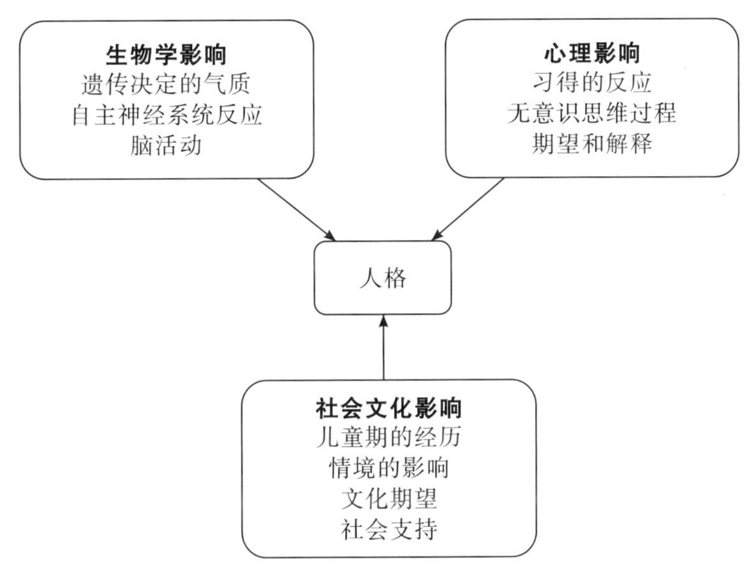

图 11 –10　人格研究的生物心理社会取向

2. 学习在人格中的作用：行为自律

班杜拉反对行为主义中人格完全被环境控制的说法，因此，在理论中提出了行为自律（self-regulation）的观点，这是指个人的行为是自主的，并非是受环境所控制，而个人自律行为之表现，则决定于个人的需求、意愿以及对自己行为表现所期望达到的标准，在得到满足后获得强化。班杜拉称这种强化为自我强化（self-reinforcement），而个人的行为自律，正是经由自我强化的历程逐渐养成的。

3. 认知在人格中的作用：自我效能

“自我”是人格理论中一个主要的概念，班杜拉采取认知心理学的观点，提出了自我效能（self-efficacy）的概念，这是指个人对自己处事能力、工作表现、挫折容忍等人格特质的综合评价；即个人自认在某些特定情境中能够有效地表现出适当行为的一种信念。在参与社会性活动之前，只有根据自我效能的高低，而后才能做出如何行动以达目的之判断。

班杜拉认为，个人的自我效能是在社会情境中从直接经验与间接经验学习来的。在实际活动中如成功的经验多于失败的经验，个人的行为即可获得自我强化；而自我强化的后果，即可形成个人的自我效能。个人从间接经验中学习自我效能时，主要是在社会情境中观察别人的行为表现而产生的模仿学习。具体见图 11－11。

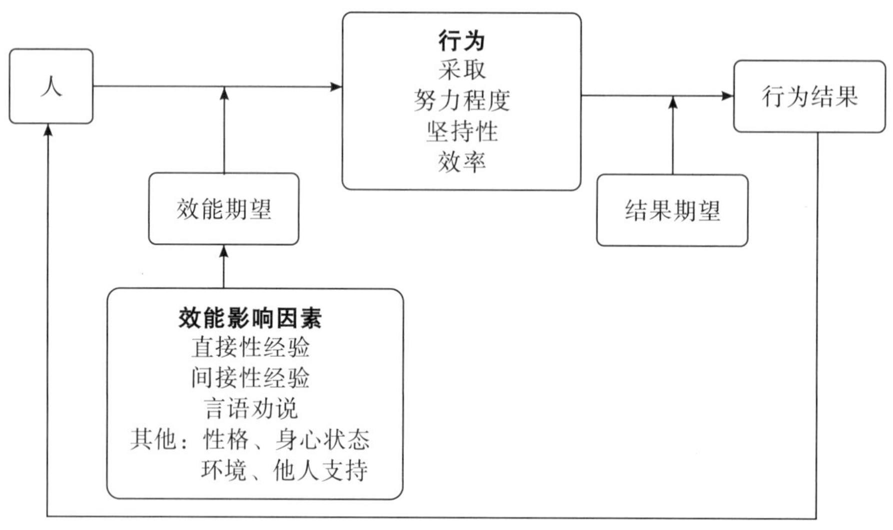

图 11－11　班杜拉自我效能理论示意图

（二）罗特的制控信念理论

朱利安·罗特（Julian Rotter）以班杜拉的社会学习理论为基础提出了制控信念（或制控点）（locus of control）理论。他认为人格理论的价值旨在制约人的行为。心理学家在建构人格理论时，应从在一般人的行为表现中，分析影响个人决定表现何种行为的心理因素。了解影响行为决定的心理因素之后，才能有效地预测人的行为。例如在选择工作时，个人倾向于选择报酬高的工作，而工作后的报酬为强化值（reinforcement value，RV）；但当他认为自己的能力不如其他人时，他可能决定放弃高薪改而申请报酬较低的机会，这个就叫作预期后果的概率，是指个人凭主观判断行为表现之后可能成功的机会。基于此义可知，罗特以社会学习原理解释人格时，同时重视强化与认知两个理念。

强化与认知更是形成个人独特性格的重要因素。同样获得好成绩，有些学生认为是努力的结果，有些则认为是运气好。会产生这样不同的看法，是由于他们各自怀有不同的制控信念，这是指个人对形成自己行为后果责任归属的主观看法。罗特将制控信念视为评定个别差异的人格特征。并将所有人区别为两种类型：一类称为内制控信念型（internal locus of control），相信个人的行为后果的责任归属自己，个人命运由自己掌控；另一类是外制控信念型（external locus of control），相信个人的行为后果的责任不归属自己，命不由己。

（三）社会文化理论

跨文化心理学家朱利斯·德拉格恩斯（Juris Draguns）说，人格理论这概念来自西方（欧美）。但西方社会本身就偏向个人主义，而其他文化都以自己的方式来处理许多相同的问题。由此产生了社会文化的人格理论，对此的探讨主要源于对个人主义和集体主义的讨论。

哈里·特兰蒂斯认为，不同文化的差异主要来自对于个人主义和集体主义侧重的不同。个体主义者（individualists）常常依据他们的个人身份来定义自己，并优先考虑个人目标。相反，集体主义者（collectivists）通常根据所属群体来界定自己，并优先考虑群体的目标，他们在与他人关联中感到圆满，更易于遵循群体规范及评价（见图 11－12）。

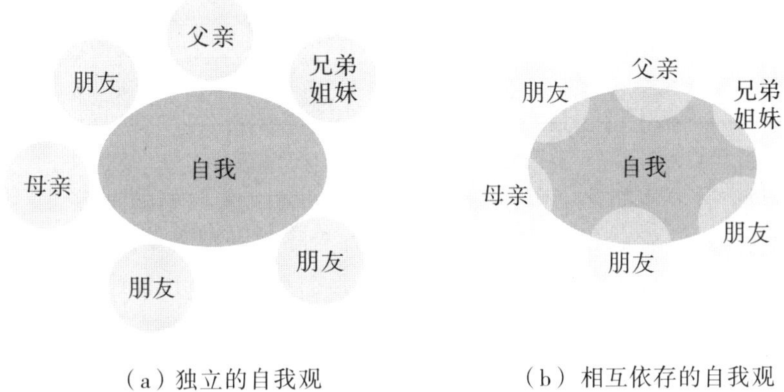

图 11－12 个体主义者和集体主义者眼中自我与他人的关系

拓展阅读 2

个人主义价值观和集体主义价值观

在西方文化中，个人是社会的基本单位；而集体主义则强调家庭和其他社会群体。因此对个人主义者来说，自我是一个整体；而对集体主义者来说，自我只是一个部分。来自不同文化的人在合作和谈判时所产生的冲突和误解，则是由对于人格和个人群体之间关系的不同期望导致的（见表 11－12）。

表 11－12 个人主义价值观和集体主义价值观的比较

概念	个人主义	集体主义
自我	独立（同一性来自于个体特质）	相互联系（同一性来自于归属）
人生使命	发现并表现个体的独特性	维持彼此之间的联系，融洽相处，履行职责

续上表

概念	个人主义	集体主义
看重什么	我——个人成就和满足；权利和自由；自尊	我们——集体的目标和团结；社会责任和关系；家庭责任；适应现实
应对办法	改变现实	适应现实
道德	由个体来确定（基于自我）	由社会网络确定（基于责任）
关系	很多，通常是暂时性的、随意的；对抗是可接受的	很少，但密切且持久；重视和谐
归因行为	行为反映个体的人格和态度	行为反映社会规范和社会角色

人格和行为的许多方面都与个人主义和集体主义的倾向性有关。例如在竞争与合作中，崇尚个人主义的人更愿意选择竞争，并优先满足自己的个人需要。此外不同的文化也会影响个体的理想人格，个人主义认为健康的心理能将人格中互相对立冲突的部分整合在一起，而集体主义，尤其是和佛教相关的心理学却完全相反，即让意识与感觉和有关世俗经验的记忆分离。

但是，当一个集体主义者进入个人主义的环境中时，就会产生几种自尊与文化适应（acculturation）模式：一种是被所处环境的主流文化完全驯服，接受新的文化；一种是与新的文化环境保持完全隔离；还有一种是可以快速切换自己的“心理档位”，根据不同的情境，运用不同文化下的价值观，而这种双文化者也显示出更高的自尊水平。

可以看出文化和人格息息相关，会产生交互作用。文化可以塑造个人的人格，就像个人会影响文化一样，在很大程度上，文化是社会的“人格”。

四、人本主义理论

不同于心理动力学学派，人本主义（humanism）家强调人类本性中的积极面，对其本质持有乐观的看法，人格是由适应、学习、成长和超越的需要所驱动的。他们认为精神障碍是由不健康的情境，而不是由不健康的个人造成的。这些不健康的情境会造成自尊低下，或导致需要没有被满足。

（一）马斯洛的自我实现理论

弗洛伊德学派总是把眼光盯住心理紊乱和不适应的情况，而亚伯拉罕·马斯洛则认为，这些都将人类行为解释得过于简单，心理健康并不只是没有心理疾病。他对那些成果卓越的人进行了研究，并在他们身上找到健康人格的元素。

1. 自我实现

前文已经介绍过马斯洛的五个不同的需求层次，但这个理论更适合于解释人格成长，蕴含两点更深的意义。

（1）人生而具有趋向健康成长进而发挥其潜力的内在动力。

马斯洛的七个需求层次，不仅代表七种不同的需求或动机，而且代表在总的成长动机促动之下所呈现两阶段的连续关系：个体的基本需求中的四种需求次第获得满足之后，才会依序出现高层成长需求中的三种需求。以此需求层次的关系，用以说明健康人格成长的过程。内在动力就是个体成长的动机。

（2）自我实现是成长的动力和目的。

马斯洛在需求层次论中将自我实现视为马斯洛需求层次中最高一层。自我实现（self-actualization），是指个体生而具有的内在潜力经由成长过程得以充分展现，这也可看作是人格成长的最终目的。也就是说，自我实现是个体人格成长过程的基本动力。

2. 自我实现者的人格特质

自我实现是人格成长的理想境界，但怎么才算是自我实现的人？马斯洛曾就38位被公认为是自我实现者的代表人物为对象进行研究，这些人包括林肯、罗斯福等。从他们的生活事迹中分析归纳出16点人格特质，这些特质就是这些名人自我实现的条件：

（1）了解并认识现实，对世事持有较为实际的人生观。

（2）悦纳自己，同时也欣赏别人以及周围的世界。

（3）在情绪与思想表达上较为自然。

（4）有较为广阔的视野，就事论事，较少考虑个人利害。

（5）能享受自己的私人生活。

（6）有独立自主的性格。

（7）对平凡事物不觉厌烦，对日常生活永远感到新鲜。

（8）在生命中曾有过引起心灵震动的高峰经验[①]。

（9）关爱人类并认同自己为全人类成员之一。

（10）有至深的知交和亲密的家人。

（11）具有民主风范并有尊重别人的气度。

（12）有伦理观念，能区别手段与目的，绝不为达到目的而不择手段。

（13）心胸广阔，能容忍异己且有幽默感。

（14）有创见，不墨守成规。

---

① 高峰经验（或高峰体验，peak experience），是指在人生追求自我实现的历程中，历经基本需求的追寻并获得满足之后，在自我实现需求层次中，臻于顶峰的一种超时空与超自我的心灵满足感与完美感。此种心灵上的满足与完美经验，只有真正的自我实现者，才会体验得到。

（15）对世俗事物和而不同。

（16）能超脱意识框架，不以两极性的二分法（非此即彼）处理争议性的问题。

（二）罗杰斯的自我理论

卡尔·兰塞姆·罗杰斯（Carl Ransom Rogers）的人格理论理念是以个体的自我为中心的，故而一般称之为自我论（self theory）。他认为：

1. 自我是人格的核心

罗杰斯采用了完形心理学所提出的现象场概念来解释自我是人格的核心。所谓现象场（phenomenal field），是指个人在意识中所经历到的此时此地的环境。而自我就包括在他的现象场之内，表示个人对自己长相、人际关系、成败经验等各方面的看法与评价。可以看出现象场和自我概念都是主观的，例如某人认为自己很丑，但别人看来觉得很漂亮。因此，要想了解一个人的性格，就要了解当事人对他自己的看法，这也是该理论被称为自我论的原因。

随年龄的增长与生活经验的增多，个人自我概念逐渐形成两个自我：一个是真实自我，另一个是理想自我。真实自我（real self），是指个人在心理上对自己的主观看法；而理想自我（ideal self），是指个人在想象中希望做的另一个自我。只有在理想自我接近或稍高于真实自我的情形下，个人的人格结构才会比较稳定，称理想自我与真实自我之间的无冲突状态为和谐（congruence）；他认为人之所以心理异常，理想自我与真实自我之间缺乏和谐是主要原因。

2. 自我实现有赖于无条件积极关注

罗杰斯将父母在人类幼稚期的抚养、关爱、接纳、保护等形成的个体人格成长的基本需求，称之为积极关注需求（need for positive regard），而个体的积极关注需求满足之后，自我实现的需求才会出现。但是父母在养育孩子的过程中是有条件限制的，例如为了让孩子能按时吃饭，会在孩子饥饿时不给孩子吃饭。符合父母所制定的条件，就会获得父母的接纳，从而获得积极关注需求的满足，否则就难免会遭到拒绝甚至受到处罚。这也就是所谓社会化（socialization）。

但这在罗杰斯看来，这样的孩子缺乏真正积极关注的意义。罗杰斯称之为有条件的积极关注（conditional positive regard）。对人格发展基于自我实现的理想境界而言，有条件的积极关注是发展的阻力，而不是发展的助力。原因是在此种情形下孩子如果为了迎合父母所设定的条件，放弃现实自我，去追求一个不符合自己条件的理想自我，就会因失去自我和谐而陷入痛苦。

于是，罗杰斯提出了无条件积极关注（unconditional positive regard）的理念。意思是说，为父母者在教育孩子时，为配合孩子人格成长的需求给予积极关注时，应该是没有任何条件的。只有在这种无条件积极关注的家庭气氛下，孩子的人格才会得到健康发展，从而使他得以自我实现。不过，罗杰斯指的“无条件”的真正意思是对孩子的人格而言，不是“溺爱”。在“对事不对人”的情形下管教孩子，才不致因条件限制伤害了孩子人格的发展。

五、认知理论

认知取向的人格心理学家认为，人格的差异是出于人们信息加工方式的不同造成的，即人们的思维方式决定人的人格。人格的认知理论家用我们对有关信息的心理表象的差异来解释人格的差异。他们将这些表象称之为认知结构。

（一）凯利的个人建构理论

美国著名的人格心理学家凯利（G. A. Kelly）提出的个人建构理论（personal construct theory）认为，处在同样的情境中，不同的人有不同的行为；经历同样的事件，不同的人有不同的感受或观点，这对以后生活的影响也不同，这些人格的差异主要是由于不同的人建构世界的方式不同。其理论主要包含以下三点内容。

1. 人是科学家

凯利的“人是科学家”的假设认为，人像科学家一样，都试图通过减少不确定性来澄清自己的人生。个体被激发去了解所有作用于自身的刺激意义，像科学家试图预测和控制事情的发生那样，个体寻找对世界的了解以帮助他预测和控制将要发生的事件；而预期的目的在于更好地展望未来。

2. 个人建构与建构选择论

凯利认为人们是通过各种各样的模式或样板来观察世界的，他称这些模板为建构（construct）。比如我们在经验的基础上形成了关于一个人的假设，然后我们就搜集有关资料并进行观察，再与我们的假设相对照，如果得到证实，我们就继续运用它，否则便加以修改，提出新的假设，凯利把这一过程称为模板运动（见图 11－13），用以预测现实。

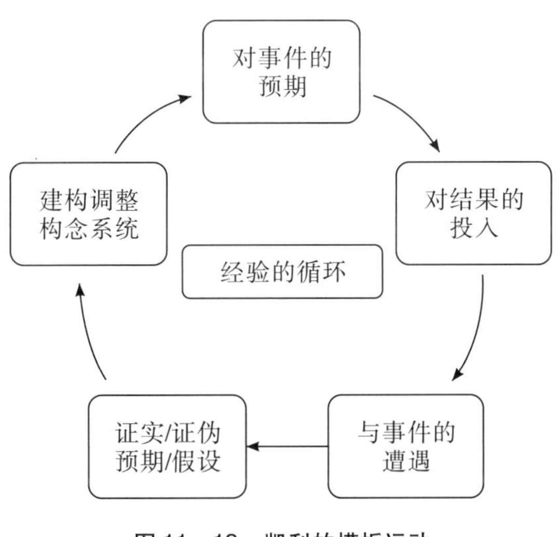

图 11－13 凯利的模板运动

在凯利看来，一个人用以预期事件所采用的主要方法就是个人建构（personal construct），个人建构是个人析解或说明经验。他认为人们能不断地把关于经验的复杂信息纳入个人建构之中，为了适应千变万化的世界，我们还必须不断地重审和调适我们已有的建构。因为观察世界、分析世界的方法是多种多样的，没有人非得成为现实环境或过去历史注定的牺牲品不可，凯利称之为建构选择论。

（二）米歇尔的认知—情感单元人格系统

20 世纪 90 年代，沃尔特·米契尔（Walter Mischel）提出了认知—情感的个性系统理论（cognitive-affective personality system，CAPS）。他认为，人们遇到的事件会与个性系统中复杂的认知—情感单元（CAUs）发生交互作用，并最终决定人们的行为。在 CAPS 模型中的认知—情感单元是指所有的心理表征，主要由编码、期望和信念、情感、目标和价值、能力和自我调节计划等 5 种类型组成。见表 11－13。

表 11－13　人格中介系统中认知—情感单元类型

1. 编码（encoding）：自我，人，事和情境（外部和内部的）范畴（结构）
2. 期望和信念（expectancy）：关于社会世界，关于特殊情境中的行为效果，关于自我效能
3. 情感（affects）：情绪，情感和情感反应（包括生理反应）
4. 目标（goals）和价值（values）：期望的结果和情感状态；不好的结果和情感状态；目标、价值和生活项目
5. 能力和自我管理计划（behavioral scripts）：一个人可能表现出来的潜在的行为和手迹，组织活动、影响结果和自己行为和内在状态的计划和策略

CAPS 理论不仅假设个体在每一种认知—情感单元（CAUs）上存在个体差异，而且假设在 CAUs 之间存在稳定的组织关系，这种稳定的组织关系构成了个性系统的稳定结构，反映了人的特征的独特性。这种稳定的个性结构是个体经验和社会学习的历史与气质和遗传——生物化学决定因素相互作用的产物。在 CAPS 理论模型中，个性系统不断地与外部世界发生动力的交互作用。这种交互作用涉及的是一个双向的交互过程：个性系统产生的行为影响着社会环境，影响着个体对随后面临的人际情境的选择；反过来，这些情境又会影响个人系统。

第三节　人格成因

对于人格的成因几千年来人类一直在不断地探究，最早由于人们认知水平和研究条件的限制，产生了两种极端的观点：遗传决定论和环境决定论。但任何一个人的人格的形成于发展过程都是唯一的、极其复杂的，不能简单归为遗传或环境的原因。因此，当代心理学家达成的共识是：人格是在遗传与环境的交互作用下逐渐形成的。

一、生物遗传因素

遗传，也称为继承（inheritance）或生物遗传（biological inheritance），是指亲代表达相应性状基因通过无性繁殖或有性繁殖传递给后代，从而使后代获得其父母遗传信息的现象。例如“有其父必有其子”说的就是父母和子女外貌与性格的相似。因此，个体的生物遗传基础与人格的形成和发展密切相关。一方面，个体的生理因素是人格形成的基础，它们在一定程度上制约了人格的发展。另一方面，由遗传所决定的身材相貌会受到所在群体和社会的价值评判，影响人格的形成。

针对生物遗传因素对人格的影响问题时，许多心理学家都使用双生子研究（Twins Study）。高特斯曼提出了双生子的原则：同卵双生子具有相同的基因，所以同卵双生子的任何差异都可归结为环境的作用；异卵双生子的基因虽然不同，但在母亲年龄、孕育环境、家庭等环境上有相同之处，这也为控制环境变量提供了可能。在双生子的研究方法上使用了遗传率（heritability）[①]。

我国学者也进行一项追踪研究历时20多年的研究，研究者对双生子样本进行了“明尼苏达多相人格测验”，并对每项人格分量表计算了遗传率。结果见表11－14。从表中可以看出，在性变态、社会内向、疑病症、抑郁症、精神衰弱方面遗传的作用很明显。

表11－14　双生子在MMPI中10个量表得分的相关系数和遗传率

十个量表		同卵双生子的相关	异卵双生子的相关	H
Hy	癔症	0.50	0.49	0.02
Ma	轻躁狂	0.24	0.01	0.02
Pd	病态人格	0.02	0.08	0.07
Se	精神分裂症	0.69	0.01	0.20
Pa	偏执狂	0.39	0.13	0.30
Pt	精神衰弱	0.49	0.09	0.44
D	抑郁症	0.49	0.07	0.45
Hs	疑病症	0.56	0.17	0.50
Si	社会内向	0.60	0.04	0.50
Mf	性变态	0.74	0.04	0.73

国内外很多研究都证实了遗传对人格的影响，但是遗传对人格的影响到底多大，目前心理学研究结论还无法像物理、化学等自然科学研究那样明确精细。但根据已有

① 遗传率：是指基因对个体差异的贡献率，而不是指特质受基因决定的程度。例如，身高的遗传率为90%，这并不是说身高90%是由遗传造成的，而是说个体之间身高的差异有90%是由遗传的差异导致的。

研究得出，心理学家在遗传对人格的影响作用达成了以下共识。

（1）遗传因素对人格的影响是不可或缺的，是人格形成的先天基础；

（2）遗传因素对人格的作用程度随人格特质的不同而异。遗传因素的作用在智力、气质这些与生物因素相关较大的特质上较为重要，而后天环境可能在价值观、信念、性格等社会环境因素密切相关的特质上更重要。

（3）人格的发展是遗传与环境两种因素交互作用的结果，遗传因素仅影响人格发展的方向及难易。

二、家庭环境因素

家庭（family）是一种以血缘为基础、具有情感纽带的社会单元，以共同的住处、经济合作和繁衍后代为特征，因此家庭不仅有自然的遗传因素，也因为家庭社会经济地位、结构和氛围、父母的教养方式等因素，对人格的形成和发展有着极为重要的影响。

（一）家庭结构和气氛

1. 家庭结构

家庭结构（family structure）是家庭中成员的构成及其相互作用、相互影响的状态，以及由这种状态形成的相对稳定的联系模式，包括双亲家庭、单亲家庭、隔代家庭等。大量研究表明，父亲或母亲缺失的单亲家庭、留守儿童家庭对儿童人格发展较为不利，也更容易出现道德行为问题和心理问题。此外，父亲或母亲缺失的单亲家庭对子女性别角色的发展有不利的影响。研究表明，由于父亲的缺失孩子缺乏男性榜样，特别是男孩在青春期会产生很多行为问题与适应问题[①]，而女孩则易表现出对性更感兴趣，而出现偏差或犯罪行为[②]。

2. 家庭气氛

家庭气氛是指家庭成员在日常生活的相互关系中所形成的稳定的心理和行为环境，它对人的心理发展十分重要。和睦、尊重、理解和相互支持的家庭气氛，会使儿童心情愉快、情绪安定，有利于各种良好人格特质的形成；相反，家庭氛围紧张，则会使儿童时时在恐惧、焦虑中生活，会形成退缩、多疑等不良的人格特征。[③] 国内外已有许多研究，安格奈特（H. Angenent）认为青少年犯罪大多来自不和睦的、亲子之间、父母之间、兄弟姐妹之间冲突多的家庭。罗大华认为来自家庭氛围紧张的儿童得不到关注和照料，情感需要和欲望得不到满足，从而抑制了儿童的成熟，导致反社会行为

---

① KHATIBI M, KHORMAEI F. Biological Basis of Personality: A Brief Review [J]. J. Life Sci. Biomed., 2016, 6 (2): 33－36.

② HETHERINGTON E M, STANLEY-HAGAN M. The adjustment of children with divorced parents: A risk and resiliency perspective [J]. The Journal of Child Psychology and Psychiatry, 1999, 40 (1) 129－140.

③ 蒋索，何姗姗，邹泓. 家庭因素与青少年犯罪的关系研究述评 [J]. 心理科学进展，2006 (03): 394－400.

或犯罪行为①。

（二）父母的教养方式

家庭教养方式一般可以分成四类，不同的教养方式造就出具有不同人格特征的孩子。

（1）专制型：这种教养方式的特点是支配，父母对孩子的自主活动严加管束。在这种环境下长大的孩子容易形成消极、被动、依赖、服从、懦弱或冷酷、执拗等人格特征。

（2）放纵型：这种教养方式的特点是溺爱，让孩子随心所欲。在这种家庭环境中成长的孩子多表现为任性、幼稚、自私、野蛮、依赖、唯我独尊、蛮横无理等。

（3）民主型：这种教养方式的特点是平等、尊重，父母给孩子一定的自主权和积极正确的引导。这种教养方式能使儿童形成活泼、快乐、自立、彬彬有礼、善于交往、乐于合作、思想活跃等人格特征。

（4）忽视型：这种教养方式的特点是不要求、不关心，甚至拒绝。在这种教养方式下长大的孩子，很容易出现适应障碍，导致孩子冲动、攻击性强、低自尊、叛逆等诸多问题。

（三）出生顺序

儿童的出生顺序的影响主要体现在父母对孩子的态度和他在家庭中的地位。阿德勒发现，家庭中的第一个子女往往感到不安甚至敌视别人，因此，犯罪者、神经病患者及酗酒者居多；第二个子女常有野心，表现为反抗、嫉妒，总是企图压制兄妹，但善于适应环境，而最小的孩子一般总是被纵容，不论是在儿童期还是成人后，行为上常发生问题。

综合家庭因素对人格影响的研究资料，我们可以得出以下结论。

（1）家庭是社会文化的媒介，它对人格具有强大的塑造力。

（2）父母教养方式的恰当性会直接决定孩子人格特征的形成。

（3）父母在教养孩子的过程中，表现出了自己的人格，并有意无意地影响和塑造着孩子的人格，形成家庭中的“社会遗传性”。

三、学校教育的影响

学校教育是一种有目的、有计划的环境影响，不同于家庭教育的随意性和偶然性，其对学生的人格发展有着特殊的意义。学校的影响主要通过如下途径来实现。

（一）学科教学

学生通过学科教学掌握系统的科学文化知识，同时也在学习中形成自己对世界、社会、人生的认识，所以教学内容会影响学生人生观、世界观的构建。此外，学生在学习的过程中为达到目的，就必须发展起良好的心理品质，如自主性、坚持性、自制力等。所以学习过程也是塑造良好人格特点的过程。

---

① 罗大华，郑红丽. 青少年犯罪成因实证研究［J］. 青少年犯罪问题，2008（6）：4－10.

（二）班风、校风及同伴影响

学生置身于不同的学校和班级中，风气和传统、学生的动机水平、学习态度、理想志向等都会有所不同，这些差异很可能成为日后这些学生成为不同类型的人的重要原因。学校、班级的特定气氛会唤起个人不同的自我意识，使其做出一种努力来保持与环境的平衡。

此外，学生在班级中的地位和角色、个人的特殊经历以及他人的评价等对学生的自我概念，自尊心、人生观、价值观的发展与变化往往有着更为直接的影响。

（三）教师

教师是学校教育的物化代表，所以教师在学生人格形成中扮演着极其重要的角色。而且，年龄越小的学生，受教师影响越大。教师的性格、能力和教育教学风格等，都会对学生人格的发展产生极大影响。所以，教师应当加强自身修养，努力塑造自身的健全人格，给予学生良好的人格影响。

四、自然物理因素

人格的形成与发展会受到生态环境、气候条件、空间拥挤程度等自然物理因素的影响。巴里的一项著名的跨文化心理学研究是关于阿拉斯加州的爱斯基摩人和非洲的特姆尼人的比较研究。爱斯基摩人以渔猎为生，过着流浪的生活，因此多以家庭为单位的松散社会结构，家庭教育自由宽松、男女平等、独立自主，逐渐形成坚定、独立、冒险的人格特征。而特姆尼人则生活在植木丛生的地带，以农业为主，居住在环境稳定的村落，社会结构紧凑，社会阶层较分化，这种生活环境使孩子形成了依赖、服从、保守的人格。由此可见，不同的生存环境影响了人格的形成。此外，气温也会使得某些人格特质频繁出现，例如天气炎热的地方容易因燥热对他人采取负面反应，出现较多攻击性行为。

自然环境虽然不起到决定性作用，但在不同的物理环境中，人可以因自然物理因素表现出不同的行为特点。

五、社会文化因素

库利（C. H. Cooly）就说过，人格是社会的产物，只能通过社会互动产生，因此人格在不同程度上都受着社会特定的风俗习惯、道德标准、价值观念以及经济水平差异的影响。社会文化的影响因素主要包括以下几点。

（一）社会经济地位

生活中，人们常会对不同职业的人脸谱化，例如：幼儿园教师就是青春活力，商人多半较保守，而劳动者则多半较激进。研究发现，经济地位越低，心理防卫越强。就有研究者发现社会经济阶层不同的人会显示出不同的态度和行为模式。较高社会经济阶层的人更关注工作是否有趣、能否实现自我潜能，而不仅仅关注是否有稳定收入的来源，倾向于报告更高的工作满意感、生活满意感和幸福感，更多持性善论观点。

与之相反，较低社会经济阶层的人在工作中则更看中安全感受，而且对人性往往持宿命和悲观的看法。

（二）社会文化

每个民族都有自己的文化传统，这是一个民族经过世世代代的积累而形成的民族文化。它会影响生活在其中的每个人，使一个民族或一个国家的国民形成独特的民族特质，如德国人冷静、法国人热情、日本人勤奋……

（三）网络环境

网络的普及对青少年人格的影响越来越引起人们的关注。当前，青少年主要通过网络媒体接受社会信息。网络媒体信息的透明度越来越高，信息发布具有一定程度的随意性，各种正面的、积极的或负面的、消极的事件与新闻非常多。而且，近年来"反社会性行为"的报道比率呈直线上升趋势，对媒体受众产生了很大的情绪压力。尤其是青少年学生，他们正处于人格发展的关键期；同时，网络的普及使青少年学生学习和交往的方式也发生了很大变化，可能也会影响到他们人格的发展。因此，在当今网络时代的社会背景下，加强网络媒体对人格形成和发展的研究非常迫切。

六、早期童年经验

"三岁看大，七岁看老"是中国人耳熟能详的俗语，说的是人生早期发生的事情对未来人格的影响。除上述提到的精神分析学派的理论与研究外，国内外诸多研究也发现了早期童年经历对人格的影响。彼得森等人的研究也指出，在儿童早期，父母的忽视和虐待对儿童的心理有明显的不良影响。西方一些国家的调查发现，"母爱丧失"的儿童（包括受父母虐待的儿童），在婴儿早期会出现神经性呕吐、厌食、慢性腹泻、阵发性绞痛、不明原因的消瘦和反复感染，这些儿童还表现出胆小、呆板、迟钝、不与人交往、敌对、攻击、破坏等人格特点，这些人格特点会影响他们一生的顺利发展，导致出现情绪障碍、社会适应不良等问题。总之，人格发展的确受到童年经验的影响，幸福的童年有利于儿童发展健康的人格，不幸的童年也会使儿童形成不良的人格。但两者不存在一一对应的关系，溺爱也可能使孩子形成不良的人格特点，逆境也可能磨炼出孩子坚强的性格。早期经验不能单独对人格起决定作用，它与其他因素共同决定着人格的形成与发展。

七、自我调控

上述各因素体现的是人格培养的外因，而外因是通过内因起作用的。人格是人在社会生活中，通过与环境的交互作用逐渐发展起来的，离开了特定的环境，人将不会成为"这个人"，而一旦没有了"这个人"，环境也就不再是那个环境了。所以，任何环境都不能单方面直接决定一个人的人格特征，而人格的自我调控系统就是人格发展的内部因素。人格是在个体与环境相互作用的实践活动中形成和发展的，但任何环境因素对人的人格产生影响，都必须通过个体已有的心理发展水平和自我意识活动才能发生作用。家庭、学校、社会等以上各种因素的影响只有被个体接受和理解，才能转化为个体内部需要，才能推动个体去行动。具有自知的人，他能够客观地分析自己，不会把遗传或生理方面的局限视为阻碍个人发展的因素，而会有效地利用个人资源，发挥个人长处，努力地改善自己和完善自我。人是在发展中求生存的，自我调控具有创造的功能，它可以变革自我，塑造自我，不断完善自己，将自我价值扩展到社会中去，并在对社会做贡献中体现自己的价值，把实现自我的个人价值变为实现自我的社会价值。人的自我塑造伴随着人的一生。需要一个人不懈地努力完成，因此，提高自我控制和自我教育的能力是一项长期且有益的任务。

第四节　人格测验

在日常生活中，我们常用“人格高尚”等话来形容人，这其实就是在人与人交往和相处的过程中对这个人的人格和行为进行评价和预测。但这样的评估过于片面，若要进行全面的评价则需要长时间的积累，效率较低。

拓展阅读 3

人格鉴定的历史

其实自古人们就对人格的系统评鉴有研究。在古代，人们常常通过人的五官、星象等方式对人格进行评鉴，例如颅相学、占星学、相面术、笔迹学等进行评鉴。但如今科学界多以巴纳姆效应①来解释这些伪科学方法的人格预测现象。

为了能更好地对人格进行科学、严谨的评鉴及对行为做出预测，1884 年，高尔顿通过记录心率和脉率的变化来测量、了解人的情绪，通过观察社会情境众人的活动评估人的性情、脾气。1905 年，荣格用词语联想测验检查和分析了心理情结。到 1918 年美国心理学家武德沃斯发表了第一个标准化的人格问卷——个人资料表，并用于军事甄选工作，这也成为科学的人格鉴定开始的标志。

科学的人格鉴定，一方面是人格研究的基础理论的需要，另一方面也在精神病科的临床诊断、员工遴选与管理、因材施教等领域有广泛的应用价值。目前的人格测量方法归纳起来，主要有自陈量表、投射测验、情境测验、自我概念测验等方法。

---

① 巴纳姆效应［Barnum effect，是 Paul Meehl 为表对费尼尔司・泰勒・巴纳姆的敬意而命名的，又称巴南效应、弗拉效应（Forer effect）］是一种心理现象，人们会对于他们认为是为自己量身定做的一些人格描述给予高度准确的评价，而这些描述往往十分模糊且普遍，以致能够放诸四海皆准，适用于很多人身上。

一、自陈量表

自陈量表（self-report questionnaire）通常也称为人格量表（personality inventory），是基于人格理论中的特质理论。它是依据要测量的人格特性来编制问卷对让被试进行测量。问卷均指定回答方式，被试应答一般有三种形式：是非式、二选一式的选择式以及程度划分的等级式。问卷由一系列经过标准化记分的题目组成，使用方便效率高，因此是目前人格评鉴运用最广泛的方法。下面介绍几种常用的自陈式人格测验。

（一）明尼苏达多相人格测验

明尼苏达多相人格量表（Minnesota Multiphasic Personality Inventory，MMPI）是1942年由心理学家哈撒韦（S. R. Hathaway）与精神病学家麦金利（J. C. Mckinley）共同创造编制的，为帮助临床和咨询心理学家诊断心理障碍而设计的，也是目前临床应用最为广泛、颇具权威的人格测验。

MMPI 量表采用经验校标法编制，通过搜集大量病史、医学档案、病人自述和医生笔记等临床访谈中常提到的问题提取出了几百个条目建构类经验条目储备库，反复测验和交叉测验来验证每个量表的信度和效度。最终 1966 年修订版本 MMPI－2 的测验包括 566 个题目（其中有 16 道重复，实际题量为 550 个），其中含 399 个临床方面的题目。这些问题包括身体、情绪体验、思维活动、精神状态，以及个人对政治、法律、宗教、家庭、婚姻和社会的态度等多个方面，所有问题按性质分为 26 类，每类问题至少有 5 个题目，最多的有几十道。所有题目均采用“是（T）、否（F）”来回答，题目举例如下：

1. 我相信有人反对我。　　是（　）　否（　）
2. 我相当缺乏自信。　　是（　）　否（　）
3. 每隔几夜我就会做噩梦。　　是（　）　否（　）

MMPI－2 量表包括 10 个临床量表和 4 个效度量表。10 个临床量表得到 10 个分数，代表 10 种人格特质；4 个效度量表是用来检查被试作答的态度，若 4 个量表得分均特别高，则表明被试没有诚实认真作答。具体解释见表 11－15。

表 11－15　MMPI－2 临床量表

临床量表	缩写	高分解释
疑病症 hypochondriasis	Hs	对身体机能的不正常多疑
抑郁症 depression	D	悲观、绝望，思维和行动迟缓

续上表

临床量表	缩写	高分解释
转化性歇斯底里症 conversion hysteria	Hy	旨在规避矛盾和责任对心理问题的潜意识使用
精神病态 psychopathic deviate	Pd	不遵从社会风俗、冷淡，无法吸取教训
男性化—女性化 masculinity-femininity	Mf	男性和女性之间的差异
偏执 paranoia	Pa	多疑，有关伟大和受迫害情节的妄想
精神衰弱 psychasthenia	Pt	具有强迫性想法和行为，感到恐惧，自尊心水平低下，有负罪感，优柔寡断
精神分裂症 schizophrenia	Se	古怪的、不寻常的思想和行为，退缩，出现幻觉、妄想
轻躁狂 hypomania	Ma	情绪兴奋，思维天马行空，过度活跃
社会内倾 social introversion	Si	羞怯，不关心他人，感到不安全

为确保 MMPI－2 量表使用的准确性，MMPI－2 中附加了一些效度量表，用以判断被试是否有“美化”自己或“丑化”自己的企图。根据这些量表得分，对其他量表的最后得分进行校正，消除由于自我防御或过褒过贬等因素造成的偏差。具体 MMPI－2 测量结果显示见图 11－14。

MMPI－2 量表的好处在于面向施测对象广泛，施测经济、轻松用于心理疾病的诊断。为保证问卷结果的准确性，心理学家一般要通过面谈、测量等综合途经获得信息，而不是简单地得出结论。但该量表也因异质性（即同时测量了很多概念）而受到批评，并且从 MMPI 的发展并未体现人格理论的发展；而且测验仍然保留了原有的实证途径。

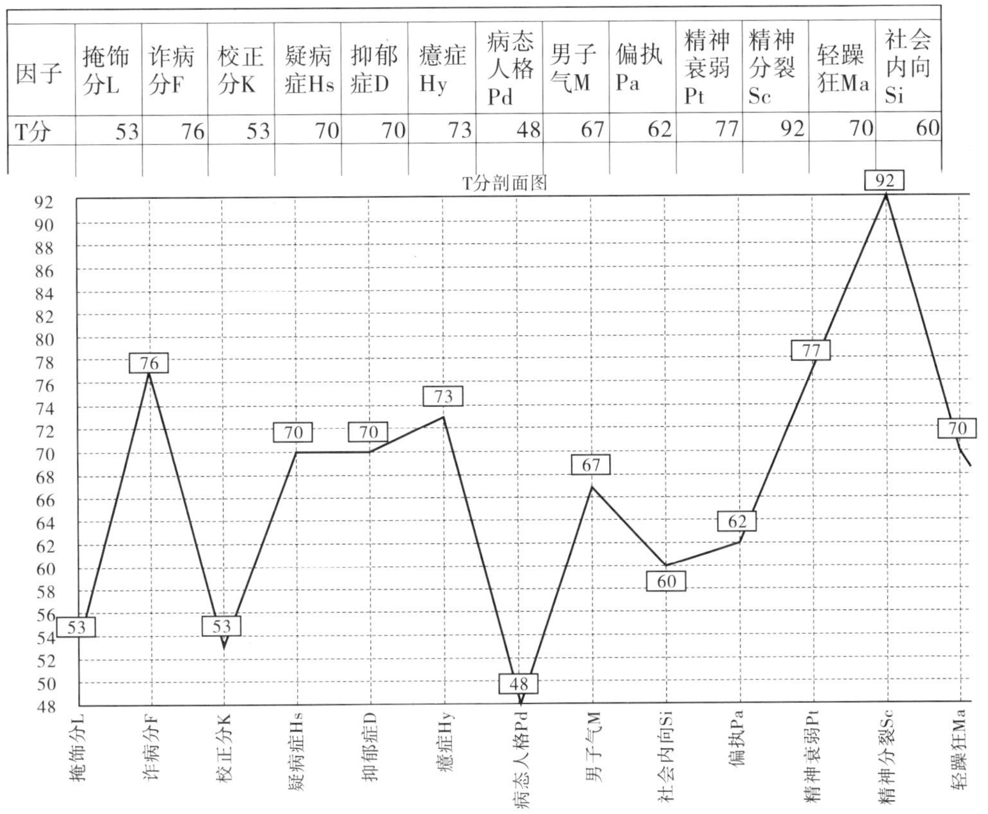

因子	掩饰分L	诈病分F	校正分K	疑病症Hs	抑郁症D	癔症Hy	病态人格Pd	男子气M	偏执Pa	精神衰弱Pt	精神分裂Sc	轻躁狂Ma	社会内向Si
T分	53	76	53	70	70	73	48	67	62	77	92	70	60

图 11－14 MMPI－2 测量结果图示

（二）卡特尔16种人格因素问卷（16PF）

心理学教授卡特尔从词典、精神病学和心理学文献中收集描写人格的大量词汇，并在其人格特质理论研究的基础上编制出卡特尔16种人格因素问卷（Sixteen Personality Factor Questionnaire）。该问卷将其聚类合并成171种特质，采用因素分析法，最终合并成16种根源特质，据此编制了16种人格因素问卷量表。问卷中的16种人格特质各自独立，整个问卷能对被试的16种人格特质进行综合全面的了解。

卡特尔16种人格因素问卷适用于16岁以上的成年人。英语版共有ABCDE五个复本，A、B为齐全本，每本各有187题，每种人格因素由10～13道测题组成量表测量。每种因素的测题按序轮流排列。每题采用陈述句形式，有三种答案可供选择："A. 是的""B. 介于A、C之间""C. 不是的"。C、D两个复本为缩减本，每本各有106题。E是专门为文化程度较低的被试编制的实验复本，有128题。卡特尔16种人格因素问卷可以用于个别和团体测验。问卷中的题目举例如下。

4. 我有足够的能力应付困难
A. 是的　　B. 介于 A、C 之间　　C. 不是的
6. 我总避免批评别人的言行
A. 是的　　B. 介于 A、C 之间　　C. 不是的
54. “猫”与“鱼”犹如“牛”与
A. 牛乳　　B. 牧草　　C. 盐

被试在每题后的 3 种答案中圈选一项。测试结果可以形象地绘制成 16PF 人格剖面图（见图 11 –15）。卡特尔 16 种人格因素问卷不仅能描绘出一个人的 16 种人格特质，而且还使用公式推算出描绘人格的双重因素，例如，适应—焦虑，内向—外向，感情用事—安详机警，怯懦—果断等。卡特尔 16 种人格因素问卷已广泛应用于心理咨询、就业指导等方面。

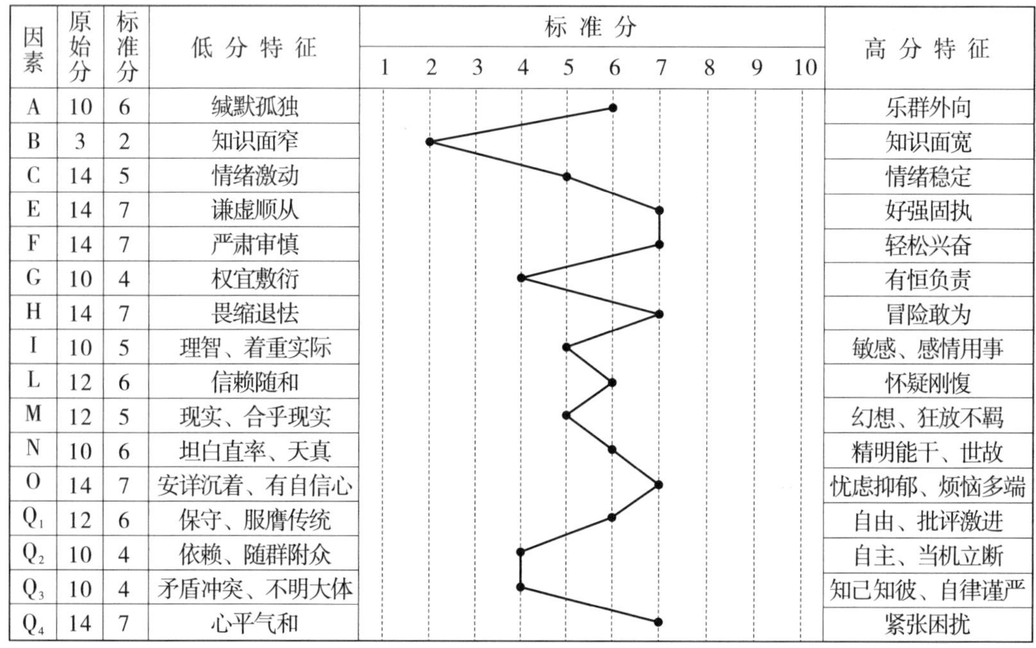

因素	原始分	标准分	低分特征	标准分（1–10）	高分特征
A	10	6	缄默孤独		乐群外向
B	3	2	知识面窄		知识面宽
C	14	5	情绪激动		情绪稳定
E	14	7	谦虚顺从		好强固执
F	14	7	严肃审慎		轻松兴奋
G	10	4	权宜敷衍		有恒负责
H	14	7	畏缩退怯		冒险敢为
I	10	5	理智、着重实际		敏感、感情用事
L	12	6	信赖随和		怀疑刚愎
M	12	5	现实、合乎现实		幻想、狂放不羁
N	10	6	坦白直率、天真		精明能干、世故
O	14	7	安详沉着、有自信心		忧虑抑郁、烦恼多端
Q_1	12	6	保守、服膺传统		自由、批评激进
Q_2	10	4	依赖、随群附众		自主、当机立断
Q_3	10	4	矛盾冲突、不明大体		知己知彼、自律谨严
Q_4	14	7	心平气和		紧张困扰

图 11 –15　16PF 人格剖面图

（三）艾森克人格问卷

艾森克的人格理论已在前面第二节中具体介绍，他在该理论基础上形成了艾森克人格问卷（Eysenck Personality Questionnaire，EPQ）。该问卷有成人问卷和儿童问卷两种格式。包括四个分量表：内外倾向量表（E），情绪性量表（N），心理变态量表（P，又称精神质）和效度量表（L）。该问卷共有 85 个问题，要求被试者根据每个题目内容选择“是”或“否”。问卷中题目举例如下。

14. 你是一个易被激怒的人吗?	是	否
27. 有坏人想害你吗?	是	否
80. 你是个整洁严谨、有条不紊的人吗?	是	否

该问卷有男女常模。P、E、N 量表得分随年龄增加而下降，L 则上升。精神病人的 P、N 分数都较高，L 分数极高，有良好的信度和效度。由于 EPQ 具有较高的信度和效度，其所测得的结果可同时得到多种实验心理学研究的印证，因此它也是验证人格维度理论的根据。1981 年陈仲庚等人对该问卷进行中国化修订，项目数量分别由原版的 97 和 107 变为 88 及 88 项。艾森克问卷因量表题目少，使用方便，成为目前医学、司法、教育和心理咨询等领域应用最为广泛的问卷之一。

(四) 爱德华个人兴趣量表

爱德华个人兴趣量表（Edwards Personal Preference Schedule，EPPS）由美国心理学家 A. L. 爱德华基于默里的人格理论编制而成，用于测量个体的需要和动机。该量表共 15 个分量表，分别测量成就、顺从、秩序、表现、自主、亲和、自省、求助、支配、谦虚、助人、变通、坚毅、性爱、攻击这 15 种需要和动机。每个分量表 15 题，共 225 个题目。每个题目包含两种自我描述性的陈述，用“强迫选择法”，要求被试从每题中选出一个最能描述自己的陈述。问卷中题目举例如下。

1. A. 我喜欢结交新朋友
   B. 当我有难时，我希望朋友能帮助我
2. A. 在长辈和上级面前，我会感到胆怯
   B. 我喜欢用别人不太懂其意义的字词

通过鉴别题目中的 15 种心理需要的倾向，来了解被试的人格特质。施测后，每个被试得到 15 个分数，并可绘制出剖析圈。这种方法让被试必须从两种陈述中选择一个，消除了社会期望对被试选择陈述的影响，但得到的分数是自我参照性的。如两个被试的测验分数可能相同，但其需要和动机的绝对强度不同。该量表适用于大学生和成人，广泛应用于人格研究和职业选择。

二、投射测验

投射法就是让被试者通过一定的媒介，在无拘束的情境中，建立起自己的想象世界，显露出其个性特征的一种个性测试方法。投射法的最大优点在于主试者的意图目的藏而不露，创造了一个较客观的外界条件，使测试的结果比较真实、比较客观、对心理活动了解得比较深入，缺点是分析需要有经过专门培训的主试，较为困难。以下介绍两种比较有名的投射测验。

(一) 罗夏墨渍测验

瑞士精神科医生、精神病学家罗夏（Hermann Rorschach）创立最著名的投射法人

格测验，这一人格测验被世界各国广泛使用。

罗夏从1910年开始用结构模糊的墨渍图作为精神病临床诊断的材料，发现不同种类的精神病人对墨渍图具有不同的反应，并将测验结果和低能者、正常人、艺术家的反应比较。经过数千张墨渍图片测试后，最后选定其中10张墨渍图作为人格测验的材料，以知觉和人格之间存在着反映和被反映关系的理论假设，确定了记分方法和解释原则。10张图片中有5张图片是黑白图片，2张图片是黑白墨色加红色斑点组成的图片，3张图片是彩色图片。图11－16为墨渍图片之一。

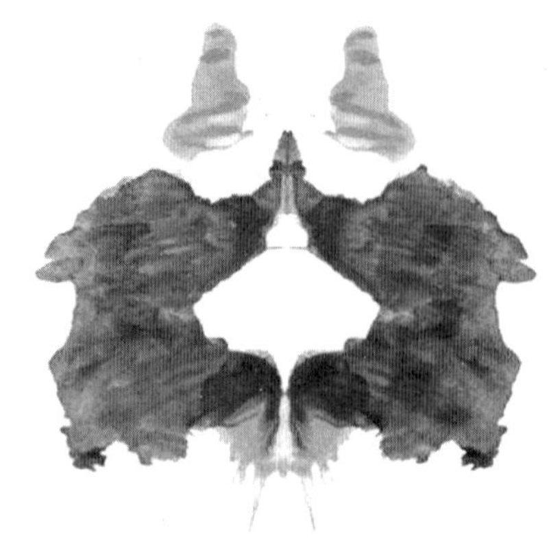

图11－16　罗夏墨渍测验的图片之一

罗夏测验是个别施测的，施测过程可分自由反应阶段（自由联想阶段）、提问阶段、类比阶段、极限测验阶段四个阶段。主试要把被试对墨渍图片的全部反应都详细记录下来。罗夏墨渍图测验一般根据反应部分、决定反应因素、反应内容、独创或从众反应四个方面记分、分析和解释。由于它不受语言文字的限制，广泛运用于精神病研究以及人格发展和跨文化研究。但由于它记分困难，对结果的解释常带有主观性，因此其效度还有待验证。

（二）主题统觉测验

主题统觉测验（Thematic Apperception Test，TAT）是由默里和摩根于1935年为性格研究而编制的一种心理投射法人格测量工具，该测验主要用来探究个体潜意识的欲念，常用于临床诊断及动机、情感等研究，

全套测验共有30张内容隐晦的黑白图片和一张空白卡片，图片的内容以人物或景物为主（如图11－17）。测试时要求被测者对每一张图片都根据自己的想象和体验讲述一个大约300字、内容生动、丰富的故事。TAT是人格测验，不能作为诊断工具，但可以发现被测者一些病理特征。例如，对于图11－17甲可能解释为这两个人在研究公司的重大决策，乙可能解释为这两个家伙在搞什么交易，丙可能解释为两个特务间谍在接头。TAT认为把上述图片解释为研究公司决策，是进取的；而解释成地下交易或接头，则被测者是偏执型的人，一般难以相处。

图11－17　主题统觉测试图片其一：两个中年人在谈话

比起墨渍测验来，TAT的优点在于显示的刺激更有结构性，要求更复杂、意义更明显的言语表达，且能直接看到被试的反应。TAT的缺点是它没有标准化的施测规程，该测试指导语和选择图片都较随意，且少有人能完成全套测试，缺少客观的评分标准和方法。

三、情境测验

情境测验（situation test）是指在精心设计的情境中让被试解决某一问题以观察其认识情境、适应情境及利用情境条件解决问题的方法。通过事先设计一种情境，观察受测者在该情境条件下的反应，据此来对其心理状态加以评价。情境测验可用于教育评价、人事甄选上，前者如“性格教育测验”，后者如“情境压力测验”，具体介绍如下。

（一）性格教育测验

性格教育测验（character education inquiry）也称为品德教育测验，由美国心理学家哈特松（G. H. Hartshome）和梅（M. A. May）于20世纪20年代末期设计，指测量诚实、自我控制以及利他主义等品德或行为特点的情境测验。测验情境为儿童日常生活或学习中熟悉的、自然的情境。用以测量儿童诚实、合作、友爱、负责等品格。

该测验通过评卷测验、曲线迷津测验、周迷测验、方迷测验四种不同形式来考查学生的“诚实”程度，进而了解过去教育效果与有待改进的方向。四种形式均要事先通过控制测试确定诚实分数常模，个人的诚实分数等于常模分数减去被试实得分数。正分者为诚实，负分者为不诚实倾向，负分越大，不诚实的倾向越大。其缺点是测验情境具有伪装性。

（二）情境压力测验

情境压力测验（situational stress test）通过特别设计一种情境，使被试情绪上面临压力，然后由主试观察、记录被试的应对情况，从而了解他的人格特质。常用无领导小组情境（leaderless group situation）测验来加以说明，即给情境中几个互相不认识的人一项合力完成的任务，若未在规定的时间内完成任务则均会受到惩罚。被试面对这种压力情境下，可能会促使其中某个人得到其他人支持并带领大家合作完成任务，由此看出某人可能具有领袖的特质。此外，企业界所谓的压力面试（stress interview），也是一种情境测验。

这种测验重视分析、实验和控制等程序，具有科学性，得到的结果也比较精确、令人信服。但由于研究只重视现实因素，忽略了个体行为经验与遗传因素，因此也受到批评。

四、自我概念测验

在人格理论中，自我概念（self-concept）是自我理论的中心。在测量自我概念时，不仅要了解个人对自己的看法，还要了解个人的自我接受和自尊程度，比较现实我、社会我和想象我三者之间的关系。目前，心理学家最常用的是下面两种方法。

（一）形容词列表法

形容词列表法（adjective checklist）是最便利的一种方法。主试先准备一份描述人格特质的形容词表，如友善的、有野心的、羞怯的、紧张的等，让被试从这些形容词中选出符合自己真实情况的词语，最后由主试分析，判断被试对自己的评价情况。不过，由于形容词的意义容易带有社会褒贬的性质，也就是说具有社会期望性（social desirability），被试为维护个人自尊，可能不真实作答。

（二）Q 分类法

美国心理学家史蒂文森 1953 年提出的 Q 分类法（Q sort technique），亦译“Q 分类技术”，具体又分为：非结构性 Q 分类和结构性 Q 分类。以人格研究为例，要求被试将描述人格的句子分别归于不同的类别，这些类别的分布是从“最赞同”或“最相似”到“最不赞同”或“最不相似”，分成不同的等级，一般情况下以 9～11 个等级为宜。要求被试对各类别分配题目，使其构成正态分布。即中间等级分配的题目最多，两侧依次减少。主试可根据所排列描述与适合程度测量自我概念，也可以用来鉴别人格特质的个别差异。

这一技术的优点是适合小样本或单被试研究情境，可用于探索性研究，收集的资料可用方差分析、相关分析和因素分析多种方法处理；不足之处是研究结果受取样影响较大。因此做出的人员类型分类的普遍性不高，项目的强迫性分类对被试的自由反应有一定的抑制作用，在研究使用上受到一些限制。

五、其他人格测评方法

（一）观察法

观察法是指在自然情境或人为情境中，搜集被观察者的资料，以了解其心理和行为特点的方法。在人格研究中运用观察法时，观察者既可以与被观察者直接接触，也可以在被观察者毫不知情的情况下观察其自发行为，借以判断其人格特征。为了便于整理观察结果，人格评鉴中的观察常用下列两种方法。

1. 项目查核法

在观察前把所要观察的重要行为进行分类，并预先罗列好。观察时对拟观察的行为进行查核，记下这些行为是否出现。这种方法的优点是使用方便，其缺点是不能记录行为在质上的差别，即不能记录是一种怎样的行为。

2. 等级评定法

等级评定的形式很多，其基本做法是要求观察者对被观察者在某一（或某些）人格特征上的轻重程度进行评定。这种评定可以用数字加以量化（如以 0 表示完全没有，数字越大代表程度越高），也可以用文字加以叙述。用上述两种方法来评定一个人的人格特征时，必须明确地列出行为的特征，同时还应考虑所观察到的行为的情境特殊性。

（二）访谈法

访谈也称为晤谈，是人格研究中常用的方法。访谈主要有两种方式：结构性访谈和非结构性访谈。人格评鉴的访谈形式通常是结构式访谈，即按照预定的程序，通常是根据问卷或访谈表进行的。访谈的内容包括被试的现状、生育历史、本人和环境的关系，以及在某些特定环境里的行为等。通过访谈可以了解被试对特定的人的感情、态度，对某件事情的态度，以及对自身的认识等。此外，还可以找与被试有关的人进行谈话，以便进一步了解被试。非结构访谈又称为非导向式访谈，是事先没有一定问题和假设，随意确定谈话主题，其中的试探提问也是尽可能中立、简短。

访谈法一般需要相当长的时间，很难在短期内得到很多材料。这种方法还受访谈者能力的影响，在客观性和可靠性方面也多少有些问题。因此，要尽量使访谈技术标准化，同时访谈者也必须经过专门的训练，防止由于“思维定式”[①] 和“晕轮效应”[②] 的影响而产生访谈者偏差，如访谈自身的意见、价值观、期望和偏见扭曲对访谈结果的解释。

思考与实践

1. 心理学家是如何界定人格的？人格有哪些基本特点？
2. 什么是性格？什么是气质？比较这两种人格特征的区别。
3. 卡特尔对人格特质是如何分类的？
4. 影响人格形成和发展的因素有哪些？他们的作用是什么？
6. 你如何认识情境测验法？
7. 分析自己的人格特质并和同学讨论分享。
8. 孔子的“性相近，习相远”说明人格的形成受哪些因素的影响？
9. 有人说：在集体主义文化中融入社会和完成自己分内的事是骄傲的源泉，而在个体主义文化中个体成就和独立性最被看重……在个体文化中良好的自我感觉是过上好日子的关键，而符合社会角色是集体文化中通向幸福的法门。

这段话说明了什么？你认为这种说法对吗？试着说明你的理由。

参考文献

[1] 哈克. 改变心理学的40项研究：探索心理学研究的历史［M］. 白学军，等译. 北京：中国轻工业出版社，2004.
[2] 津巴多，约翰逊，韦伯. 津巴多普通心理学：第5版［M］. 王佳艺，译. 北京：中国人民大学出版社，2008.
[3] 彭聃龄. 普通心理学［M］. 5版. 北京：北京师范大学出版社，2019.

① 思维定式（thinking set），也称“惯性思维”，是由先前的活动而造成的一种对活动的特殊的心理准备状态，或活动的倾向性。在环境不变的条件下，定式使人能够应用已掌握的方法迅速解决问题。而在情境发生变化时，它则会妨碍人采用新的方法。消极的思维定式是束缚创造性思维的枷锁。

② 晕轮效应（Halo Effect），又称成见效应、光圈效应等，指人们在交往认知中，对方的某个特别突出的特点、品质就会掩盖人们对对方的其他品质和特点的正确了解。

［4］珀文．人格科学［M］．周榕，陈红，杨炳钧，等译．上海：华东师范大学出版社，2001．

［5］黄希庭．人格心理学［M］．杭州：浙江教育出版社，2002．

［6］拉森，巴斯．人格心理学——人性的科学探索：第2版［M］．郭永玉，等译．北京：人民邮电出版社，2011．

［7］伯格．人格心理学：第7版［M］．陈会昌，等译．北京：中国轻工业出版社，2010．

［8］COON D，MITTERER J O．心理学导论：思想与行为的认识之路：第13版［M］．郑钢，译．北京：中国轻工业出版社，2014．

［9］莱希．心理学导论：第9版［M］．吴庆麟，等译．上海：上海人民出版社，2010．

［10］格里格，津巴多．心理学与生活：第19版［M］．王垒，等译．北京：人民邮电出版社，2016．

［11］张承芬，韩仁生．心理学导论［M］．2版．北京：人民出版社，2010．

［12］朱从书．心理学［M］．杭州：浙江大学出版社，2015．

［13］张卫，刘学兰，许思安，等．心理学［M］．北京：高等教育出版社，2019．

［14］王金道．大学心理学［M］．北京：中国人民大学出版社，2010．

［15］张春兴．现代心理学：现代人研究自身问题的科学［M］．3版．上海：上海人民出版社，2009．

［16］霍妮．我们时代的神经症人格［M］．郭本禹，方红，译．北京：中国人民大学出版社，2013．

［17］马斯洛．动机与人格：第3版［M］．许金声，等译．北京：中国人民出版社，2007．

［18］梁宁建．心理学导论［M］．上海：上海教育出版社，2006．

［19］宋维真．中国人使用明尼苏达多相个性测验表的结果分析［J］．心理学报，1985（4）：346－355．

［20］PHELPS R E，HUNTLEY D K．Social Networks and Child Adjustment in Single-Parent Families：93rd Annual Convention of the American Psychological Association：MH－37977［R］．National Institute of Mental Health Grant，1985．

［21］KHATIBI M，KHORMAEI F．Biological Basis of Personality：A Brief Review［J］．J．Life Sci．Biomed．，2016，6（2）：33－36．

［22］HETHERINGTON E M，STANLEY-HAGAN M．The adjustment of children with divorced parents：A risk and resiliency perspective［J］．The Journal of Child Psychology and Psychiatry，1999，40（1）129－140．